"Comment analyser les comptes de résultats des entreprises pour investir en Bourse"

(En savoir plus pour mieux investir)

Gregorio Hernández Jiménez

Auteur : Gregorio Hernández Jiménez

Ce livre est enregistré dans le registre de la propriété intellectuelle.

Première édition : 2023

 Gregorio Hernández Jiménez. 2023

Tous droits réservés. La reproduction totale ou partielle par quelque moyen que ce soit, y compris les blogs et les sites web, ainsi que toute forme de copie, d'enregistrement ou de transmission sur Internet est interdite sans l'autorisation écrite préalable de Gregorio Hernández Jiménez.

ISBN: 9798869602138

Remerciements

À mon père, pour m'avoir appris à additionner, soustraire, multiplier et diviser avec les cotisations et les dividendes.

À ma mère et à mes deux frères, pour leur soutien de tous les instants.

À mon oncle Juan, auteur du dessin de couverture.

À tous les membres du forum et aux visiteurs d'Invertirenbolsa.info, car sans eux, ce livre n'existerait pas.

A propos de moi

Je suis un investisseur boursier à long terme autodidacte. Je suis la Bourse depuis aussi longtemps que je me souvienne grâce au fait que mon père m'a appris, quand j'étais très jeune, ce qu'étaient les actions, les dividendes, etc. Dès le premier instant, c'est quelque chose qui m'a beaucoup plu et je n'ai jamais cessé de le suivre et d'apprendre constamment de nouvelles choses sur le marché boursier.

Depuis 2013 et jusqu'à aujourd'hui, je suis l'un des auteurs les plus vendus sur Amazon Espagne. J'ai maintenant traduit mes livres en plusieurs langues, car ils sont parfaitement valables pour un public international étant donné que l'investissement boursier à long terme pour le rendement des dividendes fonctionne de la même manière partout dans le monde.

En 2007, j'ai créé le site Invertirenbolsa.info, qui est consacré à l'investissement boursier, principalement à long terme, ainsi qu'à la gestion de patrimoine, à l'éducation financière, etc. Dans la base de données de mon site web (https://invertirenbolsa.info/historique_dividendes), vous pouvez voir toutes les entreprises que je recommande pour un investissement à long terme. Vous pouvez également y trouver de nombreuses données sur ces sociétés (bénéfices par action, dividendes, etc.) et les prix auxquels je les achèterais à un moment donné. Et dans le Forum (https://foro.invertirenbolsa.info), vous pouvez poser toutes vos questions. Grâce à ce lien, vous pouvez trouver plus d'informations sur moi et mes apparitions dans les médias: https://invertirenbolsa.info/fr/qui-suis-je

Mon site web est traduit dans votre langue, vous y trouverez donc beaucoup d'informations: https://invertirenbolsa.info/fr

Vous pouvez me suivre sur Youtube (https://www.youtube.com/GregorioHernándezJiménez), Instagram (https://www.instagram.com/goyohj) et Facebook (https://www.facebook.com/goyohj).

Ma chaîne Youtube est également traduite dans votre langue. Mon compte Instagram est en espagnol, anglais, français et allemand.

Je pense qu'il existe de nombreuses façons valables d'investir en Bourse, mais à mon avis, la grande majorité des gens obtiendront les meilleurs résultats, tant en termes de rentabilité que de sécurité, en investissant à long terme dans des entreprises solides, en recherchant le rendement des dividendes. Et ce, pour que les revenus que chacun tire de son patrimoine augmentent jusqu'à ce que, au fil du temps, chacun puisse en vivre au moment de la retraite, un moment qui arrivera plus tôt pour certains et plus tard pour d'autres.

Je pense que pour qu'une personne soit libre et indépendante, elle doit savoir comment gérer son argent afin d'atteindre l'indépendance financière à un moment donné de sa vie.

Sur Amazon et Invertirenbolsa.info, vous trouverez les autres livres que j'ai déjà publiés et les nouveaux livres que je publierai à l'avenir.

Si vous aimez ce livre, je vous serais très reconnaissant de laisser un avis sur Amazon pour que les futurs acheteurs puissent le consulter.

Si vous souhaitez recevoir un message lorsque je publie un nouveau livre, il vous suffit de me suivre sur mon profil Amazon.

Index

A propos de moi...4

Avant-propos..12

Analyse détaillée, ligne par ligne, des comptes de résultats, des bilans et des flux de trésorerie des entreprises américaines........14

Analyse détaillée, ligne par ligne, des comptes de résultats, des bilans et des flux de trésorerie des entreprises européennes....100

Comment analyser l'évolution des ratios dans leur contexte...122

Comment interpréter la relation entre le BPA, le ROE et le ROCE ?..132

Pourquoi un ROE ou un ROCE élevé n'implique pas toujours une forte croissance des bénéfices..146

Les entreprises qui semblent être des entreprises de croissance mais qui ne le sont pas vraiment..158

Une activité difficile à analyser..167

Est-il important que les dirigeants des entreprises dans lesquelles nous investissons soient honnêtes et compétents ?.171

Pourquoi les offres publiques d'achat sont souvent faites à des prix supérieurs à ceux du marché et quelles sont les implications pour l'investisseur moyen..178

Comment calculer les gains d'un investissement à long terme ?
....186

Pourquoi les entreprises disposant de faibles barrières à l'entrée et de nombreux actifs obtiennent-elles des rendements très faibles sur leurs actifs ?..191

Les bons prix ou les bonnes entreprises sont-ils plus importants ?..194

Qu'est-ce qu'une application fiscale ?..199

Qu'y a-t-il de nouveau dans le capital-risque et pourquoi est-il si important ?..201

Les actionnaires de toutes les entreprises sont-ils les mêmes et cela influence-t-il le comportement des actions ?........................204

Les entreprises qui doivent réinvestir la quasi-totalité de leurs bénéfices pour rester en activité..207

La relation particulière entre les matières premières et l'inflation..209

Impôts et inflation..212

Diversifier ou concentrer les investissements ?...........................214

Investissements financiers ou industriels ?.................................219

Pourquoi l'investissement à long terme fonctionne-t-il si bien ?
....221

Acheter des entreprises ou racheter ses propres actions ?........223

Y a-t-il un inconvénient à ce qu'une entreprise soit peu endettée?..227

Comment fixer la rémunération variable des dirigeants ?........229

Qu'est-ce qui doit être considéré comme un résultat ordinaire ou extraordinaire ?............233

L'effet des ordinateurs sur les fissures et les fortes reprises boursières............235

Qu'est-ce qu'un fonds spéculatif ?............237

Qu'est-ce qu'un fonds à rendement absolu ?............238

Pourquoi certaines entreprises chutent-elles brutalement lorsqu'elles commencent à faire des bénéfices ?............241

Qu'est-ce qu'une augmentation de capital en blanc et quand est-elle utile ?............245

Est-il important que les principaux actionnaires d'une entreprise soient lourdement endettés ?............250

Acheter des bons à prix réduit............252

Quelle est la précision des évaluations des flux de trésorerie actualisés ?............255

Pourquoi il n'est pas possible de simuler les achats passés dans un indice avec dividendes............266

Pourquoi la macroéconomie classique doit-elle être adaptée ?
............270

Qu'est-ce que la courbe de rendement inversée et pourquoi est-elle importante?............273

Considérations relatives aux investissements dans d'autres monnaies..................278

Quand les filtres d'entreprise sont utiles..................284

Les investissements exotiques sont-ils plus rentables ?..................288

Est-il possible de gagner de l'argent en procédant à des introductions en Bourse à court terme ?..................290

Pourquoi il est possible de gagner de l'argent relativement facilement avec des PTB partielles..................304

Les barrières à l'entrée ne sont pas toujours menacées par l'arrivée de quelqu'un de moins cher..................312

Le marché boursier d'un pays n'est pas l'économie de ce pays 317

Comment gérer la suspension des paiements et des activités d'une entreprise ?..................321

Les marchés financiers sont souvent l'indicateur le plus fiable de l'évolution de la situation politique..................331

L'importance de la corruption dans l'économie mondiale..................334

Comment interpréter l'ouverture de la séance dans les hauts et les bas de la Bourse ?..................337

Qu'est-ce qu'une augmentation de capital sans droit préférentiel de souscription et pourquoi est-elle réalisée ?..................341

Pourquoi ne pas acheter des actions de grandes entreprises qui se négocient à des prix dérisoires ?...345

Particularités de l'évaluation des entreprises à forte rémunération..350

La déflation est-elle toujours mauvaise ?......................................359

Barrières à l'entrée dans l'entreprise ou dans le secteur............364

Avantages et inconvénients des entreprises mono-produit......367

Entreprises intégrées ou non intégrées..369

Pourquoi les entreprises qui ont le plus chuté au cours de l'année chutent-elles parfois encore plus en décembre ?...........372

La popularisation d'Internet comme facteur d'amélioration de la gestion des entreprises..376

Comment investir une somme d'argent importante lorsque vous débutez ?...378

Qu'est-ce que les "zero hunters" et pourquoi sont-ils très bénéfiques pour tous les investisseurs ?...382

Les entreprises financent leur croissance par des augmentations de capital continues...384

Qu'est-ce qu'un fonds activiste ?...387

L'étalon-or résoudrait-il les problèmes du système financier actuel ?..390

Comment cibler les investissements dans les entreprises technologiques..407

Comment cibler les investissements de croissance...................411

Cibler les investissements dans des entreprises de petite taille et de faible qualité (penny stocks)....................................426

Comment concentrer les investissements sur les petites entreprises en croissance..448

Concentrer les investissements à moyen terme sur des secteurs, des devises et/ou des pays...462

Comment aborder l'investissement axé sur la valeur...............472

Quelles sont les stratégies à moyen terme les mieux adaptées à l'investisseur moyen ?..481

Épilogue..495

Mes autres livres...497

Prochains livres recommandés..503

Avant-propos

Ce livre peut être considéré comme la suite de "Comment investir en Bourse à long terme en partant de zéro (Obtenez la retraite que vous méritez grâce aux dividendes)", dans lequel j'explique en détail la manière d'investir qui, pour moi, est la plus adaptée à la grande majorité des gens : l'investissement à long terme à la recherche de rendements en dividendes, avec pour objectif de vivre des revenus (dividendes) produits par le portefeuille que l'on s'est constitué au cours de sa vie. Vivre de ses revenus n'est pas quelque chose de "presque inaccessible", mais plutôt la situation naturelle et logique que chacun devrait atteindre après une vie de travail, et vers laquelle tend la société actuelle face à l'effondrement inévitable des systèmes publics de pension.

Dans ce livre que vous tenez entre les mains, je développe de nombreux sujets liés à l'analyse fondamentale, à l'investissement à long terme, à d'autres stratégies à moyen terme (sociétés cycliques, penny stocks, sociétés de croissance, petites capitalisations, value investing, etc.), aux meilleures façons de gérer l'argent (tant dans les stratégies à long terme qu'à moyen terme), etc.

Dans ce cas, je n'ai pas structuré le livre selon un plan de chapitre typique, mais comme une série de sujets. La raison en est que tous les sujets que vous allez trouver sont beaucoup plus interdépendants qu'il n'y paraît à première vue lorsque vous regardez la table des matières, parce que les questions d'analyse fondamentale que nous allons examiner ont une influence énorme sur la façon d'aborder la stratégie à long terme et les stratégies à moyen terme que je vais vous expliquer. Ces deux éléments sont étroitement liés au reste des thèmes abordés dans le livre. De même, l'approche macroéconomique influence tout ce qui précède. Et ainsi de suite.

Tous ces sujets vous aideront à mieux interpréter les comptes des entreprises, en fonction de la stratégie d'investissement que vous suivez pour chaque opération.

J'espère que ce livre vous aidera à mieux investir, avec plus de sécurité et de connaissances. Et à optimiser votre temps, ce qui est également très important, car il s'agit d'investir pour vivre, et non de vivre pour investir.

Analyse détaillée, ligne par ligne, des comptes de résultats, des bilans et des flux de trésorerie des entreprises américaines

Voir de nombreux détails de l'analyse fondamentale est surtout utile pour les stratégies d'achat et de vente, car lorsqu'on achète et qu'on vend (dans des délais qui sont influencés par la performance de l'entreprise, et non à court terme), ce que l'on cherche, fondamentalement et avec les nuances inhérentes à chaque stratégie à moyen terme, c'est à acheter des entreprises sous-évaluées et à vendre des entreprises surévaluées. Ainsi, le profit sera plus important si l'on achète plus d'entreprises sous-évaluées et si l'on vend plus d'entreprises surévaluées. C'est dans le cadre de ce **"réglage fin"** visant à déterminer quelles entreprises sont plus sous-évaluées et plus surévaluées que d'autres à chaque moment qu'il est nécessaire d'examiner plus en détail les comptes des entreprises. Le problème est que cette analyse plus détaillée est nécessaire, mais jamais suffisante. Car les comptes publiés sont le passé, et le passé n'est jamais l'avenir. Quel que soit le nombre de calculs que l'on veuille faire avec ces données passées. En outre, le passé est déjà connu de tous, ce qui est important pour la raison suivante.

Lorsque vous investissez à long terme, votre profit provient de la création de richesses qui seront produites dans le monde à l'avenir. Vous ne devez pas entrer en concurrence avec d'autres pour obtenir une part de cette richesse, mais seulement conserver vos parts et attendre les dividendes de cette richesse qui n'existe pas encore, mais qui existera à l'avenir.

À court et à moyen terme, le gain de ceux qui gagnent provient du fait qu'ils sont plus intelligents, plus malins, plus rapides, etc. que les autres. Car dans ce cas, **tous ceux qui investissent de cette manière sont en concurrence pour la richesse actuelle.**

En d'autres termes, si Jacques investit à long terme dans Coca Cola, son bénéfice sera constitué par les dividendes que Coca Cola versera à l'avenir sur les boissons qu'elle vendra l'année prochaine, puis dans 5 ans, puis dans 20 ans, et ainsi de suite. En conservant ses actions Coca Cola, Jacques recevra les dividendes provenant des boissons Coca Cola vendues dans 10 ans, par exemple.

Mais si Jésus et Mariano investissent dans Coca Cola à court et à moyen terme, leurs profits proviendront de la différence entre le prix d'achat et le prix de vente des actions Coca Cola. Ils seront donc tous deux en concurrence pour la richesse qui existe déjà, et ne gagneront pas une part de la richesse qui sera créée à l'avenir. Par conséquent, plus quelqu'un investit à court et à moyen terme, plus il s'approprie la richesse actuelle et **moins il en laisse au reste des investisseurs à court et à moyen terme.**

Certaines stratégies à moyen terme, celles qui ont un horizon temporel de plusieurs années (je me réfère à la durée moyenne de chaque opération), sont hybrides, dans le sens où d'une part elles se disputent une partie de la richesse qui existe déjà, et d'autre part elles obtiendront une partie de la richesse qui sera créée dans le futur. Dans ce type de stratégie à moyen terme, les dividendes perçus au cours de l'opération ont une certaine importance, mais moins que la différence entre le prix auquel l'action est achetée et le prix auquel elle est vendue. Pensez que si vous achetez et vendez, à quelque terme que ce soit, c'est pour essayer de surperformer l'investissement à long terme en recherchant le rendement du dividende, sinon cela ne sert à rien. Et pour surperformer les dividendes, logiquement, il faut acheter beaucoup mieux que la moyenne et vendre beaucoup mieux que la moyenne. À long terme, vous pouvez acheter au même niveau que la moyenne et obtenir un très bon résultat, car **en ne vendant pas, vous ne limitez pas vos bénéfices**. Mais si vous limitez vos profits, comme c'est le cas dans toute stratégie qui implique de vendre (quel que soit le terme), vous devez le faire beaucoup mieux que la moyenne afin de surpasser l'investissement à long terme dans la recherche du rendement des dividendes.

Jacques, qui investit à long terme dans Coca Cola, doit savoir investir au mieux, bien sûr, mais son profit ne viendra pas de la concurrence directe avec les autres investisseurs.

Dans le cas de Jesús et Mariano, leur profit provient de la concurrence directe avec d'autres investisseurs. C'est pourquoi il est beaucoup plus difficile de gagner de l'argent à court et à moyen terme. Et donc il faut consacrer beaucoup plus de temps, prendre plus de risques, réfléchir davantage à chaque décision, etc. Parce que d'autres sont en concurrence pour cette même richesse actuelle, et qu'ils vont consacrer tout le temps et toutes les connaissances possibles à cette tâche. Par conséquent, Jesús et Mariano doivent faire beaucoup plus d'efforts que Jacques pour évaluer Coca Cola le mieux possible, tant au moment de l'achat qu'au moment de la vente.

Il s'agit de deux philosophies de vie complètement différentes. Je pense qu'il est essentiel de comprendre cette différence pour comprendre ce qu'est réellement la Bourse, l'économie et la vie en général.

Par conséquent, l'un des avantages de l'investissement à long terme est qu'il n'est pas nécessaire de connaître autant de détails de l'analyse fondamentale que lorsqu'on investit à moyen terme. Cependant, il est toujours bon de connaître ces détails, comme nous allons le faire maintenant, en particulier dans les cas où vous souhaitez investir dans des entreprises qui traversent des problèmes temporaires d'une intensité particulièrement élevée, tels que ceux créés par des dettes élevées, par exemple. Ce que je veux que vous sachiez, et que vous vous en souveniez toujours, c'est que les détails que nous allons voir maintenant ne sont pas nécessaires pour l'investissement à long terme, mais pour toutes les stratégies à moyen terme que nous verrons dans ce livre, et pour toute autre stratégie à moyen terme qui a besoin d'évaluer les entreprises selon l'analyse fondamentale, d'une manière ou d'une autre.

L'expression "d'une manière ou d'une autre" est un point que j'aimerais également expliquer en détail. À mon avis, il n'existe pas d'"analyse générique des entreprises" qui puisse s'appliquer mécaniquement à toutes les entreprises. Chaque stratégie requiert sa propre manière d'analyser les entreprises (la manière la plus appropriée d'investir à long terme en recherchant le rendement des dividendes est expliquée dans le livre "Comment investir en Bourse à long terme en partant de zéro (Obtenez la retraite que vous méritez grâce aux dividendes)". Lorsqu'on investit à moyen terme, chaque secteur et chaque entreprise requièrent leur propre analyse. Analyser des entreprises alimentaires n'est pas la même chose qu'analyser des entreprises de télécommunications ou d'autoroutes. Ce n'est pas non plus la même chose d'analyser Procter & Gamble si l'on investit à long terme, que si l'on veut faire une opération à moyen terme dans Procter & Gamble.

En fait, certaines stratégies d'investissement reposent sur l'analyse mécanique ou automatique des comptes de résultats, des bilans et des tableaux de financement des entreprises, indépendamment du secteur de l'entreprise, des raisons pour lesquelles elle s'est comportée comme elle l'a fait dans le passé, des circonstances de son activité ou de son secteur à ce moment précis, etc. Je pense que ce type de stratégies est assez compliqué et que ses détails sont difficiles à mettre en œuvre dans la pratique. En résumé, elles consistent à suivre l'évolution des chiffres et des ratios que nous allons voir maintenant, et/ou beaucoup d'autres, avec l'idée de choisir les entreprises qui ont un meilleur parcours ces dernières années, en espérant que cette meilleure évolution se poursuivra pendant un certain temps, et que le prix de leur action augmentera plus que celui de leur indice de référence pendant cette période. Par exemple, choisir les entreprises qui, au cours des 2, 5 ou 10 dernières années (ou quel que soit le nombre d'années), ont connu la plus forte croissance en termes de revenus, d'EBITDA, de bénéfices par action, de marge d'EBITDA / Ventes, etc. Certains filtres peuvent être appliqués au groupe d'entreprises qui ont connu la plus forte croissance selon les critères choisis, comme le fait d'avoir peu ou pas de dettes, ou tout autre critère jugé approprié.

En théorie, cette idée a un certain fondement logique. Si l'on y réfléchit bien, il faudrait être très malchanceux pour que les entreprises qui ont connu la plus forte croissance au cours des X dernières années cessent de croître au moment même où nous les analysons et les achetons. Statistiquement, c'est quelque chose qui peut nous arriver parfois, mais qui ne devrait pas se produire dans la plupart des cas.

Mais le problème est que le profit de l'investisseur qui suit ce type de stratégie ne proviendra pas de la différence entre le profit net entre le moment où il achète et le moment où il vend (ces stratégies impliquent nécessairement de vendre, car on investit dans des entreprises que l'on ne connaît pas vraiment, et de plus on ne peut pas s'attendre à trouver des entreprises qui, tout au long de la vie de l'investisseur, feront constamment mieux que la moyenne, car c'est irréaliste), mais de la différence entre le prix au moment de l'achat et le prix au moment de la vente.

Ces stratégies sont similaires à la stratégie d'achat de sociétés de croissance que nous allons examiner maintenant, mais il y a quelques différences.

Anne est un investisseur de croissance et elle achète des actions d'une entreprise de vêtements de sport qui commence à réussir, parce qu'elle a vu les projets de l'entreprise et qu'elle les apprécie. Elle a vu leurs produits et pense qu'ils ont un bon rapport qualité-prix par rapport aux marques établies. Après avoir analysé les comptes, elle estime que le prix est bon pour ouvrir une opération à moyen terme dans cette entreprise en croissance, ce qu'elle fait.

Begoña a également acheté des actions de cette même entreprise de vêtements de sport, parce qu'elle a analysé mécaniquement ses comptes de pertes et profits et que la trajectoire de ses chiffres correspond aux critères et aux filtres que Begoña a établis. Mais Begoña ne connaît pas les plans d'expansion de l'entreprise, elle ne connaît pas ses produits, elle n'a pas l'intention de les voir, elle ne se soucie pas de savoir si l'entreprise fabrique des vêtements de sport ou autre chose, et ainsi de suite. Begoña aurait pu tout aussi bien investir dans une entreprise de qualité du secteur de l'énergie, un constructeur automobile, une grande entreprise alimentaire, etc., si l'une d'entre elles avait répondu aux critères et aux filtres qu'elle a établis dans son analyse mécanique des chiffres de l'entreprise. C'est la différence fondamentale entre la stratégie de croissance et ces autres stratégies que nous examinons maintenant.

Un problème majeur de ces stratégies qui analysent mécaniquement les chiffres des entreprises est que généralement celles qui ont le mieux performé dans le passé sont aussi celles qui ont le plus augmenté. Il est possible de gagner en achetant haut et en vendant encore plus haut, mais c'est très difficile.

Un autre problème est que lorsque les chiffres, même s'ils ne sont pas mauvais dans de nombreux cas (et même bons), commencent à croître moins que par le passé, il est probable que le prix de l'action ait déjà chuté depuis un certain temps, et lorsque Begoña regarde les derniers chiffres publiés et voit que sa trajectoire n'est plus aussi bonne que par le passé, le meilleur moment pour vendre est probablement passé. C'est pourquoi je pense que ces stratégies d'analyse mécanique des chiffres de l'entreprise nécessitent un stop-loss, et beaucoup de soutien de la part de l'analyse technique (qui " anticipe " souvent les chiffres qui seront publiés dans le futur). Mais les combiner toutes me semble trop compliqué pour l'investisseur moyen, et c'est pourquoi je ne les recommande pas.

L'investisseur moyen doit examiner les données fondamentales des entreprises dans lesquelles il investit, mais pas de manière mécanique, en **comprenant pourquoi les chiffres qu'il observe se produisent**. Les chiffres (que nous allons examiner maintenant) nous disent seulement ce qui s'est passé, mais pas pourquoi cela s'est passé, ni ce qui risque de se passer à l'avenir.

Par conséquent, **avant d'entrer dans le détail de l'analyse d'une entreprise, il est nécessaire de la classer correctement** (entreprise de qualité à long terme, de qualité moyenne, petite entreprise de faible qualité, cyclique, de croissance, etc.), de **comprendre son activité, d'avoir une idée de l'évolution actuelle de cette activité ou de ce secteur,** etc.

Notons également que la croyance de l'investissement à long terme selon laquelle les bénéfices augmenteront avec le temps, pensant que la seule question est de savoir s'ils augmenteront plus ou moins vite, etc. ne peut s'appliquer à toutes les entreprises. Toutes les entreprises n'augmenteront pas leurs bénéfices au fil du temps, à un rythme plus ou moins rapide, et c'est un facteur décisif en matière d'investissement. En effet, dans les entreprises dont les bénéfices ne sont pas stables et croissants, au moment de la vérité (le moment de gagner de l'argent), l'analyse fondamentale n'est pas d'un grand secours dans la plupart des cas. Peu importe le temps que l'on y consacre et l'intérêt que l'on y porte. **Toutes les entreprises ne peuvent pas être évaluées de manière utile (= rentable) à l'aide de l'analyse fondamentale.** Pour de nombreux types d'entreprises, l'analyse fondamentale est un outil imprécis et peu fiable, en particulier à de nombreux moments de la vie de ces entreprises, et surtout pour l'investisseur moyen.

C'est-à-dire que **les entreprises les plus stables peuvent être valorisées dans le temps**. Certains investisseurs s'en sortiront mieux que d'autres, comme dans toute activité humaine, mais il sera toujours relativement facile d'avoir une opinion sur la question de savoir si une entreprise de qualité est chère ou bon marché. Cette opinion n'est peut-être pas très précise, car l'évaluation d'une entreprise est elle-même ambiguë. Mais elle est suffisamment précise pour être utile.

Dans le cas d'autres entreprises telles que, par exemple, les entreprises cycliques ou les petites entreprises de faible qualité, dans les zones intermédiaires où elles ne sont ni clairement chères ni si faibles que si elles ne disparaissent pas (dans la grande majorité des cas, au lieu de disparaître, elles procèdent généralement à une importante augmentation de capital), il est très probable que tôt ou tard elles se porteront mieux, il est très compliqué de les évaluer en fonction des fondamentaux (d'une manière utile, qui nous fait gagner de l'argent réel) sur des périodes de temps qui durent des années. Quels que soient le temps et l'intérêt que l'on y consacre et l'expérience que l'on possède. En effet, en matière d'évaluation fondamentale, ce qui se passera dans les prochaines années est décisif et, **dans le cas de nombreuses entreprises, ce qui arrivera à leur activité dans les prochaines années est une grande inconnue pendant une grande partie du temps**. Il est clair que la valeur d'une entreprise n'est pas la même si elle gagne la moitié de ce qu'elle gagne dans les 1 ou 2 prochaines années que si elle gagne le double de ce qu'elle gagnait au cours de la dernière année publiée. Et dans le cas de nombreuses entreprises, il existe la plupart du temps une grande incertitude quant à la hausse ou à la baisse de leurs bénéfices, et dans les deux cas, peut-être fortement, au cours des prochaines années. En d'autres termes, il y aura des moments où la situation est bonne et où il semble que les bénéfices de ces entreprises vont augmenter, et c'est le cas, mais dans de nombreuses autres situations où la même augmentation est attendue, il y aura une forte baisse des bénéfices. Inversement, à de nombreux moments où l'on s'attend à ce que les bénéfices continuent de baisser, les bénéfices surprendront positivement et augmenteront fortement.

De plus, lorsque l'on s'attend à ce que les bénéfices augmentent et qu'ils augmentent réellement, ce n'est pas la même chose s'ils augmentent de 10 %, 30 % ou 60 %, et cela a une grande influence sur l'évaluation de l'entreprise et sur le prix de ses actions, comme il est logique de le faire.

Pour cette raison, certaines entreprises sont beaucoup plus faciles à analyser que d'autres, tandis que d'autres sont pratiquement impossibles à évaluer avec une précision qui nous soit utile. C'est ce qui fait que, pour la plupart des gens, l'investissement à long terme dans le rendement des dividendes est le moyen le plus sûr et le plus rapide **(oui, aussi le plus rapide)** de gagner de l'argent.

COMPTE DE RÉSULTAT

Les entreprises américaines publient leurs résultats annuels dans les rapports 10-K. Les résultats trimestriels des trois premiers mois de chaque année sont publiés dans les rapports 10-Q. Ces rapports sont très similaires, bien que les rapports 10-K soient plus détaillés que les rapports 10-Q. Ces rapports sont disponibles sur le site web de chaque entreprise et sur le site web de la SEC. Pour les trouver sur le site web de chaque entreprise, sous "Investor relations", "Investors", ou quelque chose de similaire, cherchez l'option de menu "SEC Filings", que toutes les entreprises ont, et qui est le moyen le plus direct d'y accéder. Si vous ne trouvez pas facilement l'option "SEC Filings" pour une entreprise, cherchez "Financial Reports", ou quelque chose de similaire. Une fois sur cette page, vous serez probablement confronté à une longue liste de documents que l'entreprise a déposés auprès de la SEC. Pour trouver plus rapidement les rapports 10-K, il existe généralement un menu déroulant dans lequel vous pouvez sélectionner "10-K", "Form 10-K", "Annual Filings", "Annual Reports", ou quelque chose de similaire. Vous accédez alors aux rapports 10-K de l'entreprise concernée, que vous pouvez télécharger au format PDF.

Certaines entreprises dont les sites web sont très axés sur le consommateur (comme McDonald's, par exemple) peuvent ne pas avoir d'option "Investisseurs" (ou similaire) sur leur page d'accueil. Si vous ne voyez pas cette option sur la page d'accueil du site web, cherchez alors quelque chose comme "Corporate", ou quelque chose comme ça et sélectionnez-la.

Vous pouvez également consulter tous les rapports 10-K de toutes les entreprises sur le site web de la SEC (www.sec.gov). La conception de ce site peut changer à l'avenir. Il comporte généralement une option visible sur la première page, "FILINGS", qui contient tous les rapports que les sociétés cotées aux États-Unis envoient à la SEC, y compris les rapports 10-K que nous allons voir maintenant. Les rapports 10-K comprennent le compte de résultat, le bilan et les flux de trésorerie annuels.

Ces trois documents (compte de résultat, bilan et flux de trésorerie) se trouvent dans le rapport 10-K, dans la section "États financiers et données complémentaires".

Le compte de résultat est intitulé "Consolidated Statements of Earnings", ou "Consolidated Statement of Income", ou quelque chose comme ça.

Le bilan est un "bilan consolidé", ou quelque chose de similaire.

Les flux de trésorerie sont des "états consolidés des flux de trésorerie", ou quelque chose de similaire.

Les rapports soumis par les sociétés américaines cotées en Bourse à la SEC ne présentent pas tous exactement les mêmes lignes. Il peut y avoir de petites différences entre eux, mais la grande majorité des lignes sont communes à tous. Prenons l'exemple des documents 2015 de 3M.

COMPTE DE RÉSULTAT CONSOLIDÉ

	2015	2014	2013
Net sales (Chiffre d'affaires net)	30.274	31.821	30.871
Operating expenses (Dépenses de fonctionnement)			
Cost of sales (Coût des ventes)	15.383	16.447	16.106
Selling, general and administrative expenses (Frais de vente, généraux et administratifs)	6.182	6.469	6.384
Research, development and related expenses (Recherche, développement et dépenses connexes)	1.763	1.770	1.715
Total operating expenses (Total des dépenses de fonctionnement)	23.328	24.686	24.205
Operating income (Résultat d'exploitation)	6.946	7.135	6.666
Interest expense and income (Charges et produits d'intérêts)			
Interest expense (Charges d'intérêts)	149	142	145

Interest income (Revenus d'intérêts)	-26	-33	-41
Total interest expense – net (Total des charges d'intérêts – nettes)	123	109	104
Income before income taxes (Revenu avant impôts sur le revenu)	6.823	7.026	6.562
Provision for income taxes (Provision pour impôts sur le revenu)	1.982	2.028	1.841
Net income including noncontrolling interest (Résultat net, y compris les intérêts minoritaires)	4.841	4998	4.721
Less: Net income attributable to noncontrolling interest (Moins : résultat net attribuable aux intérêts minoritaires)	8	42	62

Net income attributable to 3M (Résultat net attribuable à 3M)	4.833	4.956	4.659
Weighted average 3M common shares outstanding – basic (Moyenne pondérée de 3M d'actions ordinaires en circulation - de base)	625,6	649,2	681,9
Earnings per share attributable to 3M common shareholders – basic (Résultat par action attribuable aux actionnaires ordinaires de 3M - de base)	7,72	7,63	6,83
Weighted average 3M common shares outstanding – diluted (Moyenne pondérée des actions ordinaires 3M en circulation - diluées)	637,2	662,0	693,6
Earnings per share attributable to 3M common shareholders – diluted (Résultat par action attribuable aux actionnaires ordinaires de 3M - dilué)	7,58	7,49	6,72

Cash dividends paid per 3M common share (Dividendes en espèces versés par action ordinaire 3M)	4,10	3,42	2,54

Je vous recommande d'avoir ce document à portée de main pour revoir les lignes que je vais commenter maintenant. Vous pouvez l'avoir sur l'écran de votre ordinateur, imprimé sur papier, ou de la manière la plus pratique pour vous, mais il est important que vous le consultiez facilement, afin de pouvoir suivre les explications et de mieux le comprendre.

Le compte de résultat peut être divisé en plusieurs grands blocs.

Même le "Operating income" est la **partie opérationnelle** de l'entreprise, ce que 3M gagne en vendant tous ses produits, Intel en vendant des puces, Kraft en vendant des produits alimentaires, ATT en vendant ses services de télécommunication, etc.

Il y a ensuite le résultat financier, c'est-à-dire la manière dont la **dette** (ou l'excès de liquidités, dans certains cas) affecte les performances de l'entreprise.

Viennent ensuite les **impôts** et les **résultats exceptionnels**, jusqu'au bénéfice net final de l'entreprise.

Examinons toutes ces lignes une par une :

"Net sales" est le chiffre d'affaires net. Il peut également être appelé "Revenues" ou encore "Sales to customers". Cette ligne est facile à comprendre. Il s'agit des recettes provenant des activités ordinaires de l'entreprise. Dans le cas présent, il s'agit de l'argent que 3M a reçu de la vente de tous ses produits : adhésifs, machines, réflecteurs, isolateurs, etc. C'est le chiffre avec lequel toutes les marges sur les ventes sont généralement calculées (EBITDA / Ventes, EBIT / Ventes,

Bénéfice net / Ventes, etc.), car c'est l'argent que l'entreprise reçoit de ses activités ordinaires.

Les "Operating expenses" sont subdivisées en plusieurs postes.

"Cost of sales" est le coût des ventes. D'autres entreprises l'appellent "Cost of goods sold" ou "Cost of products sold". Il s'agit du coût de tout ce qui est nécessaire à la fabrication des produits de l'entreprise. Dans le cas de 3M, il s'agit du coût d'achat des matières premières et de leur transformation en produits vendus au public. Ce poste comprend également le coût de l'énergie, de l'eau, etc., nécessaires à la fabrication des produits, ainsi que les salaires des personnes qui les fabriquent, etc. Si ce poste augmente plus que les recettes, les marges bénéficiaires se réduisent, sinon elles s'élargissent.

Avec les "Net sales" et le "Cost of sales", nous calculons la "Gross profit" de la manière suivante :

Gross profit = Net sales − Cost of sales = 30.274 − 15.383 = 14.891

Bien que dans le cas de 3M, la marge brute ne soit pas calculée dans le rapport, dans de nombreux cas, elle est calculée par l'entreprise dans le compte de résultat.

Le ratio Marge brute / Ventes nettes est calculé comme suit : "Gross profit" / "Net sales". Pour 3M en 2015, il est de 14 891 /30 274 = 49,19 %.

Les "Selling, general and administrative expenses" sont les coûts du siège, du marketing, etc. Ils ont tendance à augmenter lorsque les recettes augmentent et à diminuer lorsque les recettes diminuent. Idéalement, il faudrait que les recettes augmentent et que ces dépenses diminuent, mais il est peu probable que cela se produise, car elles sont étroitement liées. **Pour augmenter les recettes, il faut généralement embaucher davantage de salariés afin d'accroître la taille de l'entreprise.** Et lorsque le nombre d'employés est réduit, c'est généralement parce que l'entreprise fait moins d'affaires, et donc que ses revenus diminuent également.

Cette ligne suit donc normalement la même tendance que les recettes. Il existe des exceptions, telles que les fusions, où il est possible que pendant la fusion, les recettes augmentent tandis que les frais de personnel diminuent. En d'autres termes, au début de la fusion, les frais de personnel augmenteront fortement (par rapport à ce que l'entreprise acquéreuse avait juste avant la fusion) en raison de la fusion des deux effectifs. Mais à partir de ce pic, ils pourraient diminuer au cours des années suivantes, tandis que les revenus de l'entreprise issue de la fusion des deux entreprises d'origine augmentent.

Dans le cas de restructurations d'entreprises, de petites entreprises de faible qualité en grande difficulté, etc. il peut être intéressant de suivre ces dépenses. Généralement, dans ce type de situation, ces dépenses diminuent, bien que les revenus diminuent également, car ces entreprises vendent généralement une partie de leurs activités, et en plus des dépenses de personnel qui sont réduites, les revenus associés au personnel qui n'est plus là sont également réduits. L'idée, dans ces cas, est de vendre les activités les moins rentables. Ce qu'il faut donc essayer de détecter, c'est si les revenus diminuent moins vite que les dépenses, de sorte que la rentabilité de l'entreprise augmente et qu'il est plus probable qu'elle améliore son résultat net à l'avenir.

Les **"Research, development and related expenses"** désignent les **frais** de recherche et de développement. Si elles sont trop élevées sur une base régulière pour un investissement à long terme, cela peut poser un problème, alors que pour un investissement à moyen terme, cela peut être intéressant.

Cela peut être un problème à long terme, comme c'est le cas dans les entreprises pharmaceutiques, technologiques, électroniques, etc., car cela peut être le signe que l'entreprise doit continuellement se "réinventer" pour rester en activité, comme nous le verrons plus loin en parlant des entreprises technologiques.

Et à moyen terme, cela peut être intéressant, si le moment est bien choisi pour que ces dépenses de recherche et de développement débouchent sur un produit très performant pour l'entreprise.

Le **"Total operating expenses"** est la somme des 3 lignes que nous venons de voir, "Cost of sales", "Selling, general and administrative expenses" et "Research, development and related expenses". Dans le cas de l'année 2015 pour 3M :

Total operating expenses = 15,383 + 6,182 + 1,763 = 23,328 millions USD.

Les "operating expenses" ne correspondent pas toujours aux trois lignes que nous venons de voir. Le "Cost of sales" et "Selling, general and administrative expenses" sont généralement toujours inclus. La rubrique "Research, development and related expenses" est spécifiée par de nombreuses entreprises, mais pas par toutes. En outre, certaines entreprises ventilent d'autres postes différents qui n'apparaissent pas dans ce cas chez 3M. Comme je l'ai dit, les rapports 10-K sont assez semblables les uns aux autres, mais pas exactement identiques.

Le **"Operating income"** est équivalent à l'EBIT et se calcule comme suit :

"Operating income" = "Net sales" - "Total operating expenses" = 30.274 – 23.328 = 6.946 millions USD.

Le "Operating income" peut également être appelé "Operating profit".

Les **"Interest expense and income"** sont les charges financières de l'entreprise (y compris l'effet des variations des taux de change sur les dépôts bancaires de l'entreprise dans toutes les monnaies dans lesquelles l'entreprise exerce ses activités) et, dans ce cas, pour 3M, elles sont divisées en deux lignes :

Les "Interest expense" sont les intérêts payés. La plupart de ces frais financiers correspondent généralement aux intérêts de la dette. A cela s'ajoutent d'autres montants, généralement moins importants, tels que les frais bancaires de toutes sortes, les garanties, etc. C'est pourquoi le coût de l'endettement d'une entreprise (endettée) se résume à "Interest expense – Interest income". Dans le cas des entreprises ayant des problèmes d'endettement, il s'agit du minimum que l'entreprise doit payer pour éviter de devoir augmenter son capital, vendre des actifs, etc. Mais en général, elle doit payer un peu plus que ce chiffre, afin de réduire sa dette. En effet, si elle a une dette excessive, elle ne peut pas rester indéfiniment en l'état, en ne payant que des intérêts et en ne remboursant rien de l'argent qu'elle doit. Les entreprises qui, au lieu de s'endetter, disposent de liquidités excédentaires ont généralement des "Interest income" supérieurs à leurs "Interest expense", de sorte que les "Interesst expense and income" augmentent leur bénéfice net, au lieu de le réduire comme c'est le cas dans les entreprises qui s'endettent (qui sont la majorité d'entre elles).

Par "Interest income", on entend les revenus financiers : intérêts reçus sur les dépôts bancaires, dividendes d'autres sociétés, etc.

Il convient de noter que la manière dont elle est exprimée peut être quelque peu trompeuse, car les "Interest expense" sont des sommes qui quittent l'entreprise, mais qui ont un signe positif, et les "Interest income" sont des sommes qui entrent dans l'entreprise, mais qui ont un signe négatif.

Le "Total interest expense – net" est la somme des "Interest expense" et des "Interest income" :

Total interest expense – net = 149 - 26 = 123 millions de dollars.

Le **"Income before income taxes"** est le bénéfice avant impôt sur le revenu des sociétés. Il est calculé comme suit :

"Income before income taxes" = "Operating income" - "Total interest expense – net"

Notez que le signe négatif dans la formule ci-dessus a maintenant un sens, car le "Total interest expense – net" réduit le bénéfice. Dans ce cas, qui est le cas habituel. Si, en revanche, les "Interest income" étaient supérieurs aux "Interest expense", le "Total interest expense – net" serait négatif, et le signe moins dans la formule que nous venons de voir ferait qu'il ajouterait au bénéfice.

Income before income taxes = 6 946 - 123 = 6 823 millions de dollars.

La **"Provision for income taxes"** est la provision pour le paiement de l'impôt sur le revenu. Elle est parfois simplement appelée "Income taxes".

Le **"Net income including noncontrolling interest"** est le revenu net avant les intérêts minoritaires. Les "Noncontrolling interest" sont les bénéfices revenant aux intérêts minoritaires (voir plus loin). Il est calculé comme suit :

"Net income including noncontrolling interest" = "Income before income taxes" - "Provision for income taxes"

Chez 3M en 2015 :

Net income including noncontrolling interest = 6 823 - 1 982 = 4 841 millions USD.

"Less: Net income attributable to noncontrolling interest" est le résultat attribuable aux intérêts minoritaires. Le mot "Less" signifie que cette ligne est soustraite, comme nous allons le voir maintenant, de sorte que le "Net income attributable to 3M" est le résultat net attribuable aux actionnaires de 3M. Les actionnaires minoritaires sont les investisseurs qui détiennent une partie de certaines entreprises dont 3M (dans le cas présent) est l'actionnaire principal. Par exemple, si 3M possède une filiale en Autriche dans laquelle 3M détient 90 % du capital et des investisseurs locaux les 10 % restants. Ces 10 % sont les investisseurs minoritaires dans ce cas. Ce chiffre n'est pas pertinent pour l'analyse de l'entreprise, mais il est bon de savoir d'où il provient. 100 % des recettes et des dépenses de cette filiale autrichienne ont été reflétées dans toutes les lignes que nous avons vues jusqu'à présent ("Net sales", "Cost of sales", etc.). Par exemple, si les recettes de cette filiale autrichienne s'élèvent à 400 millions de dollars, ces 400 millions de dollars sont pris en compte dans la ligne "Net sales". Toutefois, comme 3M ne détient que 90 % de cette société, 10 % du résultat de la société autrichienne, qui appartient à ces investisseurs locaux, est soustrait du bénéfice net de cette ligne. Si le bénéfice de la filiale autrichienne est de 50 millions de dollars, les 5 millions de dollars appartenant aux investisseurs locaux autrichiens sont soustraits de cette ligne minoritaire, de sorte que 3M n'inclut dans son bénéfice net final que les 45 millions de dollars qu'elle possède réellement pour sa participation de 90 % dans la filiale autrichienne. Parfois, lors de la présentation des résultats, les entreprises disent que leur bénéfice net a augmenté ou diminué parce que "les intérêts minoritaires ont augmenté" (ce qui diminue le bénéfice net de l'entreprise), ou parce que "les intérêts minoritaires ont diminué" (ce qui augmente le bénéfice net de l'entreprise). Ils signifient exactement ce que nous venons de voir. Si 3M achetait les 10% manquants dans cette filiale autrichienne, les chiffres de "Net sales", "Cost of sales", etc., seraient les mêmes, mais dans cette ligne, les 5 millions de dollars qui appartenaient jusqu'à présent à ces investisseurs locaux autrichiens ne seraient plus soustraits, et 3M inclurait dans son bénéfice net les 50 millions de dollars pour les 100% qu'elle détient maintenant dans cette filiale autrichienne. Dans ce cas, on dira que la raison de l'augmentation du bénéfice net est "la réduction des intérêts minoritaires". Dans le cas contraire, si 3M avait vendu 15% supplémentaires de cette filiale autrichienne, les chiffres de "Net sales", "Cost of sales", etc. resteraient les mêmes, mais la ligne minoritaire passerait à 12,5 millions de dollars (25% de 50). Dans ce cas, on dira que la cause de la réduction du bénéfice net est "l'augmentation des intérêts minoritaires".

Il est calculé comme suit :

"Net income attributable to 3M" = "Net income including noncontrolling interest" - "Net income attributable to noncontrolling interest"

Dans notre exemple :

Net income attributable à 3M = 4,841 - 8 = 4,833 millions d'USD

Au lieu de "revenu net", on parle parfois de "Net earnings".

Vient maintenant la partie concernant le bénéfice par action.

"Weighted average 3M common shares outstanding – basic" est le nombre moyen d'actions détenues au cours de l'année, sans tenir compte des dilutions possibles (dues aux options sur actions pour les dirigeants, très courantes aux États-Unis, aux obligations convertibles déjà émises, etc.) Dans ce cas, en 2015, il y avait 625,6 millions d'actions.

Le **"Earnings per share attributable to 3M common shareholders – basic"** est le bénéfice par action calculé avec le nombre d'actions que nous venons de voir, c'est-à-dire sans tenir compte des dilutions possibles. Dans le cas de 3M en 2015, il s'agit de :

Earnings per share attributable to 3M common shareholders – basic = 4,833 / 625,6 = 7,72 USD.

La "**Weighted average 3M common shares outstanding – diluted**" est le nombre moyen d'actions détenues au cours de l'année, en tenant compte dans ce cas des dilutions possibles (dues aux options sur actions, aux obligations convertibles ou similaires déjà émises, etc.) Dans ce cas, en 2015, il y avait 637,2 millions d'actions.

Le "**Earnings per share attributable to 3M common shareholders – diluted**" est le bénéfice par action calculé avec le nombre d'actions que nous venons de voir, c'est-à-dire en tenant compte des dilutions possibles. Dans le cas de 3M en 2015, il s'agit de :

Earnings per share attributable to 3M common shareholders – diluted = 4 833 / 637,2 = 7,58 $.

À ce stade, certaines entreprises américaines calculent le bénéfice par action (de base et dilué) en utilisant le nombre moyen d'actions détenues au cours de l'année, et d'autres en utilisant le nombre d'actions au 31 décembre. Dans les cas où il est calculé avec le nombre moyen d'actions, si vous voulez calculer le bénéfice par action avec le nombre d'actions au 31 décembre, vous devez rechercher dans le rapport 10-K le nombre d'actions au 31 décembre. Pour gagner du temps, il suffit généralement de rechercher le mot "outstanding" dans le moteur de recherche du PDF dans lequel vous lisez le rapport 10-K.

Au lieu du mot "Weighted", certaines entreprises utilisent le mot "Average".

Les **"Cash dividends paid per 3M common share"** sont les dividendes versés par action au cours de chacune des années indiquées dans le rapport. Dans ce cas, il était de 4,10 $ en 2015, de 3,42 $ en 2014 et de 2,54 $ en 2013. Dans de nombreuses entreprises, le dividende est indiqué ici. Si ce n'est pas le cas pour l'une des entreprises que vous étudiez, cherchez le mot "dividend" dans le PDF ou dans la section "Dividends" que toutes les entreprises ont sur leur site web (sous "Investors", ou similaire).

Nous avons déjà examiné le compte de résultat de 3M. Examinons à présent d'autres lignes courantes dans les comptes de résultat américains. Il convient de noter que cette liste n'est pas exhaustive, car il existe des milliers d'entreprises et de nombreux éléments peuvent être décomposés. La plupart d'entre eux se répètent cependant.

Tous ces éléments apparaissent avant le résultat d'exploitation (ou bénéfice d'exploitation) et sont donc soustraits (ou ajoutés, selon le signe) aux ventes nettes pour calculer le résultat d'exploitation.

"Other income (expense) net" Il s'agit d'une ligne "Autres", qui peut inclure tout élément ne figurant pas sur les lignes principales. Qu'il s'agisse de revenus ou de dépenses. Pour savoir ce que comprend cette ligne, il faut consulter les notes du rapport 10-K. Cela s'applique également à toutes les autres lignes que nous avons vues et à celles que nous verrons dans le bilan et les flux de trésorerie. Si vous souhaitez obtenir plus de détails sur une ligne (parfois il y en a, parfois il n'y en a pas), vous devez consulter le reste du rapport, principalement les "notes". Le format de ces "notes" qui peuvent figurer dans les rapports n'est pas standard, comme les lignes que nous examinons ici. Certaines entreprises peuvent donner plus de détails, d'autres moins. Le contenu de chaque "note" varie d'un cas à l'autre. Chaque entreprise donne les détails qu'elle juge utiles, et certaines entreprises donnent plus de détails, d'autres moins. Quoi qu'il en soit, les "notes" sont l'endroit où vous pouvez trouver des explications sur tout ce que nous examinons ici.

Le poste **"Other operating charges"** est similaire au poste "Other income (expense) net", bien que celui que nous examinons aujourd'hui ne concerne que les dépenses.

La "**Charge pour XXX**" est une provision pour XXX (quelle que soit la raison dans chaque cas). Cette ligne peut également être appelée "XXX impairment charges", ou quelque chose de similaire.

"Asset impairment" est une dépréciation d'actifs. Les entreprises réexaminent périodiquement la valeur de leurs actifs afin d'estimer si la valeur actuelle estimée de ces actifs est significativement différente de la valeur à laquelle ils sont comptabilisés. Par exemple, une entreprise peut avoir une usine de chlore évaluée à 20 millions de dollars et, après avoir constaté que les perspectives de l'activité chlore se sont dégradées et semblent devoir se dégrader au cours des prochaines années, réviser cette valeur à la baisse, à 5 millions de dollars par exemple. Les 15 millions de dollars (20 millions - 5 millions) sont comptabilisés comme une dépréciation d'actif et comme une perte pour l'entreprise, qui réduit son bénéfice net. Mais il ne s'agit que d'une écriture comptable, aucun argent ne sort de la trésorerie de l'entreprise. L'usine est toujours la même, elle fait toujours la même chose et se trouve toujours au même endroit. La seule différence est que la comptabilité disait que l'usine valait 20 millions de dollars et qu'à partir de maintenant, la comptabilité dira que l'usine vaut 5 millions de dollars. Mais cela ne coûte pas "rien", car aucun argent ne quitte l'entreprise à cause de cette écriture comptable. Il s'agit de faire en sorte que la comptabilité reflète de manière plus réaliste, toujours estimée, la valeur réelle de l'entreprise.

L'inverse peut également se produire, c'est-à-dire que la valeur des actifs augmente, parce que le secteur du chlore a encore changé et que la juste valeur de l'usine est désormais estimée non pas à 5 millions de dollars, mais à 15 millions de dollars. Ces 10 millions de dollars (15 - 5) augmenteraient le résultat net de l'entreprise (pas exactement de 10 millions de dollars, en raison du paiement de l'impôt que nous allons voir maintenant, et parce qu'il pourrait également être reflété dans le bilan et non dans le compte de résultat), mais comme auparavant, aucun argent ne serait entré dans la trésorerie de l'entreprise, mais il s'agirait seulement d'une écriture comptable qui chercherait à refléter de manière plus réaliste la valeur de l'entreprise dans les comptes.

La vente de cette usine de chlore serait reflétée dans la ligne "Other income (expense) net". Si l'entreprise vend l'usine de chlore pour 8 millions de dollars alors qu'elle est évaluée à 5 millions de dollars, un bénéfice de 3 millions de dollars (8 - 5) sera enregistré sur cette ligne. Si nous supposons que l'usine a été achetée à l'origine pour 20 millions de dollars, en la vendant pour 8 millions de dollars, l'entreprise a en fait perdu 12 millions de dollars (20 - 8). Cette perte de 12 millions de dollars est en fait ce que la comptabilité a reflété, mais en deux étapes. D'abord une perte de 15 millions de dollars, puis un gain de 3 millions de dollars (-15 + 3 = -12).

Les **"Restructuring cost"** sont des dépenses de restructuration. En théorie, il s'agit de coûts extraordinaires, et certaines entreprises les soustraient lorsqu'elles calculent le BPA (bénéfice par action) ordinaire, mais dans chaque cas, vous devez déterminer si vous les considérez comme extraordinaires ou ordinaires, et en cas de doute, il est plus prudent de les considérer comme ordinaires. Les lignes "Charge for XXX" et "Asset impairment" que nous venons de voir sont également soustraites par de nombreuses entreprises lors du calcul des bénéfices ordinaires, et ce n'est pas toujours la chose la plus prudente à faire. Dans de nombreux cas, il s'agit de coûts liés au développement normal des activités de l'entreprise, même s'ils ne se répètent pas chaque année (parfois, l'entreprise paie un impôt supplémentaire, parfois elle récupère une provision, ouvre des succursales, ferme une usine, verse des indemnités de licenciement, engage du personnel pour développer ses activités, etc.) En règle générale, je pense qu'il est préférable de ne considérer comme extraordinaire que ce qui l'est clairement, comme la vente d'une entreprise ou d'une filiale importante.

Parfois, les entreprises font une distinction entre les bénéfices ordinaires et les bénéfices extraordinaires (en fonction des critères de l'entreprise, qui peuvent ne pas coïncider avec ce qui vous semble le plus approprié, comme je viens de le mentionner). Tout ce qui a trait aux activités ordinaires sera désigné par le terme **"continuing operations"**, ou quelque chose de similaire. Et les résultats extraordinaires seront regroupés sous le nom de **"discontinued operations"**, ou quelque chose comme ça.

Les entreprises américaines ne calculent généralement pas l'**EBITDA**. Pour le calculer, il faut ajouter le poste " Depreciation and amortization " (que nous verrons lorsque nous parlerons des flux de trésorerie) au " Operating income ". Nous verrons plus tard où se trouve cette donnée, mais je vous avance que dans le cas de 3M en 2015, " Depreciation and amortization " est de 1 435 millions de dollars. Donc :

EBITDA 3M en 2015 = 6 946 + 1 435 = 8 381

Notez que les autres EBITDA que vous voyez calculés peuvent avoir fait l'objet d'un ajustement ou d'une provision pour d'autres éléments, et peuvent être différents de l'EBITDA que vous calculez de cette manière. Ces autres EBITDA sont appelés "EBITDA ajusté". En général, il est préférable de considérer l'EBITDA calculé de la manière que j'ai expliquée ici.

Voyons comment certaines marges sont calculées :

Marge EBITDA / Ventes = EBITDA / Net sales = 8 381 / 30 274 = 27,7 %.

Marge Operating income / Ventes = Operating income / Net sales = 6.946 / 30.274 = 22,9%.

Marge Gross profit / Ventes = Marge Gross profit / Net sales = 14.891 / 30.274 = 49,2%.

Etc.

Que toutes ces marges, et toutes les autres, augmentent ou diminuent est bon, mauvais ou indifférent, **selon la stratégie d'investissement que vous suivez**. À long terme, comme je l'ai déjà dit, vous pouvez compter sur le fait qu'il est impossible qu'une marge augmente indéfiniment, et qu'il ne serait donc pas judicieux de choisir uniquement des entreprises dont la marge X a augmenté au cours des Y dernières années. Tôt ou tard, cette marge, comme toutes les autres, diminuera. C'est une certitude. Et si nous ne voulons que des entreprises dont les marges augmentent, quand elles commencent à baisser, nous ne devrions pas garder cette entreprise que nous avons achetée à l'époque où ses marges augmentaient, et parce qu'elles augmentaient (si elles avaient baissé à ce moment-là, nous ne l'aurions pas achetée, selon ce raisonnement qui, comme je l'ai dit, est incompatible avec l'investissement à long terme). Donc, maintenant que les marges baissent, nous sommes censés vendre cette entreprise, parce que ses marges baissent et que nous n'acceptons que les entreprises dont les marges augmentent. Comme cette entreprise ne le fait plus, elle doit sortir de notre portefeuille. Tout cela, voyez-vous, peut avoir un sens à moyen terme, et selon la stratégie à moyen terme en question, pas pour tous. Mais c'est incompatible avec le long terme, car cela implique nécessairement de vendre tôt ou tard. Si l'entreprise que nous avons en portefeuille vaut encore la peine maintenant que les marges baissent, le critère consistant à n'acheter que celles dont les marges augmentent était erroné. De plus, les meilleurs prix d'achat sont généralement obtenus lorsque les marges bénéficiaires diminuent, et non lorsqu'elles augmentent.

Lorsque l'on investit à long terme, les entreprises doivent être connues dans les mauvais moments, et non dans les bons. Vous devez savoir clairement pourquoi vous devez investir dans une entreprise lorsque la plupart des gens ne veulent pas le faire, et non lorsque la plupart des gens veulent le faire.

Dans le cadre d'un investissement de croissance, il est correct de rechercher des marges croissantes, car dans cette stratégie, il faut toujours vendre à un moment donné, par exemple lorsque les marges commencent à diminuer.

Lorsqu'on investit dans des entreprises cycliques, des petites entreprises de faible qualité, des entreprises en restructuration, etc., il est également important de suivre l'évolution des marges afin d'évaluer le prix auquel acheter, d'essayer de détecter le plus tôt possible le passage des pertes aux bénéfices, de chercher le bon moment pour vendre, etc.

Notez également qu'un cas relativement courant se produit : les revenus et l'EBITDA diminuent, mais le bénéfice net augmente. Avec ce que nous avons déjà vu, vous pouvez comprendre comment cela se produit : en améliorant l'une des lignes en dessous de l'EBITDA. Par exemple, parce que les charges financières de l'entreprise diminuent, ou parce que les intérêts minoritaires sont réduits.

BILAN (BILAN CONSOLIDÉ)

Examinons maintenant le bilan consolidé 2015 de 3M.

	2015	2014
Assets (Actifs)		
Currents assets (Actifs courants)		
Cash and cash equivalents (Trésorerie et équivalents de trésorerie)	1.798	1.897
Marketable securities – current (Titres négociables - courants)	118	1.439
Accounts receivable (Comptes à recevoir)	4.154	4.238
Inventories (Inventaires)		
Finished goods (Produits finis)	1.655	1.723
Work in process (Travaux en cours)	1.008	1.081
Raw materials and supplies (Matières premières et fournitures)	855	902
Total inventories (Total des stocks)	3.518	3.706
Other current assets (Autres actifs courants)	1.398	1.023

Total current assets (Total de l'actif circulant)	10.986	12.303
Marketable securities – non current (Titres négociables - non courants)	9	15
Investments (Investissements)	117	102
Property, plan and equipment (Propriétés, plans et équipements)	23.098	22.841
Less: Acumulated depreciation (Moins : Amortissements cumulés)	-14.583	-14.352
Property, plan and equipment – net (Immobilisations corporelles - nettes)	8.515	8.489
Goodwill (survaleur)	9.249	7.050
Intangible assets – net (Immobilisations incorporelles – nettes)	2.601	1.435
Prepaid pension benefits (Prestations de retraite payées d'avance)	188	46
Other assets (Autres actifs)	1.053	1.769
Total assets (Tous les actifs)	32.718	31.209
Liabilities (Passif)		

Current liabilities (Passif à court terme)		
Short-term borrowings and current portion of long-term debt (Emprunts à court terme et partie à court terme de la dette à long terme)	2.044	106
Accounts payable (Comptes créditeurs)	1.694	1.807
Accrued payroll (Salaires à payer)	644	732
Accrued income taxes (Impôts sur le revenu à payer)	332	435
Other current liabilities (Autres passifs courants)	2.404	2.884
Total current liabilities (Total des dettes à court terme)	7.118	5.964
Long-term debt (Dette à long terme)	8.753	6.705
Pension and postretirement benefits (Prestations de retraite et avantages postérieurs à l'emploi)	3.520	3.843
Other liabilities (Autres passifs)	1.580	1.555
Total liabilities (Total du passif)	20.971	18.067

Equity (Fonds propres)		
3M Company shareholders' equity (Capitaux propres de la société 3M)		
Common stock, par value $0,1 per share (Actions ordinaires, valeur nominale de 0,1 dollar par action)	9	9
Additional paid-in capital (Capital d'apport supplémentaire)	4.791	4.379
Retained earnings (Bénéfices non distribués)	36.575	34.317
Treasury stock (Actions propres)	-23.308	-19.307
Accumulated other comprehensive income (loss) (Cumul des autres éléments du résultat global)	-6.359	-6.289
Total 3M Company shareholders' equity (Total des capitaux propres de 3M Company)	11.708	13.109
Noncontrolling interest (Intérêts minoritaires)	39	33
Total equity (Total des capitaux propres)	11.747	13.142
Total liabilities and equity (Total du	32.718	31.209

| passif et des capitaux propres) | | |

"Total Assets" est toujours égal à la somme du "Total liabilities" et de "Equity".

Total assets = Total liabilities + equity

Dans le cas de 3M en 2015 :

32.718 = 20.971 + 11.747

Le bilan des entreprises américaines est similaire à ce que nous avons vu dans le compte de résultat, et que nous verrons plus tard dans les flux de trésorerie : toutes les entreprises ne présentent pas les mêmes lignes de reporting.

Examinons d'abord les grands titres, qui sont communs à tous, puis entrons dans les détails.

Les **"Assets"** sont les **actifs.**

Le "Current assets" est tout ce qui peut être facilement converti en argent, et "Non current assets" est tout ce qui ne peut pas être facilement converti en argent. Il s'agit d'une définition théorique rapide, car dans la pratique, il est parfois plus facile de vendre un bâtiment ou une usine (actif non courant) que de recouvrer les sommes dues par un client défaillant (actif courant). Mais en tant que définition théorique, elle donne une idée rapide de la manière dont le bilan des entreprises est organisé.

"Current assets" est un actif à court terme, tel que les dépôts bancaires détenus par l'entreprise et dont l'échéance est inférieure à un an, par exemple.

Les **"Non current assets"** sont parfois détaillés, parfois non. S'il n'est pas détaillé, il se calcule facilement comme suit.

"Total assets" = "Non current assets" + "Current assets"

À partir de là, nous éliminons les "Non current assets" et nous nous retrouvons avec :

"Non current assets" = "Total assets" - "Current assets"

Dans le cas de 3M en 2015 :

Non current assets = 32 718 - 10 986 = 21 732 millions USD.

Les **"Liabilities"** sont des dettes.

Les **"Current liabilities"** sont des passifs à court terme, tels que les dettes que l'entreprise doit payer dans un délai inférieur à un an.

Le **"Non current liabilites"** est une dette à long terme, c'est-à-dire une dette que l'entreprise doit rembourser dans plus d'un an.

Le **"Total liabilities"** est la somme des deux, comme c'était le cas pour l'actif :

"Total liabilities" = "Non current liabilities" + "Current liabilities"

Il est également très fréquent qu'ils ne détaillent pas les "Non current liabilities", mais celles-ci peuvent également être facilement calculées :

"Non current liabilities" = "Total liabilities" - "Current liabilities"

Dans le cas de 3M en 2015, c'est le cas :

Non current liabilities = 20 971 - 7 118 = 13 853 millions USD.

"**Equity**" est le capital de l'entreprise.

Le **"Total equity"** est le capital de l'entreprise, y compris la part des intérêts minoritaires.

Les **"Total 3M Company shareholders' equity"** sont les capitaux propres des actionnaires de 3M. C'est-à-dire les capitaux propres restants après soustraction de la part des actionnaires minoritaires. Par exemple, nous soustrairons ici la valeur comptable des 10 % de la filiale autrichienne détenus par les actionnaires locaux, que nous avons utilisés dans un exemple précédent. Ce chiffre est utilisé pour calculer la valeur comptable de l'action en divisant ce chiffre par le nombre d'actions qui composent le capital social de l'entreprise.

Valeur comptable par action 3M en 2015 = 11 708 / 637,2 = 18,37 $.

637,2 millions est le nombre d'actions diluées, que nous avons vu apparaître dans le compte de résultat.

Cette formule est toujours vraie, dans toutes les entreprises du monde :

"Total assets" = "Total liabilities" + "Total equity"

Dans le cas de 3M en 2015 :

32.718 = 20.971 + 11.747

Examinons maintenant le détail des lignes du bilan de 3M :

"Cash and cash equivalents" sont les fonds que l'entreprise possède sur des comptes courants, des dépôts bancaires à court terme, etc. Toutes les entreprises ont un chiffre positif à ce niveau, même les plus endettées. Il ne s'agit pas de l'excédent de liquidités de l'entreprise, mais de l'argent que l'entreprise possède sur des comptes bancaires et autres, ce qui est quelque chose que même l'entreprise la plus endettée possède, même si c'est peu.

Les **"Marketable securities – current"** sont des obligations et autres titres similaires, avec une échéance à court terme (c'est pourquoi ils sont courants). Les détails peuvent être trouvés dans les notes, comme toujours.

Les **"Accounts receivable"** sont les factures adressées à vos clients qui n'ont pas encore été encaissées. Dans cet exemple, il s'agit des entreprises auxquelles 3M a vendu des matériaux d'isolation, par exemple, et qui paient 3M quelques semaines après la livraison des marchandises. Il est normal que des entreprises se voient régulièrement réclamer de l'argent de cette manière. Il convient de vérifier si cette ligne augmente fortement par rapport au chiffre d'affaires, car cela pourrait indiquer que les clients de l'entreprise sont de plus en plus mauvais payeurs. Lorsque les recettes augmentent, il est normal que les créances augmentent, car davantage de marchandises ont été livrées, et elles seront normalement recouvrées après quelques semaines. Plus vous vendez de marchandises, plus vos créances augmentent, ce qui est tout à fait normal.

Les **"Inventories"** sont les produits que l'entreprise a fabriqués et qu'elle n'a pas encore vendus. Certaines entreprises américaines ne détaillent pas la composition des stocks, mais 3M le fait dans ce cas, en faisant la distinction entre :

Les **"Finished goods"** sont des produits déjà finis et prêts à être vendus.

Les **"Work in process"** sont des produits à moitié terminés.

Les **"Raw materials and supplies"** sont les matières premières à partir desquelles les produits sont fabriqués.

Suivant la logique de la production, 3M achète d'abord tout ce dont elle a besoin pour fabriquer ses produits. Il s'agit des "Raw materials and supplies". Lorsqu'elle commence à fabriquer ses produits mais qu'ils ne sont pas encore terminés, il s'agit de "Work in process", et lorsqu'ils sont terminés et prêts à être vendus, ils deviennent des "Finished goods".

Le **"Total inventories"** est la somme des trois lignes que nous venons de voir :

Total inventories = 1 655 + 1 008 + 855 = 3 518 millions USD

Les stocks que les entreprises ont dans leurs entrepôts doivent être reflétés d'une manière ou d'une autre dans les comptes de l'entreprise, car il est évident que ce n'est pas la même chose s'il y a 10 tonnes de matériaux d'isolation dans les entrepôts que s'il y en a 1, par exemple. Ces tonnes, unités ou autres doivent être converties en argent afin d'être incluses dans les comptes. Ils sont généralement évalués au coût de production et non au prix de vente qui sera obtenu lors de la vente. Par exemple, si 3M a dans ses entrepôts 10 tonnes de matériaux d'isolation dont la production a coûté 8 000 dollars et qui se vendront 10 000 dollars, tant qu'ils sont dans les entrepôts, ils sont évalués à 8 000 dollars (sur la ligne que nous examinons maintenant), et lorsqu'ils seront vendus 10 000 dollars, 8 000 dollars disparaîtront de cette ligne du bilan et deviendront 10 000 dollars sur la ligne "Net sales" du compte de résultat.

En principe, il n'est pas bon que les stocks augmentent trop. Lorsque les recettes augmentent, il est normal que les stocks augmentent également, car il est logique que si l'entreprise vend plus, elle aura un peu plus de stock dans les entrepôts. Mais si les stocks augmentent beaucoup plus que les recettes, cela peut être un premier signe que les ventes de l'entreprise sont en baisse. Un cas où il peut être intéressant de suivre l'évolution de cette ligne avec un intérêt particulier est celui des entreprises en croissance, car si les ventes commencent à ralentir, dans de nombreux cas, les stocks commencent à augmenter de manière relativement significative.

Supposons qu'une entreprise technologique vende 10 000 unités par mois et en fabrique 10 000. Si les ventes chutent soudainement de 9 000 unités et que l'entreprise continue à fabriquer 10 000 unités, le stock dans l'entrepôt augmentera de 1 000 unités chaque mois, ce qui donnera un premier signe que l'entreprise vend moins que ce qu'elle a vendu jusqu'à présent.

Mais il arrive aussi que les entreprises augmentent leurs stocks parce qu'elles s'attendent à des ventes plus importantes à l'avenir (en raison de la prochaine période de Noël, par exemple, ou parce qu'elles savent qu'elles vont bientôt se lancer dans un nouveau pays, etc. Comme vous pouvez le constater dans cet exemple, il est compliqué d'entrer dans les détails de l'analyse fondamentale, car il **n'existe pas de formules mathématiques permettant de déterminer avec certitude si quelque chose est "bon" ou "mauvais"**. L'augmentation des stocks dans les entrepôts est parfois mauvaise, parfois bonne. L'analyse des comptes, en général, dit qu'il se passe "quelque chose", mais elle **ne dit pas pourquoi ce "quelque chose" se passe, ni s'il est bon ou mauvais que ce "quelque chose" se passe**. L'important, lorsqu'on entre dans les détails, n'est pas de savoir que "quelque chose" se produit, mais de savoir **pourquoi cela se produit,** et dans **quelle mesure il est bon ou mauvais** que cela se produise dans ce cas particulier. La réponse à ces questions n'est pas un chiffre qui se trouve à un endroit fixe pour que nous puissions aller le consulter, mais qui doit être analysé avec les détails du rapport annuel, les nouvelles, les prévisions, etc. données par l'entreprise, les nouvelles lues dans les médias, les analyses des analystes qui ont visité l'entreprise et se sont entretenus avec ses dirigeants, etc.

Je profite de l'occasion pour vous rappeler qu'il faut **toujours éviter de se laisser abuser par la surinformation**. Pour votre stratégie à long terme, les changements de titres ne sont pas importants. Tout ce que nous examinons et continuerons d'examiner dans cette partie du livre concerne principalement les stratégies d'investissement à moyen terme.

Les **"Other current assets"** sont tous les autres actifs à court terme qui ne figurent dans aucune des lignes ci-dessus.

Le **"Total current assets"** est la somme de tous les éléments ci-dessus :

Total current assets = 1 798 + 118 + 4 154 + 3 518 + 1 398 = 10 986 millions USD

Tout ce qui se trouve à partir d'ici (jusqu'à la ligne "Liabilities") constitue le **"Non current assets"** (actif à long terme). Examinons toutes les lignes "Non current assets".

Les **"Marketable securities – non current"** sont également des obligations et des titres similaires, tout comme les "Marketable securities – current", mais avec une durée plus longue (plus d'un an). En principe, la différence est que les "marketables secutities current" ont une durée inférieure à 1 an et les "Marketable securities - non current" une durée supérieure à 1 an, bien que certaines entreprises modifient légèrement ces critères, parce qu'elles considèrent que ces modifications reflètent un peu mieux la situation de l'entreprise. Je ne pense pas qu'il soit important pour une entreprise de modifier légèrement les critères généraux. Les intérêts et les dividendes perçus par l'entreprise sur ces dépôts, obligations, etc., figurent dans le compte de résultat sous la rubrique "Interest income".

Les **"Investments"** sont les investissements détenus par l'entreprise. Les détails de la nature exacte de ces investissements, s'il y en a, se trouvent dans les notes du rapport 10-K.

Les **"Property, plant and equipment"** sont les actifs qui peuvent être "touchés" par l'entreprise, tels que les usines, les véhicules, les installations, etc. C'est ce qui est amorti dans la ligne "Depreciation and amortization", que nous verrons plus loin dans les flux de trésorerie, et qui est à l'origine du concept de flux de trésorerie disponible. Pour que l'entreprise puisse continuer à fonctionner, ces éléments ont besoin d'argent frais afin de ne pas cesser de fonctionner. Mais l'argent frais dont ils ont besoin peut ne pas correspondre à ce que l'entreprise prévoit dans le concept de "Depreciation and amortization", comme nous le verrons plus loin dans l'exemple des deux glaciers. Le problème est qu'il est très difficile de faire des estimations utiles des besoins réels d'une entreprise cotée en Bourse en matière d'investissements de maintenance. En outre, les investissements de maintenance et de croissance sont souvent étroitement liés, car une machine qui pourrait encore durer quelques années est changée maintenant parce que le nouveau modèle permet de se lancer dans une nouvelle activité, ou d'avancer le lancement d'un produit par rapport à ce qui était initialement prévu, etc. La machine devra être changée dans quelques années, mais pas nécessairement maintenant. Sans ces nouvelles caractéristiques, elle ne serait pas changée maintenant, mais d'un autre côté, elle ne sera pas changée dans quelques années, alors qu'il était prévu de la changer. Et ainsi de suite. Et cette difficulté doit être multipliée par les milliers et les milliers d'actifs que possède une société cotée en Bourse.

C'est là que se trouvent les usines des centres-villes que les sociétés de capital-risque ont vendues pour fabriquer des logements, par exemple, comme nous le verrons plus tard lorsque nous parlerons du capital-risque. Dans les comptes, il n'y avait qu'un seul chiffre sur cette ligne, et peut-être quelques autres détails dans les notes aux comptes. Mais il n'apparaissait pas que la valeur de ce terrain était beaucoup plus élevée s'il était utilisé pour construire des logements, par exemple, plutôt que de conserver l'usine existante. C'est là l'innovation du private equity, que nous verrons en détail plus loin : trouver où se trouvent les usines des entreprises, faire une évaluation du terrain au cas où il serait utilisé pour construire des logements, et acheter l'entreprise sans rien dire en public jusqu'à ce que l'offre de reprise soit faite.

Nous allons examiner ici une question très importante, qui s'applique également aux autres lignes d'actifs. Il s'agit du fait que **certaines modifications comptables qui n'impliquent pas d'entrées ou de sorties de fonds modifient**, parfois de manière significative, **les ratios de rentabilité** qui utilisent la valeur de l'actif (ou valeur comptable) tels que le ROE, le ROCE, le ROIC, etc.

Comme nous l'avons déjà vu, si une entreprise estime que son activité s'est détériorée, elle peut refléter une dépréciation de cette activité, ce qui réduit sa valeur comptable, comme nous le verrons dans cet exemple simple.

Supposons qu'Hasbro réalise à tout moment un bénéfice d'un million de dollars et qu'elle possède une usine qu'elle a évaluée à 30 millions de dollars dans cette rubrique "Property, plan and equipment". Par souci de simplicité, supposons qu'elle n'a pas d'autres actifs, qu'elle n'a pas de dettes et que sa valeur comptable est la même, à savoir 30 millions de dollars. Par conséquent, son rendement des capitaux propres est de 3,3 % (1/30). À ce stade, Hasbro considère que l'usine a subi une dépréciation permanente, quelle qu'en soit la raison (un ROE aussi faible est le signe que l'usine n'est pas aussi rentable qu'elle devrait l'être). Il ajuste donc la valeur comptable de l'usine (30 millions de dollars) à ce qu'il estime être sa valeur réelle à l'heure actuelle (10 millions de dollars, par exemple). Elle enregistre donc une dépréciation de 20 millions de dollars dans la ligne "Asset impairment" que nous avons déjà vue. Cela aggrave son résultat net, qui passe à une perte de 19 millions de dollars cette année-là (1 million de dollars gagnés moins les 20 millions de dollars de cette dépréciation). Il s'agit d'une simplification, car en réalité il faudrait tenir compte des impôts, etc. Et sur la ligne "Property, plan and equipment", nous passons de 30 millions de dollars à 10 millions de dollars. Mais aucun argent ne serait sorti de l'entreprise, il s'agirait seulement d'une écriture comptable "gratuite". Ce qui importe, c'est que l'année suivante, le bénéfice net serait à nouveau de 1 million de dollars, mais que la valeur comptable serait désormais de 10 millions de dollars et que le rendement des capitaux propres serait donc de 10 % (1 / 10). Apparemment, l'entreprise a considérablement augmenté sa rentabilité grâce à cet ajustement de la valeur comptable, mais en réalité, l'entreprise est la même, elle gagne la même chose et possède la même usine. Cet ajustement de la valeur comptable de l'usine à un chiffre plus proche de sa valeur réelle actuelle, qui est correct de la part de l'entreprise, a faussé tous les ratios utilisés pour calculer la valeur des actifs (ROE, ROCE, ROIC, etc.). Dans ce cas, c'est facile à voir parce que nous avons utilisé un exemple didactique très simple, mais imaginez la difficulté de détecter ce type de chose dans une entreprise réelle, avec un grand nombre d'actifs. Et s'il est déjà difficile de détecter une telle chose dans l'année où l'ajustement se produit, imaginez qu'on puisse la détecter et la prendre en compte des années après qu'elle se soit produite.

Si l'activité de l'usine s'améliore et que le bénéfice net de Hasbro passe à 3 millions de dollars, le rendement des capitaux propres devient 30 % (3 / 10), ce qui reflète correctement l'amélioration de la rentabilité de l'usine. Mais si, après plusieurs années de bénéfices de 3 millions de dollars, Hasbro décide d'augmenter la valeur comptable de l'usine de 10 millions de dollars à 30 millions de dollars, le rendement des capitaux propres tombera à 10 % (3/30). Mais rien n'aurait vraiment changé en faisant passer la valeur comptable de l'usine de 10 millions de dollars à 30 millions de dollars, puisque les bénéfices seraient toujours de 3 millions de dollars (comme nous le supposons dans cet exemple), que l'usine resterait la même, etc.

C'est pourquoi le fait d'examiner de nombreux détails dans l'analyse fondamentale augmente la complication de manière exponentielle (**exponentielle**). Et c'est aussi pourquoi je pense que l'investissement à long terme à la recherche du rendement des dividendes est la meilleure stratégie pour presque tout le monde, parce qu'elle **peut vraiment être reproduite et mise en pratique par tout le monde** (à l'exception des personnes ayant des conditions mentales particulières, bien sûr), ce qui n'est pas le cas avec les autres stratégies. Mais il est très bon de connaître ce genre de choses, même si vous n'investissez qu'à long terme, pour l'éducation financière. Pour investir dans des petites entreprises de faible qualité, des entreprises de croissance, des entreprises cycliques, etc., il est souvent nécessaire d'approfondir ce genre de choses, et c'est ce qui rend ces autres stratégies non seulement plus compliquées, mais aussi beaucoup moins susceptibles de réussir.

Les "Property, plan and equipment" comprennent également les biens immobiliers appartenant à l'entreprise.

Dans de nombreux cas, l'amortissement cumulé de toutes ces "Property, plant and equipment" n'est pas détaillé, mais 3M le fait ici. Ce qui a déjà été amorti figure à la ligne **"Less: Acumulated deprecciation"** et, par conséquent, la valeur comptable actuelle de ces actifs figure à la ligne **"Property plan and equipment – net"** :

Property plan and equipment – net = 23 098 - 14 583 = 8 515 millions USD.

Le **"goodwill"** est principalement l'excédent payé par rapport à la valeur comptable lors de l'achat d'autres entreprises. Par exemple, si 3M achète une société dont la valeur comptable est de 1 milliard de dollars en payant 1,5 milliard de dollars, 500 millions de dollars (1,5 milliard de dollars - 1 milliard de dollars = 500 dollars) seront enregistrés dans la ligne Goodwill. Il y a des années, le goodwill devait être amorti sur un certain nombre d'années pour être ramené à zéro, car il était considéré comme trop "éthéré" pour figurer en permanence au bilan de l'entreprise, augmentant ainsi sa valeur théorique. Il est désormais entendu que la valeur réelle d'une entreprise n'est pas sa valeur comptable et qu'il n'est plus nécessaire d'amortir cet élément jusqu'à zéro. Cette évolution est très importante, car elle reflète le changement de mentalité de la communauté des investisseurs et la manière dont les entreprises sont évaluées. Il s'agit d'un changement d'une importance similaire à celui introduit par le capital-risque, que nous verrons plus tard, concernant la possibilité de réorganiser les actifs et les passifs des entreprises d'une manière complètement différente de la manière traditionnelle. L'évaluation comptable des actifs doit désormais être revue périodiquement et les actifs doivent être totalement ou partiellement dépréciés si les perspectives d'avenir de l'entreprise se sont considérablement détériorées. Cela se fait dans le poste "Asset impairment" du compte de résultat, que nous avons déjà vu.

Pour évaluer les entreprises dans la pratique, il convient de faire la distinction entre le "goodwill" et la valeur économique réelle d'une marque. Il s'agit de deux concepts étroitement liés mais distincts.

Le goodwill est généré lorsqu'une entreprise en achète une autre pour un montant supérieur à sa valeur comptable, comme nous venons de le voir. En comptabilité, on comprend que si Marriott achète Hilton pour 30 milliards de dollars alors que la valeur comptable de Hilton est de 20 milliards de dollars, la marque "Hilton" a été valorisée à 10 milliards de dollars (30 milliards de dollars - 20 milliards de dollars), ce qui se reflète dans le bilan de Marriott après l'achat, les 10 milliards de dollars étant inscrits dans le poste "Goodwill". Ce n'est pas vraiment le cas, car la valeur réelle d'une entreprise n'est pas toujours sa valeur comptable (il serait même rare qu'elle soit exactement sa valeur comptable). **La valeur réelle d'une entreprise n'est connue de personne.** Le prix d'une entreprise est ce qu'une autre entreprise paiera pour l'acheter à un moment donné, et dépend de ce que l'acheteur et le vendeur estiment que l'entreprise peut gagner à l'avenir, et non de sa valeur comptable actuelle (même si, logiquement, elle influence l'évaluation, mais ce n'est pas "l'évaluation").

En principe, plus le "goodwill" est faible, plus la valeur comptable de l'action est prudente et fiable. C'est une question de cas par cas, mais notez que plus vous payez pour une entreprise lorsque vous l'achetez, plus la valeur comptable de l'entreprise que vous achetez augmente. Ce n'est pas une mauvaise chose si le prix payé est correct (même s'il représente plusieurs fois la valeur comptable de l'entreprise achetée, car vous savez que cela dépend beaucoup du secteur), mais cela a pour effet pervers que les achats d'entreprises surévaluées augmentent davantage la valeur comptable que les achats d'entreprises sous-évaluées.

Dans le cas que nous venons de voir, la valeur comptable de Marriott a été augmentée de 10 milliards de dollars en achetant Hilton pour 30 milliards d'euros. Si Marriott obtient un meilleur prix et paie 25 milliards au lieu de 30 milliards, cet achat n'augmente la valeur comptable de Marriott que de 5 milliards (25 milliards - 20 milliards). Bien qu'il s'agisse d'un meilleur achat, Marriott a payé 5 milliards de dollars de moins (les mêmes 5 milliards de dollars de moins que la valeur comptable de Marriott a augmenté). Et pourtant, si au lieu de payer 30 milliards de dollars, ils avaient payé 40 milliards de dollars, la valeur comptable de Marriott aurait augmenté de 20 milliards de dollars (40 milliards de dollars - 20 milliards de dollars). Dans ce cas, la valeur comptable aurait augmenté davantage que dans les cas précédents, bien qu'il s'agisse d'une moins bonne opération pour les actionnaires de Marriott, car ils ont payé davantage pour Hilton (ce qui réduira logiquement sa rentabilité future).

J'ai utilisé l'expression "la valeur comptable a augmenté" dans ce dernier raisonnement parce que je pense que c'est la manière la plus didactique et la plus rapide de comprendre le concept que je viens d'expliquer, mais je vais la nuancer un peu. Au moment de l'achat, la valeur comptable n'augmente pas réellement au fur et à mesure que vous payez. Supposons par exemple que Marriott effectue cet achat au comptant avec l'argent dont il dispose en liquidité (s'il l'effectue en empruntant, la conclusion serait la même). Dans ce cas, Marriott prélèverait 30 milliards de dollars (ou n'importe quel montant) sur ses liquidités (le poste "Cash and cash equivalents" que nous avons vu) et les donnerait aux actionnaires de Hilton. À ce moment-là, la valeur comptable de Marriott ne change pas vraiment, car 30 milliards de dollars de la valeur de Hilton "entreraient" et 30 milliards de dollars de liquidités "sortiraient". Il est donc plus exact de dire que plus vous payez pour un achat, plus le "goodwill" augmente et moins il y a de liquidités (ou plus de dettes) dans l'entreprise. En d'autres termes, dans les rachats d'entreprises surévaluées, de l'argent réel sort en échange d'une prime, qui se reflète dans la valeur comptable à la place de l'argent qui vient de sortir. Mais les actionnaires se sont appauvris, parce qu'ils ont payé trop cher pour l'achat qu'ils ont effectué, bien que dans la valeur comptable ce surpaiement soit reflété comme s'il s'agissait d'un actif réel. Une fois l'achat effectué, l'argent qui est sorti n'existe plus et, au cours des années suivantes, ce "goodwill" surévalué continue d'apparaître, augmentant la valeur comptable de l'entreprise au-delà de sa valeur réelle, en raison du surprix payé dans le passé.

C'est pourquoi j'ai dit qu'en principe, plus le goodwill est faible, plus la valeur comptable est prudente, car les mauvais achats (achats surévalués) transfèrent cette surévaluation (ce qui a été payé en trop sur la valeur comptable de l'entreprise achetée) au goodwill.

Lorsqu'une entreprise effectue un tel achat surévalué et qu'après un certain temps, elle souhaite refléter dans ses comptes que l'entreprise ne valait pas autant qu'elle l'a payée, elle comptabilise une dépréciation dans la ligne "Asset impairment" du compte de résultat, comme nous l'avons déjà vu, et réduit le "Goodwill". Dans le cas ci-dessus, par exemple, lorsque Marriott a payé 40 milliards de dollars pour Hilton (et nous supposons dans cet exemple qu'il s'agit d'un prix élevé), quelques années plus tard, il pourrait comptabiliser une dépréciation de 10 milliards de dollars dans la ligne "Asset impairment" du compte de résultat, et réduire le "Goodwill" du même montant de 10 milliards de dollars. Le bilan refléterait ainsi davantage la valeur réelle de Marriott (dans ce cas, la valeur réelle de Hilton est plus proche des 30 milliards de dollars qu'elle représente aujourd'hui dans les comptes que des 40 milliards de dollars qu'elle a payés pour l'acquérir). De plus, cette dépréciation de 10 milliards de dollars lui permettrait de payer un peu moins d'impôts en réduisant son bénéfice net pour l'année en cours, voire pour plusieurs années supplémentaires, en fonction du montant de la dépréciation par rapport au bénéfice net annuel de l'entreprise (si Marriott avait un bénéfice net d'environ 20 milliards, cette dépréciation réduirait les impôts pendant 1 an, si son bénéfice net était d'environ 2-3 milliards d'euros, cette dépréciation de 10 milliards réduirait les impôts pendant plusieurs années, etc.)

Si l'entreprise est achetée à un prix inférieur à sa valeur comptable, la différence constitue un profit inattendu. Par exemple, si Marriott achète Hilton pour 15 milliards de dollars, ces 5 milliards de dollars (20 milliards de dollars - 15 milliards de dollars) constituent un bénéfice inattendu pour Marriott au cours de l'année où l'achat a eu lieu.

Il faut comprendre que la comptabilité est un ensemble de règles générales qui doivent s'appliquer à toutes les entreprises. Il n'est pas possible d'établir des règles comptables particulières pour chaque entreprise, car il serait impossible de les connaître toutes et il ne serait pas possible d'investir en utilisant des données aussi dispersées et hétérogènes, de sorte que la comptabilité perdrait son utilité. En contrepartie de cette rigidité, la comptabilité a l'avantage d'être quelque chose de standard, et d'être un très bon guide pour analyser et comprendre la situation des entreprises. C'est pourquoi la rigidité de la comptabilité fait qu'elle n'est pas parfaite, mais c'est en même temps un grand avantage et la raison de son utilité.

La valeur réelle d'une marque (marque, pas entreprise) est l'argent que la marque générera à l'avenir. Par exemple, si l'actuel Coca Cola conservait toutes ses usines, ses machines, ses employés, etc. mais vendait la marque "Coca Cola" à une autre entreprise et devait à partir de ce moment vendre ses produits, qui seraient les mêmes (car dans cet exemple elle conserverait même sa fameuse "formule secrète"), sous une nouvelle marque, alors l'entreprise ne vaudrait plus la même chose, mais beaucoup moins. Combien moins ? Il est impossible de le calculer exactement, mais il est clair que "beaucoup moins". Cela signifie que la marque "Coca Cola" vaut "beaucoup" (tout comme "Pepsi Cola", "BMW", "Burberry", "Nike", "Colgate", etc. C'est pourquoi, en principe, c'est un bon investissement d'acheter de telles entreprises, et non de les vendre.

Dans le passé, le "Goodwill" était réduit du moment de l'achat jusqu'à sa disparition, comme nous l'avons déjà vu, mais la valeur de la marque augmente de plus en plus avec le temps. Nous le voyons clairement dans l'exemple de Coca Cola. Coca Cola est de plus en plus connu dans le monde entier, et vend de plus en plus de produits parce que c'est "Coca Cola", il est donc évident que la marque "Coca Cola" elle-même vaut de plus en plus pour ses actionnaires. Même s'il est impossible d'établir précisément sa valeur à un moment donné. Ce qui est clair, c'est que la marque Coca Cola ne vaut pas moins que ce qu'elle valait il y a quelques dizaines d'années, comme c'était le cas avec les anciennes règles comptables, mais qu'elle vaut plus.

Bien que les deux solutions présentent des avantages et des inconvénients, je pense que le système actuel (pas d'amortissement obligatoire du goodwill, mais des dépréciations en cas de détérioration de l'entreprise acquise) reflète mieux la réalité que l'ancien système.

L'inconvénient de la valeur des marques est qu'elle n'est pas facilement mesurable, comme c'est le cas (relativement, bien sûr) des actifs physiques d'une entreprise (ses biens immobiliers, ses machines, etc.).

Mais le grand avantage de la valeur d'une marque de qualité est qu'elle croît avec le temps et qu'elle n'a pas besoin d'investissements pour la maintenir et la faire croître, car elle n'est pas physique. Mais cela est relatif, car Coca Cola dépense beaucoup d'argent en publicité chaque année, et cela a une grande influence sur la croissance de sa valeur de marque. En fait, à mon avis, il faut dépenser de l'argent pour accroître la valeur des marques, car si Coca Cola n'avait pas dépensé beaucoup d'argent en publicité chaque année, sa valeur aurait baissé. Si l'on y réfléchit bien, il s'agit d'un phénomène commun à toutes les marques de ce type, qui ont une valeur particulière, telles que BMW, Porsche, Patek Philippe, Vacheron Constantin, Nike, Adidas, Nestlé, etc. Notez aussi qu'elles bénéficient d'une grande partie de la publicité gratuitement, car de nombreuses personnes les citent sans être payées pour cela. Vous venez d'en voir un exemple avec toutes les marques que je viens de citer pour expliquer ce problème. Et si vous les observez, vous verrez qu'elles sont régulièrement citées dans de nombreux médias de toutes sortes sans que les marques ne paient pour cela, et c'est quelque chose qui vaut beaucoup d'argent, parce que c'est très difficile à obtenir.

C'est pourquoi la valeur des marques de qualité est quelque chose de très intéressant et de très souhaitable pour les investisseurs à long terme. Mais bien qu'en théorie il puisse sembler qu'il n'y ait aucun coût pour maintenir et augmenter la valeur de la marque, à mon avis il y a un coût (et il peut être élevé), mais cela vaut la peine de le faire.

Les **"Intangible assets – net"** sont des actifs qui ne sont pas des actifs physiques. Par exemple, la valeur comptable des logiciels de l'entreprise, des brevets, des marques, des droits de propriété intellectuelle, etc.

Les **"Prepaid pension benefits"** sont des paiements que l'entreprise a effectués à l'avance pour des engagements de retraite envers ses employés.

Les **"Other assets"** sont tous les autres actifs non courants qui ne sont pas inclus dans les lignes ci-dessus.

"Non current assets" est la somme de toutes les lignes que nous venons de voir :

Non current assets = 9 + 117 + 8 515 + 9 249 + 2 601 + 188 + 1 053 = 21 732 millions USD

Ce montant de 21,732 milliards est bien entendu le même que celui auquel nous étions parvenus en utilisant la formule "Non current assets" = "Total assets" - "Current assets".

Passons maintenant au passif, les **"Liabilities"**. Examinons tout d'abord le **"Current liabilities"**.

"Short term borrowings and current portion of long-term debt" sont des dettes à court terme. Les "Short term borrowings" sont des dettes contractées à court terme, par exemple un emprunt contracté pour 6 mois. Les emprunts à court terme sont des dettes contractées à court terme, par exemple un emprunt contracté pour 6 mois. Et la partie "current portion of long-term debt" est une dette à long terme qui est déjà arrivée à échéance à court terme, par exemple une obligation émise il y a 6 ans et dont l'échéance est de moins d'un an.

Les **"Accounts payable"** sont des comptes à payer. C'est exactement le contraire des "Accounts receivable" que nous avons vus dans l'actif circulant.

"Accrued payroll" correspond aux montants restant à payer aux employés pour les salaires, les primes, etc. Ce n'est pas que les salariés ne sont pas payés à temps, mais qu'il n'est pas encore temps de leur verser ces montants. Il y a toujours du travail effectué par les employés qui n'a pas encore été payé.

"Accrued income taxes" est l'impôt sur les bénéfices que l'entreprise sait déjà qu'elle devra payer, même si elle ne l'a pas encore fait parce que la date de paiement n'est pas encore arrivée.

Les **"Other current liabilities"** sont tous les autres **passifs** courants qui ne sont pas inclus dans les lignes ci-dessus.

Le **"Total current liabilities"** est la somme de toutes les lignes ci-dessus :

Total current liabilities = 2 044 + 1 694 + 644 + 332 + 2 404 = 7 118 millions USD.

Les lignes restantes jusqu'à la ligne "Equity" sont les **"Non current liabilities"** qui, dans ce cas, sont composés des 3 lignes suivantes :

"Long-term debt" est la dette à long terme de l'entreprise. L'obligation à 6 ans utilisée dans l'exemple ci-dessus figurerait dans cette ligne "Long-term debt" pendant les 5 premières années, et à moins d'un an de l'échéance, elle passerait dans la ligne "current liabilities" que nous avons déjà vue : "Short term borrowings and current portion of long-term debt".

Les **"Pension and postretirement benefits"** sont des engagements de pension des employés qui n'ont pas encore été payés.

Les **"Other liabilities"** sont les "Non current liabilities" restants qui ne sont pas inclus dans les lignes ci-dessus.

La somme des trois dernières lignes que nous venons de voir est le "Non current liabilities" :

Non current liabilities = 8 753 + 3 520 + 1 580 = 13 853 millions de dollars, soit le même chiffre que celui que nous avions calculé avec la formule "Non current liabilities" = "Total liabilities" - "Current liabilities".

Tout ce qui reste à voir dans le bilan, ce sont les **"Equity"**.

L'expression **"Common stock, par value $0.01 per share"** correspond à la valeur nominale des actions, c'est-à-dire au nombre d'actions qui composent le capital social de la société multiplié par la valeur nominale de chaque action. Dans le cas présent, elle est de 0,01 $ par action.

Le **"Additional paid-in capital"** est ce que les actionnaires ont apporté à l'entreprise en plus de la valeur nominale que nous venons de voir. Prenons un exemple. Supposons que la valeur nominale des actions de 3M soit de 1 $. Si 3M augmente son capital au prix de 10 dollars pour chaque nouvelle action, 3M recevra 10 dollars pour chaque nouvelle action émise : 1 dollar ira à l'action ordinaire, d'une valeur nominale de 0,01 dollar par action, et 9 dollars iront au capital d'apport supplémentaire.

"Retained earnings" sont les bénéfices que l'entreprise a réalisés dans le passé et qui sont restés dans l'entreprise parce qu'ils n'ont pas été distribués sous forme de dividendes. Ils augmentent généralement chaque année (lorsque l'entreprise réalise des bénéfices).

Le **"Treasury stock"** est l'action propre de l'entreprise. Comme vous pouvez le constater, ce chiffre est négatif et se soustrait donc. Ainsi, plus une entreprise détient d'actions propres, plus sa valeur comptable est faible. Cela peut sembler étrange à première vue ("si les actions valent de l'argent, pourquoi se soustraient-elles ?"), mais il y a une explication.

Supposons que 3M prélève de l'argent sur la ligne "Cash and cash equivalents" pour acheter des actions d'autocontrôle. Elle achète 5 millions d'actions à un prix moyen de 15 dollars par action, ce qui l'oblige à verser 75 millions de dollars. Avant la transaction, ces 75 millions se trouvaient sur un compte 3M à la Bank of America. Après l'achat de ces 5 millions d'actions, les 75 millions de dollars ne se trouvent plus sur le compte courant de 3M à la Bank of America, mais ont été transférés sur les comptes des investisseurs (particuliers, fonds communs de placement, régimes de retraite, etc. Imaginons que 3M décide maintenant de racheter ces 5 millions d'actions ("les faire disparaître") pour augmenter la valeur des actions restantes.

Par exemple, avec 637,2 millions d'actions, le bénéfice par action de 3M en 2015 est de 7,58 $ (4 833 / 637,2). Si 3M rachète ces 5 millions d'actions, son capital social devient 632,2 millions d'actions, de sorte que son bénéfice par action devient 7,64 $ (4,833 / 632,2).

C'est une bonne chose pour les actionnaires, car chacun d'entre eux possède le même nombre d'actions qu'avant le remboursement du capital, mais chacune de ces actions vaut plus, car il y a moins d'actions.

Mais si l'on se place du point de vue de l'entreprise, 3M disposait au départ de 75 millions de dollars sur un compte à la Bank of America, et maintenant (après avoir racheté les actions) **elle n'a "rien"**. Ni les 75 millions de dollars, ni les 5 millions d'actions. Les 75 millions de dollars appartiennent désormais à ceux qui ont vendu les 5 millions d'actions à 3M, et les 5 millions d'actions ont disparu et n'existent plus.

D'une manière assez simple, nous pourrions dire que l'entreprise, afin de bénéficier à ses actionnaires (en augmentant la valeur de ses actions), a dû se nuire à elle-même, en payant 75 millions de dollars en échange de rien. En réalité, l'entreprise appartient aux actionnaires, et ce qui nuit à l'entreprise ne peut pas profiter aux actionnaires, mais je pense que c'est une façon imagée de voir les choses.

Les rachats d'actions propres sont bénéfiques pour les actionnaires, mais **pour les réaliser, l'entreprise doit investir de l'argent qu'elle ne récupérera pas, en échange de l'achat de quelque chose (les actions) qu'elle va "détruire" et qui cessera d'exister**. Cela doit se refléter d'une manière ou d'une autre dans les comptes. La meilleure façon de procéder est la suivante.

Si l'entreprise, après avoir acheté les 5 millions d'actions pour 75 millions de dollars (15 dollars par action), les vend pour 100 millions de dollars (20 dollars par action), elle réalisera un bénéfice et ces 100 millions de dollars iront au poste "Cash and cash equivalents", qui sera supérieur de 25 millions de dollars (100 - 75) à ce qu'il était avant l'achat des 5 millions d'actions pour 15 dollars.

Si, en revanche, vous vendez les 5 millions d'actions à 10 dollars par action pour un total de 50 millions de dollars, vous perdrez 25 millions de dollars (50 - 75). Ces 50 millions de dollars reviendront à la "Cash and cash equivalents", qui sera inférieure de 25 millions de dollars à ce qu'elle était avant que vous n'achetiez les 5 millions d'actions pour 75 millions de dollars.

Les gains et les pertes que les entreprises réalisent en achetant et en vendant leurs actions sont donc reflétés dans les capitaux propres, augmentant ou diminuant la valeur comptable de l'entreprise, et non dans le compte de résultat.

Il existe une autre raison pour laquelle les actions propres sont soustraites des capitaux propres : éviter la manipulation de la valeur de l'entreprise. Imaginons qu'une entreprise achète des actions propres à 1 dollar, puis fasse grimper le cours de l'action à 100 dollars sans respecter l'éthique. Si ces actions s'additionnent, la valeur comptable de l'entreprise aura grimpé en flèche, non pas parce que les activités de l'entreprise se portent bien, mais en raison d'une bulle sur ses propres actions.

"**Accumulated other comprehensive income (loss)**" est constitué des gains et des pertes (sur les investissements, les obligations, etc.) qui n'ont pas encore été réalisés, car 3M n'a pas encore vendu ces actions ou ces obligations. Comme ils n'ont pas été réalisés, ils pourraient être annulés à l'avenir, transformant les pertes en gains, ou les gains en pertes, ou augmentant encore les pertes, ou augmentant encore les gains, etc.

"**Total 3M Company shareholders' equity**" sont les capitaux propres détenus par les actionnaires de 3M. C'est-à-dire ceux qui ne comprennent pas la part minoritaire (les 10 % de la filiale autrichienne imaginaire utilisée dans l'exemple ci-dessus). C'est à partir de ce chiffre que l'on calcule la valeur comptable de l'action, en divisant le chiffre indiqué ici par le nombre d'actions qui composent le capital social de l'entreprise, comme nous l'avons vu plus haut. Elle se calcule en additionnant toutes les lignes ci-dessus :

Total 3M Company shareholders' equity = 9 + 4 791 + 36 575 - 23 308 - 6 359 = 11 708 millions de dollars.

"Noncontrolling interest" sont précisément la partie de la valeur nette qui appartient aux intérêts minoritaires. Les 10 % de la filiale autrichienne détenus par des partenaires locaux, dans notre exemple.

"Total equity" est le capital total, y compris la part des intérêts minoritaires.

Total equity = 11 708 + 39 = 11 747 millions de dollars.

Certaines entreprises américaines publient leur **dette nette**. Le terme le plus couramment utilisé est "Net debt", parfois "Net financial debt" ou "Financial position", ou quelque chose comme ça.

Lorsque l'entreprise ne publie pas sa dette nette, la formule générale de calcul de la dette nette est la suivante :

Net debt = Loan and Notes payable + Short term debt + Current maturities of long term debt + Long term debt − Cash and cash equivalents − Short term marketable securities − Marketable securities

Le problème est que toutes les entreprises n'utilisent pas les mêmes termes, bien qu'ils soient similaires. Par exemple, "Current maturities of long term debt" est la même chose que "Current portion of long-term debt". D'autres entreprises l'appellent "Debt maturing within one year".

Dans ce cas, 3M publie sa dette nette en 2015, qui s'élève à 8 872 millions d'euros. Si nous devions la calculer, la formule serait la suivante :

Net debt = Short term borrowings and current portion of long-term debt + Long-term debt − Cash and cash equivalents − Marketable securities current − Markletable securities noncurrent

Net debt de 3M en 2015 = 2 044 + 8 753 - 1 798 - 118 - 9 = 8 872 millions de dollars

"Total debt" est la dette totale, sans tenir compte de la liquidité et de la valeur de l'entreprise. Sa formule est la suivante :

Total debt = Loan and Notes payable + Short term debt + Current maturities of long term debt + Long term debt

Total debt de 3M en 2015 = 2 044 + 8 753 = 10 797 millions de dollars.

Comme nous l'avons déjà vu, d'autres entreprises peuvent avoir une ligne différente dans le bilan. Parmi les plus courantes, citons

Les **"Prepaid expenses"** sont des dépenses payées à l'avance (par exemple, l'assurance annuelle).

Les **"Licences"** sont des licences (par exemple, dans les entreprises de télécommunications, pour pouvoir transmettre des données).

Les **"Customer deposits"** sont des dépôts de clients.

Les **"Dividends payable"** sont les montants qui seront versés sous forme de dividendes dans un avenir proche.

"Assets held for sale": Cette ligne contient des actifs qui devraient figurer dans l'une des lignes d'actif habituelles (celles que nous avons déjà vues, comme "Property, plan and equipment", par exemple), mais comme l'entreprise a l'intention de les vendre bientôt, elle les déplace vers cette autre ligne, afin d'indiquer clairement son intention de vendre ces actifs. Le fait de placer ces actifs sur cette ligne ou de les laisser sur les lignes d'actifs habituelles ne modifie en rien la valeur de l'entreprise. Il s'agit simplement d'un moyen d'indiquer clairement que l'entreprise a l'intention de vendre ces actifs à court terme. Mais ce n'est pas parce que l'entreprise veut les vendre à court terme qu'elle les vendra à coup sûr à court terme. Il est même possible qu'elle ne les vende jamais (soit parce qu'elle ne trouve pas d'acheteur, soit parce qu'elle change d'avis et décide de ne pas les vendre et de les conserver indéfiniment). Si vous ne les vendez pas pendant une longue période (il n'y a pas de limite de temps exacte, mais ils ne devraient pas être là pendant plus d'un an, bien qu'ils y soient parfois pendant 2 ou 3 ans), ils devraient retourner à leur place correspondante dans les actifs non courants.

Le prix auquel ces actifs sont reflétés ici n'est pas le prix auquel ils seront vendus, sauf par hasard, comme nous l'avons vu précédemment. Le chiffre indiqué ici est la valeur comptable. Si les actifs sont finalement vendus à un prix supérieur à la valeur comptable, l'entreprise réalise un bénéfice, et s'ils sont vendus à un prix inférieur à la valeur comptable, l'entreprise subit une perte.

"Liabilities held for sale" est la dette des actifs que l'entreprise souhaite vendre. Jusqu'à ce que ces actifs soient vendus, cette dette reste à la charge de l'entreprise. Lorsque les actifs sont vendus, cette dette est transférée à l'acheteur de ces actifs. Supposons que 3M ait une filiale au Japon qu'elle souhaite vendre et que cette filiale ait une dette de 10 millions de dollars. 3M parvient finalement à vendre cette filiale pour 30 millions de dollars. Les 30 millions de dollars que 3M reçoit peuvent être utilisés pour réduire sa dette de 30 millions de dollars, mais les 10 millions de dollars de dette de la filiale japonaise ne figurent plus dans les comptes de 3M, mais dans les comptes de la société qui a acheté la filiale japonaise à 3M. La dette nette de 3M serait donc réduite de 40 millions de dollars (entrée de 30 millions de dollars, sortie de 10 millions de dollars).

"Working capital" est calculé comme suit : "Current assets" - "Current liabilities".

Nous avons vu toutes les lignes du bilan.

Le ROA est calculé en divisant le bénéfice net par les actifs et en l'exprimant en pourcentage :

ROA = Bénéfice net / Actifs = 4 833 / 32 718 x 100 = 14,77%.

Le ROE est le bénéfice net divisé par les capitaux propres :

ROE = Bénéfice net / Fonds propres = 4 833 / 11 798 = 40,96%.

Le ROCE est le résultat d'exploitation (EBIT) divisé par le total des capitaux propres plus la dette nette :

ROCE = Résultat d'exploitation / (Fonds propres + Dette nette) = 6 946 / (11 747 + 8 872) = 6 946 / 20 619 = 33,69%.

Comme nous le verrons plus loin à l'aide d'exemples, la manière d'interpréter le ROE, le ROA et le ROCE dépend entièrement de la stratégie d'investissement que nous suivons et de l'entreprise que nous analysons.

Si l'on parle de long terme, on pourrait penser que l'idéal est de choisir des entreprises dont le ROE, le ROA et le ROCE sont sur une trajectoire ascendante. Mais il est impossible qu'ils augmentent indéfiniment. Par conséquent, si nous ne choisissons que des entreprises dont ces ratios sont en hausse, que ferons-nous lorsque l'un d'entre eux baissera ? Les vendrons-nous ? Si nous ne les vendons pas lorsque l'un de ces ratios commence à baisser, nous ne devrions pas cesser de les acheter lorsqu'ils ont baissé pendant quelques années. Et ce d'autant plus que, généralement, à long terme, ils constituent de meilleures opportunités d'achat lorsqu'ils sont en baisse depuis quelques années que lorsqu'ils sont en hausse depuis quelques années (ce qui ne veut pas dire qu'il ne faut pas les acheter lorsqu'ils sont en hausse depuis quelques années, mais seulement qu'il ne faut pas les écarter parce qu'ils sont en baisse depuis quelques années).

À moyen terme, cela dépend entièrement de ce que vous recherchez. Dans le cas d'un investissement de croissance, en règle générale, vous achetez lorsque ces ratios augmentent et vous vendez (ou commencez à envisager de le faire) lorsqu'ils commencent à baisser.

Dans les entreprises ayant des problèmes temporaires (entreprises cycliques en bas de cycle, entreprises en cours de restructuration, petites entreprises de faible qualité en difficulté, etc.), l'idéal est d'acheter lorsqu'elles ont baissé pendant quelques années et qu'elles commencent à s'améliorer (uniquement en ce qui concerne ces ratios, la situation devant évidemment être analysée dans son ensemble). Le point de vente peut être le moment où ils commencent à se détériorer après des années de hausse (toujours dans le cadre de l'analyse générale de la situation, bien entendu).

Lorsque le résultat net d'une entreprise se trouve dans une situation atypique (par exemple, parce que l'entreprise est déficitaire ou a un bénéfice net très faible. Ou au contraire, parce qu'elle a un bénéfice net anormalement élevé et difficile à maintenir), ces ratios sont utiles pour faire des évaluations approximatives de l'entreprise.

Imaginons que 3M enregistre des pertes depuis plusieurs années en 2015, pour une raison quelconque, et que nous pensions que la situation va s'améliorer à l'avenir. D'une manière ou d'une autre, nous devrions estimer si, au prix actuel, 3M est chère ou bon marché, et le ratio cours/bénéfice n'est pas bon, car l'entreprise est déficitaire. Ce que nous ferions serait d'utiliser le ROE et le ROA pour estimer combien 3M pourrait gagner lorsqu'elle gagnera à nouveau de l'argent. Pour ce faire, il faudrait voir à quels niveaux ces ratios se situaient il y a quelques années, lorsque 3M réalisait des bénéfices normaux.

Supposons qu'en ces temps normaux, le ROA de 3M se situait entre 12 et 15 %, le ROE entre 35 et 45 % et le ROCE entre 25 et 35 %. Nous pouvons ainsi **calculer les fourchettes de bénéfices par action (BPA) auxquelles nous pouvons nous attendre lorsque 3M se rétablira.**

Commençons par le **ROA**. Si les actifs s'élèvent à 33 milliards de dollars (pour ces calculs, nous arrondirons les chiffres dont nous disposons, afin de simplifier les exemples), avec un ROA de 12 %, le bénéfice net serait de 3,96 milliards de dollars (33 000 x 12 / 100), et avec un ROA de 15 %, le bénéfice net serait de 4,95 milliards de dollars (33 000 x 15 / 100).

À 3,96 milliards de dollars, le BPA est de **6,21 dollars** (3,96 milliards de dollars / 637,2).

À 4,95 milliards de dollars, le BPA est de **7,77 dollars** (4,95 milliards de dollars / 637,2).

Sur la base du ROA, on peut s'attendre à un BPA compris entre 6,21 et 7,77 dollars dans quelques années, lorsque la situation de 3M se normalisera.

Nous procédons de la même manière pour le **ROE**. Les capitaux propres sont arrondis à 12 milliards de dollars pour faciliter le calcul. Avec un ROE de 35 %, le bénéfice net serait de 4,2 milliards de dollars (12 000 x 35 / 100) et avec un ROE de 45 %, le bénéfice net serait de 5,4 milliards de dollars (12 000 x 45 / 100) :

À 4,2 milliards de dollars, le BPA est de **6,59 dollars** (4,2 milliards de dollars / 637,2).

À 5,4 milliards de dollars, le BPA est de **8,47 dollars** (5,4 milliards de dollars / 637,2).

Selon le ROE, la fourchette du BPA sera comprise entre 6,59 et 8,47 dollars.

Avec le ROCE, nous ferions un calcul similaire à ceux que nous venons de faire avec le ROA et le ROE.

Le chiffre le plus bas que nous avons obtenu est 6,21 $ et le plus élevé est 8,47 $. La moyenne des deux est de 7,34 $ (6,59 + 8,47) / 2.

Ces 7,34 $ (entre 7,20 $ et 7,50 $, ce qui est plus réaliste, car n'oubliez pas qu'il s'agit d'une estimation et non d'un calcul exact) sont ce que nous pouvons utiliser pour évaluer rapidement 3M. Si 3M se négociait, maintenant qu'elle perd de l'argent et que nous ne savons pas quand elle en regagnera, à environ 150 dollars, cela représenterait un P/E (pas maintenant, mais quand elle regagnera de l'argent, dans quelques années, sans savoir combien) d'environ 20 fois (7,34 x 20 = 147. Approximativement 150). Cela semble trop cher pour une entreprise qui perd actuellement de l'argent.

Toutefois, si le prix de l'action se situait autour de 30 dollars, le ratio cours/bénéfice à terme serait d'environ 4 fois (7,34 x 4 = 29,4). C'est déjà plus intéressant, surtout si l'on s'attend à ce que les résultats commencent à s'améliorer dans un avenir proche.

Cette façon de faire des estimations sera très utile pour investir dans des entreprises cycliques, des entreprises de qualité moyenne ou élevée ayant des problèmes temporaires, des banques lorsqu'elles font beaucoup de provisions, des petites entreprises de faible qualité lorsqu'elles perdent de l'argent, etc. Nous le verrons ensuite avec un exemple sur l'entreprise Ercros, en procédant de la même manière avec d'autres ratios (Chiffre d'affaires / Capitalisation et Bénéfice net / Chiffre d'affaires).

Le "Current ratio" calculé en divisant Current assets par le passif à Current liabilities.

Current ratio = Current assets / Current liabilities

Dans le cas de 3M en 2015 :

Current ratio = 10,986 / 7,118 = 1,54

Le "Working capital" fournit les mêmes informations que le "Current ratio", mais sous une forme différente.

Working capital = Current assets – Current liabilities

Lorsque "Current assets" est inférieur au "Current liabilities", le "Working capital" est négatif et le "Current ratio" est inférieur à 1.

Lorsque "Current assets" est supérieur au "Current liabilities", le "Working capital" est positif et le "Current ratio" est supérieur à 1.

"Working capital" de 3M en 2015 = 10 986 - 7 118 = 3 868 millions de dollars

Le "Current ratio" donne les mêmes informations que le "Working capital" (fonds de roulement), mais de manière plus claire, puisqu'il indique que l'actif circulant est supérieur de 54 % (1,54) au passif circulant, dans le cas présent.

Je pense qu'il est moins utile que d'autres, du moins pour la plupart des gens. En théorie, plus le "Current ratio" (ratio de liquidité générale) est élevé, mieux c'est, car il est plus sûr pour le bilan de l'entreprise. Mais s'il est "trop" élevé, il y a un coût d'opportunité, car un ratio de liquidité générale trop élevé réduit la rentabilité de l'entreprise. Dans la pratique, un ratio plus élevé n'est donc pas meilleur.

S'il était inférieur à 1, l'entreprise aurait théoriquement des problèmes de liquidité, car son passif à court terme serait supérieur à son actif à court terme, ce qui pourrait indiquer de graves problèmes pour la poursuite de l'activité de l'entreprise. Mais vous verrez qu'il existe des entreprises de qualité qui ont régulièrement un ratio de liquidité générale inférieur à 1, parce qu'elles se financent très facilement. Le maintien d'un ratio de liquidité générale inférieur à 1 n'est donc pas un problème pour elles. Elles augmentent également leur rentabilité, car le coût d'opportunité que j'ai mentionné et qui est généré par un ratio de liquidité "trop élevé" se retourne en faveur de l'entreprise qui a un ratio de liquidité "trop bas" (et qui n'a pas de problèmes pour se financer, logiquement).

D'autre part, si une entreprise a des problèmes de liquidités, ce n'est pas la même chose d'avoir un actif circulant de X avec des "stocks" de 10 et des "liquidités et équivalents" de 1, que la situation inverse : avoir le même actif circulant de X, mais avec des "stocks" de 1 et des "liquidités et équivalents" de 10. En effet, l'argent qui se trouve déjà à la banque peut être utilisé immédiatement pour faire face aux paiements, alors que les stocks (ou les comptes à recevoir) peuvent prendre un certain temps avant de devenir liquides.

Comme je l'ai dit, je ne considère pas le Current ratio comme utile pour l'investissement à long terme, et la plupart des stratégies ne le font pas non plus. Mais il est bon de le connaître, car dans certains cas, il peut être utile, par exemple lorsqu'on investit dans de petites entreprises de faible qualité qui connaissent de graves problèmes. Dans ce cas, il est préférable de consulter les détails des "Stocks", "Trésorerie et équivalents de trésorerie", "Créances", etc. que j'ai mentionnés.

Une chose commune à toutes les lignes du bilan, et dont il faut être conscient, est que les **variations des devises** modifient généralement leur valeur en $ (ou dans la devise dans laquelle l'entreprise est basée : euros, livres, francs suisses, etc.) chaque année, sans que la valeur réelle de ces actifs ou passifs n'ait changé.

Chaque actif et chaque passif sont évalués dans leur devise.

Par exemple, l'usine que 3M possède au Brésil est en réalité évaluée à 50 millions de réals brésiliens, et non à X millions de dollars. Si en 2014, 1 dollar vaut 5 réals brésiliens, cette usine figurera dans les "Property, plan and equipment" ("Immobilisations corporelles") pour une valeur de 10 millions de dollars (50/5). Si en 2015, le taux de change devient 1 $ = 4 réals brésiliens, alors en 2015, cette usine figurera dans les "Property, plan and equipment" pour une valeur de 12,5 millions de dollars (50 / 4). Et si le taux de change avait été de 1 $ = 6 réals brésiliens, la valeur de l'usine dans les "Immobilisations corporelles" serait de 8,3 millions de dollars (50 / 6). Mais dans tous les cas, **l'usine est la même**. Elle n'a changé de valeur qu'en passant à $ au moment du bilan, rien d'autre.

Il en va de même pour les dettes. Une dette de 100 millions de réals brésiliens est une dette de 20 millions de dollars à un taux de change de 1 $ = 5 réals brésiliens (100 / 5). Mais si le taux de change devient 1 $ = 4 réaux brésiliens, la dette passe à 25 millions de dollars (100 / 4), et avec un taux de change de 1 $ = 6 réaux brésiliens, la dette tombe à 16,7 millions de dollars (100 / 6).

Ces variations de la valeur en dollars des lignes du bilan dues aux changements de devises se produisent chaque année dans toutes les entreprises ayant des activités dans d'autres monnaies et ne sont généralement pas significatives.

Peu importe que l'usine brésilienne vaille un peu plus ou un peu moins en dollars, car elle continuera à produire la même quantité de matériaux d'isolation (par exemple).

Et si la dette augmente en la convertissant en $, elle sera tout aussi facile à payer qu'auparavant, car elle est payée avec les réals brésiliens gagnés en vendant les produits fabriqués dans cette usine au Brésil.

Ces mouvements sont importants si, par exemple, l'usine au Brésil est vendue. Ou si l'on profite de la baisse de la dette en dollars pour procéder à une réduction de la dette dans l'entreprise brésilienne qui n'était pas prévue avec l'argent gagné aux États-Unis. Etc. En d'autres termes, les entreprises peuvent tirer parti de ces mouvements à tout moment. Mais les petites variations qui se produisent chaque année ne sont généralement pas significatives.

Notez que l'actif et le passif évoluent en sens inverse en raison des mouvements de change. Si la valeur des actifs en $ (et le résultat de la filiale brésilienne) diminue parce que le réal brésilien s'est dévalué, la dette diminue également. Et si la dette augmente parce que le réal brésilien s'est apprécié, la valeur des actifs en $ (et le résultat de la filiale brésilienne) augmentera également pour la même raison.

"FLUX DE TRÉSORERIE"

Voyons rapidement ce que sont les flux de trésorerie et en quoi ils diffèrent du compte de résultat que nous avons déjà vu. Les flux de trésorerie correspondent à l'argent effectivement collecté et payé par l'entreprise.

Supposons que General Mills vende 1 000 kilos de yaourt à Walmart pour 1 000 dollars. La facture est datée du 15-12-2015 et Walmart paie effectivement les 1 000 $ en janvier 2016. Ces 1 000 dollars apparaissent en 2015 dans la ligne "Net sales" ("Ventes nettes") du compte de résultat de General Mills (mais pas dans la ligne "Cash Flows from Operating Activities" ("Flux de trésorerie provenant des activités d'exploitation")). En 2016, ces mêmes 1 000 dollars apparaissent dans les "Flux de trésorerie liés aux activités d'exploitation", mais pas dans les "Ventes nettes" du compte de résultat. Au moment où ils sont facturés, ils apparaissent dans le compte de résultat. Et au moment où il est effectivement encaissé, il apparaît dans les flux de trésorerie. Si Walmart ne payait pas cette facture, General Mills la considérerait comme en souffrance, ce qui signifie qu'elle apparaîtrait dans ses comptes comme un produit, mais pas comme un encaissement, parce qu'elle n'aurait pas réellement perçu l'argent. Par exemple, en 2015, General Mills vend des produits pour 1 000 dollars au supermarché X et fait apparaître ces 1 000 dollars dans le compte de résultat de 2015 à la ligne "Net sales". En 2018, le supermarché X n'a toujours pas payé et General Mills annule les 1 000 dollars, ce qui se traduit par une perte de 1 000 dollars dans le compte de résultat de 2018. Ces 1 000 USD n'apparaissent dans le flux de trésorerie d'exploitation d'aucune année, puisqu'ils n'ont pas été encaissés.

Il existe trois flux de trésorerie : les activités d'exploitation, les activités d'investissement et les activités de financement.

	2015	2014	2013
Cash Flows from Operating Activities (Flux de trésorerie provenant des activités opérationnelles)			
Net income including noncontrolling interest (Résultat net, y compris les intérêts minoritaires)	4.841	4.998	4.721
Adjustments to reconcile net income including noncontrolling interest to net cash provided by operating activities (Ajustements pour			

réconcilier le résultat net, y compris les intérêts minoritaires, avec les flux de trésorerie nets provenant des activités d'exploitation)			
Depreciation and amortization (Dépréciation et amortissement)	1.435	1.408	1.371
Company pension and postretirement contributions (Cotisations de l'entreprise au titre des pensions et retraites)	-267	-215	-482
Company pension and postretirement expense (Charges de pension et de retraite de l'entreprise)	556	391	553
Stock-based compensation expense (Charges liées aux rémunérations fondées sur des actions)	276	280	240
Deferred income taxes (Impôts différés sur le revenu)	395	-146	-167
Excess tax benefits from stock-based compensation (Avantages fiscaux excédentaires liés aux rémunérations fondées sur des actions)	-154	-167	-92
Changes in assets and liabilities (Variations de l'actif et du passif)			
Accounts receivable (Comptes à	-58	-268	-337

recevoir)			
Inventories (Inventaires)	3	-113	-86
Accounts payable (Comptes créditeurs)	9	75	16
Accrued income taxes (current and long-term) (Impôts sur le revenu à payer (à court et à long terme))	-744	206	206
Other — net (Autres - net)	128	177	-126
Net cash provided by operating activities (Trésorerie nette provenant des activités d'exploitation)	6.420	6.626	5.817
Cash Flows from Investing Activities (Flux de trésorerie provenant des activités d'investissement)			
Purchases of property, plant and equipment (PP&E) (Achats d'immobilisations corporelles (PP&E))	-1.461	-1.493	-1.665
Proceeds from sale of PP&E and other assets (Produits de la vente d'immobilisations corporelles et	33	135	128

d'autres actifs)			
Acquisitions, net of cash acquired (Acquisitions, nettes des liquidités acquises)	-2.914	-94	
Purchases of marketable securities and investments (Achats de titres négociables et d'investissements)	-652	-1.280	-4.040
Proceeds from maturities and sale of marketable securities and investments (Produits des échéances et de la vente de titres négociables et d'investissements)	1.952	2.034	4.667
Proceeds from sale of businesses (Produits de la vente d'entreprises)	123		8
Other investing (Autres investissements)	102	102	46
Net cash used in investing activities (Trésorerie nette utilisée pour les activités d'investissement)	-2.817	-596	-856
Cash Flows from Financing Activities (Flux de trésorerie provenant des activités de financement)			

Change in short-term debt — net (Variation des dettes à court terme - nettes)	860	27	-2
Repayment of debt (maturities greater than 90 days) (Remboursement de la dette (échéances supérieures à 90 jours))	-800	-1.625	-859
Proceeds from debt (maturities greater than 90 days) (Produits de la dette (échéances supérieures à 90 jours))	3.422	2.608	824
Purchases of treasury stock (Achats d'actions propres)	-5.238	-5.652	-5.212
Proceeds from issuance of treasury stock pursuant to stock option and benefit plans (Produit de l'émission d'actions propres dans le cadre de plans d'options sur actions et de plans d'avantages sociaux)	635	968	1.609
Dividends paid to shareholders (Dividendes versés aux actionnaires)	-2.561	-2.216	-1.730
Excess tax benefits from stock-based compensation (Avantages fiscaux excédentaires liés aux rémunérations fondées sur des actions)	154	167	92

Purchase of noncontrolling interest (Achat d'intérêts minoritaires)		-861	
Other — net (Autres - net)	-120	-19	32
Net cash used in financing activities (Trésorerie nette utilisée pour les activités de financement)	-3.648	-6.603	-5.246
Effect of exchange rate changes on cash and cash equivalents (Effet des variations des taux de change sur la trésorerie et les équivalents de trésorerie)	-54	-111	-17
Net increase (decrease) in cash and cash equivalents (Augmentation (diminution) nette de la trésorerie et des équivalents de trésorerie)	-99	-684	-302
Cash and cash equivalents at beginning of year (Trésorerie et équivalents de trésorerie au début de l'exercice)	1.897	2.581	2.883
Cash and cash equivalents at end of period (Trésorerie et équivalents de trésorerie à la fin de la période)	1.798	1.897	2.581

Examinons les **flux de trésorerie provenant des activités d'exploitation**.

Le flux de trésorerie d'exploitation est l'argent qui est effectivement entré dans l'entreprise grâce à son activité ordinaire, en l'occurrence la vente de matériaux isolants, de matériaux réfléchissants, de machines industrielles, etc. Logiquement, il est généralement positif et la tendance à long terme devrait être à la hausse, bien que des hauts et des bas soient normaux dans toute entreprise. S'il est négatif, la situation de l'entreprise est grave, au moins pour cette année-là. Cela peut se produire à un moment donné dans une entreprise de qualité, mais c'est généralement le signe que l'entreprise traverse de graves problèmes temporaires. Si le flux de trésorerie d'exploitation est négatif plusieurs années de suite, il s'agit très probablement d'une entreprise à très haut risque. Il est calculé comme la somme de toutes les lignes ci-dessous, chacune avec son signe correspondant.

Les lignes qui le composent sont les suivantes

Le "résultat net y compris les participations ne donnant pas le contrôle" est la ligne du même nom que nous avons déjà vue dans le compte de résultat : le résultat net y compris la part des intérêts minoritaires. Ce chiffre est utilisé comme point de départ pour effectuer les ajustements nécessaires afin d'obtenir le cash-flow opérationnel.

"Ajustements pour réconcilier le résultat net, y compris les intérêts minoritaires, avec les flux de trésorerie nets provenant des activités d'exploitation" : cette ligne n'est pas un chiffre, elle nous indique simplement ce que je viens d'expliquer : vous partez du résultat, y compris la part des minoritaires, et ce qui suit maintenant sont les ajustements nécessaires pour arriver au flux de trésorerie d'exploitation.

"Dépréciation et amortissement : Dépréciation et amortissement. Il s'agit du chiffre à ajouter au résultat d'exploitation (EBIT) pour obtenir l'EBITDA. N'oubliez pas que de nombreuses personnes procèdent à de nombreux ajustements lors du calcul de l'EBITDA. Vous ne devez donc pas vous étonner de voir l'EBITDA différer de celui que vous calculez de cette manière (si vous êtes intéressé par la différence entre un chiffre et l'autre, vous devez examiner les ajustements qui ont été effectués lors du calcul de l'EBITDA, ainsi que les raisons qui les ont motivés).

Tous les biens (immeubles, machines, véhicules, installations, applications informatiques, etc.) que possèdent les entreprises se détériorent avec le temps, perdent de la valeur et devront être remplacés à un moment ou à un autre. Les entreprises estiment cette perte de valeur et la répercutent sur cette ligne année après année (au fur et à mesure que ces actifs "s'usent", en théorie). En théorie, il s'agit donc du montant que l'entreprise doit investir chaque année pour rester en activité. Ce qui se passe, c'est qu'il est évident qu'il n'est pas possible de mesurer exactement la valeur que chaque machine, chaque véhicule, chaque application logicielle, etc. que l'entreprise perd chaque année, et que ces estimations peuvent donc ne pas coïncider avec la réalité. Le flux de trésorerie disponible cherche à détecter la différence entre les amortissements effectués par l'entreprise et les besoins réels d'investissements de maintenance (et non d'expansion) de l'entreprise. Mais c'est quelque chose de très compliqué à faire dans la pratique, et pour l'estimer avec un minimum de fiabilité, je pense qu'il est nécessaire de parler avec les responsables de l'entreprise à ce sujet, de voir leurs estimations à cet égard, pourquoi ils ont fait ces estimations et pas d'autres, etc.

N'oubliez pas que les rachats ne sont pas de l'argent réel, qu'il n'y a pas d'entrée ou de sortie d'argent dans la caisse, qu'il s'agit seulement d'une estimation théorique.

Imaginons deux magasins de glaces qui gagnent chacun 100 000 dollars en un an, après avoir payé toutes leurs dépenses. Les glacières leur coûtent 50 000 dollars chacune et, selon la comptabilité, elles sont amorties sur 10 ans, à raison de 5 000 dollars par an. Ces 5 000 dollars représentent la "dépréciation et l'amortissement" des glacières et sont déjà soustraits du revenu et inclus dans le bénéfice final de 100 000 dollars.

Pour simplifier l'exemple et le rendre plus didactique, supposons que ces glacières constituent votre seul actif.

Si les réfrigérateurs duraient réellement 10 ans, le flux de trésorerie disponible correspondrait au bénéfice net de 100 000 dollars.

Mais les réfrigérateurs d'un magasin durent 5 ans (à cause de l'humidité de la région), et les réfrigérateurs de l'autre magasin durent 20 ans (à cause du bon climat de la ville où se trouve le magasin de glaces). Comment pouvons-nous le savoir de l'extérieur, sans être les propriétaires de ces magasins de glaces ? C'est impossible.

Sachant cela, nous constatons que le bénéfice "réel" d'une entreprise (celle qui doit changer les réfrigérateurs tous les 5 ans) est inférieur au bénéfice net, car une partie des 100 000 dollars qu'elle gagne chaque année devra être économisée pour changer ses réfrigérateurs "à l'avance" (avant les 10 ans que la comptabilité suppose que ces réfrigérateurs durent).

Dans l'autre entreprise, cependant, c'est le contraire qui est vrai : les réfrigérateurs durent plus longtemps que ce que prévoit la comptabilité (20 ans au lieu de 10) et, par conséquent, son bénéfice "réel" est supérieur au bénéfice net de 100 000 dollars, et sa capacité à verser des dividendes est plus élevée que ce que l'on suppose lorsqu'on examine le bénéfice net de 100 000 dollars.

Mais pour voir tout cela, comme je l'ai dit, il faut être le propriétaire de l'entreprise, ou parler avec les propriétaires de l'entreprise pendant longtemps. Imaginez, en outre, le cas réel d'une société cotée en Bourse, qui possède des milliers et des milliers d'actifs, chacun dans une situation différente en termes de cycle d'amortissement et de durée de vie réelle, etc. Le free cash flow est très séduisant comme concept théorique, mais à mon avis il y a peu de situations dans lesquelles un investisseur privé pourra l'appliquer avec un minimum d'utilité, car les données nécessaires à son calcul ne sont pas du tout faciles à obtenir, avec la précision requise pour un calcul utile.

Par exemple, dans un scénario hypothétique où les compagnies pétrolières réduiraient leurs investissements au minimum parce qu'il y a déjà suffisamment de pétrole dans le monde, le poste "Dépréciation et amortissement" resterait élevé pendant de nombreuses années, en raison de l'amortissement de tous les investissements déjà réalisés dans le passé. Mais très peu d'argent sortirait de la trésorerie pour maintenir ces investissements (ni pour de nouveaux investissements), et par conséquent la capacité des compagnies pétrolières dans cette situation à payer des dividendes et à racheter leurs propres actions serait beaucoup plus élevée que ne l'indiquerait leur bénéfice net.

"**Cotisations de l'entreprise au titre des pensions et des retraites** et **charges de l'entreprise au titre des pensions et des retraites** : ajustements des obligations de l'entreprise à l'égard des régimes de retraite de ses salariés et de leurs obligations postérieures à la retraite (telles que la poursuite du paiement de l'assurance-maladie, etc.)

"**Charges de rémunération à base d'actions** : Ajustement des charges liées aux paiements à base d'actions aux dirigeants et aux employés.

"**Impôts sur le revenu différés** : Ajustement pour les impôts qui n'ont pas encore été payés sur les bénéfices déjà réalisés. En général, il s'agit d'un montant payable à l'avenir, bien que, comme vous le voyez dans cet exemple 3M, dans certains cas, il peut s'agir d'un montant payable (pour quelque raison que ce soit dans chaque cas).

"**Avantages fiscaux excédentaires liés aux rémunérations à base d'actions** : Ajustement pour tenir compte de la différence d'imposition des rémunérations à base d'actions accordées aux salariés par rapport aux rémunérations régulières en espèces. Il s'agit parfois d'un chiffre positif, parfois d'un chiffre négatif.

"**Variations de l'actif et du passif**" : cette ligne indique que les lignes suivantes sont dues à des ajustements de l'actif et du passif :

"**Comptes débiteurs** : Ajustement pour les factures émises aux clients qui n'ont pas encore été encaissées.

"**Stocks** : Ajustement des stocks.

"**Comptes à payer**" : Ajustement pour les factures reçues des fournisseurs qui n'ont pas encore été payées.

"**Impôts sur le revenu à payer (à court et à long terme)** : Ajustement pour l'impôt sur le revenu que l'entreprise sait déjà qu'elle devra payer, même si elle ne l'a pas encore fait parce que la date de paiement n'est pas encore arrivée.

"**Autres - net**" : autres ajustements nets (c'est-à-dire qui peuvent être ajoutés directement à tous les éléments ci-dessus sans qu'il soit nécessaire de procéder à des ajustements supplémentaires sur cette ligne).

"**Trésorerie nette provenant des activités d'exploitation** : il s'agit du flux de trésorerie d'exploitation. C'est la somme de toutes les lignes ci-dessus.

Trésorerie nette provenant des activités opérationnelles = 4 841 + 1 435 - 267 + 556 + 276 + 395 - 154 - 58 + 3 + 9 -744 + 128 = 6,42 milliards d'USD.

Examinons maintenant les **flux de trésorerie provenant des activités d'investissement.**

Il s'agit de ce que l'entreprise investit et désinvestit. Normalement, ce chiffre est négatif, car les entreprises investissent plus qu'elles ne désinvestissent. Lorsqu'elles investissent, l'argent sort de l'entreprise et lorsqu'elles désinvestissent, l'argent entre dans l'entreprise. Dans les entreprises endettées, le flux de trésorerie provenant de l'investissement peut être positif pendant une ou plusieurs années lorsqu'elles vendent beaucoup plus d'actifs afin de réduire leur dette de manière accélérée grâce à la vente de ces actifs. Ce n'est que dans une entreprise en cours de liquidation que le flux de trésorerie lié aux investissements est positif chaque année (jusqu'à la liquidation).

Les lignes qui le composent sont les suivantes:

"**Achats de biens, d'installations et d'équipements (BIE)** : L'argent utilisé pour l'achat de biens, d'usines, d'installations, de machines, etc. "Les immobilisations corporelles sont des biens, des usines et des équipements.

"**Produit de la vente d'immobilisations corporelles et d'autres actifs** : produit de la vente de biens immobiliers, d'usines, d'installations, de machines, etc. et d'autres actifs.

"**Acquisitions, nettes des liquidités acquises** : argent utilisé pour l'achat d'entreprises, moins les liquidités (excédent de liquidités) que ces entreprises peuvent avoir.

"**Achats de titres négociables et d'investissements** : argent utilisé pour acheter des obligations, des actions, etc.

"**Produit des échéances et de la vente de titres et placements négociables**" : produit de l'échéance d'obligations et de titres à revenu fixe en général, et de la vente (avant l'échéance, sur le marché) du même type de titres à revenu fixe, d'actions, etc.

"**Produit de la vente d'entreprises** : argent reçu de la vente d'entreprises. C'est-à-dire le contraire de "Acquisitions, nettes de liquidités acquises".

"**Autres investissements** : argent versé/versé pour d'autres investissements.

"**Trésorerie nette utilisée pour les activités d'investissement** : il s'agit du flux de trésorerie d'investissement. Il est calculé en additionnant toutes les lignes précédentes :

Trésorerie nette utilisée pour les activités d'investissement = - 1 461 + 33 -2 914 - 652 + 1 952 + 123 + 102 = -2 817 millions USD.

Les flux de trésorerie liés aux activités de financement sont les flux liés au financement de l'entreprise, généralement son endettement (sauf dans les entreprises sans endettement net, qui sont très peu nombreuses), les augmentations de capital, les rachats d'actions propres et les dividendes versés par l'entreprise.

Les lignes qui le composent sont les suivantes :

"**Variation des dettes à court terme - nettes**" : variation (augmentation ou diminution) des dettes à court terme.

"**Remboursement de la dette (échéances supérieures à 90 jours)**" : Remboursement de la dette (dans ce cas avec des échéances supérieures à 90 jours). Lorsque les obligations arrivent à échéance, l'argent sort de l'entreprise pour rembourser les obligations, et la dette de l'entreprise est réduite.

"**Produits de la dette (échéances supérieures à 90 jours)** : Produit de l'émission d'une dette (dans ce cas avec des échéances supérieures à 90 jours). Lorsqu'une obligation est émise, de l'argent entre dans l'entreprise, ce qui augmente la dette de l'entreprise (car cet argent devra être remboursé à l'avenir). Il est très fréquent que des obligations soient émises et remboursées la même année, car les entreprises cherchent constamment à optimiser leurs coûts financiers, en remplaçant des obligations par d'autres, etc. ou à maintenir leur niveau d'endettement, en renouvelant des obligations par d'autres obligations, etc. Le fait qu'une entreprise ait toujours un certain niveau d'endettement n'est pas mauvais en soi, il s'agit dans de nombreux cas d'un moyen approprié et prudent d'augmenter la rentabilité de ses actionnaires, comme nous le verrons plus loin.

"**Achats d'actions propres** : il s'agit d'actions que l'entreprise détient en tant qu'actions propres. Dans certains cas, elle les rachètera ultérieurement, dans d'autres, elle les vendra sur le marché, ou les donnera à ses dirigeants sous forme de stock options, etc.

"**Produit de l'émission d'actions propres dans le cadre de plans d'options sur actions et de plans d'avantages**" : Produit de l'émission d'actions **dans le cadre de plans d'**options sur **actions** ou de **plans d'avantages.** Comme je le dirai plus loin, je pense qu'il est préférable que tous les paiements aux dirigeants se fassent en espèces et non par l'émission de nouvelles actions. Cela permet d'éviter la dilution des actionnaires et de voir quels dirigeants décident d'acheter des actions dans les entreprises qu'ils dirigent, et lesquels ne le font pas.

"**Dividendes versés aux actionnaires** : il s'agit de l'argent que l'entreprise verse à ses actionnaires sous forme de dividendes. Comme vous le savez, le dividende d'un exercice, par exemple 2015, est normalement payé en partie en 2015 et en partie en 2016. Le chiffre figurant sur cette ligne n'est donc pas, sauf exception, le nombre d'actions du capital social de l'entreprise multiplié par le dividende de l'année en question.

"**Excess tax benefits from stock-based compensation**" : Ajustement (parfois positif, parfois négatif) pour l'imposition des actions attribuées en guise de rémunération aux dirigeants et aux salariés.

"**Achat d'intérêts minoritaires**" : achat d'intérêts minoritaires, tels que la filiale autrichienne dans notre exemple, au cas où 3M augmenterait sa participation dans cette société autrichienne. Par exemple, si 3M augmente sa participation dans cette société autrichienne de 90 % à 95 % cette année, l'achat de ces 5 % apparaîtra sur cette ligne.

"**Autres - net**" : tout ce qui n'entre pas dans les lignes ci-dessus et qui est nécessaire pour obtenir le flux de trésorerie de financement. Il s'agit d'un montant peu élevé, dont le détail figure dans les "Notes" du rapport 10-K.

Comme nous l'avons vu tout au long de l'analyse des entreprises américaines, d'autres entreprises peuvent utiliser des noms similaires pour les mêmes concepts, car il n'existe pas de structure fixe pour les lignes de ces rapports. Il est impossible de dresser une liste exhaustive de tous les éléments littéraux utilisés par toutes les entreprises américaines ; vous devez donc faire preuve de logique et de bon sens dans certains cas. Vous pouvez également rechercher sur Internet la signification d'une ligne que vous ne connaissez pas et qui n'est pas incluse dans ce livre. Pour la plupart des stratégies d'investissement, telles que l'investissement à long terme dans le rendement des dividendes, il n'est pas nécessaire de connaître autant de détails. Cela n'est pas non plus nécessaire pour de nombreuses stratégies à moyen terme.

"**Trésorerie nette utilisée pour les activités de financement**" : il s'agit du flux de trésorerie lié au financement. Il est calculé en additionnant toutes les lignes ci-dessus :

Trésorerie nette utilisée dans les activités de financement = 860 - 800 + 3 422 - 5 238 + 635 - 2 561 + 154 - 120 = - 3 648 millions USD.

"**Effet des variations de taux de change sur la trésorerie et les équivalents de trésorerie**. Il s'agit de l'effet des variations de taux de change sur les flux que nous examinons. Il s'agit généralement d'un petit montant.

"Augmentation (diminution) nette de la trésorerie et des équivalents de trésorerie" Elle est calculée comme suit :

Augmentation (diminution) nette de la trésorerie et des équivalents de trésorerie =

Flux de trésorerie provenant des activités opérationnelles +

Flux de trésorerie provenant des activités d'investissement +

Flux de trésorerie provenant des activités de financement +

Effet des variations des taux de change sur la trésorerie et les équivalents de trésorerie

En l'occurrence, il s'agit de 3M :

Augmentation (diminution) nette de la trésorerie et des équivalents de trésorerie = 6 420 - 2 817 - 3 648 - 54 = - 99 millions USD.

La colonne "Trésorerie et équivalents de trésorerie au début de l'exercice" est la colonne "Trésorerie et équivalents de trésorerie" au début de la période. Il s'agit de la trésorerie et des équivalents de trésorerie détenus par l'entreprise (comptes bancaires, obligations à très court terme, etc.) au début de la période à laquelle la colonne se réfère. Dans le cas de la colonne 2015, il s'agit de la trésorerie et des équivalents de trésorerie détenus par l'entreprise au 1er janvier 2015. Cette ligne a le même montant que la ligne "Trésorerie et équivalents de trésorerie à la fin de la période" de l'année précédente, comme vous pouvez le voir dans les tableaux que vous avez ici de 3M. Le montant de 1 897 millions de dollars indiqué ici en 2015 est le même que le montant indiqué à la ligne "Trésorerie et équivalents de trésorerie à la fin de la période" en 2014.

Et **"Trésorerie et équivalents de trésorerie à la fin de la période"** est la "Trésorerie et équivalents de trésorerie" à la fin de la période. L'année suivante, ce chiffre apparaîtra comme "Trésorerie et équivalents de trésorerie à la fin de la période", comme nous venons de le voir.

Trésorerie et équivalents de trésorerie à la fin de la période = "Trésorerie et équivalents de trésorerie à la fin de la période" = "Trésorerie et équivalents de trésorerie à la fin de la période

"Trésorerie et équivalents de trésorerie au début de l'année" +

"Augmentation (diminution) nette de la trésorerie et des équivalents de trésorerie".

Dans notre exemple 3M :

Trésorerie et équivalents de trésorerie en fin de période = 1 897 - 99 = 1 798 millions USD.

Comme je l'ai déjà dit, le flux de trésorerie disponible est un concept très intéressant d'un point de vue théorique, mais très difficile à appliquer dans la pratique, en raison de la difficulté d'obtenir des données fiables. Et **sans données fiables, tout ratio est beaucoup plus trompeur qu'utile**. De plus, dans ce cas, le flux de trésorerie disponible est un "réglage fin" du bénéfice net de l'entreprise, et un "réglage fin" ne peut être effectué avec des données, des hypothèses, etc. peu fiables. La formule du free cash flow est la suivante :

Flux de trésorerie disponible = Bénéfice net + Dépréciation et amortissement - Investissement de maintenance - NOF

Le NOF est le besoin opérationnel de fonds.

Le principal problème est de déterminer ce que sont réellement les investissements de maintenance, ainsi que les NOF.

Comme nous l'avons déjà vu, il est compliqué de différencier les investissements de maintenance des investissements de croissance. Et la prévision des besoins futurs en matière d'investissements de maintenance ne peut, à mon avis, se faire de manière fiable qu'en discutant avec la direction de l'entreprise. De nombreuses entreprises ne procèdent pas à cette ventilation, et celles qui le font sont confrontées au problème des investissements "hybrides", qui peuvent être d'une part des investissements de maintenance et d'autre part des investissements de croissance, et nous ne savons jamais combien il y en a dans chaque cas, même dans les cas où les entreprises procèdent à la ventilation des deux types d'investissements.

D'autre part, les **cycles d'investissement** des entreprises ne sont souvent pas aussi stables que leurs bénéfices. Je me réfère ici aux entreprises considérées comme adaptées au long terme, en particulier (dans les entreprises instables, ces cycles sont encore plus prononcés, en général). Il y a des périodes de plusieurs années pendant lesquelles les entreprises investissent plus que la moyenne (l'investissement annuel moyen de l'entreprise, je veux dire), suivies de périodes pendant lesquelles elles investissent moins que la moyenne. Si nous pouvions obtenir des données fiables sur le passé, nous aurions encore besoin de connaître les détails des plans d'investissement futurs de l'entreprise, car les années d'investissement plus élevé donneraient l'impression que le flux de trésorerie disponible est plus faible qu'il ne le sera dans les années à venir. Et si les dernières années étaient celles où les besoins d'investissement sont les plus faibles, c'est l'inverse qui se produirait : le flux de trésorerie disponible semblerait plus élevé qu'il ne le sera dans les années à venir. Lorsque je parle de ces cycles d'investissement, je fais référence aux investissements de maintenance, parce que les investissements de maintenance sont un peu plus élevés certaines années que d'autres, mais ils ne sont pas les mêmes chaque année. Il y a des machines qui, tous les deux ou trois ans, ont un coût de révision majeur, par exemple. Pensez à votre voiture qui, certaines années, n'a pas besoin d'être révisée, d'autres ont une révision mineure, d'autres une révision majeure, d'autres une panne, etc. Dans le compte de résultat, lors du calcul du bénéfice net, ces hauts et bas des investissements sont "lissés" par des amortissements.

Outre le problème de l'investissement, il existe un autre problème, mineur, mais qui "ajoute" aux difficultés d'application du free cash flow dans la pratique. Il s'agit du **NOF.** Il s'agit d'un chiffre que les entreprises ne publient généralement pas et qui connaît des hauts et des bas importants, ce qui signifie que même si nous disposions des données pour le passé, nous ne pourrions pas les extrapoler directement pour l'avenir.

La marge brute d'autofinancement est l'argent que l'entreprise doit investir dans la fabrication de ses produits, entre le moment où elle achète les matières premières à ses fournisseurs et celui où elle est payée par ses clients. Pour calculer ce chiffre, il est nécessaire de connaître la durée de vie moyenne de l'entreprise, c'est-à-dire le temps moyen qui s'écoule entre le paiement des fournisseurs et le paiement des clients. En général, les entreprises ne fournissent pas cette information dans leurs documents standard.

Certaines entreprises publient leur flux de trésorerie disponible, mais chacune le calcule d'une manière différente. Si vous voyez cette donnée dans une entreprise et qu'elle vous intéresse, vous devez lire les petits caractères pour savoir comment elle est calculée.

Il existe un ratio qui, en théorie, est pire que le flux de trésorerie disponible (si le flux de trésorerie disponible pouvait vraiment être calculé avec précision par l'investisseur moyen), mais il est très facile à calculer et je pense qu'il est utile. Il se présente comme suit :

Flux de trésorerie provenant des activités d'exploitation (CFO) - Flux de trésorerie provenant des activités d'investissement (CFI)

Si le paiement des intérêts sur la dette est inclus dans les flux de trésorerie provenant des activités de financement, la formule est la suivante :

Flux de trésorerie provenant des activités d'exploitation (CFO) - Flux de trésorerie provenant des activités d'investissement (CFI) - Paiement des intérêts sur la dette (PID)

Pour autant que je sache, ce ratio n'a pas de nom, alors appelons-le **CFO - CFI - PID**.

Le problème de ce ratio est qu'il ne distingue pas les investissements de maintenance des investissements de croissance. Par conséquent, dans l'idéal, il est moins bon que le flux de trésorerie disponible. Mais il est utile. Il ne s'agit pas de regarder le chiffre d'une année, mais de regarder l'évolution des dernières années, et de le comparer avec la ligne "Dividendes versés aux actionnaires" des flux de trésorerie provenant des activités de financement.

Si CFE - CFI - PID est supérieur à "Dividendes versés aux actionnaires" sur une base régulière, alors la performance de l'entreprise est saine, et le dividende de l'entreprise est clairement durable.

Si CFE - CFI - PID est inférieur à "Dividendes versés aux actionnaires" sur une base régulière, il convient d'examiner dans quoi l'entreprise investit, les informations qu'elle donne sur sa politique de dividendes, etc. Dans ce cas, le dividende peut être parfaitement durable et sain, mais il peut aussi ne pas l'être.

Lorsque le dividende n'est pas viable, le CFE - CFI - PID est généralement inférieur aux "dividendes versés aux actionnaires". Mais ce n'est pas toujours le cas : lorsque CFE - CFI - PID est inférieur à "Dividendes versés aux actionnaires", le dividende n'est pas viable.

Imaginons que nous investissions 1 million de dollars dans la création d'un magasin de vêtements, ce qui nous donne un flux de trésorerie provenant des activités d'exploitation de 100 000 dollars.

L'année suivante, nous investissons 1 million de dollars supplémentaires dans la création d'un autre magasin, ce qui nous permet d'obtenir 100 000 dollars de plus en flux de trésorerie provenant des activités d'exploitation.

Au cours de cette deuxième année, le flux de trésorerie provenant des activités d'investissement est de 1 million de dollars (pour l'ouverture du nouveau magasin) et le flux de trésorerie provenant des activités d'exploitation est de 200 000 dollars (pour la somme des deux magasins). Dans ce cas, le flux de trésorerie provenant des activités d'exploitation est nettement inférieur au flux de trésorerie provenant des activités d'investissement, mais un dividende de 50 000 $, par exemple, serait parfaitement viable, car il proviendrait des bénéfices du premier magasin, qui seraient déjà entièrement payés.

Par conséquent, si CFE - CFI - PID est inférieur à "Dividendes versés aux actionnaires", des recherches supplémentaires sont nécessaires pour déterminer la situation dans ce cas particulier.

Si vous avez déjà besoin des dividendes pour couvrir vos dépenses au moment où vous construisez votre portefeuille (parce que vous êtes déjà à la retraite ou proche de la retraite), vous devez vous concentrer sur les entreprises dont la CFE - CFI - PID est supérieure à "Dividendes versés aux actionnaires", et éviter les entreprises où ce n'est pas le cas, afin d'éviter toute réduction temporaire des dividendes.

Analyse détaillée, ligne par ligne, des comptes de résultats, des bilans et des flux de trésorerie des entreprises européennes

Dans cette section, nous allons examiner un modèle qui vous aidera à comprendre les comptes des entreprises européennes en général (Allemagne, France, Royaume-Uni, Pays-Bas, Espagne, Italie, etc.)

L'endroit où l'on recherche habituellement des informations sur les entreprises européennes est le rapport annuel. Elles disposent toutes d'une version anglaise de ce document, et il n'est donc pas nécessaire de connaître l'espagnol, l'allemand, le français, l'italien, etc. Le format utilisé dans le rapport annuel pour les comptes de résultats, les bilans et les tableaux des flux de trésorerie est assez similaire à celui que nous venons de voir pour les entreprises américaines. Prenons l'exemple du rapport annuel 2015 de BASF. Notons que, comme pour les entreprises américaines, les informations fournies par les entreprises européennes sont très proches les unes des autres, mais pas exactement les mêmes.

COMPTE DE RÉSULTAT

Voici le compte de résultat de BASF pour 2015 :

	2015	2014
Sales revenue (Chiffre d'affaires)	70.449	74.326
Cost of sales (Coût des ventes)	-51.372	-55.839
Gross profit on sales (Marge brute sur les ventes)	19.077	18.487
Selling expenses (Frais de vente)	-8.062	-7.493
General administrative expenses (Frais administratifs généraux)	-1.429	-1.359
Research expenses (Frais de recherche)	-1.953	-1.884
Other operating income (Autres produits d'exploitation)	2.004	2.231
Other operating expenses (Autres charges d'exploitation)	-3.640	-2.629
Income from companies accounted for using the equity method (Revenus des entreprises comptabilisées selon la méthode de la mise en équivalence)	251	273
Income from operations (Revenus d'exploitation)	6.248	7.626

Income from other shareholdings (Revenus d'autres participations)	80	303
Expenses from other shareholdings (Charges provenant d'autres participations)	-71	-25
Interest income (Revenus d'intérêts)	213	207
Interest expenses (Charges d'intérêts)	-638	-711
Other financial income (Autres produits financiers)	152	158
Other financial expenses (Autres charges financières)	-436	-355
Financial result (Résultat financier)	**-700**	**-423**
Income before taxes and minority interests (Résultat avant impôts et intérêts minoritaires)	**5.548**	**7.203**
Income taxes (Impôts sur le revenu)	-1.247	-1.711
Income before minority interest (Résultat avant intérêts minoritaires)	**4.301**	**5.492**

Minority interest (Intérêts minoritaires)	-314	-337
Net income (Revenu net)	**3.987**	**5.155**
Earnings per share (Résultat par action)	**4,34**	**5,61**
Dilution effect (Effet de dilution)	-0,01	-0,01
Diluted earnings per share (Résultat dilué par action)	**4,33**	**5,60**

Comme vous pouvez le constater, il est très similaire au compte de résultat que nous avons déjà vu pour 3M, et je pense donc qu'il est plus clair et plus didactique de voir la correspondance entre les lignes de BASF et de 3M.

"Le chiffre d'affaires est le "chiffre d'affaires net".

Le **"coût des ventes"** porte le même nom dans les deux cas.

La "marge brute sur les ventes" est la "marge **brute**", dont 3M n'a pas montré le calcul, mais nous avons vu qu'elle était très facile à calculer (chiffre d'affaires - coût des ventes) :

Bénéfice brut sur les ventes = 70,449 - 51,372 = 19,077.

Les **"frais de vente"** et les **"frais généraux administratifs"** sont ce que 3M met sur une seule ligne en tant que "frais de vente, frais généraux et frais administratifs".

Les **"frais de recherche"** sont les "frais de recherche, de développement et autres frais connexes" de 3M.

Les **"Autres produits d'exploitation"** sont les autres produits d'exploitation et les **"Autres charges d'exploitation"** sont les autres **charges** d'exploitation. Il s'agit de deux lignes pour inclure tout ce qui n'est pas inclus dans les autres lignes de cette section (l'ensemble des lignes jusqu'au "Résultat d'exploitation").

Le **"résultat des sociétés mises en équivalence"** est la part proportionnelle des bénéfices (ou des pertes) des sociétés dont BASF (dans ce cas) n'a pas le contrôle, mais exerce une certaine influence sur la gestion par le biais de sa participation dans ces sociétés.

Le **"résultat d'exploitation"** est le "résultat opérationnel", ou EBIT.

L'EBIT de BASF est calculé en ajoutant à la "marge brute sur ventes" toutes les lignes qui lui sont inférieures, jusqu'au "résultat d'exploitation" :

Résultat des opérations = 19,077 - 8,062 - 1,429 - 1,953 + 2,004 - 3,640 + 251 = 6,248 millions d'euros.

Les lignes suivantes sont celles du **résultat** financier (**"Résultat financier"**).

Les deux plus évidents qui apparaissent toujours sont les **"revenus d'intérêts"** (revenus des obligations et assimilés achetés par l'entreprise, des dépôts bancaires, etc.) et les **"charges d'intérêts"** (intérêts payés par l'entreprise sur sa dette). En 3M, ils s'appelaient exactement de la même manière.

Les **"Autres produits financiers"** et **"Autres charges financières"** sont les autres produits financiers et les autres **charges financières.** Il s'agit du type de lignes qui incluent tous les éléments qui ne figurent pas dans les lignes principales et qui apparaissent dans les rapports annuels de nombreuses entreprises européennes.

Les rubriques "Produits d'autres participations" et "Charges d'autres participations" n'apparaissent pas dans de nombreux cas. BASF les utilise ici pour divulguer certains produits et charges financiers (dont les détails figurent dans les notes du rapport annuel, en l'occurrence la note 10, pour référence), qui auraient pu être inclus dans les "Autres produits financiers" et "Autres charges financières".

Le résultat financier est la somme des 6 lignes que nous venons de voir :

Résultat financier = 80 - 71 + 213 - 638 + 152 - 436 = -700 millions d'euros.

Le "**revenu avant impôts et intérêts minoritaires**" est le "revenu avant impôts" en 3M, c'est-à-dire le bénéfice avant impôts et **intérêts** minoritaires.

"**L'impôt sur le revenu** est la "provision pour impôt sur le revenu" en 3M, c'est-à-dire l'impôt que l'entreprise devra payer sur ces bénéfices.

Le "**résultat avant intérêts minoritaires**" est le "résultat net incluant les intérêts minoritaires" en 3M, c'est-à-dire le résultat net avant intérêts minoritaires :

Résultat avant intérêts minoritaires = 5,548 - 1,247 = 4,301 millions d'euros.

Les "**intérêts minoritaires**" sont la part attribuable aux intérêts minoritaires, le "résultat net attribuable aux intérêts non contrôlés" à 3M.

"**Le résultat net** est le résultat net attribuable aux actionnaires de BASF, le chiffre utilisé pour calculer le résultat par action, qui chez 3M était appelé "résultat net attribuable à 3M".

"**Le bénéfice par action** (BPA) est le bénéfice de base par action. Chez 3M, il s'agit du "bénéfice par action attribuable aux actionnaires ordinaires de 3M - de base".

"**L'effet de dilution** est l'effet de la dilution des obligations convertibles ou similaires émises par l'entreprise.

Le "**Diluted earnings per share**" est le bénéfice dilué par action, le plus important et celui que nous devons examiner. Chez 3M, il s'appelait "Bénéfice par action attribuable aux actionnaires ordinaires de 3M - dilué".

BILAN

Examinons maintenant le bilan de BASF, en commençant par l'**actif** :

	2015	2014
Intangible assets (Immobilisations incorporelles)	12.537	12.967
Property, plant and equipment (Immobilisations corporelles)	25.260	23.496
Investments accounted for using the equity method (Investissements comptabilisés selon la méthode de la mise en équivalence)	4.436	3.245
Other financial assets (Autres actifs financiers)	526	540
Deferred tax assets (Actifs d'impôts différés)	1.791	2.193
Other receivables and miscellanous assets	1.720	1.498

(Autres créances et actifs divers)		
Noncurrent assets (Actifs non courants)	46.270	43.939
Inventories (Inventaires)	9.693	11.266
Accounts receivable, trade (Créances commerciales)	9.516	10.385
Other receivables and miscellanous assets (Autres créances et actifs divers)	3.095	4.032
Marketable securities (Titres négociables)	21	19
Cash and cash equivalents (Trésorerie et équivalents de trésorerie)	2.241	1.718
Current assets (Actif circulant)	24.566	27.420
Total assets (Total des actifs)	70.836	71.359

Les lignes "Actifs non courants" sont les suivantes :

Les **"immobilisations incorporelles"** de 3M portent le même nom.

Les **"immobilisations corporelles"** portent également le même nom dans 3M.

La **"participation comptabilisée selon la méthode de la mise en équivalence"** est la participation dans des filiales **comptabilisées selon la "méthode de la mise en équivalence"**. Prenons un exemple.

Supposons que BASF possède 12 % d'une entreprise française de matériaux, qui est gérée par une autre entreprise que BASF. Bien que BASF ne gère pas cette société française, elle a des représentants au conseil d'administration et exerce une certaine influence sur la gestion de la société, sans en être le gestionnaire direct. Si cette société française réalise un bénéfice de 100 millions d'euros, BASF a droit à 12 millions d'euros pour sa participation de 12 %.

Les "**autres actifs financiers**" sont d'autres actifs financiers. Cette ligne comprend des actifs financiers qui ne figurent pas dans les lignes principales, comme nous l'avons déjà vu dans d'autres cas.

"Les **actifs d'impôts différés** sont des avantages fiscaux qui n'ont pas encore été appliqués, quelle qu'en soit la raison. Ils seront appliqués dans les déclarations fiscales futures. Il peut s'agir de pertes passées qui seront compensées à l'avenir par des bénéfices, de déductions de la dette fiscale pour certains impôts, etc.

Les "**autres créances et actifs divers**" sont les autres créances et **actifs divers**. En d'autres termes, tout ce qui n'est pas inclus dans les lignes ci-dessus.

Les "actifs non courants" sont la somme de toutes les lignes que nous venons de voir :

"Actifs non courants = 12,537 + 25,260 + 4,436 + 526 + 1,791 + 1,720 = 46,270 millions d'euros.

Les lignes d'actif actuelles sont les suivantes

Les "**stocks**" de 3M portent le même nom.

Les "**comptes clients**" dans 3M sont appelés de la même manière.

Le poste "**Autres créances et actifs divers**" est identique au poste "Actifs non courants", à la différence près que les actifs courants sont des éléments à court terme et les actifs non courants des éléments à long terme.

Les **"titres négociables"** portent le même nom dans 3M. Il s'agit d'obligations et de titres similaires (achetés en tant qu'investissement) qui sont cotés sur un marché et peuvent être facilement vendus.

Le terme **"trésorerie et équivalents de trésorerie"** dans 3M est le même.

Logiquement et comme nous l'avons déjà vu :

Total des actifs = Actifs non courants + Actifs courants

Total des actifs = 46.270 + 24.566 = 70.836 millions d'euros.

Examinons maintenant les **capitaux propres** et le **passif** :

	2015	2014
Subscribed capital (Capital souscrit)	1.176	1.176
Capital surplus (Excédent de capital)	3.141	3.143
Retained earnigs (Bénéfices non distribués)	30.120	28.777
Other comprehensive income (Autres éléments du résultat global)	-3.521	-5.482
Equity of shareholders of BASF SE (Fonds propres des actionnaires de BASF SE)	30.916	27.614
Minority interest (Intérêts minoritaires)	629	581
Equity (Fonds propres)	**31.545**	**28.195**

Provisions for pensions and similar obligations (Provisions pour pensions et obligations similaires)	6.313	7.313
Other provisions (Autres dispositions)	3.369	3.502
Deferred tax liabilities (Passifs d'impôts différés)	3.381	3.420
Financial indebtedness (Endettement financier)	11.123	11.839
Other liabilities (Autres passifs)	869	1.197
Noncurrent liabilities (Passifs non courants)	**25.055**	**27.271**
Accounts payable, trade (Dettes commerciales)	4.020	4.861
Provisions (Dispositions)	2.540	2.844
Tax liabilities (Dettes fiscales)	1.082	1.079
Financial indebtedness (Endettement financier)	4.074	3.545
Other liabilities (Autres passifs)	2.520	3.564

Current liabilities (Passif à court terme)	14.236	15.893
Total equity and liabilities (Total des capitaux propres et des passifs)	70.836	71.359

L'**équité** d'abord :

Le "**capital souscrit**" est identique à le"action ordinaire, d'une valeur nominale de 0,01 dollar par action" dans le cas de 3M.

L'"**excédent de capital**" est identique au "capital versé supplémentaire" dans le cas de 3M.

Les "**bénéfices non distribués**" portent le même nom que 3M.

Les "**Autres éléments du résultat global**" sont une ligne de la rubrique "Autres", dont le détail figure dans les notes du rapport annuel.

Les "**capitaux propres des actionnaires de BASF SE**" sont les mêmes que les "capitaux propres totaux de 3M Company" dans le cas de 3M. C'est le chiffre utilisé pour calculer la valeur comptable par action. Il s'agit de la somme de toutes les lignes ci-dessus :

Fonds propres des actionnaires de BASF SE = 1,176 + 3,141 + 30,120 - 3,521 = 30,916 millions d'euros.

Le nombre d'actions composant le capital social de BASF au 31 décembre était de 918 478 694 :

Valeur comptable de l'action BASF en 2015 = 30 917 / 918,478694 = 33,66 euros.

La "**participation minoritaire**" est la même que la "participation ne donnant pas le contrôle" dans le cas de 3M. Il s'agit de la partie des capitaux propres qui appartient aux actionnaires minoritaires des filiales.

Les "**fonds propres**" sont identiques aux "fonds propres totaux" dans 3M. Il s'agit de la somme des "capitaux propres des actionnaires de BASF SE" et des "intérêts minoritaires".

Fonds propres = 30 916 + 629 = 31 545 millions d'euros.

Examinons maintenant les lignes "**Passif**" :

Les lignes "**Passifs non courants**" sont :

"**Provisions pour pensions et obligations similaires.** Il s'agit des provisions destinées à couvrir les plans de retraite des salariés. La tendance, qui me semble très positive, consiste à transférer les pensions des salariés vers des produits qui ne figurent pas au bilan des entreprises, de sorte que chaque mois, l'entreprise verse la contribution correspondante au plan de pension (ou autre) de ses salariés, ce qui met fin aux obligations de l'entreprise. Je pense que cela facilite la séparation des risques et permet aux salariés de voir ce qu'ils ont réellement épargné pour leur retraite. Et il n'y a aucun inconvénient à ce que les obligations de retraite des salariés restent inscrites au bilan de l'entreprise.

Les "**autres dispositions**" sont d'autres dispositions dont les détails (si vous êtes intéressés) se trouvent dans les "Notes" du rapport annuel, comme toujours.

"**Les passifs d'impôts différés** représentent les prévisions de **l'entreprise** concernant les impôts qu'elle devra payer à l'avenir, pour différents postes. Il s'agit d'argent qui n'a pas encore été payé aux autorités fiscales, mais qui devrait l'être à l'avenir.

"**L'endettement financier** est la dette financière à long terme de l'entreprise.

Le poste "**Autres passifs**" est une autre ligne "Autres" dont le détail figure dans les "Notes" du rapport annuel.

Le "**passif non courant**" est la somme de toutes les lignes que nous venons de voir :

Passifs non courants = 6,313 + 3,369 + 3,381 + 11,123 + 869 = 25,055 millions d'euros.

Les lignes "**Dettes à court terme**" sont les suivantes

Les "**comptes fournisseurs, commerce**" sont appelés de la même manière dans 3M.

"Les provisions sont des provisions pour divers éléments, qui sont détaillés dans l'annexe au rapport annuel.

Les "**dettes fiscales**" sont des engagements à payer des impôts.

"**L'endettement financier**" est la dette financière à court terme de l'entreprise.

La ligne "**Autres passifs**" est une autre ligne qui regroupe des éléments qui ne figurent pas dans les autres lignes. Comme toujours, le détail se trouve dans les "Notes" du rapport.

Le "**passif à court terme**" est calculé en additionnant toutes les lignes ci-dessus :

Passif à court terme = 4 020 + 2 540 + 1 082 + 4 074 + 2 520 = 14 236 millions d'euros.

Le "**total des capitaux propres et des dettes**" est toujours égal au "total des actifs". Il en va de même pour toutes les entreprises du monde, comme nous l'avons déjà vu.

Les entreprises européennes publient généralement leur **dette nette** ("Dette nette", "Dette financière nette", "Situation financière", ou quelque chose de similaire). Dans le cas présent, c'est ce que fait BASF. La dette nette de BASF à la fin de l'année 2015 s'élève à 12 956 millions d'euros et précise qu'elle est calculée comme suit :

"Dette nette" = "Endettement financier (non courant)" + "Endettement financier (courant)" - "Trésorerie et équivalents de trésorerie".

Dette nette = 11,123 + 4,074 - 2,241 = 12,956 millions d'euros.

TABLEAUX DES FLUX DE TRÉSORERIE

Examinons maintenant le tableau des flux de trésorerie de BASF.

	2015	2014
Net income (Revenu net)	3.987	5.155
Depreciation and amortization of intangible assets, property, plant and equipment and financial assets (Dépréciation et amortissement des immobilisations incorporelles, corporelles et financières)	4.448	3.455
Changes in inventories (Variations des stocks)	1.094	-606
Changes in receivables (Variations des créances)	1.463	173
Changes in operating liabilities and other	-1.210	-190

provisions (Variations des dettes d'exploitation et autres provisions)		
Changes in pension provisions, defined benefits assets and other items (Variations des provisions pour pensions, des actifs au titre des prestations définies et d'autres éléments)	-317	-773
Gains (-) / Losses (+) from disposal of noncurrent assets and securities (Gains (-) / Pertes (+) sur cession d'actifs non courants et de titres)	-19	-256
Cash provided by operating activities (Trésorerie provenant des activités d'exploitation)	**9.446**	**6.958**
Payments for property, plant and equipment and intangible assets (Paiements pour immobilisations corporelles et incorporelles)	-5.812	-5.296
Payments for financial assets and securities (Paiements pour actifs financiers et titres)	-920	-1.131
Payments for acquisitions (Paiements pour les acquisitions)	-215	-963
Payments from divestitures (Paiements au titre des cessions)	651	1.336
Payments from the disposal of noncurrent assets and securities (Paiements provenant de la	1.061	1.558

cession d'actifs non courants et de titres)		
Cash used in investing activities (Liquidités utilisées pour les activités d'investissement)	-5.235	-4.496
Capital increases / repayments and other equity transactions (Augmentations / remboursements de capital et autres opérations sur fonds propres)	66	0
Additions to financial and similar liabilities (Augmentation des dettes financières et assimilées)	6.937	6.048
Repayment of financial and similar liabilities (Remboursement de dettes financières et assimilées)	-7.870	-5.760
Dividends paid (Dividendes versés)		
To shareholders of BASF SE (Aux actionnaires de BASF SE)	-2.572	-2.480
Minority shareholders (Actionnaires minoritaires)	-234	-286
Cash used in financing activities (Trésorerie utilisée pour les activités de financement)	-3.673	-2.478
Net changes in cash and cash equivalents (Variation nette de la trésorerie et des	538	-16

équivalents de trésorerie)		
Change in cash and cash equivalents (Variation de la trésorerie et des équivalents de trésorerie)		
From foreign exchange rates (des taux de change)	-19	-90
Changes in scope of consolidation (Changements dans le périmètre de consolidation)	4	-3
Cash and cash equivalents at the beggining of the year (Trésorerie et équivalents de trésorerie au début de l'année)	**1.718**	**1.827**
Cash and cash equivalents at the end of the year (Trésorerie et équivalents de trésorerie à la fin de l'année)	**2.241**	**1.718**

Examinons d'abord les lignes de **flux de trésorerie (flux de trésorerie provenant des activités d'exploitation)** :

"**Revenu net** : il part également du revenu net. À partir de là, il procède à tous les ajustements nécessaires jusqu'à la "trésorerie provenant des activités d'exploitation".

"**Dépréciation et amortissement des immobilisations incorporelles, des immobilisations corporelles et des actifs financiers**" : il s'agit de la même chose que la "dépréciation et l'amortissement" de 3M. C'est le chiffre à ajouter au "résultat d'exploitation" dans le compte de résultat pour obtenir l'EBITDA.

EBITDA de BASF en 2015 = 6 248 + 4 448 = 10 696 millions d'euros.

"**Variations des stocks** : variations des **stocks** par rapport à l'année précédente.

"**Variations des créances** : Variations des créances par rapport à l'année précédente.

"**Variations des passifs d'exploitation et autres provisions**" : variations des passifs liés à l'activité (tels que les fournisseurs) et autres provisions également liées à l'activité de l'entreprise par rapport à l'année précédente.

"**Variations des provisions pour pensions, des actifs au titre des prestations définies et d'autres éléments**" : variations des provisions pour pensions que nous avons déjà vues (et qui tendent à être retirées des bilans des entreprises), et autres avantages liés à la retraite des salariés. Également par rapport à l'année précédente.

"**Gains (-) / pertes (+) sur cession d'actifs non courants et de titres**" : Gains ou pertes résultant de la vente d'actifs non courants et/ou d'actions d'autres sociétés, d'obligations, etc.

Les liquidités provenant des activités d'exploitation sont la somme de toutes les lignes ci-dessus :

"Trésorerie provenant des activités opérationnelles" = 3,987 + 4,448 + 1,094 + 1,463 - 1,210 - 317 - 19 = 9,446 millions d'euros.

Les lignes "**Trésorerie utilisée pour les activités d'investissement**" sont discutées ci-dessous.

Tout d'abord, je voudrais préciser que BASF utilise le mot "paiement" dans toutes les lignes, mais dans certains cas, il peut y avoir un signe positif, si de l'argent est reçu en tant que ventes, par exemple.

"Paiements pour immobilisations corporelles et incorporelles" : Investissements en immobilisations corporelles et **incorporelles.** Semblable aux lignes "Achats d'immobilisations corporelles" et "Produits de la vente d'immobilisations corporelles et d'autres actifs" dans le cas de 3M.

"Paiements d'actifs financiers et de titres" : Investissements dans des actifs financiers. Semblable aux lignes "Achats de titres et d'investissements négociables" et "Produits des échéances et des ventes de titres et d'investissements négociables" dans le cas de 3M.

Les **"paiements pour acquisitions"** sont des investissements dans des acquisitions d'autres entreprises.

Les **"paiements provenant de cessions"** sont des ventes d'entreprises, de sorte que cette ligne constitue généralement une entrée de trésorerie.

Les **"Paiements provenant de la cession d'actifs non courants et de titres"** correspondent à la vente d'actifs non courants tels que des actions, des obligations, etc. Cette ligne correspond donc généralement à une recette.

La "trésorerie utilisée pour les activités d'investissement" est la somme de toutes les lignes que nous venons de voir :

"Trésorerie utilisée pour les activités d'investissement" = - 5,812 - 920 - 215 + 651 + 1,061 = -5,235 millions d'euros.

Les lignes **"Trésorerie utilisée pour les activités de financement"** sont les suivantes :

Les **"augmentations / remboursements de capital et autres opérations sur capitaux propres"** sont des opérations sur capitaux, telles que les augmentations de capital, les réductions de capital, etc.

Les "**acquisitions de dettes financières et assimilées**" sont les entrées d'argent par l'émission de dettes (obligations, emprunts, etc.).

Le "**remboursement des dettes financières et assimilées**" est la sortie d'argent pour le remboursement de la dette (obligations, emprunts, etc.).

"**Dividendes versés** : montant versé à titre de dividende. Les "actionnaires de BASF SE" sont les dividendes versés aux actionnaires de BASF, et les "actionnaires minoritaires" sont les dividendes versés aux actionnaires minoritaires des filiales que BASF contrôle, mais pas à 100 %, et qui ont donc des actionnaires minoritaires (qui reçoivent des dividendes, lorsque ces filiales versent des dividendes).

"La trésorerie utilisée pour les activités de financement est la somme des lignes ci-dessus :

"Trésorerie utilisée pour les activités de financement" = 66 + 6,937 - 7,870 - 2,572 - 234 = -3,673 millions d'euros.

La "**variation nette de la trésorerie et des équivalents de trésorerie**" est la somme des trois flux de trésorerie que nous venons de voir.

"Variation nette de la trésorerie et des équivalents de trésorerie" = "Trésorerie provenant des activités d'exploitation" + "Trésorerie utilisée pour les activités d'investissement" + "Trésorerie utilisée pour les activités de financement".

"Variation nette de la trésorerie et des équivalents de trésorerie = 9 446 - 5 235 - 3 673 = 538 millions d'euros.

La rubrique "**Variation de la trésorerie et des équivalents de trésorerie**" se subdivise en deux parties : "**Variation des taux de change**" est l'ajustement pour les variations des devises étrangères et "Variation du périmètre de consolidation" est l'ajustement pour les variations du périmètre de consolidation. Les "variations **du périmètre de consolidation**" sont les variations dues aux changements du périmètre de consolidation. Le "périmètre de consolidation" est l'ensemble des activités et des filiales qui composent les comptes de l'entreprise. Si BASF vend 10 % d'une filiale détenue à 60 % et devient une filiale détenue à 50 %, son périmètre de consolidation est réduit. À l'inverse, si elle passe de 60 % à 70 %, son périmètre de consolidation augmente. Dans les deux cas, les liquidités de BASF augmentent ou diminuent. De nombreuses entreprises ne ventilent pas les variations de trésorerie en fonction des variations du périmètre de consolidation.

La "**trésorerie et les équivalents de trésorerie au début de l'exercice**" sont les liquidités dont BASF disposait au début de l'exercice (par exemple, les 1 718 millions d'euros de la colonne 2015 sont le montant dont BASF disposait au 1er janvier 2015, ou au 31 décembre 2014, ce qui revient au même).

Et "**Trésorerie et équivalents de trésorerie à la fin de l'année**" est la trésorerie et les équivalents de trésorerie détenus par BASF à la fin de l'année, le 31 décembre 2015 dans ce cas.

Trésorerie et équivalents de trésorerie à la fin de l'année" =

"Trésorerie et équivalents de trésorerie au début de l'année" +

"Variations nettes de la trésorerie et des équivalents de trésorerie" +

"Variations de la trésorerie et des équivalents de trésorerie"

"Trésorerie et équivalents de trésorerie à la fin de l'année" = 1.718 + 538 -19 + 4 = 2.241 millions d'euros

Nous allons maintenant examiner des exemples et des questions générales relatives à l'investissement qui vous aideront à mieux interpréter les comptes des entreprises.

Comment analyser l'évolution des ratios dans leur contexte

Une question très fréquente est de savoir combien d'années il faut prendre en compte pour analyser une entreprise : les 5 dernières années, les 10 dernières années, plus de 10 ans ?

Tout d'abord, cela dépend de la stratégie d'investissement suivie dans chaque cas.

S'il s'agit d'un investissement **à long terme**, il convient de prendre en compte **toutes les années pour lesquelles nous disposons d'informations**. Plus il y a d'années, mieux c'est. Mais si l'entreprise a été cotée en Bourse il y a trois ans, ou il y a un mois, ou si elle le sera le mois prochain, nous ne devons pas l'écarter pour autant. Même au moment d'une IPO (Initial Public Offering), il est possible de décider si l'entreprise se prête ou non à un investissement à long terme. Logiquement, il est préférable de disposer de plus d'informations et d'un parcours boursier plus long, mais si nous considérons que tout cela est essentiel, il est possible que lorsque l'entreprise aura été cotée pendant 5 ans (ou le minimum que nous établissons pour décider si une entreprise est adaptée au long terme), le prix de cette entreprise sera déjà beaucoup plus élevé.

Pour **investir à long terme dans les introductions en Bourse**, il est très important de tenir compte du secteur auquel appartient la société à introduire en Bourse. Par exemple, les **entreprises publiques dans des secteurs stables** et adaptés au long terme sont susceptibles d'être de bonnes alternatives pour un investissement à long terme dans leurs introductions en Bourse (chaque cas doit être analysé, bien sûr). Dans ce cas, leurs antécédents risquent d'être très mauvais. Vraiment mauvais. Si nous devions les analyser comme une entreprise normale, elles ne seraient pas valables pour le long terme, ni pour le moyen terme, ni pour tout autre terme que le trading à court terme sans accorder la moindre importance aux données fondamentales de l'entreprise. Il ne faut donc pas les analyser comme s'il s'agissait d'une entreprise normale, car si vous le faites, la conclusion dans presque tous les cas sera qu'il ne faut en aucun cas investir dans une entreprise avec ces comptes de pertes et profits et ces bilans.

Ce qu'il faut vérifier dans ces cas-là, c'est.. :

1) L'avenir à long terme du secteur des entreprises publiques.

2) Si la **gestion** de l'entreprise se professionnalise et que l'entreprise devient une entreprise normale, ou presque.

Un exemple parmi d'autres est celui d'Aena, dont l'introduction en Bourse a eu lieu en février 2015. Aena est l'opérateur aéroportuaire espagnol. Son passé avant l'entrée en Bourse était très mauvais. Aena est l'entreprise qui a construit tous ces aéroports inutiles dans toute l'Espagne où il n'y avait presque pas de passagers, par exemple, et qui ne faisaient que des pertes. Tous ces aéroports qui n'auraient pas dû être construits, en plus de toutes sortes d'inefficacités et de mauvaises gestions dans la gestion ordinaire de l'entreprise, ont coûté beaucoup d'argent à l'entreprise, ont augmenté considérablement sa dette et ont fait d'Aena une entreprise régulièrement déficitaire. Avant sa privatisation et la professionnalisation de sa gestion, Aena perdait chaque année des centaines de millions d'euros et son endettement ne cessait de croître. Toute analyse basée uniquement sur les résultats des années précédentes aurait fortement déconseillé l'achat d'Aena à tout investisseur prudent, voire imprudent. Mais une fois la gestion professionnalisée, Aena a commencé à gagner des centaines de millions d'euros par an, à réduire sa dette chaque trimestre et à verser des dividendes. Le tournant s'est produit au moment de l'introduction en Bourse, ce qui signifie qu'au moment de l'introduction en Bourse, il n'y avait pas d'antécédents solides. Mais il était possible d'estimer ce changement dans les performances de l'entreprise, sachant comment ce genre de situation fonctionne.

Il existe de nombreuses entreprises dans le monde qui gèrent des aéroports (et des autoroutes), et nous savons que c'est une très bonne activité à long terme, en raison de ses barrières à l'entrée et de sa stabilité.

Ce comportement que nous venons de voir dans le cas d'Aena (le passage d'une entreprise ruineuse à une entreprise rentable en peu de temps) est **typique des entreprises publiques qui sont privatisées**. C'est pourquoi il est bon d'en être conscient, car des cas similaires sont susceptibles de se produire à l'avenir. De nombreuses entreprises publiques privatisées ont un fort potentiel et des barrières à l'entrée élevées, mais leur passé est très mauvais.

Parmi les secteurs candidats à de bons investissements en IPO lorsque les entreprises publiques qui en font partie sont privatisées, on peut citer les entreprises ferroviaires (Renfe et Adif en Espagne, SNCF en France, etc.), les entreprises portuaires, les entreprises hydrauliques (comme le Canal de Isabel II en Espagne, et bien d'autres dans le monde), les métros des grandes villes, etc. Il faudra étudier chaque cas le moment venu, mais l'étudier en regardant si le point d'inflexion que connaissent généralement ces entreprises lorsqu'elles sont privatisées et que leur gestion est professionnalisée, comme nous venons de le voir, est en train de se produire. Ne regardez pas les données d'il y a plusieurs années et ne faites pas de moyennes (de BPA, qui dans de nombreux cas sera négatif, ou de tout autre ratio), comme si toutes ces années avaient la même importance, car si vous le faites, le résultat sera presque certainement qu'il ne faut pas investir dans cette entreprise. Mais beaucoup d'entre elles ont des barrières à l'entrée élevées et beaucoup de potentiel, ne l'oublions pas, et sont cotées en Bourse à des prix intéressants.

Les radiodiffuseurs publics, s'ils sont privatisés, ne constitueront probablement pas un bon investissement à long terme, ou du moins pas aussi bon que ceux des secteurs que j'ai mentionnés ci-dessus. En effet, même s'ils passent par un processus de professionnalisation similaire à celui que je viens d'évoquer, ils appartiennent à un secteur où Internet modifie considérablement les barrières à l'entrée, et je pense qu'il est préférable d'éviter cela pour les investissements à long terme.

Un autre cas important et fréquent d'introduction en Bourse est celui des **sociétés de capital-investissement** qui introduisent en Bourse des entreprises dont elles sont actionnaires. Les sociétés de capital-risque (nous y reviendrons plus en détail) achètent des entreprises et les vendent ensuite. L'une des façons de les vendre est de procéder à une introduction en Bourse. D'après mon expérience, les introductions en Bourse dans lesquelles les vendeurs sont des sociétés de capital-investissement se font à des prix élevés, voire très élevés. Elles vendent parfois de très bonnes entreprises à long terme, mais généralement à des prix trop élevés. Dans ces cas-là, il vaut mieux attendre quelques mois, voire quelques années, jusqu'à ce que le cours de l'action baisse et que l'entreprise puisse être achetée à des prix raisonnables. Dans les présentations de ces introductions en Bourse, il est courant de justifier que le PER auquel ces entreprises sont vendues lorsqu'elles entrent en Bourse est très élevé parce que la croissance de l'entreprise sera également très élevée. Et dans de nombreux cas, la croissance des bénéfices de l'entreprise au cours des années suivantes est effectivement élevée, mais même dans ce cas, le prix initial est trop élevé, et après l'introduction en Bourse, les actions peuvent être achetées à de meilleurs prix.

Si nous investissons à **moyen terme,** le nombre d'années le plus approprié à considérer sera celui qui **est significatif dans chaque cas**. Dans ce que l'on appelle le "moyen terme", il existe une infinité de stratégies, chacune ayant ses propres caractéristiques et particularités. Il est rare qu'il soit préférable d'analyser toujours le même nombre d'années, tout en considérant que toutes les années analysées sont d'importance égale. Dans certains cas, un plus grand nombre d'années sera plus significatif, mais dans d'autres, il sera préférable d'analyser un plus petit nombre d'années. **Cela dépend également de l'entreprise concernée et du contexte général du marché.**

Par exemple, si l'on investit à moyen terme dans une entreprise qui connaît des **difficultés passagères**, le nombre d'années à analyser doit être élevé. Dans ce cas, il est préférable d'analyser toutes les années pour lesquelles nous disposons de données, comme pour le long terme. Cela nous permettra de mieux évaluer et estimer le potentiel de profit de cette entreprise lorsqu'elle normalisera ses activités, par exemple. Mais il faut distinguer dans cette série d'années l'importance de chacune d'entre elles, **comprendre pourquoi** les bonnes années ont été bonnes, pourquoi les mauvaises années ont été mauvaises, pourquoi les années moyennes ont été moyennes, etc. Si, dans un cas comme celui-ci, nous n'analysons que quelques années (5, par exemple), ce seront les années de problèmes temporaires (parce que ce sont les dernières), et la conclusion (erronée) sera qu'il ne faut pas acheter l'entreprise parce que son potentiel de profit est faible.

Toutefois, si nous investissons dans une **entreprise qui connaît une forte croissance** et qui accélère sa croissance, et que nous pensons qu'elle continuera à le faire pendant encore quelques trimestres (voire quelques années), l'analyse doit être effectuée en accordant plus d'importance aux derniers trimestres et moins aux années précédentes (qui doivent également être prises en considération, mais pas de la même manière que dans le cas précédent). Si, il y a 2 à 5 ans, la société affichait une croissance de 10 %, par exemple, et qu'au cours de l'année écoulée, elle a enregistré une croissance de 20 %, le cours de l'action est probablement en hausse et non en baisse, et ce que les investisseurs doivent rechercher dans ce cas, c'est si, au cours du dernier trimestre (ou des derniers trimestres), la forte croissance s'accélère ou se ralentit. Il importe peu que les ratios de l'entreprise aient été un peu plus ou un peu moins élevés il y a deux, trois ou cinq ans. Ce qui compte ici, ce sont les données les plus récentes, car il s'agit d'un investissement qui dépend du maintien ou de l'augmentation de la croissance (pour rester dans l'entreprise), ou de son ralentissement (même si elle continue à croître, mais à un rythme plus lent), afin de vendre avant que le prix de l'action ne chute, parce que le marché juge que le PER auquel l'entreprise se négocie actuellement est trop élevé si la croissance n'est pas aussi forte qu'elle l'a été jusqu'à présent.

Comme vous pouvez le constater, il **est toujours essentiel de faire preuve de bon sens**, de voir quel nombre d'années est le plus significatif dans chaque cas spécifique (parfois plus d'années, parfois moins). Et s'il faut accorder plus d'importance aux années les plus récentes ou aux années les moins récentes, en fonction du type d'investissement analysé dans ce cas.

Quelle que soit la stratégie d'investissement utilisée, il est essentiel, **absolument essentiel, de tenir compte du contexte global**. Dix ans peuvent sembler une période assez longue pour tirer des conclusions. Et c'est parfois le cas. Parfois, parce que **toutes les périodes de dix ans ne sont pas identiques**. Et il est absolument essentiel de garder cela à l'esprit. 10 très bonnes années ne sont pas les mêmes (en ce qui concerne les performances de l'économie en général, et pas seulement celles de l'entreprise en question) que 10 années normales, que 10 années de crise, que 10 années de sortie de crise, que 10 années d'entrée, de sortie et de sortie de crise, et ainsi de suite. Il est absolument essentiel de savoir quelles 10 années (ou quel que soit le nombre) nous analysons, car traiter toutes les périodes de X années comme si elles étaient identiques conduit à de nombreuses conclusions erronées.

En cas de crise, les ratios ont tendance à diminuer, mais pas de la même manière dans toutes les entreprises et dans tous les secteurs. Et toutes les crises n'affectent pas tous les types d'entreprises de la même manière. Lors de certaines crises, certains secteurs peuvent bénéficier ou souffrir plus que d'autres, et lors de la crise suivante, il se peut que ce soit l'inverse. Mais ces ratios ne diminueront pas toujours, et nous devons le savoir, l'**assimiler réellement** et le garder à l'esprit à tout moment lorsque nous prenons nos décisions d'investissement, afin de ne pas croire que les entreprises dans cette situation sont pires qu'elles ne le sont en réalité.

Lorsque l'on sort d'une crise, la croissance (du bénéfice par action, des dividendes, etc.) peut être très élevée, parce que l'on part de niveaux inférieurs à la normale (les mauvaises années de la crise sont pires que la normale). Mais il est peu probable que cette croissance élevée soit maintenue indéfiniment. Nous devons également en être conscients, l'**assimiler réellement** et le garder à l'esprit dans chacune de nos décisions, afin de ne pas croire que les entreprises dans cette situation sont meilleures qu'elles ne le sont réellement. Etc.

Connaître une entreprise, ce n'est pas constater que ses bénéfices ont augmenté ou diminué dans le passé, c'est **comprendre pourquoi ces bénéfices ont augmenté ou diminué**. En effet, une entreprise dont les bénéfices ont chuté au cours des X dernières années peut être une bien meilleure entreprise, mieux gérée et avec de bien meilleures perspectives d'avenir qu'une autre dont les bénéfices ont augmenté au cours de la même période. Les **entreprises sont vraiment connues dans les mauvais moments, pas dans les bons.** Dans les périodes fastes, tout le monde voit qu'elles se portent bien, mais c'**est dans les périodes difficiles qu'il faut comprendre ce qui s'est passé et pourquoi.**

Ce qu'il faut bien comprendre, c'est que si nous ne tenons pas compte de la situation globale et de ce qui s'est passé au cours de la période que nous analysons, les conclusions que nous tirons risquent fort d'être erronées. Erronées non pas dans le sens où nous allons perdre de l'argent à coup sûr avec elles, mais dans le sens où, même si nous gagnons de l'argent cette fois-là, nous n'avons peut-être pas interprété les données correctement, ce qui peut nous conduire à commettre des erreurs à l'avenir, lorsque d'autres données semblent être similaires à ce que nous avons vu dans le passé, mais que le contexte est complètement différent.

Par exemple, les compagnies aériennes et les compagnies pétrolières sont affectées de manière opposée par les prix du pétrole. Les compagnies pétrolières profitent de la hausse des prix du pétrole, tandis que les compagnies aériennes en pâtissent parce que le pétrole représente environ un tiers de leurs coûts totaux. Il est donc dans l'intérêt des compagnies aériennes que le prix du pétrole baisse.

Si le prix du pétrole a suivi une tendance à la hausse pendant une décennie, il est probable que les ratios de toutes (ou presque) les compagnies pétrolières seront meilleurs que ceux des compagnies aériennes. Mais cela ne signifie pas que les compagnies pétrolières sont toujours, et pour toutes les stratégies, un meilleur investissement que les compagnies aériennes.

Inversement, au cours d'une décennie (ou quelle qu'en soit la durée) où les prix du pétrole ont chuté, les ratios des compagnies aériennes sont susceptibles d'être bien meilleurs que ceux des compagnies pétrolières. Cela ne signifie pas non plus que les compagnies aériennes constituent toujours, et pour toutes les stratégies, un meilleur investissement que les compagnies pétrolières.

Dans cet exemple, il faut tenir compte du fait que le prix du pétrole a augmenté, de sorte que la hausse des marges bénéficiaires des compagnies pétrolières et la baisse des marges bénéficiaires des compagnies aériennes ne sont pas dues au fait que les compagnies pétrolières sont beaucoup mieux gérées que les compagnies aériennes, mais à l'influence qu'un facteur externe (le prix du pétrole) a exercée sur les deux types d'entreprises. De plus, il est quasiment impossible que le prix du pétrole maintienne indéfiniment la tendance qu'il a connue ces dernières années, que ce soit à la hausse ou à la baisse. Et comprenez que j'entends par là tout facteur externe affectant l'activité de n'importe quel type d'entreprise, et pas seulement le pétrole, que j'ai utilisé pour cet exemple.

Si l'on poursuit cet exemple en supposant que le prix du pétrole a augmenté ces dernières années, Christine, qui investit à moyen terme en recherchant des entreprises ayant des problèmes temporaires, devra considérer comme normal, et souhaitable pour choisir les entreprises dans lesquelles investir, que les ratios des compagnies aériennes se détériorent. Parmi les compagnies aériennes, elle choisira (probablement, car en réalité il existe de nombreuses stratégies à moyen terme, et dans certaines plus risquées que celle que suit Christine, ce n'est peut-être pas le cas) celles qui se trouvent dans une meilleure situation relative au sein de leur secteur (moins de dettes, de meilleures marges par rapport aux autres compagnies aériennes, bien qu'elles soient également en baisse, etc. Le prix est également très important. Il se peut que la compagnie aérienne dans la meilleure situation financière et commerciale ait beaucoup moins baissé que les autres, et c'est pourquoi Christine préfère en choisir une autre avec plus de potentiel de hausse, même si ses ratios sont un peu moins bons, parce qu'elle pense qu'elle est beaucoup moins chère, compte tenu de la situation globale.

Alberto, quant à lui, ne recherche pas les entreprises en difficulté, mais celles qui se portent bien et progressent, afin de les revendre plus cher qu'il ne les a achetées. Alors que Christine s'intéresse aux compagnies aériennes, Alberto s'intéresse aux compagnies pétrolières. Alberto recherche donc des ratios, des marges, etc. qui augmentent. Et plus ils augmentent, mieux c'est (pour Alberto, pas pour Christine).

Les variations dans les stratégies à moyen terme sont infinies, il est donc impossible de les couvrir toutes dans un seul livre, ou même dans plusieurs. Ce que je veux vous montrer, c'est que **dans certains cas, il est judicieux de rechercher des ratios qui se dégradent, et dans d'autres cas, de rechercher des ratios qui s'améliorent.**

Et, comme je l'ai dit, il est absolument toujours nécessaire de tenir compte du contexte général. Sans exception. L'analyse des entreprises ne peut pas se faire de la même manière qu'un programme informatique le ferait si vous mettiez les résultats et les bilans des X dernières années et que, sans tenir compte de rien d'autre, il vous dise laquelle des entreprises que vous comparez est la meilleure, ou la moins bonne, ou la moins chère, ou la plus chère, et ainsi de suite. Il faut donc **toujours garder à l'esprit le contexte global pour interpréter correctement les données de toute entreprise que vous analysez, sur n'importe quelle période et pour n'importe quelle stratégie d'investissement.**

Comment interpréter la relation entre le BPA, le ROE et le ROCE ?

Tout le monde s'accorde à dire que les entreprises doivent accroître leur rentabilité, et non augmenter leur taille au détriment de leur rentabilité. Mais il n'est pas toujours facile de savoir si la rentabilité d'une entreprise augmente ou diminue.

Examinons d'abord un cas très simple.

Supposons qu'une entreprise possède 1 million d'actions et gagne 5 millions d'euros, de sorte que son bénéfice par action (BPA) est de 5 euros (5 millions / 1 million). Si cette société fusionne avec une autre société et émet 1 million de nouvelles actions, mais que le bénéfice total de la nouvelle société résultant de la fusion est de 9 millions d'euros, alors la société est devenue plus grande, mais pas plus rentable, car son BPA est tombé à 4,5 euros (9 millions / 2 millions).

Dans ce cas, il est évident que l'entreprise est devenue plus grande, mais moins rentable. Examinons maintenant un autre cas, moins évident.

Supposons que nous investissions 1 million d'euros dans la création d'une société immobilière. Avec ce million d'euros, nous achetons 10 appartements, au prix de 100 000 euros chacun, pour les louer. Pour la location de ces 10 appartements, nous obtenons un revenu de 120.000 euros par an (1.000 euros par mois et par appartement). Les dépenses totales de l'entreprise s'élèvent à 20.000 euros (2.000 euros par appartement). Nous supposons que l'entreprise n'a pas de coûts fixes pour faciliter l'exemple, car pour ce qui nous intéresse ici, il n'est pas nécessaire de compliquer l'exemple. Le bénéfice est donc de 100 000 euros.

Notre entreprise ayant un capital social de 1 million d'actions, le bénéfice par action est de 0,10 euro (100.000 / 1.000.000).

Le ROE de notre entreprise est de 10 % (100 000 / 1 000 000 x 100), car nous obtenons 100 000 euros pour le million d'euros que nous avons investi au départ.

Le bénéfice de 100 000 euros réalisé la première année étant laissé dans l'entreprise, notre capital investi s'élève à 1 100 000 euros : le million d'euros investi au départ et les 100 000 euros gagnés la première année et laissés dans l'entreprise.

Notons que **même si nous investissons très mal ces 100 000 euros, il est normal que le bénéfice par action augmente** au-delà des 0,10 euros la première année. Comprendre cela, comme nous le verrons, est un concept très important pour estimer si les entreprises dites "de croissance" ont réellement une croissance supérieure à la moyenne, ou si elles **ne versent simplement pas de dividendes** (elles accumulent plus de capital à investir, qu'elles l'investissent bien ou mal), **mais ne se développent pas plus que le reste des entreprises qui versent régulièrement des dividendes**. Cette question est essentielle pour classer les différents types d'entreprises et estimer le montant à payer pour chacune d'entre elles. Il s'agit également de savoir laquelle est la plus susceptible de s'avérer être un meilleur investissement à long terme, et laquelle peut être mal classée par le marché dans son ensemble à un moment donné, etc.

Supposons qu'avec les 100 000 euros retenus sur le bénéfice total de la première année (rappelons que nous n'avons versé aucun dividende, tout le bénéfice est resté dans l'entreprise), nous achetions l'appartement numéro 11, qui nous donne un loyer annuel de 1 000 euros et des dépenses de 500 euros par an. Ainsi, les revenus de l'entreprise s'élèvent à 121.000 euros, les dépenses totales à 20.500 euros et, par conséquent, le bénéfice à 100.500 euros (121.000 - 20.500).

Le bénéfice par action est passé à 0,1005 euro (100 500 / 1 million d'actions), contre 0,10 euro l'année précédente. On peut donc dire que l'entreprise s'est améliorée par rapport à l'année précédente. Mais il est clair que l'investissement que nous avons fait dans ce dernier appartement est bien pire que celui que nous avons fait dans les 10 appartements précédents.

Le ROE de cette deuxième année est de 9,14% (100.500 / 1.100.000). Notre bénéfice a augmenté de 500 euros, même notre BPA est passé de 0,10 à 0,1005, mais le capital que nous avons utilisé pour réaliser ce bénéfice a augmenté beaucoup plus (de 100 000 euros). C'est pourquoi le ROE est passé de 10 % à 9,14 %.

Avant de poursuivre, il est important de préciser qu'il est **impossible pour une entreprise d'augmenter indéfiniment son ROE**. Les bénéfices peuvent augmenter considérablement au fil des années et des décennies, mais le rendement des capitaux propres ne peut pas augmenter au même rythme que le bénéfice par action. Il s'en faut de peu, car c'est mathématiquement impossible. C'est pourquoi il ne s'agit pas de rechercher des entreprises qui augmentent toujours leur ROE et ne le diminuent jamais, car il n'**y en a pas**. Il est normal que le ROE connaisse des années meilleures et moins bonnes, même dans les entreprises les plus performantes.

Si une entreprise connaît une série de plusieurs années au cours desquelles son ROE baisse nettement, sans que la raison en soit la situation économique générale, alors cette entreprise doit vraiment réfléchir à ce qu'elle fait de l'argent de ses actionnaires. Dans le cas de notre société immobilière, l'idéal serait que les nouveaux appartements que nous achetons nous donnent, avec les mêmes dépenses de 2.000 euros par an (et mieux si elles sont moindres), un revenu de plus de 12.000 euros par an, afin d'augmenter constamment notre ROE.

Si nous louons l'appartement numéro 11 (également acheté pour 100.000 euros et avec des dépenses de 2.000 euros par an) pour 13.000

euros par an, le ROE de notre entreprise passe à 10,09%, puisque le bénéfice augmente de 11.000 euros (13.000 - 2.000) :

ROE = 111 000 / 1 100 000 x 100 = 10,09 %.

Mais il n'est pas réaliste de s'attendre à ce que l'appartement suivant (numéro 11) soit loué à 13.000 euros, le suivant (numéro 12) à 14.000, le suivant à 15.000, les suivants à 20.000, 30.000, et ainsi de suite. Pour parvenir à un tel résultat, nous devrions toujours demander un loyer plus élevé pour chaque nouvel appartement que pour l'appartement précédent, faute de quoi notre rendement des capitaux propres chuterait à partir de ce moment. Il est prévisible et réaliste que pour les appartements suivants, nous obtenions un loyer annuel compris entre 9 000 et 15 000 euros, par exemple. Avec certains, nous gagnerons un peu plus que la moyenne, et avec d'autres, un peu moins que la moyenne. Quelle que soit notre qualité, il nous est impossible d'augmenter indéfiniment notre rentabilité en investissant de plus en plus d'argent. Mais si nous n'obtenons que des appartements neufs pour lesquels nous touchons jusqu'à 5.000 euros de loyer par an (avec le même coût de 100.000 euros par appartement et les mêmes dépenses de 2.000 euros par an par appartement), par exemple, alors nous devrions réfléchir à l'opportunité d'acheter ces appartements ou de distribuer cet argent sous forme de dividendes (ou de l'utiliser pour racheter et rembourser des actions).

En cas de crise générale, il est normal que le ROE de la plupart des entreprises diminue (en raison de la "guerre des prix" et des réductions de revenus qui se produisent dans presque tous les secteurs dans ce type de situation). Certaines parviennent à maintenir le ROE, voire à l'augmenter, mais nous ne devons pas nous inquiéter de la baisse du ROE de nos entreprises en cas de crise, si nous investissons à long terme. De plus, ces périodes de baisse du ROE sont généralement de très bons moments pour acheter à long terme (toujours dans le cas d'entreprises de qualité avec de bonnes perspectives à long terme, bien sûr. Je ne répéterai pas constamment ce "slogan" tout au long du livre lorsque je parlerai d'acheter à long terme en cas de problèmes temporaires, car je pense que cela va de soi), ainsi qu'à moyen terme (bien que cela dépende de chaque stratégie à moyen terme, comme nous l'avons déjà vu, et comme nous le verrons plus en détail par la suite). Mais si la baisse du ROE est due au fait que la rentabilité des nouveaux investissements que l'entreprise réalise est inférieure à celle des investissements qu'elle avait déjà, et que la perspective est que cette situation de moindre rentabilité des nouveaux investissements va perdurer, alors l'entreprise doit repenser sa manière d'agir. Si elle ne peut pas trouver d'investissements avec un rendement minimum acceptable, elle doit cesser de faire des investissements médiocres et donner cet argent à ses actionnaires. En augmentant les dividendes, ou en rachetant et en remboursant ses propres actions (plus le prix de l'action est bas, plus l'option de racheter et de rembourser ses propres actions est intéressante, logiquement).

Si le ROE d'une entreprise diminue dans une situation globale normale ou bonne, alors que les autres entreprises de son secteur maintiennent ou augmentent leur ROE, il convient d'examiner de plus près ce qui se passe dans cette entreprise. Il ne s'agit peut-être pas de quelque chose d'inquiétant, il peut même s'agir d'une réorganisation des actifs en vue d'accroître la croissance à l'avenir. Mais dans une telle situation, il est nécessaire d'examiner ce qui provoque une baisse du rendement des capitaux propres (une baisse significative, bien sûr, et non pas une petite baisse sans importance) alors que d'autres entreprises le maintiennent ou l'augmentent.

Dans tout ce qui précède, deux situations particulières doivent être prises en compte : les entreprises très endettées et les entreprises dont les actifs sont comptabilisés à un prix sensiblement différent du prix du marché.

Examinons d'abord le cas des **entreprises très endettées**. Comme vous le savez peut-être, le RCI et d'autres ratios similaires sont utilisés dans ce cas. ROCE = EBIT / (Fonds propres + dette nette). Rappelons que nous l'avons calculé en examinant les comptes de 3M. Pour faciliter l'exemple (et parce que cela n'affecte pas les conclusions finales auxquelles nous allons parvenir, ce qui est vraiment important), nous allons utiliser le ratio Bénéfice net / (Fonds propres + Dette nette). Supposons qu'après la première année, alors que nous n'avons encore que les 10 premiers appartements et un bénéfice de 100.000 euros, nous contractons un emprunt de 1 million d'euros, avec lequel nous achetons 10 autres appartements. Chacun de ces 10 appartements nous donne un loyer annuel de 5.000 euros (la moitié de celui des 10 premiers appartements), et a des dépenses de 2.000 euros par an (les mêmes dépenses que les 10 premiers appartements). Nous achetons également un autre appartement avec le bénéfice de 100.000 euros, avec un revenu de 5.000 euros et des dépenses de 2.000 euros. Le nombre d'appartements augmente donc de 11 appartements supplémentaires (10 + 1).

Nos revenus s'élèvent à 175.000 euros (120.000 euros pour les 10 premiers appartements et 55.000 euros pour les 11 nouveaux appartements). Et nos dépenses s'élèvent à 42.000 euros (2.000 x 21), de sorte que le bénéfice total de l'entreprise est de 133.000 euros (175.000 - 42.000).

Cela porte notre bénéfice par action à 0,133 euros (133 000 / 1 000 000 d'actions) et notre rendement des capitaux propres à 12,1 % (133 000 / 1 100 000). Apparemment, nous répondons à la norme d'augmentation de la rentabilité de l'entreprise. Mais nous avons une dette d'un million d'euros que nous n'avions pas auparavant, et il faut en tenir compte.

Prenons un autre cas. Si nous demandons 6 millions d'euros pour acheter 60 autres appartements équivalents à ceux de la deuxième phase (100 000 euros par appartement, avec 5 000 euros de loyer annuel et 2 000 euros de charges par an), notre bénéfice par action et notre rendement des capitaux propres augmenteraient bien davantage.

Avec ces 71 appartements (10 initiaux + 60 achetés à crédit + 1 acheté avec les bénéfices de la première année), nous aurions un revenu total de 425.000 euros (120.000 pour les 10 premiers appartements, et 305.000 pour les 61 nouveaux appartements), et des dépenses de 142.000 euros (2.000 x 71). Le bénéfice net serait donc de 283 000 euros (425 000 - 142 000).

Ces 283.000 euros de bénéfices représentent un bénéfice par action de 0,283 euros (283.000 / 1.000.000) et un ROE de 25,7% (283.000 / 1.100.000).

Ainsi, plus nous achetons des appartements à crédit, plus notre bénéfice par action et notre rendement des capitaux propres sont élevés. Mais comme vous l'avez peut-être remarqué, il y a deux choses qui font que cette situation n'est pas aussi souhaitable qu'elle ne le semble à première vue. Le premier est que nous avons de plus en plus de dettes, et qu'un jour nous devrons les rembourser (dans l'exemple, je n'ai pas pris en compte les intérêts qui devraient être payés sur la dette contractée afin de simplifier l'exemple, pour des raisons didactiques, mais dans un cas réel, ils doivent logiquement être pris en compte). La deuxième chose, très importante, est que les dépenses de tous les appartements sont les mêmes, 2 000 euros par an, mais les 10 premiers appartements que nous achetons ont un revenu locatif de 12 000 euros par an, et les 61 appartements suivants seulement 5 000 euros pour chacun d'entre eux. Par conséquent, si l'endettement est trop élevé, la croissance du ROE et du BPA peut être trompeuse et ne constitue pas une bonne mesure de la qualité de la gestion d'une entreprise. Dans notre exemple, nous avons réussi à augmenter le rendement des capitaux propres (de 10 % à 25,7 %) et le bénéfice par action (de 0,10 à 0,283), mais en contractant beaucoup de dettes pour acheter des appartements non rentables. Il ne s'agit donc pas d'une bonne gestion. Pour mesurer correctement ce type de situation, il existe d'autres indicateurs, comme nous l'avons déjà vu, tels que le ROIC (Return On Capital Invested), le ROCE, etc.

"Notre RCI (bénéfice net / (fonds propres + dette nette)) dans la situation initiale est également de 10 %, puisque la dette est de 0 :

ROCE = 100 000 / (1 000 000 + 0) = 10 %.

Actuellement, nous avons 21 appartements avec une dette d'un million d'euros et un bénéfice net de 133.000 euros "notre ROCE" tombe à 6,3% :

ROCE = 133 000 / (1 000 000 + 1 000 000 + 100 000) = 6,3 %.

Et lorsque nous nous endettons à hauteur de 6 millions pour arriver à 71 appartements avec un bénéfice net de 283.000 euros, "notre ROCE" chute encore, à 4% :

ROCE = 283 000 / (1 000 000 + 6 000 000 + 100 000) = 4 %.

Mais cela ne signifie pas que l'endettement des entreprises est toujours mauvais. L'endettement améliore souvent la rentabilité des entreprises. Il peut y avoir des entreprises très bien gérées qui, en raison des caractéristiques de leur activité et de leur secteur, n'ont pas besoin de s'endetter et ont toujours (ou pendant de très longues périodes) un endettement inexistant, voire des liquidités excédentaires. Mais si toutes les entreprises (cotées en Bourse ou, en général, existant dans le monde) n'avaient pas de dettes, ce serait parce que les managers et les entrepreneurs ne trouveraient aucun investissement dont le rendement attendu serait supérieur au coût du crédit. Ce serait une très mauvaise situation, non seulement pour les sociétés cotées, mais aussi pour les sociétés non cotées, les salariés, l'immobilier, les investisseurs en titres à revenu fixe et en dépôts bancaires, etc. L'endettement n'est pas une mauvaise chose en soi. Il **est normal et, dans de nombreux cas, il est bon et souhaitable**. Ce qui est mauvais, c'est qu'une entreprise particulière devienne trop endettée (par rapport à sa capacité à générer des bénéfices) à un moment donné.

Il convient également de noter que dans la réalité, les bons investissements (avec ou sans dette) n'améliorent pas toujours la rentabilité dès le départ. Il arrive que la rentabilité baisse au cours des 1 à 3 premières années, en raison des coûts d'intégration, de réorganisation, etc. de la nouvelle entreprise. Cela ne signifie pas pour autant qu'il s'agit d'un mauvais achat, car une entreprise est achetée pour être détenue pendant des décennies, en général, et c'est au cours de cette période que l'on peut voir si l'achat a été bon ou mauvais.

L'autre situation particulière que j'ai mentionnée précédemment en ce qui concerne le rendement des capitaux propres est celle des **entreprises dont les actifs sont comptabilisés à des prix très différents des prix du marché.**

Revenons à la situation initiale de notre entreprise, dans laquelle nous avons 10 appartements achetés pour 1 million d'euros qui nous donnent un bénéfice par action de 0,10 euros et un ROE de 10%.

Imaginons qu'une société immobilière beaucoup plus ancienne que la nôtre possède 10 appartements dans le même immeuble que le nôtre. Cette société a acheté ses appartements pour 100 000 euros au total (10 000 euros par appartement), il y a de nombreuses décennies, et les a inscrits à son bilan pour les 100 000 euros que les 10 appartements coûtaient à l'époque. Mais ses appartements sont en très mauvais état, il les loue à un prix inférieur, ils restent souvent vides et il lui faut du temps pour retrouver des locataires (en raison de leur mauvais état). Les coûts des appartements sont donc les mêmes (2 000 euros par an), mais pour le loyer de ses 10 appartements, cette entreprise plus ancienne ne perçoit qu'un revenu de 50 000 euros au total. Par conséquent, le bénéfice de cette entreprise n'est que de 30.000 euros (50.000 - 20.000), mais son ROE est de 30 % (30.000 / 100.000).

Apparemment, si l'on ne considère que le ROE, cette entreprise plus ancienne est beaucoup plus rentable et mieux gérée que la nôtre. Mais la réalité est tout autre, car si cette entreprise était mieux gérée, ses 10 appartements lui rapporteraient plus de revenus, et le bénéfice de l'entreprise serait beaucoup plus élevé. Ce qui donne à cette entreprise une meilleure image, c'est que dans son bilan, elle comptabilise toujours ses appartements pour ce qu'ils ont coûté il y a plusieurs décennies, et non pour leur valeur de marché actuelle, approximativement.

Notez également que si cette deuxième société avait les appartements en bon état et bien gérés, comme nous le faisons, elle gagnerait le même montant que nous, soit 120 000 euros au total, et son bénéfice serait le même que le nôtre (120 000 - 20 000 = 100 000). Mais son ROE serait de 100 % (100 000 / 100 000). L'important est que, que cette autre entreprise, plus ancienne, soit bien ou mal gérée, **la valeur à laquelle elle a inscrit les appartements à son bilan fausse complètement la comparaison avec notre entreprise**.

C'est pourquoi les comparaisons d'entreprises basées sur le ROE, le ROCE, et tout autre ratio qui inclut les fonds propres ou la valeur comptable, ne doivent être prises qu'à titre **indicatif,** et non comme un facteur déterminant. J'ai donné un exemple très exagéré pour que ce soit clair, mais la réalité est qu'il n'y a pas d'uniformité totale entre les entreprises lorsqu'il s'agit d'évaluer leurs actifs. C'est pourquoi le **ROE est relatif, car la valeur comptable est également relative. C'est exactement la même chose pour tous les ratios qui utilisent les actifs du bilan dans leur calcul.** Ils nous donnent un chiffre exact, mais il faut savoir que **ce chiffre exact a été obtenu avec des données inexactes** (la valeur à laquelle les actifs sont inscrits au bilan de chaque entreprise, avec des critères différents selon les entreprises). Par conséquent, malgré son apparence d'exactitude, le résultat exact que nous obtenons doit être considéré comme une ligne directrice, et non comme quelque chose de mathématiquement exact.

En général, les entreprises de qualité comptabilisent leurs actifs d'une manière similaire (mais pas égale), de sorte que **les comparaisons entre elles à l'aide du ROE sont valables. Mais elles ne sont pas "parfaites".** Il suffit de penser que toute entreprise cotée en Bourse possède des centaines, voire des milliers, d'actifs importants (les actifs de faible valeur sont bien plus nombreux), et qu'il est impossible que tous soient évalués dans les comptes exactement de la même manière dans deux entreprises différentes. Même deux actifs similaires peuvent être comptabilisés sur des bases différentes dans la même entreprise. À cela s'ajoute le fait qu'**il n'existe pas deux entreprises identiques**, même si elles appartiennent au même secteur.

L'un des cas d'entreprise les plus similaires est sans doute celui de Coca Cola et de Pepsi Cola. La plupart des gens qui pensent à ces deux entreprises pensent probablement aux deux boissons qui leur ont donné leur nom et pensent qu'il y a peu de choses plus semblables que Coca Cola et Pepsi Cola. Mais les deux entreprises ont beaucoup plus de boissons que ces deux-là, dans certains cas du même type (Mirinda et Fanta, Seven Up et Sprite, etc.), mais dans d'autres cas de types différents. En outre, Pepsi Cola a une activité de snacks (Lays, Doritos, Cheetos, Fritos, etc.), ce qui n'est pas le cas de Coca Cola au moment de la rédaction du présent document, et ce depuis de nombreuses années.

Sans rien savoir de ces deux **entreprises**, en faisant simplement appel à la logique et au bon sens, nous constatons qu'il **est pratiquement impossible que les deux entreprises (boissons et snacks) aient exactement les mêmes caractéristiques**. Par conséquent, l'une d'entre elles, toutes choses égales par ailleurs (au sens de "également bien gérée"), aura un rendement des capitaux propres plus élevé que l'autre. Et même cela peut changer avec le temps. En d'autres termes, il se peut qu'à l'heure actuelle, l'entreprise de boissons ait le meilleur rendement des capitaux propres et que dans quelques années, ce soit l'entreprise de snacks qui ait le meilleur rendement des capitaux propres. Ou l'inverse. Et faire ce type de prédiction (savoir si le ROE d'une entreprise augmentera plus ou moins à l'avenir que celui d'une autre entreprise) **est réalistement impossible, quelle que soit l'expérience que l'on possède**.

Ce que je veux vous faire comprendre, c'est qu'il n'y a pas deux entreprises identiques et qu'il est donc **impossible de les comparer mécaniquement** en fonction de leur ROE, ROCE, VE/EBITDA ou de tout autre ratio.

C'est pourquoi, à mon avis, ce type de comparaison entre entreprises de qualité doit être effectué de manière souple, sans aucune rigidité. Et elles ne doivent pas être faites pour écarter une entreprise de qualité (souvent celle qui a le ROE le plus bas actuellement se révèle être la plus rentable dans les X années suivantes), mais pour affiner le prix d'achat de l'une d'entre elles, le tournant possible d'une reprise de leur activité, etc. En d'autres termes, des **questions de détail, non décisives pour un investisseur à long terme**, mais plutôt pour des stratégies à moyen terme. Dans le cadre d'un investissement à long terme, les **barrières à l'entrée** de l'entreprise sont beaucoup plus importantes pour moi que son ROE ou son ROCE. Même en comparaison avec d'autres entreprises de son secteur, car **dans de nombreux cas, un faible ROE constitue une forte barrière à l'entrée** (ce n'est pas toujours l'entreprise qui a le ROE le plus élevé qui a les barrières à l'entrée les plus élevées). De plus, **un ROE plus faible peut entraîner une plus forte croissance des bénéfices** (comme nous le verrons plus loin). Dans d'autres cas, un ROE très élevé ne peut pas se traduire par une croissance des bénéfices supérieure à la moyenne, et il attire également de nouveaux concurrents et leur permet d'entrer sur le marché (ce qui ne se produirait pas si le ROE de l'entreprise avait été plus faible, car cela aurait empêché les nouveaux concurrents de survivre, étant donné qu'ils n'auraient pas été en mesure d'offrir un rapport qualité/prix acceptable pour les clients).

Un ROE très élevé peut parfois être le signe que les besoins en capitaux de l'entreprise sont faibles. C'est une bonne chose pour les entreprises dont les barrières à l'entrée sont élevées, comme les sociétés d'ascenseurs (Otis), car l'obtention de rendements élevés avec un faible capital présente de nombreux avantages. Mais si les barrières à l'entrée ne sont pas élevées, **un ROE élevé peut s'avérer dangereux**. En effet, il attirera de nouveaux entrants qui, n'ayant pas besoin de beaucoup de capital, auront plus facilement accès à l'entreprise que si les mêmes bénéfices étaient réalisés avec des exigences de capital plus élevées et, par conséquent, avec un ROE plus faible.

En bref, les grandes entreprises sont largement suivies et il est peu probable que l'une d'entre elles possède des actifs "cachés" évalués à des prix bien inférieurs aux prix du marché (approximativement, bien sûr, les prix comptables et les prix du marché ne coïncident jamais, sauf par hasard) sans que cela soit connu du public. Mais elles n'utilisent pas non plus exactement les mêmes critères d'évaluation et n'ont pas exactement les mêmes activités, de sorte qu'il n'est pas possible d'établir des comparaisons mécaniques entre elles.

Dans les petites entreprises, il peut arriver qu'il y ait une grande différence entre la valeur à laquelle leurs actifs sont enregistrés et la valeur de marché approximative de ces actifs, bien que cela ne soit pas courant. Mais cela peut arriver, car ces entreprises sont suivies par beaucoup moins de personnes, et celles qui les suivent y consacrent souvent moins de temps que les grandes entreprises. Si l'entreprise n'est pas particulièrement intéressée par le fait qu'elle possède une propriété, une usine, un terrain, une filiale, etc. qui vaut beaucoup plus que ce qu'indiquent ses comptes, ce fait peut passer inaperçu pendant un certain temps. Cela donnerait l'impression que le ROE, le ROCE, etc. (tout ratio qui utilise les actifs de l'entreprise dans son calcul) que l'entreprise est beaucoup mieux gérée que ses concurrents (comme nous l'avons vu dans notre exemple des deux sociétés immobilières), alors que ce n'est pas le cas. Et, d'autre part, même si ses marges bénéficiaires réelles n'étaient pas aussi bonnes que les chiffres le suggèrent, la valeur de l'entreprise pourrait être plus élevée que ce que l'on croit, si elle vend au prix du marché les actifs enregistrés à bas prix.

Cela peut également se produire dans les entreprises publiques privatisées : elles ont des actifs évalués dans leur bilan au prix auquel ils ont été comptabilisés il y a plusieurs dizaines d'années. Par exemple, à la fin de l'année 2015, la Cour des comptes a constaté que l'État espagnol possédait dans son bilan plus de 7 000 propriétés évaluées à moins d'un euro chacune. La valeur marchande de ces biens est très difficile à calculer avec précision mais, à titre indicatif, la valeur cadastrale de ces plus de 7 000 biens s'élevait à l'époque à environ 4,15 milliards d'euros.

Comme nous l'avons vu, un ROE plus élevé n'est pas toujours meilleur, car un ROE relativement faible peut être la conséquence d'un bon rapport qualité/prix des produits et services de cette entreprise, et ce bon rapport qualité/prix peut être le grand avantage de cette entreprise, et l'une de ses principales barrières à l'entrée. Logiquement, il n'est pas non plus souhaitable que le ROE soit excessivement bas.

Un ROE très élevé peut parfois constituer un danger à long terme, mais pas toujours, car il peut attirer des concurrents et finir par réduire les marges bénéficiaires. Toutefois, à moyen terme, un ROE élevé et croissant peut être très intéressant pour certains investisseurs à moyen terme.

Comme je l'ai déjà dit, **faites preuve de logique et de bon sens** pour donner au ROE, au ROCE et à d'autres ratios l'importance qu'ils doivent avoir dans votre stratégie d'investissement.

Pourquoi un ROE ou un ROCE élevé n'implique pas toujours une forte croissance des bénéfices

À première vue, on peut penser que les entreprises qui se développent le plus sont celles qui ont le ROE ou le ROCE (ou des ratios similaires) le plus élevé, mais ce **n'est pas le cas**. Le ROE et le ROCE **ne se traduisent par une croissance des bénéfices que si ceux-ci peuvent être réinvestis** à un taux de rendement identique ou similaire. Or, ce n'est souvent pas possible, et c'est pourquoi un ROE très élevé est compatible avec une croissance très faible. Et un ROE faible avec une croissance élevée.

Pour simplifier, prenons un exemple avec le ROE. Pour le ROCE (et d'autres ratios similaires), c'est exactement la même chose.

Miguel a créé un **cinéma** en ville. Il a réussi à acheter un cinéma qui avait fait faillite, ce qui lui a coûté très peu cher. Il disposait déjà de tout le matériel nécessaire à l'exploitation du cinéma, en parfait état de marche, qui est venu dans le lot presque gratuitement. Au total, Miguel a payé 300 000 euros, et il réalise un bénéfice net de 120 000 euros par an, parce qu'il a donné une nouvelle approche du cinéma, et qu'il a gagné beaucoup de clients. Son ROE est donc de 40 % (120 000 / 300 000 x 100). Mais Miguel ne peut pas réinvestir ces 120 000 euros dans un autre cinéma, parce qu'il n'y a pas besoin de nouveaux cinémas dans la ville (ni dans les villes voisines, et il n'y a pas non plus d'opportunité similaire à celle qu'il a trouvée dans tout le pays). S'il devait créer un nouveau cinéma dans la ville, cela lui coûterait tout d'abord beaucoup plus que les 300 000 euros que lui a coûté le premier. D'autre part, il n'obtiendrait guère de nouveaux clients, de sorte que le deuxième cinéma serait probablement déficitaire. En outre, la rentabilité du premier cinéma diminuerait, car certains de ses clients se tourneraient vers le nouveau cinéma. Malgré cela, le nouveau cinéma ne gagnerait pas d'argent, sans parler d'un rendement des capitaux propres de 40 %. Et cela réduirait les bénéfices du premier cinéma. En d'autres termes, un deuxième cinéma n'augmenterait guère les recettes totales, mais les dépenses totales augmenteraient fortement, et il nécessiterait également un investissement initial très élevé.

Ainsi, la deuxième année, Miguel gagnera à nouveau 120 000 euros, et la troisième, et la quatrième, et ainsi de suite. Et son rendement des capitaux propres restera à 40 %, ce qui est très élevé. Mais ses bénéfices n'augmenteront pas, ils stagneront. Car Miguel n'a pas la possibilité de réinvestir l'argent qu'il gagne dans des investissements similaires à ceux qu'il a déjà réalisés. En pratique, les bénéfices augmenteraient au rythme de l'inflation, voire un peu plus. Mais dans les exemples, nous allons supposer qu'il n'y a pas de croissance des bénéfices, ni en raison de l'inflation, ni en raison des gains d'efficacité, parce que cela ne change pas les conclusions et que les exemples sont beaucoup plus clairs.

Alberto a créé une entreprise de **jardinage**, également avec 300 000 euros. Il gagne moins que Miguel. Alberto gagne 90.000 euros par an, soit un ROE de 30% (90.000 / 300.000 x 100). Sur ces 90 000 euros, il peut en réinvestir la moitié, car il n'y a pas tant de clients qui demandent ses services qu'il puisse réinvestir tous les bénéfices qu'il réalise. Il peut utiliser 45 000 euros (la première année, puis la moitié du bénéfice réalisé chaque année au cours des années suivantes) pour acheter davantage de machines et embaucher davantage de personnel. Mais s'il utilise les 45 000 euros restants pour acheter d'autres machines et embaucher d'autres personnes, ces employés ne feront rien et les machines seront inutilisées. Il aimerait que ce ne soit pas le cas, mais il ne sert à rien de réinvestir de l'argent s'il n'y a pas de clients pour rentabiliser ces nouveaux investissements.

Federico, qui dispose également de 300 000 euros, a créé une entreprise d'**informatique**. Il gagne moins que Miguel et Alberto. Federico gagne 60.000 euros par an, soit un ROE de 20% (60.000 / 300.000 x 100). Mais Federico peut réinvestir les 60 000 euros de bénéfices, car il a suffisamment de clients en attente pour réinvestir tous ses bénéfices annuels dans l'embauche de nouveaux programmeurs et leur donner du travail.

Miguel a le ROE le plus élevé. Federico a le ROE le plus bas, et Alberto se situe à mi-chemin entre les deux.

Lequel de ces éléments est celui qui permet à vos bénéfices d'augmenter le plus rapidement ?

Voyons l'évolution de chacun d'entre eux :

Miguel (Cinéma) :

Année	Capital investi	Avantages	Croissance des bénéfices	ROE	Bénéfices réinvestis
1	300.000	120.000		40,00%	0
2	300.000	120.000	0%	40,00%	0
3	300.000	120.000	0%	40,00%	0
4	300.000	120.000	0%	40,00%	0
5	300.000	120.000	0%	40,00%	0
6	300.000	120.000	0%	40,00%	0
7	300.000	120.000	0%	40,00%	0

8	300.000	120.000	0%	40,00%	0
9	300.000	120.000	0%	40,00%	0
10	300.000	120.000	0%	40,00%	0
11	300.000	120.000	0%	40%	0

Alberto (Entreprise de jardinage) :

Année	Capital investi	Avantages	Croissance des bénéfices	ROE	Bénéfices réinvestis
1	300.000	90.000		30%	45.000
2	345.000	103.500	15%	30%	51.750
3	396.750	119.025	15%	30%	59.513
4	456.263	136.879	15%	30%	68.439
5	524.702	157.411	15%	30%	78.705
6	603.407	181.022	15%	30%	90.511
7	693.918	208.175	15%	30%	104.088
8	798.006	239.402	15%	30%	119.701
9	917.707	275.312	15%	30%	137.656
10	1.055.363	316.609	15%	30%	158.304

| 11 | 1.213.667 | 364.100 | 15% | 30% | 182.050 |

Federico (société informatique) :

Année	Capital investi	Avantages	Croissance des bénéfices	ROE	Bénéfices réinvestis
1	300.000	60.000		20%	60.000
2	360.000	72.000	20%	20%	72.000
3	432.000	86.400	20%	20%	86.400
4	518.400	103.680	20%	20%	103.680
5	622.080	124.416	20%	20%	124.416
6	746.496	149.299	20%	20%	149.299
7	895.795	179.159	20%	20%	179.159
8	1.074.954	214.991	20%	20%	214.991
9	1.289.945	257.989	20%	20%	257.989
10	1.547.934	309.586	20%	20%	309.586
11	1.857.520	371.504	20%	20%	371.504

Comme nous pouvons le constater, un ROE plus élevé n'implique pas une plus forte croissance des bénéfices. Federico a commencé par gagner moins que les autres, ayant investi la même somme que Miguel et Alberto, et obtenant initialement un rendement inférieur au leur. Mais après 11 ans, c'est Federico qui gagne le plus d'argent, bien qu'il ait **investi le capital avec un rendement inférieur**. Parce qu'il a la capacité de réinvestir plus de capital que Miguel et Alberto. Il ne s'agit pas d'un exercice théorique, mais d'une situation très courante. Un ROE très élevé ne signifie une forte croissance des bénéfices que si les nouveaux bénéfices peuvent être réinvestis avec le même rendement (ou plus) que le capital déjà accumulé. Or, non seulement ce n'est pas toujours possible, mais **plus le ROE est élevé, plus il est difficile à atteindre**. En effet, plus une entreprise est rentable, plus il est difficile de réinvestir l'argent et d'obtenir des rendements aussi élevés que ceux déjà obtenus. Un autre élément est la rentabilité totale des actionnaires et le fait de savoir s'il est préférable ou non de réinvestir tous les bénéfices, comme nous le verrons dans la section suivante.

Il est également possible de ne pas réinvestir les bénéfices et de s'enrichir considérablement, comme l'a fait **Xavier**. Avec ses 300 000 euros, il a ouvert une **bijouterie**. Cela n'aurait pas de sens d'ouvrir d'autres bijouteries dans la ville, car il n'y a pas de place pour d'autres bijouteries haut de gamme, et les clients ne voient pas d'inconvénient à voyager un peu lorsqu'ils vont acheter quelque chose à la bijouterie, ce qui n'arrive que quelques fois par an.

Xavier a commencé par gagner 60 000 euros par an, comme Federico, et son ROE est donc également de 20 %. Mais son chiffre d'affaires a augmenté considérablement chaque année, car il a vendu chaque année plus de bijoux, plus de montres, etc. en nombre d'unités, et les prix de vente ont augmenté bien plus que l'inflation. Et pour réaliser cette croissance, il n'a pas eu besoin d'investir plus d'argent, car il l'a fait avec le chiffre d'affaires plus élevé de l'argent qu'il avait déjà investi dans les marchandises qu'il avait achetées au départ. Si une année vous vendez 100 bracelets et que l'année suivante vous en vendez 200, vous n'avez pas besoin d'investir plus d'argent en même temps, parce que lorsque vous collectez plus de bracelets, vous achetez plus de nouveaux bracelets, et avec le même argent, vous vendez beaucoup plus.

Xavier (bijoux) :

Année	Capital investi	Avantages	Croissance des bénéfices	ROE	Bénéfices réinvestis
1	300.000	60.000		20%	0
2	300.000	75.000	25%	25%	0
3	300.000	93.750	25%	31%	0
4	300.000	117.188	25%	39%	0
5	300.000	146.484	25%	49%	0
6	300.000	183.105	25%	61%	0
7	300.000	228.882	25%	76%	0
8	300.000	286.102	25%	95%	0
9	300.000	357.628	25%	119%	0
10	300.000	447.035	25%	149%	0
11	300.000	558.794	25%	186%	0

Il est important de comprendre que la croissance future d'une entreprise ne dépend pas directement du ROE, du ROCE ou d'autres ratios similaires. **Les bénéfices peuvent augmenter considérablement avec un ROE relativement faible, et stagner ou**

croître faiblement avec un ROE élevé. Le suivi de l'évolution du ROE/ROCE/etc. d'une entreprise permet de savoir si le rythme de croissance des bénéfices de cette entreprise augmente ou diminue par rapport au passé récent, et c'est une donnée qui peut être utile dans certaines stratégies d'investissement, comme nous le verrons plus loin.

C'est pourquoi la célèbre formule "Croissance = ROE x (1 - Payout)" fonctionne rarement. Le payout est le pourcentage du bénéfice par action (BPA) que l'entreprise distribue sous forme de dividende, et donc (1 - payout) est le pourcentage du BPA qui reste au sein de l'entreprise, pour qu'elle le réinvestisse. Cette formule fonctionnerait dans les cas où l'entreprise pourrait réinvestir tout l'argent qu'elle gère avec le même rendement que l'argent qu'elle a déjà réinvesti. De tous les exemples ci-dessus, elle ne fonctionne que dans le cas de Federico, l'entreprise d'informatique, parce qu'il est le seul à pouvoir réinvestir tout l'argent qu'il a généré. Dans le cas de Federico :

Croissance = ROE x (1 - Payout) = 20 x (1 - 0) = 20.

20 %, c'est l'augmentation des bénéfices de l'entreprise de Federico, car son pay-out était de 0 %. Si Federico avait décidé de verser des dividendes avec un pay-out de 30 %, par exemple, il pourrait facilement calculer la croissance de son entreprise :

Croissance = ROE x (1 - Payout) = 20 x (1 - 0,30) = 14%.

Autrement dit, avec un versement de 30 %, les bénéfices de l'entreprise de Federico augmenteraient de 14 %. Examinons le même tableau que précédemment, mais en réinvestissant 70 % des bénéfices, au lieu de 100 % comme dans l'exemple précédent :

Année	Capital investi	Avantages	Croissance des bénéfices	ROE	Bénéfices réinvestis
1	300.000	60.000		20%	42.000
2	342.000	68.400	14%	20%	47.880
3	389.880	77.976	14%	20%	54.583
4	444.463	88.893	14%	20%	62.225
5	506.688	101.338	14%	20%	70.936
6	577.624	115.525	14%	20%	80.867
7	658.491	131.698	14%	20%	92.189
8	750.680	150.136	14%	20%	105.095
9	855.775	171.155	14%	20%	119.809
10	975.583	195.117	14%	20%	136.582
11	1.112.165	222.433	14%	20%	155.703

Une entreprise peut difficilement réinvestir avec une telle précision tout l'argent qu'elle conserve et qu'elle ne distribue pas sous forme de dividendes. C'est la raison pour laquelle la croissance des entreprises ne dépend pas directement de leur taux de distribution, de sorte qu'elles ne peuvent pas décider d'augmenter ou de réduire leur croissance avec une précision absolue en augmentant ou en diminuant leur taux de distribution. À un moment donné, cette formule peut sembler fonctionner dans certains cas, mais dans ces cas-là, il est probable qu'elle cesse de fonctionner tôt ou tard.

L'un des cas où cette formule fonctionne, ou semble fonctionner, est celui des banques commerciales, dans les années où le crédit est en expansion. Mais la croissance des bénéfices ne dépend pas seulement du ROE et du pay-out, mais aussi d'éléments tels que la réglementation et son influence sur les ratios prêts/dépôts et prêts/capitaux propres, ainsi que d'autres variables, qui peuvent également être affectées par des éléments autres que la réglementation, mais aussi par les circonstances du marché, les politiques commerciales de la banque, etc. Cette formule peut être utile à un moment donné, mais elle ne correspond généralement pas à la réalité.

Dans le cas spécifique des banques commerciales, le ROE est une bonne mesure du rendement que la banque obtient sur ses fonds propres, et il peut être utilisé pour calculer ce que pourraient être les bénéfices futurs d'une banque à un moment où ces bénéfices sont anormalement bas, par exemple. Supposons qu'à un moment donné, les bénéfices de Barclays soient trop faibles par rapport à son potentiel. Lorsque l'on évalue la banque et que l'on achète (ou vend, selon la stratégie d'investissement) à un prix ou à un autre, il est important d'essayer d'estimer à quel point ces bénéfices sont faibles et combien la banque pourrait gagner dans quelques années, lorsque ses activités se normaliseront. Le rendement des fonds propres peut être utile à cet égard. Nous supposons que Barclays a actuellement un ROE de moins de 1 %, ce qui est très faible. Nous supposons qu'il serait normal pour Barclays d'avoir un ROE d'environ 10 %, une fois qu'elle aura réussi à sortir complètement de la crise et à normaliser ses bénéfices. Si les fonds propres de Barclays s'élèvent à 12,5 milliards de livres sterling, cela signifie qu'une fois la situation normalisée, le bénéfice de Barclays serait d'environ 1,25 milliard de livres sterling (10 % de 12,5 milliards d'euros). Supposons que Barclays possède 2 milliards d'actions. Si Barclays se rétablit et continue à gagner 1,25 milliard de livres sans augmenter ses 2 milliards d'actions, son bénéfice par action serait d'environ 0,625 livre (1,25 milliard de livres / 2 milliards), ce qui est une meilleure indication pour calculer la valeur réelle de Barclays que les petits bénéfices qu'elle réalise actuellement (dans notre exemple). S'il y avait des augmentations de capital, ce calcul du bénéfice par action attendu devrait être modifié une fois la situation normalisée, puisque d'une part le nombre d'actions augmenterait, et d'autre part les fonds propres augmenteraient également (avec l'argent provenant de ces augmentations de capital). Au lieu de calculer le bénéfice par action avec un ROE de 10 % seulement, on peut faire un calcul avec 8 %, un autre avec 10 % et un autre avec 12 %, par exemple, pour obtenir une fourchette de bénéfices par action possibles. Pour estimer le ROE futur, on peut regarder le ROE de l'entreprise analysée dans le passé, lorsqu'elle avait un niveau de profit normal.

On peut faire la même chose avec le ROA (Bénéfice net / Actifs). Supposons que Barclays a également un ROA anormalement bas (0,07 %). En effet, le ROA dépend également du bénéfice net, tout comme le ROE, et c'est la raison pour laquelle les deux ratios sont très faibles. En examinant les données historiques des banques dans ces circonstances, on constate que le ROA en temps normal est d'environ 1 %, par exemple. Si nous prenons le chiffre des actifs (250 milliards de livres sterling, par exemple) et que nous lui appliquons un ROA de 1 %, nous obtenons un bénéfice net d'environ 2,5 milliards de livres sterling (1 % de 250 milliards de livres sterling). Cela nous donnerait un bénéfice par action de 1,25 £ (2,5 milliards de livres / 2 milliards de livres). Nous pouvons également calculer une fourchette de bénéfices par action, en supposant des ROA de 0,75 %, 1 % et 1,25 %, par exemple. Car il ne s'agit pas d'obtenir le ROA (ou ROE) exact que la banque aura dans quelques années, mais d'établir une fourchette dans laquelle son bénéfice par action a le plus de chances de se situer lorsque la situation se normalisera.

Ainsi, avec ces estimations basées sur le ROE et le ROA que je viens de mentionner, nous n'aurons pas exactement raison sur ce que seront les bénéfices par action une fois la situation normalisée (il n'est d'ailleurs pas réaliste de s'attendre à une telle chose), mais nous pourrons obtenir une fourchette assez approximative et utile des bénéfices par action possibles pour évaluer si le prix actuel est ou non un bon investissement à moyen et/ou long terme.

Les entreprises qui semblent être des entreprises de croissance mais qui ne le sont pas vraiment

Une entreprise dont le retour sur investissement est faible peut apparaître comme une entreprise de croissance si son pay-out est faible. Il est très intéressant de le savoir, car les entreprises dites "de croissance" ont souvent un pay-out très faible, voire ne versent pas de dividende du tout. Cette situation est considérée comme positive, car elles réinvestissent tous leurs bénéfices et peuvent se développer plus rapidement. Du moins en théorie.

Poursuivons avec l'exemple de la société immobilière que nous avons vu précédemment (il peut également s'appliquer à l'exemple du cinéma, de la société de jardinage, de la société d'informatique et de la société de bijouterie, etc.) Supposons deux entreprises similaires :

Notre société est la société Madura, qui possède 10 appartements de 100.000 euros loués pour 12.000 euros par an, avec des dépenses annuelles par appartement de 2.000 euros. Son bénéfice est de 100.000 euros, et donc le bénéfice par action est de 0,10 euros, puisqu'elle a 1 million d'actions.

L'autre entreprise, Growth company, a une situation de départ identique à la nôtre : même nombre d'appartements, mêmes recettes, mêmes dépenses, même bénéfice par action, etc.

Comme dans l'exemple précédent, nous ne tenons pas compte des impôts, car ils compliqueraient et allongeraient l'explication, sans rien apporter au sujet que nous traitons. Les impôts sont toujours payés, mais les conclusions seraient les mêmes que nous les incluions dans ces exemples ou que nous les ignorions, c'est pourquoi je les ignore car cela sera beaucoup plus simple et plus clair.

Après cette première année, Madura décide d'avoir un pay-out de 50%, donc sur les 100.000 euros gagnés, elle distribue 50.000 euros comme dividende, ce qui donne un dividende par action de 0,05 euros. Et réinvestir les 50.000 euros restants dans un appartement avec un revenu de 6.000 euros par an et des dépenses de 1.000 euros par an (tous les chiffres sont la moitié des chiffres des appartements que nous avons déjà : 100.000, 12.000 et 2.000). Ce nouvel appartement a donc la même rentabilité que les appartements précédents : 10% sur l'argent que nous y investissons. Avec les appartements précédents, nous avons obtenu un bénéfice de 10.000 euros en investissant 100.000 euros, et avec ce nouvel appartement, nous obtenons un bénéfice de 5.000 euros en investissant 50.000 euros. La même rentabilité, donc.

Cela signifie qu'au cours de la deuxième année, nous aurons un bénéfice de 105 000 euros, ce qui équivaut à un bénéfice par action de 0,105 euros (105 000 / 1 000 000). Le bénéfice par action est donc supérieur de 5 % à celui de la première année. Cette deuxième année, nous verserons la moitié en dividende (0,0525 euros), et les 0,0525 euros restants demeurent dans l'entreprise, pour réaliser de nouveaux investissements.

L'entreprise Growth décide de devenir une entreprise de croissance, comme son nom l'indique, et pour ce faire, elle ne versera pas de dividende, mais réinvestira tous ses bénéfices dans la croissance. Elle utilise les 100.000 euros gagnés la première année pour acheter 2 appartements de 50.000 euros chacun, avec un revenu de 5.000 euros chacun, et des dépenses de 1.000 euros. Cela représente un bénéfice de 4.000 euros par appartement et fait passer son bénéfice à 108.000 euros, ce qui équivaut à un bénéfice par action de 0,108 euros (108.000 / 1.000.000), soit 8 % de plus que la première année.

Le bénéfice de l'entreprise mature a augmenté de 5 %, tandis que celui de l'entreprise en croissance a augmenté de 8 %. Il est apparemment vrai que l'entreprise Growth a atteint son objectif de croître davantage. Mais, comme nous pouvons le constater, l'entreprise Mature a encore obtenu un rendement de 10 % sur l'argent qu'elle a réinvesti la deuxième année, tandis que l'entreprise Growth n'a réussi à réinvestir son argent qu'à hauteur de 8 % (elle paie 100 000 euros pour 2 nouveaux appartements, ce qui lui donne un bénéfice cumulé de 8 000 euros). **La société Growth réinvestit plus d'argent, mais elle le réinvestit moins bien.** Ce qui se passe, c'est que comme elle a réinvesti plus d'argent, bien qu'avec une rentabilité plus faible, son bénéfice par action a augmenté davantage, et c'est pourquoi **cette moins bonne gestion est masquée par la plus forte croissance du bénéfice par action**.

Au cours des deux dernières années, le bénéfice total par action de l'entreprise mature s'est élevé à 0,205 euro (0,10 + 0,105) et celui de l'entreprise en croissance à 0,208 euro (0,10 + 0,108). Cela peut également donner l'impression que l'entreprise en croissance est meilleure. Mais dans ces chiffres, nous n'avons pas tenu compte de la rentabilité obtenue par les actionnaires de la société Madura lorsqu'ils **réinvestissent les dividendes reçus** (ces dividendes reçus sont inclus dans le bénéfice par action, mais pas la rentabilité que les actionnaires ont pu obtenir à partir du moment où ils les ont reçus). Si les 0,05 euros de dividendes reçus sont réinvestis à 10 %, qui est le rendement que la société Madura obtient (par exemple, en achetant davantage d'actions de la société Madura), cela donnera 0,005 euros supplémentaires qui, ajoutés aux 0,205 euros précédents, donneront un total de 0,21 euros. **Ce montant est supérieur aux 0,208 euros obtenus au total par les actionnaires de l'entreprise Crecimiento.**

Cette situation est relativement fréquente dans les entreprises dites "de croissance". Toutes les entreprises veulent croître plus vite que la moyenne et tous les investisseurs veulent investir dans les entreprises qui croissent plus vite que la moyenne. Mais c'est une chose de vouloir croître plus vite que la moyenne, ou de dire que l'on va croître plus vite que la moyenne, mais c'en est une **autre d'y parvenir**

réellement.

Dans cet exemple, et en l'absence de dividende, il aurait probablement été plus avantageux pour les actionnaires de la société Growth (en fonction du prix auquel les actions ont été achetées) de racheter et de rembourser leurs propres actions avec ces 100 000 euros que de les réinvestir dans de nouveaux appartements avec un rendement plus faible.

La plupart des entreprises qui se disent ou sont considérées comme des entreprises de croissance ne parviennent pas réellement à croître plus que la moyenne (en incluant le réinvestissement des dividendes dans le calcul, ce qui est **essentiel dans toute comparaison de la rentabilité boursière**). Et dans de nombreux cas, leur performance est inférieure à la moyenne, car pour tenter d'atteindre leur objectif, elles doivent prendre des décisions plus risquées que la moyenne, ou investir dans des entreprises plus risquées que la moyenne.

Celui qui parvient à repérer les entreprises qui connaîtront une croissance supérieure à la moyenne gagnera beaucoup plus d'argent que l'investisseur moyen. Mais dans la pratique, très peu d'investisseurs y parviennent de manière régulière (tout le monde peut y arriver de temps en temps).

Détecter les entreprises qui vont croître beaucoup plus que la moyenne à l'avenir est très compliqué et comporte de nombreux risques. Dans l'exemple que j'ai donné, il est très facile de s'en rendre compte, car il s'agit d'un exemple didactique. Mais dans la réalité, il est très compliqué, voire impossible, pour un investisseur privé de **"séparer" les anciens investissements des nouveaux**, de voir comment l'entreprise réinvestit l'argent. De nombreux éléments peuvent donner une image contraire à la réalité, tels que les variations de change, les changements d'impôts ou de réglementation de certaines activités, les hauts et les bas des différentes activités de l'entreprise (nouvelles et anciennes), les recettes et les dépenses extraordinaires, les facteurs externes qui, à un moment donné, ont un impact plus important sur les anciennes activités que sur les nouvelles, ou l'inverse, etc.

Dans la pratique, la grande majorité des investisseurs gagnent donc plus d'argent plus rapidement **(et plus rapidement, oui)** en investissant à long terme dans des entreprises qui versent régulièrement de bons dividendes qu'avec d'autres stratégies d'investissement.

Fondamentalement, ce que nous venons de voir est identique **à ce qui se passe avec les indices AVEC et SANS dividendes**. Vous savez déjà que les indices qui reflètent réellement la performance à long terme sont les indices AVEC dividendes (appelés "Total Return"), car ce sont eux qui montrent ce que les investisseurs gagnent réellement. Les indices SANS dividendes n'intègrent pas les dividendes versés par les entreprises et donnent donc une image peu réaliste de la Bourse et de ce que gagnent les investisseurs (même si ce sont les plus médiatisés et ceux que la grande majorité des gens connaissent le mieux). Elles sont même les seules connues de la grande majorité des gens. Et cela crée la perception erronée que la majorité de la population a de la Bourse actuellement, et qui ne lui permet pas de voir que **la Bourse à long terme est un bien meilleur investissement que ne le laissent penser les indices SANS dividendes**.

Il en va de même pour les entreprises de croissance et les entreprises normales. Pour savoir si les entreprises dites de croissance sont réellement des entreprises de croissance, il convient d'appliquer les mêmes règles que celles qui s'appliquent aux indices pour rendre la comparaison homogène, comme nous allons le voir dans cet exemple.

Supposons deux entreprises : l'entreprise stagnante verse un dividende de 10 %, mais ses bénéfices n'augmentent pas. L'entreprise en croissance ne verse pas de dividende, mais son bénéfice par action augmente de 8 % par an.

De nombreuses personnes penseraient à première vue que si vous investissez à long terme, vous devriez acheter la société en croissance, sans aucun doute, car la société stagnante offre un rendement en dividendes très élevé, mais comme ses bénéfices n'augmentent pas, l'inflation vous fera beaucoup de mal.

Imaginons que nous investissions 1 000 dollars et que nous regardions ce que nous aurons dans 20 ans.

Dans l'entreprise stagnante, nous réinvestissons les dividendes dans l'achat d'autres actions de l'entreprise stagnante, afin de rendre la comparaison homogène. Après 20 ans, nous disposons de 6 727,50 $.

Dans la société Growing, nous nous sommes retrouvés avec 4 661 dollars.

Bien que cela puisse paraître surprenant à première vue, l'explication réside dans le fait que le rendement total pour l'actionnaire de l'entreprise stagnante augmente de 10 %, tandis que le rendement total pour l'actionnaire de l'entreprise en croissance n'augmente que de 8 %.

Pour voir cela plus en détail, supposons qu'au moment initial, les deux entreprises se négocient à 10 dollars. L'entreprise stagnante verse un dividende de 1 $ et l'entreprise en croissance ne verse aucun dividende.

Supposons également que le cours de l'action de l'entreprise stagnante n'augmente pas et reste à 10 dollars. En effet, si ses bénéfices n'augmentent pas, le prix de son action ne devrait théoriquement pas augmenter non plus. Le cours de l'action de l'entreprise en croissance augmente de 8 % chaque année, comme ses bénéfices :

Année	Citation Stagnante	Nombre d'actions Stagnation	Valeur des actions Stagnation	Citation sur la croissance	Nombre d'actions Augmentation	Valeur des actions Augmentation
0	10,00	100,00	1.000,00	10,00	100	1.000,00
1	10,00	110,00	1.100,00	10,80	100	1.080,00
2	10,00	121,00	1.210,00	11,66	100	1.166,00
3	10,00	133,10	1.331,00	12,60	100	1.260,00
4	10,00	146,41	1.464,10	13,60	100	1.360,00
5	10,00	161,05	1.610,50	14,69	100	1.469,00
6	10,00	177,16	1.771,60	15,87	100	1.587,00
7	10,00	194,87	1.948,70	17,14	100	1.714,00
8	10,00	214,36	2.143,60	18,51	100	1.851,00
9	10,00	235,79	2.357,90	19,99	100	1.999,00
10	10,00	259,37	2.593,70	21,59	100	2.159,00
11	10,00	285,31	2.853,10	23,32	100	2.332,00
12	10,00	313,84	3.138,40	25,18	100	2.518,00
13	10,00	345,23	3.452,30	27,20	100	2.720,00
14	10,00	379,75	3.797,50	29,37	100	2.937,00
15	10,00	417,72	4.177,20	31,72	100	3.172,00
16	10,00	459,50	4.595,00	34,26	100	3.426,00

17	10,00	505,45	5.054,50	37,00	100	3.700,00
18	10,00	555,99	5.559,90	39,96	100	3.996,00
19	10,00	611,59	6.115,90	43,16	100	4.316,00
20	10,00	672,75	6.727,50	46,61	100	4.661,00

Comment se fait-il qu'une entreprise qui ne se développe pas s'avère être un meilleur investissement? **Parce qu'elle est plus honnête avec ses actionnaires et qu'elle ne garde pas leur argent pour le réinvestir de manière médiocre.** Cela signifie également que, dans la pratique, le cours de son action ne stagne pas, mais qu'il augmente à long terme autant ou plus (probablement plus) que celui de l'entreprise théoriquement en croissance. En effet, le marché finit par reconnaître ces éléments, même si cela prend parfois du temps. En outre, dans la réalité, le bénéfice que nous avons supposé stagner indéfiniment augmentera probablement un peu. Et cela augmentera la différence en faveur des entreprises de type stagnant par rapport aux entreprises de type croissant.

Savoir si une entreprise conserve correctement ses bénéfices est très difficile à déterminer de l'extérieur de l'entreprise, et **pratiquement impossible pour un investisseur individuel**. Il se peut que la croissance de l'entreprise qui conserve ses bénéfices soit globalement bonne en raison des bonnes performances des activités qu'elle possédait déjà (bons rendements du capital, bonne croissance du bénéfice par action, etc.), mais que l'argent qu'elle réinvestit depuis quelques années donne un rendement médiocre.), mais que l'argent qu'elle réinvestit depuis quelques années ne lui rapporte qu'un rendement médiocre. Cela se produit notamment lorsque les entreprises commencent à investir dans des activités qui n'ont rien à voir avec leur activité d'origine. Par exemple, une société de distribution d'eau qui achète des supermarchés, des médias, des technologies ou tout ce qui n'a rien à voir avec la gestion de l'eau. Ce type d'expérience aboutit généralement à une réduction de la rentabilité de l'entreprise et à la vente subséquente d'activités qui n'ont rien à voir avec l'activité initiale de l'entreprise, souvent à des prix décevants.

En d'autres termes, le fait qu'une entreprise augmente son ROE, son ROCE, son ROIC, sa marge EBITDA/ventes, son bénéfice par action, etc. à un bon rythme **ne signifie pas nécessairement que l'argent qu'elle conserve pour ses actionnaires est utilisé correctement**, car malgré tout cela, les nouveaux investissements peuvent être médiocres. Pour un investisseur individuel, il est pratiquement impossible de déterminer si c'est le cas pendant de nombreuses années, voire trop d'années. C'est donc **l'une des nombreuses raisons pour lesquelles je recommande d'investir dans des entreprises qui versent de bons dividendes**.

Il est également évident que les entreprises qui augmentent le plus la richesse des actionnaires à long terme sont celles qui connaissent une croissance supérieure à la moyenne. Ces entreprises ont tendance à verser des dividendes très faibles, voire à ne pas verser de dividendes du tout. Mais il est tout aussi clair que ces entreprises sont très peu nombreuses et qu'il est très difficile de les repérer suffisamment tôt pour bénéficier réellement de cette croissance plus élevée.

Une activité difficile à analyser

Il est toujours arrivé, et il arrivera toujours, qu'il y ait des entreprises très nécessaires et très importantes qui soient beaucoup plus instables et difficiles à prévoir que d'autres. C'est pourquoi **il faut savoir bien classer les entreprises**, pour déterminer lesquelles sont les plus adaptées à notre stratégie d'investissement, et éliminer ainsi l'une des principales sources d'erreur, qui consiste à investir dans des entreprises qui ne sont pas adaptées à la stratégie d'investissement que l'on suit. Si chacun n'investissait que dans des entreprises correspondant à sa stratégie d'investissement (qu'il le fasse à un prix ou à un autre, en achetant plus cher ou moins cher), la performance globale de l'ensemble des investisseurs serait nettement améliorée, ce qui augmenterait automatiquement la richesse dans le monde entier. Les mauvais investissements détruisent la richesse, ils ne signifient pas simplement le transfert d'argent d'une personne à une autre. En effet, ils modifient l'attitude des personnes qui subissent ces pertes importantes à partir de ce moment-là, ce qui ajoute de l'instabilité à leur vie et aux décisions qu'elles prennent à partir de ce moment-là, et ainsi de suite. Par conséquent, si ces pertes dues à des choix commerciaux inappropriés étaient réduites, l'économie mondiale gagnerait en stabilité (ce qui signifie également des emplois plus nombreux et de meilleure qualité pour l'ensemble de la population, etc.)

Par exemple, les entreprises sidérurgiques sont beaucoup plus volatiles et difficiles à prévoir que les entreprises alimentaires. Un investisseur, aussi bon soit-il, a beaucoup plus de chances de se tromper en prédisant les résultats de l'année prochaine pour Arcelor Mittal ou Acerinox que pour Nestlé ou Danone. Inversement, tout investisseur, aussi inexpérimenté soit-il, a beaucoup plus de chances de prendre les bonnes décisions en investissant dans Nestlé ou

Danone que dans Arcelor Mittal ou Acerinox.

Il ne fait aucun doute que le secteur de l'acier est un secteur très important, qui existe depuis des décennies et qui constitue un élément absolument fondamental de l'économie. L'acier est indispensable au fonctionnement du monde. Depuis de nombreuses décennies, plus d'un siècle maintenant, les entreprises sidérurgiques ont "toujours été là", elles ont toujours été indispensables. Elles ont survécu à de nombreux investisseurs et à de nombreuses générations d'investisseurs. Mais elles ont toujours été très difficiles à analyser, et il a toujours été beaucoup plus difficile pour l'investisseur moyen de gagner de l'argent en investissant dans des entreprises sidérurgiques que dans des entreprises alimentaires.

Cela ne signifie pas que les entreprises sidérurgiques sont moins bonnes que les entreprises alimentaires pour tout le monde. Pour les investisseurs à long terme qui recherchent un rendement du dividende, Danone ou Nestlé, par exemple, sont préférables. Mais pour les investisseurs à moyen terme ou les traders à la recherche d'entreprises présentant un potentiel de hausse (ou de baisse) supérieur à la moyenne, les entreprises sidérurgiques seront dans de nombreux cas préférables aux entreprises alimentaires.

Il est également très important de savoir comment classer les entreprises afin de décider du **montant à investir dans chacune d'entre elles**. Il s'agit là d'une autre question **absolument essentielle qui est souvent négligée :** décider du montant à investir dans chaque entreprise. Par exemple, un investisseur à long terme avec une deuxième stratégie à moyen terme, s'il investit 5 000 euros dans Danone dans son portefeuille à long terme, il peut être correct d'investir 1 000 euros dans Arcelor Mittal dans son portefeuille à moyen terme. En revanche, investir 1 000 euros dans Danone et 5 000 euros dans Arcelor Mittal serait une manière déséquilibrée d'investir dans les deux entreprises, en raison de leurs caractéristiques respectives.

Il est essentiel qu'il y ait des entreprises sidérurgiques, entre autres parce que les entreprises alimentaires en ont besoin pour les machines avec lesquelles elles fabriquent leurs produits, les camions avec lesquels elles les distribuent, les supermarchés dans lesquels elles les vendent, etc. Mais en tant qu'investisseur, il est important de garder à l'esprit que certaines entreprises sont beaucoup plus instables et difficiles à analyser que d'autres, et qu'il en sera probablement toujours ainsi. Et les entreprises sidérurgiques seront probablement "toujours là", tout au long de notre vie. Elles ne disparaîtront pas, mais elles seront toujours très difficiles à analyser, et les chances de les comprendre et de gagner de l'argent seront plus faibles que pour d'autres types d'entreprises plus prévisibles.

Ne pensez pas que vous êtes un mauvais investisseur parce que vous ne savez pas analyser correctement les entreprises compliquées. C'est simplement que ces entreprises sont très difficiles à analyser pour tout le monde. C'est pourquoi la plupart des investisseurs ne devraient pas investir dans ces entreprises compliquées, plutôt que d'y consacrer beaucoup de temps et de finir par investir avec un manque de confiance qui risque de conduire à des erreurs.

Concentrez-vous sur les entreprises qui sont plus stables, quelle que soit la personne qui les dirige et quelle que soit la justesse ou l'erreur de cette personne. Si le fait que l'entreprise soit dirigée par une personne ou une autre est décisif, cette entreprise est plus difficile à analyser que la moyenne.

Sans aucun doute, la rentabilité qui peut être atteinte dans une entreprise compliquée qui, à un moment donné, est dirigée par une personne très brillante ayant une vision de cette entreprise supérieure à celle de ses concurrents, peut être beaucoup plus élevée que la moyenne. Il convient toutefois de noter que les facteurs déterminants sont nombreux et très difficiles à prévoir. Ces types d'entreprises peuvent convenir à des stratégies de risque et à l'investissement de petites sommes d'argent. Mais pas pour la stratégie principale, qu'elle soit à moyen ou à long terme, dans laquelle vous investissez la majeure partie de votre argent.

Lorsque les barrières à l'entrée sont faibles, il est très difficile pour les dirigeants de faire d'une entreprise de ce secteur une entreprise stable avec une bonne croissance à long terme. Il peut y avoir des cas, mais ils sont peu nombreux. Juan Roig a fait de Mercadona (supermarché espagnol) une entreprise bien meilleure à tous égards que la moyenne des entreprises de son secteur, qui n'a pas de barrières à l'entrée particulièrement élevées. Mais c'est une exception. Nous reviendrons sur la question des barrières à l'entrée, qui est déterminante pour certaines stratégies d'investissement (comme le long terme) et moins pour d'autres (plus la durée de l'investissement est courte, moins les barrières à l'entrée sont importantes).

Est-il important que les dirigeants des entreprises dans lesquelles nous investissons soient honnêtes et compétents ?

Oui, logiquement. Mais il s'agit là d'une de ces évidences qu'il est difficile de mettre en pratique.

Il est rare que des dirigeants dont la malhonnêteté est publiquement connue restent à la tête d'une société cotée en Bourse. Ce qui se passe généralement dans ces cas-là, c'est qu'un scandale éclate dans une entreprise, que ses dirigeants sont jugés malhonnêtes et qu'ils sont rapidement démis de leurs fonctions. L'investisseur individuel n'a donc pas eu le temps de vendre, ou de ne pas acheter, pour cette raison (elle était inconnue du grand public jusqu'à ce que le scandale éclate). Et une fois que la lumière est faite, les dirigeants quittent l'entreprise, de sorte qu'il n'y a pas beaucoup d'intérêt à vendre pour cette raison non plus, puisque ces dirigeants malhonnêtes ne sont plus là. Et s'ils ont causé des dommages à l'entreprise, ceux-ci seront déjà reflétés dans le prix de l'action, et la nouvelle direction corrigera probablement la situation.

Il peut arriver que vous sachiez que la direction d'une entreprise agit de manière déloyale en raison de relations personnelles, par exemple, et que cela ne soit pas encore connu du public. Mais il est peu probable que cela arrive à l'investisseur moyen.

La compétence est bien sûr également importante, même si elle l'est plus ou moins selon le type d'entreprise et la stratégie d'investissement.

Tout d'abord, la compétence des gestionnaires n'est pas non plus quelque chose de facile à détecter dans la pratique, et de manière fiable et utile (= rentable). Dans certains cas, il est relativement facile de le savoir et c'est une raison d'investir. L'un des cas les plus clairs a été celui où Goirigolzarri est devenu président de Bankia. Il était de notoriété publique qu'il était l'une des personnes les plus compétentes dans le domaine bancaire en Espagne (et dans le monde) et qu'il était capable de sortir l'ancienne banque publique de la situation de faillite dans laquelle l'avaient laissée les dirigeants précédents (manifestement et publiquement beaucoup moins compétents que M. Goirigolzarri). À l'époque, le cours de l'action de Bankia était très bas, la situation de l'entreprise était très mauvaise, et un investisseur moyen qui suivait le marché boursier pouvait savoir assez facilement que l'entrée de Goirigolzarri dans Bankia allait très probablement marquer un tournant majeur dans les résultats de l'entreprise.

Mais il y a peu de cas aussi tranchés que celui-ci. Il arrive souvent que des dirigeants n'aient pas la réputation d'être de bons gestionnaires en raison des circonstances qu'ils ont dû vivre à un moment donné, mais lorsque les circonstances changent, on s'aperçoit qu'ils ont été de bons gestionnaires. D'autres fois, certains dirigeants ont une bonne réputation mais, avec le temps, on s'aperçoit que les bonnes performances de l'entreprise sont davantage dues à des causes externes qui leur ont été favorables qu'à la capacité réelle de ces dirigeants.

Bien sûr, il est bon que les dirigeants soient aussi compétents que possible, mais dans la plupart des cas, il existe peu de connaissances publiques et fiables sur les capacités réelles des dirigeants d'entreprise. Et dans de nombreux autres cas, la perception générale est erronée, pour le meilleur ou pour le pire. Il s'agit donc d'une question difficile à mettre en pratique.

Il est plus important de savoir dans quels types d'entreprises et de stratégies d'investissement la compétence des gestionnaires est plus importante, parce que c'est plus facile à savoir et que c'est quelque chose qui peut être appliqué utilement par la plupart des investisseurs.

Dans les **entreprises réglementées** (eau, gaz, électricité, infrastructures, etc.), la compétence des dirigeants est moins importante que la moyenne. Bien sûr, plus les dirigeants sont compétents, mieux c'est. Mais ils ont moins de marge de manœuvre, pour le meilleur et pour le pire, que dans d'autres secteurs. Il est donc moins important de savoir qui dirige l'entreprise.

À l'autre extrémité du spectre, on trouve les entreprises actives dans des **secteurs en évolution rapide** tels que la technologie, la biotechnologie, etc. Dans ce cas, les dirigeants de l'entreprise sont déterminants. Et plus l'entreprise est petite, plus ses dirigeants sont déterminants. Dans de nombreux cas (pour les stratégies à haut risque, bien entendu), l'identité des dirigeants peut être plus importante que les comptes de résultats et les bilans de l'entreprise. Dans ce type d'investissement, il est très important de connaître au mieux les dirigeants, d'être attentif aux détails de leurs entretiens, de comprendre au mieux leur vision de l'entreprise, etc. Mais il est difficile d'utiliser tout cela de manière utile, car cela relève plus de l'intuition que de l'objectivité.

Entre ces deux extrêmes, il existe de nombreux cas. Dans le cas des **grandes entreprises adaptées au long terme**, la gestion est généralement importante, mais pas décisive. Plus ils sont performants, plus les bénéfices et les dividendes augmentent naturellement. Mais pensez qu'au cours des années (décennies) pendant lesquelles un investisseur à long terme détient les actions d'une entreprise, il y aura de nombreux changements de direction. Certains seront meilleurs, d'autres moins bons, mais l'investisseur restera actionnaire de l'entreprise pendant toute la durée de ces changements. Il est également possible d'acheter et de vendre une entreprise en fonction de ses dirigeants. Il ne s'agit plus d'un investissement à long terme, mais d'une autre façon d'investir.

Un autre aspect important de l'investissement à long terme, et c'est un peu plus facile à voir, est que pour les investisseurs à long terme, il **est important que les dirigeants d'entreprise pensent à long terme**, de manière redondante. Bien qu'il semble que cela devrait toujours être le cas, ce n'est pas toujours le cas. Il arrive que certains dirigeants suivent des modes ou s'engouffrent dans des bulles qui peuvent faire grimper le cours de l'action à court terme, voire beaucoup, mais au prix d'une réduction de la rentabilité de l'entreprise à long terme. Il n'existe pas de règle fixe ou de formule mathématique permettant de détecter ces cas, mais ils existent et il est bon d'essayer de les repérer. En général, il faut rechercher les conflits d'intérêts entre les dirigeants et les actionnaires, car c'est le moyen le plus direct et le plus fiable de connaître la gestion des entreprises. Il est souhaitable que les gestionnaires recherchent des situations dans lesquelles les gestionnaires et les actionnaires obtiennent à la fois de bons et de mauvais résultats, et non pas des situations dans lesquelles les actionnaires obtiennent de mauvais résultats alors que les gestionnaires obtiennent de bons résultats. La bulle Internet en est un exemple, lorsqu'il est devenu à la mode d'évaluer les sociétés Internet en fonction du nombre de visiteurs uniques, plutôt que de leurs profits ou de leurs pertes. La plupart de ces entreprises, sinon toutes, étaient déficitaires et ont donc cherché de nouvelles façons d'évaluer leurs activités, ce qui a favorisé la hausse du prix des actions (c'est l'une des bulles les plus connues des marchés financiers), mais a nui à la survie des entreprises. Nombre de ces entreprises ont disparu. Il est probable que si elles avaient davantage tenu compte des coûts et moins de ces nouveaux paramètres d'évaluation destinés à faire grimper le cours des actions, qui se sont avérés peu fiables, moins d'entreprises auraient disparu. Et celles qui auraient tout de même disparu auraient fait perdre moins d'argent à leurs actionnaires (les augmentations de capital ont été fréquentes pour couvrir les pertes accumulées et rester ouvertes, accumulant de nouvelles pertes, en utilisant ces nouveaux paramètres de valorisation comme justification, etc.)

Chercher à gonfler le prix de l'action est l'apanage de quelqu'un qui veut vendre et s'en aller, pas de quelqu'un qui a l'intention de conserver son investissement pour les décennies à venir.

Comme pour toute chose dans la vie, les décisions prises à court terme doivent être cohérentes et compatibles avec des objectifs plus larges à long terme.

La comptabilité sert à refléter les performances de l'entreprise. Si l'entreprise se porte bien, les comptes se porteront bien, et vice versa. Ce qui est important, et ce sur quoi les gestionnaires doivent se concentrer, c'est que l'entreprise se porte bien, car cela finira par se refléter dans les comptes.

Si une entreprise ne va pas bien, les dirigeants doivent se concentrer sur l'amélioration de l'entreprise. S'ils sont tentés de procéder à des ajustements comptables (légaux) pour donner une meilleure impression de la situation de l'entreprise, ils ne résolvent pas les vrais problèmes de l'entreprise. Et le temps passé à réfléchir à ce qu'il faut faire de la comptabilité n'est pas consacré à l'entreprise, qui risque d'empirer. Jusqu'au moment où il ne sera plus possible de procéder à des ajustements comptables pour améliorer l'apparence de l'entreprise, qui se sera beaucoup détériorée depuis que les premiers problèmes ont été détectés et qu'au lieu d'être corrigés, on a tenté de les dissimuler par des ajustements comptables.

Cela ressemble beaucoup à ce qui arrive aux investisseurs qui se concentrent sur leurs performances à court terme, au lieu de penser à plus long terme. De nombreuses personnes pensent qu'elles doivent commencer par obtenir de bons résultats à court terme et que la somme de ces bons résultats à court terme conduira à un bon résultat à long terme. Mais dans ces cas-là, les résultats finissent généralement par être mauvais à court terme et mauvais à long terme. En effet, **la vie d'un investisseur** n'est pas la somme de nombreux résultats à court terme indépendants les uns des autres, mais **quelque chose de continu** (sans début ni fin) qui **doit être planifié correctement et de manière adéquate**, en pensant au-delà de ce qui se passera dans les semaines ou les mois à venir. Il en va de même pour les entreprises.

En règle générale, si vous pensez qu'il est important de savoir qui sont les dirigeants d'une entreprise pour y investir ou non, vous ne devriez pas investir dans cette entreprise à long terme, mais à court ou moyen terme.

Une chose semble se produire actuellement : on a l'impression qu'il y a trop peu de personnes dans trop de **conseils d'administration**. Peut-être faudrait-il mieux répartir ces postes. En effet, il se peut que certaines personnes puissent remplir leurs fonctions au sein du conseil d'administration dans plusieurs entreprises à la fois, mais le fait de répartir leur temps sur un trop grand nombre de tâches, quelles qu'elles soient, réduit la qualité du travail effectué dans chacune d'entre elles. En outre, le risque existe qu'une perception erronée de quelques personnes se répercute sur la gestion d'un grand nombre d'entreprises. Ce n'est pas quelque chose qui peut être mesuré ou quantifié, mais je pense qu'il faut y réfléchir, car s'il est possible d'améliorer la qualité des conseils d'administration des entreprises, cela se traduira certainement par une meilleure gestion des entreprises. Et cela n'affecte pas seulement les actionnaires des entreprises, mais l'économie dans son ensemble.

Dans le même ordre d'idées, **faut-il que des hommes politiques siègent dans les conseils d'administration** ?

Si l'on pense aux hommes politiques du monde entier, aujourd'hui et dans les décennies précédentes, peu de lecteurs sont susceptibles de trouver des hommes politiques qui siégeraient au conseil d'administration des entreprises dans lesquelles ils investissent. Mais peut-être y a-t-il un homme politique dans un pays, ou à un moment donné dans l'avenir, qui le mérite, et il est donc injuste d'interdire à quelqu'un qui a été un homme politique de siéger au conseil d'administration d'une entreprise. Mais il ne fait aucun doute qu'il s'agit d'un problème grave aujourd'hui, tant pour les entreprises que pour les contribuables. C'est pourquoi je pense que l'on pourrait et que l'on devrait établir que les personnes qui ont été des hommes politiques ne peuvent pas faire partie des conseils d'administration des entreprises réglementées (entreprises d'électricité, entreprises de télécommunications, entreprises d'eau et de gaz, banques, etc. Cela réduirait considérablement les cas de corruption associés à ce type de situation et, dans la pratique, éliminerait presque le problème des hommes politiques qui occupent des postes dans les conseils d'administration sans avoir les qualifications nécessaires pour le faire.

Pourquoi les offres publiques d'achat sont souvent faites à des prix supérieurs à ceux du marché et quelles sont les implications pour l'investisseur moyen

Sauf exception, lorsqu'une entreprise est vendue dans son ensemble (ce qui est le cas lors d'une offre publique d'achat), il est presque impossible qu'elle soit vendue à un prix très bas. Elle est généralement vendue au juste prix (c'est-à-dire plus ou moins équitable pour l'acheteur et le vendeur), voire à un prix élevé (si le vendeur a plus de connaissances ou de capacités de négociation que l'acheteur). On parle toujours de bon marché, de juste prix ou de prix élevé en fonction de la situation du marché à ce moment-là car, logiquement, les offres d'achat en période de marché favorable valorisent les entreprises à des taux plus élevés que les offres d'achat en période de crise ou en période de marché normal.

La raison en est que les propriétaires d'**une entreprise** (que j'appelle dans ce cas les actionnaires majoritaires et les dirigeants) **savent très bien ce que vaut leur entreprise**, bien mieux que l'investisseur individuel moyen, et c'est pourquoi ils ne vont pas la vendre à très bas prix parce qu'ils sont nerveux à un moment donné. Si, dans un moment de panique générale, ils essaient de vendre leur entreprise et qu'on ne leur propose pas grand-chose, ils ne la vendront probablement pas et attendront de meilleurs moments pour le faire. Ce n'est pas le cas de tous les actionnaires minoritaires d'une même entreprise.

Par exemple, si quelqu'un veut acheter BMW dans son ensemble, il devra négocier avec la famille Quandt, les principaux actionnaires et fondateurs de l'entreprise. Si les Quandt veulent vendre leurs actions BMW, ils ne le feront pas à un prix très bas (parce qu'ils deviennent nerveux à un certain moment, par exemple). Ils les vendront à un prix équitable, ou à un prix élevé, mais pas trop bas. Ils savent mieux que quiconque ce que vaut BMW, et il n'est pas possible (sauf surprise) qu'ils se débarrassent de leur participation pour beaucoup moins que ce qu'elle vaut.

Toutefois, il est possible que certains ou de nombreux actionnaires minoritaires de BMW vendent leurs actions à des prix très bas, parce qu'à un certain moment, ils sont préoccupés et n'évaluent pas correctement leurs actions, les vendant à un prix bien inférieur à leur valeur réelle.

Il n'est donc **pas possible d'acheter BMW dans son ensemble à bas prix, mais il est possible d'acheter des actions BMW à très bas prix à** certains moments. Il n'en va pas de même pour les entreprises non cotées en Bourse, comme Geobra, le fabricant des célèbres Playmobil Clicks. Si un grand investisseur voulait investir dans les Clicks, il devrait négocier directement avec les propriétaires de Geobra pour vendre l'ensemble de l'entreprise ou une partie de celle-ci, et il est presque impossible qu'il puisse le faire à un prix très bas. C'est le cas lorsque des sociétés cotées en Bourse achètent d'autres sociétés non cotées.

Il arrive que les propriétaires d'une entreprise soient contraints de vendre à un prix inférieur à ce qu'ils auraient fait dans des circonstances normales, par exemple lorsqu'ils sont lourdement endettés et qu'ils doivent vendre pour éviter une saisie. Toutefois, ces occasions sont rares et, même dans ce cas, les niveaux de sous-évaluation atteints sont inférieurs à ceux obtenus lors de **ventes réalisées par des actionnaires minoritaires plus nerveux.** Entre autres, parce que dans ces cas, il n'y a presque jamais un seul acheteur potentiel, mais plusieurs, et que la concurrence entre eux fait que les prix ne baissent pas autant que dans le cas des ventes par des personnes plus nerveuses. En d'autres termes, la nécessité pour les actionnaires majoritaires de l'entreprise de vendre fait baisser le prix, mais la concurrence entre plusieurs acheteurs fait que le prix ne baisse pas autant que pour les actionnaires minoritaires en période de panique. En effet, contrairement aux actions qui sont échangées chaque jour sur le marché boursier, les acheteurs potentiels savent que l'entreprise est mise en vente à ce moment-là et que, **si elle n'est pas achetée, elle ne sera probablement pas remise en vente** avant de nombreuses années, voire des dizaines d'années.

Il en va de même pour les offres de reprise des entreprises qui n'ont pas d'actionnaire important parce que leur capital est largement réparti. Dans ce cas également, la négociation des dirigeants de l'entreprise et la concurrence entre les acheteurs font que le prix de vente final de l'offre de reprise est généralement juste ou cher. Bien que dans ce type d'entreprise, il existe une certaine probabilité que le prix de l'offre de reprise soit relativement bon marché, en raison de l'absence d'un actionnaire principal qui mène les négociations et qui a un intérêt personnel dans le résultat des négociations. En l'absence d'un tel actionnaire personnel, il est possible que la direction soit moins favorable aux actionnaires minoritaires que ce qui serait souhaitable. Ce n'est pas la norme, mais cela peut arriver dans certains cas.

Le revers de la médaille est que lorsque le marché boursier est très surévalué, les prix des actions sont généralement plus élevés que ceux qu'elles atteindraient dans le cadre d'une offre publique d'achat (OPA). En effet, les grands acheteurs ne paient pas des prix aussi élevés que ceux que **certains investisseurs minoritaires** peuvent payer **en période d'euphorie**. C'est pourquoi, lorsque le marché boursier est cher, les offres publiques d'achat ne sont généralement pas payées en espèces, mais en actions de la société acquéreuse, qui sont probablement surévaluées elles aussi. Payer en espèces serait très préjudiciable aux actionnaires de l'entreprise acquéreuse, car ils donneraient plus d'argent pour l'entreprise acquise qu'elle n'en vaut réellement. Mais si, au lieu de payer en espèces, ils paient avec leurs propres actions, qui sont également surévaluées, le préjudice est moindre. Il est mineur, mais il existe, car de nombreuses nouvelles actions sont émises, ce qui signifie une dilution à l'avenir (à moins que les actions de la société acquérante ne soient évaluées à un prix encore plus surévalué que les actions de la société acquise, mais c'est rare). Dans ce cas, il serait probablement encore pire de payer en espèces, de contracter beaucoup de dettes et de devoir ensuite rembourser ces dettes avec les bénéfices d'une entreprise qui vaut beaucoup moins que ce qui a été payé pour l'acquérir.

En résumé, il n'est pas bon pour les entreprises d'acheter d'autres entreprises en période de surévaluation, même si elles paient avec leurs propres actions qui sont également surévaluées. Il s'agit parfois d'un signe de plafonnement du marché. Lorsqu'il y a beaucoup d'offres publiques d'achat (relativement) impliquant l'échange d'actions, et très peu ou pas du tout de paiement en espèces, et que le marché boursier semble cher, ces offres publiques d'achat peuvent être un signe supplémentaire que le marché boursier est effectivement cher. Mais cela ne signifie pas que dans toutes les capitalisations boursières, il y a beaucoup de PTB avec échange d'actions, ni que s'il n'y a pas de PTB avec échange d'actions, il n'est pas possible que nous soyons confrontés à une capitalisation boursière, ni que s'il y a une PTB avec échange d'actions, il est nécessaire de tout vendre parce qu'il est certain que nous sommes confrontés à une capitalisation boursière, etc. C'est un signe de plus à prendre en compte.

Tout cela implique un effet mathématique qui joue en faveur des investisseurs à long terme. L'expérience montre que la plupart du temps, les actions se négocient à un prix inférieur à leur valeur réelle, où "valeur réelle" signifie le prix qu'elles atteindraient si l'ensemble de l'entreprise était vendue, comme c'est le cas lors d'une offre publique d'achat. Cela est tout à fait cohérent avec le fait que lorsqu'il y a une offre publique d'achat, elle est presque toujours faite à un prix bien supérieur au prix du marché à ce moment-là, ce qui explique pourquoi les actions de la société achetée ont tendance à augmenter fortement au moment de l'annonce de l'offre publique d'achat. Cela signifie, et c'est de la plus haute importance, que les investisseurs qui achètent des actions d'entreprises de qualité pourront presque toujours le faire à des prix inférieurs à la valeur réelle de ces entreprises. Dans la pratique, cette situation n'est pas aussi favorable qu'elle peut le sembler à première vue, car la **plupart des entreprises ne sont jamais reprises,** de sorte que la sous-évaluation relative par rapport au prix de l'offre publique d'achat est maintenue indéfiniment. Il y a des moments où le prix des actions des entreprises est supérieur à leur prix d'introduction en Bourse, mais ils sont peu nombreux (bulles et périodes de forte surévaluation), et il est relativement facile de les éviter, avec un peu de prudence et de bon sens. Cela dit, il faut toujours essayer d'acheter le moins cher possible, bien sûr, car la plupart des entreprises ne sont jamais rachetées (ou du moins pas avant plusieurs décennies).

Lorsque la société acheteuse procède à une augmentation de capital pour acheter une entreprise, les actionnaires de la société acheteuse sont quelque peu désavantagés par ce fait même, puisque la société achetée est évaluée à sa valeur réelle et équitable (la valeur de l'ensemble de l'entreprise, son prix d'offre publique d'achat). Or, la société acheteuse émet ses actions plus ou moins au prix du marché, qui, comme nous venons de le voir, est presque toujours inférieur à la valeur de l'ensemble de l'entreprise. En d'autres termes, la société achetée **est évaluée au prix de l'offre publique d'achat, mais la société acheteuse émet de nouvelles actions à un prix inférieur au prix de l'offre publique d'achat.** C'est l'une des raisons pour lesquelles, dans les OPA, les actions de la société achetée ont tendance à augmenter et les actions de la société acheteuse à diminuer. Cela explique aussi pourquoi les OPA ne sont souvent pas positives pour les actionnaires de la société qui lance l'OPA, surtout si la société a dû augmenter son capital pour faire l'OPA. Cependant, elles ne sont pas toujours mauvaises et ne causent généralement pas (dans les entreprises de qualité) de graves dommages à long terme qui changeraient complètement la trajectoire de l'entreprise acquéreuse à l'avenir.

C'est ce qui fait généralement que les OPA détruisent une partie de la valeur (parfois plus, parfois moins) pour les actionnaires de la société qui lance l'OPA. Cela ne signifie pas qu'à partir de ce moment, ils détiendront des actions d'une mauvaise société et qu'ils perdront de l'argent. Ils gagneront probablement beaucoup d'argent (au fil du temps). Mais dans certains (ou nombreux) cas, ils gagneraient probablement plus d'argent si l'offre publique d'achat n'avait pas eu lieu. Du moins à court et à moyen terme, car à long terme, les synergies obtenues peuvent être supérieures à la valeur initialement perdue. La clé de la rentabilité d'une OPA est précisément celle-ci : les synergies réalisées doivent être supérieures à la valeur perdue en achetant à des prix élevés (le prix de l'OPA). Ces synergies ne sont pas toujours réalisées et il n'est pas facile d'estimer à l'avance si elles le seront ou non dans chaque cas particulier.

Il existe un moyen d'éviter que les actionnaires de la société acquérante ne soient désavantagés, à savoir évaluer les deux sociétés (acquise et acquérante) en utilisant la même méthode. Si les deux sociétés sont évaluées de manière homogène, ni les actionnaires de la société acquise ni ceux de la société acheteuse ne sont lésés. Un exemple simple et rapide : évaluer les deux entreprises à deux fois leur valeur comptable (en supposant que les bilans des deux entreprises évaluent leurs actifs de manière homogène, comme nous l'avons déjà vu). Dans la pratique, cela peut se produire dans les fusions par échange d'actions. Cela ne se produit pas dans toutes les fusions par échange d'actions, mais dans certaines, ce qui explique pourquoi, dans ces cas, les actions de la société acquise et de la société acquérante évoluent de la même manière après l'annonce de la fusion. La différence entre une offre publique d'achat et une fusion n'est pas toujours évidente lorsque la transaction implique un échange d'actions. La fusion est une opération entre égaux, où aucune des deux sociétés ne domine l'autre, mais où elles s'associent d'un commun accord parce que l'opération est bénéfique pour les actionnaires des deux sociétés, donnant naissance à une nouvelle société qui résulte de la fusion des deux précédentes, et qui est plus rentable pour les deux. On parle d'offre publique d'achat (OPA) lorsqu'une entreprise contrôle l'autre et qu'elle l'achète pour l'intégrer dans sa structure. Au-delà des nuances, l'important est que dans toute opération d'unification de deux entreprises (que le terme PTB ou fusion soit le plus approprié pour décrire ce cas spécifique) par le biais d'un échange d'actions, il convient de prêter attention à la manière dont les actions des deux entreprises ont été évaluées pour réaliser cet échange, afin de voir si les actionnaires des deux entreprises ont bénéficié d'un traitement équilibré ou si certains ont été désavantagés au profit des autres. Il s'agit de l'un des signaux les plus importants pour détecter si l'**état d'esprit des dirigeants de l'entreprise** acquéreuse est de rendre leur entreprise plus grande (même si c'est au prix d'une rentabilité réduite) ou plus rentable (même si c'est au prix d'occasions perdues de gagner en taille). Idéalement, les dirigeants de l'entreprise acquéreuse ne devraient pas compromettre la rentabilité de leurs actionnaires en évaluant les deux entreprises en vue de la fusion, afin de conclure une opération dans laquelle l'entreprise gagne en taille mais ses actionnaires perdent en rentabilité.

Il ne faut pas oublier qu'une fusion n'a jamais été réalisée en espérant que le bénéfice par action en souffrirait à long terme. C'est logique, car je pense que l'annonce d'une telle chose rendrait l'opération irréalisable. Mais il est vrai qu'il y a des fusions qui ne sont pas positives pour les actionnaires, et au moment de la transaction, les présentations de l'entreprise diront qu'elle sera positive.

En règle générale, lorsqu'une entreprise que nous possédons lance une offre publique d'achat sur une autre entreprise, je pense que c'est une **raison d'être prudent, de ne pas se réjouir et d'acheter plus d'actions à ce moment-là.** Je ne pense pas que ce soit une raison pour vendre si la société est de qualité. Mais ce n'est pas non plus le moment de se précipiter et d'acheter plus d'actions en espérant que la rentabilité de nos actions augmentera beaucoup et très rapidement à la suite de cette opération, mais plutôt de reporter tout nouvel achat que nous avions prévu (en analysant toujours chaque cas, logiquement, il ne s'agit pas d'une règle rigide). Logiquement, une opération qui augmente la taille de l'entreprise de 5 à 10 % n'est pas la même chose qu'une opération qui double la taille de l'entreprise. **Plus l'opération est petite, plus tous les risques que je viens de mentionner sont faibles.**

Un autre cas qui mérite d'être souligné est celui des offres publiques d'achat qui sont initialement faites avec de l'argent, mais qui nécessitent par la suite une augmentation de capital, qui n'a pas été annoncée au moment de l'opération. Cette opération n'est généralement pas préméditée, mais motivée par une crise, par exemple, qui fait chuter les bénéfices, complique le paiement de la dette contractée pour effectuer l'achat, et la solution à tout cela est de procéder à une augmentation de capital qui n'était pas prévue à l'origine.

Si une entreprise a l'habitude de ne pas émettre de nouvelles actions dans le passé, je pense que c'est une chose très positive, dont il faut tenir compte. Cela ne veut pas dire que toutes les entreprises qui lèvent des capitaux sont de mauvaises entreprises, loin de là. Mais je pense qu'il s'agit d'un facteur important qui doit être apprécié par les investisseurs à long terme. **Ce qui est encore mieux, c'est que le nombre d'actions de la société est régulièrement réduit par des rachats d'actions et des remboursements.**

Comment calculer les gains d'un investissement à long terme ?

Il s'agit d'**acheter de bonnes entreprises à bon prix,** en sachant que cette façon d'agir garantit de très bons résultats à long terme, bien qu'il soit a priori totalement impossible de prédire exactement quelle rentabilité chaque investissement que nous faisons nous apportera dans une période de temps donnée.

La mentalité de l'investisseur en Bourse doit être totalement différente de celle d'une personne qui investit dans des dépôts bancaires (qui veut savoir exactement combien d'argent elle aura dans le futur). La sécurité de savoir combien d'argent nous aurons dans le futur va toujours de pair avec un rendement très faible, suffisamment faible pour ne pas changer notre vie. Or, je crois que l'un des principaux objectifs de l'investissement, si ce n'est le plus important, est que, **grâce à nos investissements, notre vie changera de telle sorte que notre avenir sera bien meilleur que notre passé**.

On m'a souvent demandé quelle était la formule utilisée par les analystes pour calculer la croissance attendue d'une entreprise sur la base des comptes de résultat et des bilans présentés.

Cela n'existe pas. De telles formules n'existent pas et ne pourront jamais exister. Ce que font les analystes bancaires et les courtiers, c'est rencontrer régulièrement les présidents et les directeurs d'entreprise et leur demander ce qu'ils attendent de leur activité pour l'année en cours et les années suivantes (généralement jusqu'à 2 ou 3 ans au maximum, car au-delà, même pour les présidents et les directeurs, il est généralement très difficile de faire des prévisions avec un certain degré d'exactitude).

Sur la base de ces conversations, des conversations qu'ils ont avec les présidents et les directeurs des entreprises concurrentes, parfois aussi avec les fournisseurs, etc., et des prévisions du département de macroéconomie de ce courtier ou de cette banque, ils établissent leurs prévisions de bénéfices et de dividendes pour l'année en cours et l'année suivante (voire plus). Mais **ces prévisions ne résultent pas, et ne peuvent pas résulter, de calculs effectués sur les comptes de résultats et les bilans déjà présentés**.

Un investisseur de détail ne peut faire que des estimations très approximatives et flexibles. Sans chercher une grande précision, car il ne sert à rien de chercher quelque chose que l'on sait à l'avance impossible à trouver.

Ce que vous pouvez faire, c'est examiner la croissance des années précédentes, la situation générale de l'économie et de l'entreprise à ce moment-là, et faire quelques calculs simples. Combien d'années précédentes devons-nous examiner ? Je reviens à ce que nous avons dit précédemment : **autant que ce qui est significatif dans chaque cas**.

En général, il s'agit d'examiner les données de croissance passées de l'entreprise et d'estimer si, compte tenu de la situation générale et de la situation de l'entreprise, il est plus probable que les bénéfices des années à venir augmentent un peu plus ou un peu moins. Mais cette estimation n'est pas exacte et est souvent très éloignée des données réelles qui seront finalement produites. Il s'agit simplement d'une indication utile. Elle est imprécise, mais il est difficile de l'améliorer. Et, bien sûr, si une entreprise se trouve dans une situation quelque peu particulière (parce qu'elle a connu quelques mauvaises années, ou quelques années trop bonnes), cette façon d'essayer d'obtenir une indication de ce qui pourrait se passer dans les prochaines années n'est pas très utile.

En tout état de cause, ces orientations, avec toutes leurs limites, peuvent être utiles un ou deux ans à l'avance, mais **pas pour** déterminer quelle entreprise connaîtra la plus forte croissance au cours des 10 ou 20 prochaines années, puisque personne ne peut prédire si BMW connaîtra une croissance supérieure à celle de Mercedes, ou si Mercedes connaîtra une croissance supérieure à celle de BMW, par exemple.

Pour l'année en cours, il **est important de suivre les résultats trimestriels présentés par les entreprises**. Les plus importants sont évidemment ceux du troisième trimestre. Les résultats du troisième trimestre donnent généralement une bonne idée de ce que sera l'année entière. Ceux du premier trimestre sont très utiles, mais la croissance publiée au premier trimestre peut varier considérablement à la fin de l'année dans certains cas. Dans d'autres cas, ils sont plus représentatifs, mais vous vous en rendrez compte en apprenant à connaître et à suivre les entreprises dans lesquelles vous investissez. Pour moi, l'investissement à long terme présente de nombreux avantages par rapport à d'autres, et l'un d'entre eux (lié à ce sujet) est qu'**en suivant toujours les mêmes entreprises, vous apprenez à les connaître beaucoup mieux et à prendre de bien meilleures décisions que si vous sautez d'une entreprise à l'autre et ne suivez pas continuellement les entreprises dans lesquelles vous investissez**. L'une des choses les plus sûres (et les plus rentables) que vous puissiez faire avec votre argent est de **ne pas faire preuve d'originalité dans le choix des entreprises qui composent votre portefeuille à long terme**. Les résultats du deuxième trimestre sont un peu plus indicatifs, mais il y a encore parfois des variations importantes par rapport aux résultats de fin d'année. Une fois que les résultats du troisième trimestre sont présentés, il peut y avoir des variations significatives dans la croissance finale à la fin de l'année, mais il est peu probable que ce soit le cas. Après le troisième trimestre, je recommande d'examiner beaucoup plus le ratio cours/bénéfice de l'année en cours (qui projette la croissance de l'entreprise jusqu'à présent) que le ratio cours/bénéfice de l'année précédente, calculé sur le dernier bénéfice par action connu (celui de l'année dernière).

Par exemple, si l'année dernière General Mills avait un BPA de 1 dollar et qu'au troisième trimestre de cette année elle a publié un BPA supérieur de 8% à celui du troisième trimestre de l'année précédente, je vous recommande de calculer dorénavant le P/E de General Mills en prenant un BPA de 1,08 dollar (1 dollar de l'année complète précédente, augmenté de la croissance de 8% des trois premiers trimestres de cette année), au lieu du BPA de 1 dollar de l'année précédente. À la fin des premier et deuxième trimestres, cette projection que je viens de mentionner devrait également être faite, mais elle n'est pas encore très fiable, comme nous l'avons déjà vu, et c'est pourquoi vous devez continuer à regarder le BPA de 1 dollar de l'année précédente. Après le troisième trimestre, le BPA d'un dollar de l'année précédente est moins important.

Certaines **entreprises réglementées sont très fiables dans leurs prévisions**. En Espagne, Redeia et Enagás se distinguent. En effet, leurs revenus ne dépendent pas de l'augmentation ou de la diminution de la demande d'électricité (Redeia) ou de gaz (Enagás), mais des investissements réalisés par ces entreprises, qui sont réglementés et planifiés des années à l'avance. Comme leurs coûts sont étroitement contrôlés, elles peuvent calculer avec une grande précision ce qu'elles gagneront dans les années à venir. Dans ces deux cas, les prévisions des entreprises elles-mêmes peuvent être considérées comme très sûres et il n'est pas nécessaire de faire des calculs supplémentaires. Mais il s'agit d'un cas particulier.

Les prévisions d'autres entreprises sont parfois plus fiables et parfois moins, cela **dépend beaucoup de la situation générale de l'économie**. Ces prévisions faites par les entreprises ne doivent pas être considérées comme un engagement signé, mais **à mon avis elles sont très utiles**. En tout état de cause, quelle que soit la stabilité de la situation générale, elles ne sont généralement pas aussi précises que celles de Redeia et d'Enagás, car il n'est pas du tout habituel d'avoir une telle certitude quant aux recettes et aux dépenses futures. Même d'autres entreprises réglementées, telles que les compagnies d'électricité traditionnelles (Iberdrola, Gas Natural, Endesa, Engie, ENEL, Eon, RWE, Duke Energy, Southern Company, etc.) et les entreprises d'infrastructure (Abertis, Aena, Fraport, Groupe ADP, etc.), ne sont pas aussi sûres de leurs recettes et de leurs dépenses pour les années à venir.

La réglementation de Redeia et d'Enagás peut changer à tout moment, comme cela s'est produit pour toute entreprise réglementée dans n'importe quel pays du monde depuis que les entreprises réglementées existent, logiquement. Mais tant que ce n'est pas le cas, la certitude de leurs prévisions est anormalement élevée. C'est pourquoi je pense qu'il est très important de connaître cette particularité de ces deux entreprises, si courante chez les investisseurs à long terme, afin de la comprendre correctement, et de **ne pas penser que ces entreprises sont beaucoup mieux gérées que les autres, ni que les autres pourraient être mieux gérées,** en ce sens qu'elles devraient être capables de faire des prévisions aussi fiables que celles de Redeia et d'Enagás.

Pourquoi les entreprises disposant de faibles barrières à l'entrée et de nombreux actifs obtiennent-elles des rendements très faibles sur leurs actifs ?

En principe, le fait qu'une activité nécessite des investissements élevés pour y accéder constitue une bonne barrière à l'entrée, car peu de personnes ont beaucoup d'argent à investir.

Et c'est le cas dans un premier temps. Le problème se pose lorsque les bénéfices de l'entreprise attirent de nouveaux concurrents qui, à ces moments favorables, lèvent les capitaux nécessaires (auprès d'investisseurs qui achètent des actions ou des obligations, de banques qui leur accordent des prêts, etc.)

Si ces exigences relativement élevées en matière d'investissement **constituaient la seule barrière à l'entrée de l'entreprise**, l'augmentation des bénéfices de l'industrie abaisse suffisamment cette barrière à l'entrée pour qu'un trop grand nombre de nouveaux concurrents puissent entrer dans l'entreprise. En effet, à ce moment-là, il est facile de lever des capitaux (actions, obligations, prêts, etc.) auprès d'investisseurs qui veulent entrer dans l'entreprise à ce moment-là, parce que l'entreprise semble être meilleure qu'elle ne l'est en réalité. Une fois que trop de concurrents sont entrés dans l'entreprise, ils veulent tous rester dans l'entreprise, mais l'offre excédentaire entraîne une baisse des marges bénéficiaires. Dans ces moments de concurrence excessive, les entreprises ne fixent généralement pas leurs marges bénéficiaires (le prix auquel elles vendent leurs produits et services) en fonction de l'argent qu'elles ont investi dans la création de l'entreprise (achat de machines, de biens immobiliers, etc.), **mais en fonction des coûts de maintien de l'activité**, afin d'essayer de tenir (même sans gagner d'argent) plus longtemps que les autres et d'être les seules à survivre (pour pouvoir ensuite gagner plus d'argent lorsque le nombre de concurrents diminuera et que les marges bénéficiaires pourront être augmentées).

Dans la vallée de ce processus, certaines entreprises disparaissent, d'autres survivent. Celles qui survivent voient leurs marges bénéficiaires augmenter pendant quelques années, et peuvent avoir un certain nombre d'années pendant lesquelles leurs bénéfices sont raisonnables pour leurs actionnaires (c'est-à-dire que la marge bénéficiaire à ce moment-là est raisonnable pour l'argent qui a été investi dans l'achat des usines, des machines, etc.) Mais ces marges bénéficiaires plus élevées sont susceptibles d'attirer de nouveaux concurrents, ce qui relance le processus que nous venons de voir.

Si l'on prend le bon cycle, celui qui va d'une vallée où les marges bénéficiaires diminuent au prochain pic où les bénéfices augmentent, la rentabilité obtenue en investissant dans ces entreprises est généralement beaucoup plus élevée que la moyenne, parce qu'au cours de cette période, les actions de ces entreprises augmentent généralement beaucoup plus que la moyenne, étant donné qu'au cours de la mauvaise phase du cycle, elles ont généralement beaucoup baissé. C'est pourquoi il est si difficile d'investir dans ces entreprises, parce qu'il est très difficile d'être présent uniquement dans la bonne partie de l'évolution du cours de l'action. Même si vous avez raison sur une partie du bon mouvement, il est habituel de prendre aussi une partie du mauvais mouvement, et très probablement pas tout le bon mouvement.

C'est pourquoi, à long terme, la rentabilité de ces entreprises n'est pas bonne. Elles ont tendance à être de mauvais investissements à long terme.

Un exemple de ce type d'entreprise est le secteur des produits chimiques de base, qui comprend des sociétés telles qu'Ercros. Dans ce secteur, il faut construire des usines, ce qui n'est pas bon marché, acheter des machines spécialisées, ce qui n'est pas bon marché non plus. Tout cela n'est pas à la portée de n'importe qui. Mais à long terme, ce type d'entreprises n'a pas donné de bons résultats, en raison du problème des barrières à l'entrée que nous venons de voir, ce qui signifie qu'elles ont plus de mauvaises années que de bonnes.

Ces entreprises doivent exister, bien sûr, parce qu'elles sont nécessaires et qu'elles offrent des rendements positifs, bien que très faibles, au fil du temps. Mais si vous investissez à long terme, vous devriez les éviter. Entre autres parce que certaines de ces entreprises disparaissent, et qu'il est difficile de savoir avec certitude lesquelles ne disparaîtront pas. Mais même si nous avons raison pour celles qui ne disparaîtront pas, la rentabilité à long terme est faible. Ce cas est similaire à celui que nous avons vu précédemment avec les entreprises sidérurgiques.

Les bons prix ou les bonnes entreprises sont-ils plus importants ?

Cela dépend de la stratégie d'investissement.

L'idéal est d'acheter de bonnes entreprises à de bons prix, bien sûr. Mais lorsqu'on investit à **long terme,** s'il faut choisir, il vaut mieux acheter de bonnes entreprises à des prix qui ne sont pas bons, plutôt que des entreprises qui ne sont pas adaptées au long terme à des prix qui sont bons à un moment donné. Car les **intérêts composés**, au fil des années, font qu'il vaut beaucoup mieux investir dans de bonnes entreprises à de mauvais prix que dans des entreprises médiocres à des prix qui, à un moment donné, étaient très bons.

La principale raison est ce que nous venons de voir à propos des **barrières à l'entrée,** qui permettent aux intérêts composés de fonctionner de manière favorable.

Toutefois, à **moyen terme,** il est souvent préférable d'acheter (et éventuellement de vendre) des entreprises de moindre qualité à des prix très intéressants.

En effet, **à long terme, il est préférable de choisir les bonnes entreprises dans lesquelles investir plutôt que les prix auxquels ces entreprises sont achetées**. Cela ne veut pas dire, bien sûr, qu'il ne faut pas essayer d'acheter ces sociétés au prix le plus bas possible. Mais si vous effectuez de nombreux petits achats, ce qu'un investisseur à long terme devrait faire, le prix élevé de certains de ces achats ne posera pas de problème, alors que le choix des mauvaises entreprises en posera un. **La soi-disant magie des intérêts composés à long terme fonctionne très bien pour les bonnes entreprises, mais**

pas pour les entreprises médiocres. L'investissement à long terme **ne limite pas les rendements** (parce qu'on ne vend pas), et c'est l'**une des raisons pour lesquelles le long terme est le meilleur investissement pour la grande majorité des gens.**

Cependant, dans une période donnée où les entreprises de qualité augmentent de 20 %, par exemple, ou stagnent, il peut y avoir des entreprises médiocres qui multiplient leur valeur par 2 ou 3, par exemple, ce qui en fait un bien meilleur investissement pour les investisseurs à moyen terme. C'est pourquoi à moyen terme, et encore plus à court terme, il vaut mieux acheter à très bon prix que d'acheter des entreprises de très bonne qualité. Car **à court et moyen terme, les bénéfices sont limités**.

Examinons le cas d'une entreprise de qualité achetée à un prix élevé.

À la fin des années 1990, Coca Cola se négociait à un ratio cours/bénéfice de 30 à 50 fois, ce qui était assez élevé. Dix à quinze ans plus tard, son bénéfice par action a plus que doublé, ce qui est un bon résultat d'un point de vue commercial. Mais le prix de l'action se situait toujours dans la même zone de 35-45 dollars qu'à la fin des années 1990. À cela s'ajoutent les dividendes perçus au cours de ces 10 à 15 années, ce qui rend logiquement la rentabilité positive et acceptable au cours de cette période. Le dividende de Coca Cola au cours de cette période a été multiplié par 4.

Ce que je veux montrer avec cet exemple, c'est qu'au cours de la même période, il y a eu à la fois une très bonne performance commerciale et un rendement médiocre pour les actionnaires de Coca Cola qui ont acheté au mauvais moment. Mais la leçon à en tirer est très positive et, à mon avis, favorable à l'investissement à long terme.

À première vue, on constate qu'en 10 à 15 ans, les actions de Coca Cola n'ont pas augmenté du tout, ce qui semble être un mauvais rendement.

Mais **si l'on ajoute les dividendes** (et il faut toujours ajouter les dividendes), le rendement total n'est pas spectaculaire, mais acceptable.

Si nous tenons également compte du fait que ces 10 à 15 années ne sont pas n'importe quelle période, mais qu'elles ont été choisies expressément pour montrer une mauvaise période pour Coca Cola, nous pouvons voir que les chances qu'une telle chose nous arrive sont très faibles. Nous pouvons même facilement rendre ces probabilités nulles, comme je vais l'expliquer maintenant.

Ce que nous voyons dans cet exemple, c'est qu'en achetant Coca Cola à l'un des pires moments pour le faire (au plus haut, après avoir multiplié le cours de l'action par 3 à 5 en seulement 4 ans, et avec un PER très élevé de 30 à 50 fois), la rentabilité obtenue est médiocre. Elle n'est pas bonne, mais elle n'est pas non plus catastrophique.

La première chose à voir est qu'un investisseur prudent à long terme ne devrait pas acheter lorsque le PER est aussi élevé, environ 30-50 fois (calculé avec des bénéfices normaux, logiquement. Dans le cas où les bénéfices auraient beaucoup baissé en raison d'une crise, ou pour toute autre raison, une analyse de cette situation spécifique devrait être effectuée, et les généralités ne sont pas valables).

Ensuite, **avec la diversification temporelle, il est impossible que cela vous arrive**. Si vous faites un premier petit achat au maximum historique, ce qui est la pire chose qui puisse arriver dans ce cas, les achats suivants se feront à des prix de plus en plus bas, de sorte que votre rentabilité finale sera bien meilleure que ce que nous avons vu dans cet exemple. Et elle le deviendrait tout à fait en achetant plusieurs fois dans les différentes baisses qui se sont produites jusqu'à la zone des 20 dollars.

Rappelez-vous que si vous achetez 1 000 $ lorsque le cours de l'action est à 40 $ (25 actions) et un autre 1 000 $ lorsque le cours de l'action est à 20 $ (50 actions), votre prix d'achat moyen n'est pas de 30 $, mais de 26,67 $ (2 000 $ / 75). **C'est l'une des choses les plus importantes de l'investissement à long terme, qu'il faut parfaitement comprendre, et dont il faut se souvenir en permanence, car elle vous apportera beaucoup de sécurité tout au long de votre vie d'investisseur.** Et donc de votre vie en général, ce qui est vraiment important pour vous. **Si vous investissez dans des entreprises de qualité et que vous faites beaucoup de petits achats, les mathématiques sont clairement de votre côté. Et les mathématiques ne se trompent jamais.**

C'est pourquoi je recommande vivement de faire de nombreux petits achats plutôt que quelques très gros. Vous n'achèterez pas tout votre argent au meilleur moment, et vous n'obtiendrez pas le rendement maximum possible. Mais vous obtiendrez un très bon rendement, vous vivrez très tranquillement, et la Bourse ne vous rendra pas grincheux et ne vous stressera pas. N'oubliez pas que selon moi, il s'agit d'**investir pour vivre, et non de vivre pour investir**.

Il est beaucoup plus rentable d'acheter une bonne entreprise au bon prix que d'attendre qu'elle tombe en dessous du bon prix et de ne jamais l'acheter. C'est pourquoi je pense que tout investisseur à long terme devrait être clair sur ces deux points :

1) Il vaut mieux acheter une entreprise de qualité en dessous de sa valeur que de l'acheter pour ce qu'elle vaut.

2) Il est vraiment mieux d'acheter une entreprise de qualité pour ce qu'elle vaut que de ne pas l'acheter du tout.

Notez qu'au point 1 j'ai dit "mieux" et qu'au point 2 j'ai dit "vraiment mieux". Car ce qui est vraiment mauvais, ce n'est pas d'investir en Bourse à des prix corrects, ou même à des prix un peu chers, mais de **ne pas investir en Bourse et de rater ainsi l'occasion pour la Bourse de changer notre vie**.

Cependant, pour un investisseur à moyen terme, pendant toutes les années que nous avons vues dans l'exemple de Coca Cola, il aurait été préférable d'acheter, puis de vendre, d'autres entreprises de moins bonne qualité, mais qui se sont mieux comportées au cours de ces années. Par ailleurs, il est difficile de faire cela en réalité.

En matière d'investissement, il n'y a pas vraiment de bonnes ou de mauvaises entreprises, mais seulement des entreprises adaptées ou non à chaque stratégie d'investissement. Ce qui est vrai, c'est que la grande majorité des gens auront beaucoup plus de chances de gagner de l'argent en investissant à long terme dans des entreprises de grande qualité, même à mauvais prix (ce qui se corrige facilement en faisant de nombreux petits achats, comme nous venons de le voir), que dans des entreprises de moindre qualité à moyen terme. La combinaison d'entreprises de faible qualité et d'investissements à long terme doit être totalement exclue, car elle donne de très mauvais résultats.

Qu'est-ce qu'une application fiscale ?

Les applications fiscales sont un concept très simple à comprendre. Elles consistent à vendre un actif à perte (actions, obligations, fonds communs de placement, etc.) et à le racheter immédiatement au même prix, afin de réaliser une perte fiscale qui permet de payer moins d'impôts en la compensant avec d'autres gains.

Par exemple, un investisseur institutionnel vient de réaliser un gain de 1 million d'euros en vendant des actions Mercedes. En revanche, il possède des actions LVMH sur lesquelles il perdrait 1 million d'euros s'il les vendait à ce moment-là.

L'application fiscale consiste à vendre ces actions LVMH à ce moment-là au prix de 100 euros (par exemple) auquel elles se négocient actuellement, et à les racheter immédiatement au même prix de 100 euros. Ainsi, vous avez gagné 1 million avec les actions Mercedes, vous avez perdu un autre million avec les actions LVMH, et le résultat total est de 0, donc aucun impôt n'est payé. Et vous ne perdez rien (seulement les commissions de la vente et du rachat immédiat), puisque vous possédez toujours les mêmes actions LVMH qu'avant l'application de la taxe.

L'inconvénient est que pour les ventes futures d'actions LVMH, le prix d'achat est passé de 150 euros (par exemple) au moment de l'achat à 100 euros aujourd'hui.

La manière dont cela fonctionne dépend des lois de chaque pays. L'important est de savoir ce qu'est une application fiscale afin de pouvoir interpréter les nouvelles où ce terme apparaît. Par exemple, vous verrez parfois que le volume du marché boursier a été élevé un jour, mais les traders disent que "c'est à cause des applications fiscales". Vous verrez alors sur vos graphiques que le volume de cette journée a effectivement été très élevé, mais lors de l'analyse technique, vous devrez interpréter que le volume élevé de cette journée n'indique pas ce qui indique habituellement un volume élevé dû à des opérations normales, puisque le volume dû aux applications fiscales est un volume "fictif" (il a réellement eu lieu, mais pas parce que les propriétaires de ces actions et leurs acheteurs croyaient que le marché boursier allait monter ou descendre, mais uniquement pour des raisons fiscales, et de plus l'acheteur étant le même que le vendeur).

Qu'y a-t-il de nouveau dans le capital-risque et pourquoi est-il si important ?

Le capital-risque a considérablement modifié la façon dont les entreprises sont perçues.

Je vais d'abord préciser ce que j'appelle ici le capital-risque, car il a plusieurs significations, comme l'investissement dans des sociétés non cotées, l'investissement dans des start-ups qui sont en train de naître et dont l'idée est très prometteuse, etc.

Toutes ces définitions sont valables, mais j'appelle ici "private equity" la forme d'investissement qui est devenue célèbre dans les années 1980 aux États-Unis pour des choses telles que les offres publiques d'achat hostiles, par exemple.

Jusqu'à cette époque, au début des années 1980, les entreprises étaient traditionnellement considérées et évaluées uniquement en tant qu'entreprises (licenciements mis à part), en fonction des profits ou des pertes qu'elles réalisaient dans le cadre de leur activité normale. C'est logique et normal. Mais il y a d'autres façons de voir les entreprises. Et c'est la nouveauté que le capital-risque a introduite dans le monde financier, en considérant les entreprises également comme un **ensemble d'actifs et de dettes**, qui peuvent être consacrés à ce à quoi elles se consacrent actuellement (l'activité alimentaire, par exemple), ou à tout autre chose (fabriquer d'autres produits, transformer des bureaux en logements, etc.) À l'époque, cette nouvelle vision était **révolutionnaire** et a donné lieu à de nombreuses offres de rachat à des prix qui n'étaient pas compris lorsque l'on considérait l'entreprise "en tant que telle". Mais ces prix avaient beaucoup de sens si l'on considérait l'entreprise comme un ensemble d'actifs qu'elle possédait, pour les vendre et les consacrer à d'autres activités complètement différentes et plus rentables.

Au départ, le capital-risque a suscité un rejet assez fort, car dans de nombreux cas, il permettait de liquider les entreprises. Par exemple, ils ont étudié le cas d'une entreprise qui possédait une usine à la rentabilité médiocre, mais située au centre d'une ville. Ils ont évalué le terrain où se trouvait l'usine et ont estimé qu'ils pourraient le vendre pour 100 millions de dollars, par exemple, s'il était consacré à la construction de logements. Ils ont fait une offre de rachat de l'entreprise pour 50 millions de dollars, ont dépensé 10 millions de dollars pour fermer l'entreprise (indemnités de licenciement des employés, etc.) et ont vendu le terrain pour 100 millions de dollars, ce qui leur a rapporté 40 millions de dollars (100 - 50 - 10). Mais l'entreprise a cessé d'exister et les travailleurs ont perdu leur emploi.

Plus tard, ils ont amélioré leur vision et, au lieu de fermer l'entreprise, ils ont construit une nouvelle usine ailleurs, ce qui leur a coûté 15 millions de dollars. Ces 15 millions de dollars étaient supérieurs aux 10 millions de dollars qu'aurait coûté la fermeture de l'entreprise, mais **celle-ci était toujours en activité et existait**, de sorte qu'ils ont pu la vendre pour les mêmes 50 millions de dollars qu'elle leur avait coûté, ce qui a augmenté leurs bénéfices et permis à l'entreprise de fonctionner et à ses travailleurs d'avoir un emploi. Dans ce deuxième exemple, le bénéfice est de 85 millions de dollars (100 + 50 - 50 - 15), ce qui est plus rentable que de fermer l'entreprise.

Ce qui peut vous paraître étrange, c'est qu'ils ont vendu l'entreprise pour les mêmes 50 millions de dollars qu'ils l'avaient achetée, mais après lui avoir "retiré" un terrain d'une valeur de 100 millions de dollars. Si une entreprise qui vaut (aux prix du marché) 50 millions de dollars vend un terrain pour 100 millions de dollars et distribue ces 100 millions de dollars sous forme de dividendes, elle ne peut plus valoir les mêmes 50 millions de dollars, car elle ne possède plus la "chose" qui valait 100 millions de dollars.

C'est précisément **la grande innovation du capital-risque**. Jusqu'alors, personne n'avait réalisé que ce terrain valait 100 millions de dollars et qu'il était possible de le vendre, de gagner ces 100 millions de dollars comme une aubaine, et que l'entreprise continuerait à fonctionner et à faire les mêmes bénéfices sans le terrain.

C'est pourquoi l'innovation du capital-risque a été si importante. Pendant quelques années, ils ont gagné beaucoup d'argent avec ce type d'opérations. Cette connaissance s'est répandue et les entreprises elles-mêmes ont commencé à appliquer les mêmes mesures, en optimisant leurs actifs. Cela a généralement augmenté la rentabilité des sociétés cotées, amélioré l'allocation globale des actifs (en les optimisant et en générant ainsi des richesses "oubliées" dans les sociétés cotées et non cotées) et, en bref, a donné un **bon coup de pouce à la création de richesses au niveau mondial**.

Aujourd'hui, il est rare de trouver des entreprises dont les actifs ne sont pas optimisés de la même manière que le ferait une société de capital-investissement qui lancerait une offre publique d'achat sur une telle entreprise, donc il est déjà difficile de gagner de l'argent de cette manière. Une telle situation peut se présenter lors de la privatisation d'entreprises publiques, comme nous l'avons déjà vu, car il peut encore y avoir des actifs "oubliés" qui peuvent être utilisés à bon escient à un moment donné. Endesa, par exemple, a déjà gagné beaucoup d'argent en vendant des terrains et des biens immobiliers inutilisés lors de son entrée en Bourse. Et la compagnie pétrolière mexicaine Pemex possède actuellement un grand nombre de filiales de toutes sortes (sociétés de télécommunications, sociétés de santé, immobilier et terrains, etc.) qui auraient probablement plus de valeur si elles étaient vendues à d'autres sociétés, ou cotées indépendamment.

Les actionnaires de toutes les entreprises sont-ils les mêmes et cela influence-t-il le comportement des actions ?

En général, les actionnaires de la plupart des entreprises sont similaires et, de fait, nombre d'entre elles ont beaucoup d'actionnaires communs.

Mais il y a des différences entre un type d'entreprise et un autre.

Certaines entreprises ont une activité très stable et c'est pourquoi elles attirent de nombreux investisseurs qui achètent et ne vendent pas leurs actions. Cela influence le comportement de ces entreprises. Ces entreprises ont tendance à être moins volatiles que la moyenne. Elles chutent généralement moins lorsque le marché boursier baisse, et montent moins en période d'euphorie, en général. Ces particularités, si elles sont détectées, doivent être prises en compte lors de l'analyse technique, par exemple, et lors de l'analyse fondamentale de l'entreprise.

À l'autre extrême, on trouve de petites entreprises de qualité médiocre, avec très peu d'actionnaires à long terme et de nombreux actionnaires qui entrent et sortent soudainement, à tout moment. Cela rend ces entreprises beaucoup plus volatiles, avec des mouvements beaucoup plus marqués. Il faut en tenir compte dans l'analyse technique et fondamentale de ces entreprises.

Il est également très important de noter qu'**une même personne peut être actionnaire de différents types d'entreprises et se comporter différemment dans chacune d'entre elles**. Par exemple, Miguel peut détenir des actions de Procter et Gamble qu'il n'a pas l'intention de vendre, et en même temps détenir des actions d'Amper (une petite entreprise espagnole dont l'activité est instable) qu'il achète et vend constamment. Et dans ces cas, curieusement, le comportement des "Miguel" tend à être différent avec leurs actions à long terme qu'avec leurs petites entreprises, conformément au cas général que nous venons de voir. **Peut-être parce que le type d'entreprise influence aussi le comportement des investisseurs**, et que ce ne sont pas seulement les investisseurs qui influencent le comportement des entreprises. Et c'est assez logique, car dans une entreprise peu volatile, les actionnaires de cette entreprise ont moins tendance à vendre par peur, par exemple. Ainsi, les "Miguel" de cet exemple pourraient, au même moment, vendre ou acheter les actions de leurs petites entreprises, mais lorsqu'ils pensent aux actions des entreprises plus stables, ces émotions pourraient être différentes, **même au même moment,** et conduire à des décisions différentes.

Les prix des actions aux moments extrêmes (les grandes baisses et les grandes hausses) ne sont pas fixés par la majorité des actionnaires, mais par une minorité, qui est **davantage guidée par ses émotions**. Par conséquent, pour que le cours de l'action d'une entreprise se comporte de manière moins volatile et plus rationnelle que la moyenne, il ne suffit pas que la majorité des actionnaires de l'entreprise soit rationnelle, il faut que la "grande majorité" d'entre eux, voire la quasi-totalité, le soit.

L'inverse est également vrai. Si la grande majorité des actionnaires d'une entreprise sont impulsifs, comme c'est le cas dans les petites entreprises de faible qualité, il est normal que cette entreprise soit plus volatile que la moyenne, car les achats et les ventes de certains actionnaires déclenchent les émotions d'autres actionnaires qui, dans une entreprise moins volatile, n'auraient pas été déclenchées (ces mêmes émotions).

Comme je l'ai dit, il est bon de tenir compte de tout cela lors de l'analyse des entreprises, car c'est une aide supplémentaire pour détecter les planchers, les plafonds, les supports, les résistances, etc.

Les traders doivent également en tenir compte. Par exemple, dans les entreprises particulièrement stables, ils peuvent fixer des stop-loss plus serrés que la moyenne, et dans les petites entreprises de faible qualité, ils doivent fixer des stop-loss plus éloignés de la moyenne.

Dans la plupart des cas, il n'y a pas de différences majeures dans les performances des entreprises pour cette raison. Il peut y avoir de petites différences qui sont importantes pour les traders à très court terme, par exemple, mais pas pour l'investisseur moyen.

Les entreprises qui doivent réinvestir la quasi-totalité de leurs bénéfices pour rester en activité

Certaines entreprises gagnent beaucoup d'argent, mais doivent en réinvestir la quasi-totalité. Non pas pour se développer, mais pour se **maintenir**. Cette situation est très fréquente dans le secteur de la technologie, de l'électronique, etc., où, tout en vendant un certain produit (une télévision, par exemple), une entreprise doit développer le produit suivant qu'elle vendra et, pour cela, doit investir beaucoup d'argent, plus ou moins ce qu'elle gagne avec les produits qu'elle vend actuellement (et pour lesquels elle a dû investir beaucoup d'argent dans le passé pour les développer, etc.) Dans les comptes des entreprises américaines, nous avons vu un poste dans lequel cela peut se comprendre : "Recherche, développement et dépenses connexes".

C'est comme courir sur un tapis roulant. Dès que l'on s'arrête (= que l'on commence à payer des dividendes normaux, proportionnels aux bénéfices actuels), on tombe (parce que ces dividendes normaux sont incompatibles avec le développement de nouveaux produits, et que sans ces nouveaux produits, il n'y aura pas de bénéfices futurs, ni de dividendes futurs).

Quelle est la valeur réelle d'une entreprise qui gagne beaucoup d'argent, mais qui ne peut jamais distribuer cet argent à ses actionnaires, car si elle le fait, elle fera faillite dans quelques années ? À l'heure actuelle, il n'existe pas de réponse claire à cette question. Les investisseurs à long terme devraient donc rester à l'écart de ce type d'entreprises. Pour le court et le moyen terme, elles conviennent.

Ce n'est pas le cas de toutes les entreprises technologiques, car à l'heure où nous écrivons ces lignes, certaines sociétés comme Google, Facebook, Microsoft et Apple génèrent d'importants excédents de trésorerie. Mais c'est un phénomène assez courant dans le secteur de la technologie et de l'électronique.

À l'autre extrême, en termes d'investissements nécessaires pour rester en activité, on trouve des entreprises telles que les fabricants de tabac, qui n'ont pas besoin d'innover pour que leurs clients continuent à acheter leurs produits, et qui vendent pratiquement les mêmes produits aujourd'hui qu'il y a plusieurs décennies (ce qui serait impossible avec n'importe quel dispositif technologique).

Pour les actionnaires, logiquement, plus les besoins d'investissement d'une entreprise pour rester ouverte sont faibles, mieux c'est.

La relation particulière entre les matières premières et l'inflation

En période de forte inflation, il est courant que les prix des produits de base augmentent. Et lorsque l'inflation diminue, les prix des matières premières ont tendance à chuter, ou du moins à chuter beaucoup plus fortement qu'en période de forte inflation. L'explication est simple : si le nombre de "billets" (l'argent en général, pas seulement les billets) en circulation augmente, les acheteurs pourront payer plus de "billets" pour les mêmes choses, car chaque "billet" a une valeur plus faible. En fait, on peut voir les choses de l'autre côté : ce n'est pas que les marchandises augmentent, mais que l'argent diminue et que la valeur des marchandises reste la même. C'est le cas pour tous les produits, mais les produits de base ont tendance à refléter ce phénomène plus que d'autres choses. C'est peut-être parce que dans l'esprit de beaucoup de gens, elles restent un refuge contre l'inflation, et c'est pourquoi, dans ces phases de forte inflation, les matières premières attirent beaucoup d'argent qui n'est pas vraiment intéressé par l'utilisation de ces matières premières, mais par la protection de leur valeur pendant la durée de la forte inflation.

Lorsque l'inflation diminue, l'argent qui cherchait un refuge (mais qui n'était pas vraiment intéressé par les produits de base en termes d'utilisation réelle des produits de base) se retire des produits de base, ce qui entraîne une chute brutale des prix des produits de base.

Il est très important de noter la nuance qui fausse les affaires de ce type d'entreprises. Personne n'achète des voitures BMW ou Mercedes, ou des chaussures Nike, etc., pour les accumuler et les revendre dans quelques années, mais il y a des gens qui achètent des métaux sans aucune intention de les utiliser autrement que pour les accumuler et les revendre plus tard. Cette particularité (ils vendent une partie de leur production, directement sous forme de produits physiques, ou par le biais de produits financiers, à des clients "artificiels") rend encore plus difficile l'analyse des entreprises directement liées aux matières premières, comme les sociétés minières. J'ai dit plus haut que plus le nombre de "billets" augmente, plus le prix des matières premières se maintient. Mais plutôt que de se maintenir, je crois que ce qu'il fait, c'est monter (au-dessus de sa valeur réelle), en raison de l'effet d'attraction qu'il exerce en tant que valeur refuge pour de nombreux investisseurs.

Je reviens sur la question du nombre d'années à prendre en compte dans l'analyse d'une entreprise, car ces cycles de matières premières peuvent durer de nombreuses années, voire une décennie, ou plus. Dans les phases ascendantes, les résultats des sociétés de matières premières sont excellents (les gens n'achètent pas de voitures pour les accumuler, mais ils achètent du cuivre, du fer, de l'argent, etc. pour les accumuler). Mais il faut savoir que les **chances que cela se poursuive indéfiniment sont très faibles**.

Et lorsque la crise survient et que les comptes de résultats et les bilans des entreprises liées aux produits de base affichent de très mauvais résultats, il est également important de se rendre compte que la crise ne se poursuivra probablement pas indéfiniment (ceux qui ont acheté des produits de base dans le seul but de les accumuler et qui les vendent maintenant finiront par en manquer et par cesser de les vendre). Au contraire, il **est beaucoup plus probable que ces entreprises connaîtront des temps meilleurs**.

Cet effet accroît encore la volatilité des matières premières. Lorsqu'elles montent, l'argent d'investissement (et non l'argent industriel, qui correspond à leur utilité réelle) les fait monter trop haut, et donc lorsqu'elles baissent, elles tombent de beaucoup plus haut qu'elles ne le devraient. Et lorsqu'elles atteignent les zones de prix bas, l'effet inverse se produit, car les traders baissiers (ceux qui vendent d'abord pour racheter moins cher plus tard, s'ils le peuvent) les font chuter de manière excessive. C'est pourquoi la fourchette haute (des prix des matières premières) est beaucoup plus éloignée de la fourchette basse qu'elle ne le serait si elles n'étaient pas considérées comme un investissement. Et c'est l'une des raisons pour lesquelles les actions des entreprises liées aux matières premières présentent une différence beaucoup plus importante entre leurs points hauts et leurs points bas, en général, que les autres entreprises. Ce n'est pas la seule raison. Ce sont des entreprises très cycliques, mais cet effet accroît la volatilité (des bénéfices et des prix des actions) des entreprises liées aux produits de base.

Les matières premières ne sont pas aussi utiles et précieuses qu'elles le paraissent lorsque beaucoup d'argent y afflue, ne cherchant qu'un refuge contre l'inflation, mais elles valent plus qu'il n'y paraît lorsque cet argent en sort et exagère la chute de leurs prix.

C'est pourquoi les sociétés de matières premières (telles que les sociétés minières) ne sont pas adaptées au long terme, mais peuvent offrir des rendements très élevés si elles sont bien gérées à moyen terme (bien que cela soit difficile).

Impôts et inflation

Les impôts sont généralement prélevés sur les revenus indépendamment de l'inflation, mais devraient être prélevés sur les revenus supérieurs à l'inflation.

Supposons que vous achetiez pour 5 000 £ d'actions Burberry, ce qui équivaut à ce moment-là à 100 jours de dépenses. En d'autres termes, vous pouvez vivre avec 5 000 £ pendant 100 jours à ce moment-là.

Des années plus tard, les actions Burberry que vous avez achetées valent 10 000 £, mais entre-temps, l'inflation a doublé les prix, et vous pouvez vivre les mêmes 100 jours avec 10 000 £ qu'avec 5 000 £ au moment où vous avez acheté les actions Burberry, avec le même niveau de vie.

Vous n'avez donc pas vraiment gagné d'argent, vous avez simplement maintenu votre pouvoir d'achat. Mais les politiciens considèrent que vous avez gagné 5 000 £ (10 000 £ - 5 000 £) et vous imposent, par exemple, un impôt de 20 % sur ces revenus. Vous devez donc payer un impôt sur 1 000 livres et vous gardez les 9 000 livres restantes (avec lesquelles vous ne pouvez vivre que pendant 90 jours, soit 10 jours de moins qu'avec les 5 000 livres initiales). Avec 10 % d'argent en moins, vous pouvez vivre 10 % de jours en moins.

Mais les impôts sont actualisés en fonction de l'inflation, ce qui permet d'affirmer qu'ils ne taxent pas plus, puisque les dépenses de l'État augmentent, et qu'en réalité, ils taxent autant en termes relatifs.

Par exemple, la TVA sur une chemise coûtant 50 £ aujourd'hui est de 8,68 £, en supposant un taux de TVA de 21 % (41,32 £ + 21 % de TVA = 50 £).

Lorsque le prix de la même chemise (de qualité similaire) passe à 60 livres, la TVA ne reste pas à 8,68 livres, mais devient 10,41 livres (49,59 livres + 21 % de TVA = 60 livres). Et l'État affirme qu'il fait payer la même chose, parce que l'inflation a augmenté. C'est aussi vrai que ce qui précède (l'exemple des actions Burberry), et donc si cela s'applique à une chose, il faut l'appliquer à l'autre, en corrigeant les gains pour tenir compte de l'inflation cumulée des années qui se sont écoulées. Dans l'exemple de Burberry, le prix d'achat corrigé deviendrait 10 000 £, la plus-value serait donc nulle et aucun impôt ne serait dû, ce qui serait juste.

Diversifier ou concentrer les investissements ?

La diversification est **indispensable**. Mais les détails de cette diversification dépendent de la stratégie d'investissement. Quelle que soit la clarté avec laquelle vous voyez une opportunité, vous ne devez jamais y investir trop d'argent. **La prudence et le bon sens doivent toujours passer avant l'appât du gain.** Dans la pratique, ils passent également avant la rentabilité, car les **investisseurs prudents ont tendance à gagner beaucoup plus d'argent que ceux qui sont trop ambitieux et trop pressés de gagner de l'argent.** Se concentrer sur quelques entreprises n'est pas seulement déconseillé par prudence et bon sens, mais aussi parce que ce n'est souvent pas la chose la plus rentable à faire.

En théorie, l'idée de se concentrer sur quelques entreprises est plus rentable, car on cherche à investir dans ces quelques entreprises qui feront beaucoup mieux que les autres. Mais parmi tous ceux qui essaient, peu réussissent. Et cela n'est pas seulement influencé par le groupe d'entreprises choisi, mais aussi par **tout ce que cette mentalité implique.** Ceux qui agissent ainsi sont trop pressés de gagner plus d'argent que les autres, ce qui n'est pas mauvais en soi, mais qui conduit souvent à des erreurs. La moindre variation dans les performances de l'une de ces entreprises, ou d'autres qui ont été étudiées, par rapport à ce que l'investisseur attendait, peut conduire à une dynamique de changement de certaines entreprises pour d'autres, **influencée par cette hâte de gagner beaucoup d'argent très rapidement au lieu de procéder à une analyse rationnelle de la situation.** Il est également très probable que cela conduise à essayer de prévoir les mouvements dans un délai plus court que celui initialement prévu, à vendre et à racheter plus qu'initialement prévu, afin d'essayer d'augmenter encore la rentabilité théorique. Tous ces changements étant difficilement rentables, il en résulte que la plupart des personnes qui s'y essaient n'augmentent pas leur rendement, mais le réduisent.

Dans chaque stratégie, il faut trouver le bon point d'équilibre, sans tomber dans l'un ou l'autre des deux extrêmes (trop ou pas assez de diversification). **Je pense qu'il est essentiel de diversifier, mais il ne faut pas trop le faire**. Si vous vous diversifiez trop, vous créerez des doutes qui vous seront préjudiciables. Vous douterez des entreprises que vous avez achetées et qui ne vous convenaient pas, et vous douterez aussi de celles qui vous convenaient, car une fois que le doute entre dans votre tête, il a tendance à tout envahir.

Comme je l'ai expliqué dans mes précédents ouvrages, je pense qu'un portefeuille à long terme devrait comporter au moins 20 entreprises différentes. Pas dès le départ, ni nécessairement dans les premières années, mais à l'approche de la retraite. Et le plus tôt sera le mieux.

Pour un portefeuille à court ou moyen terme, 20 entreprises différentes me semblent trop nombreuses. Là aussi, je pense qu'il faut diversifier, mais avec un plus petit nombre d'entreprises. **À court et moyen terme, les investissements doivent être plus concentrés.**

La variété des stratégies à court et moyen terme est très grande, mais en général, les méthodes utilisées pour repérer les transactions et les suivre font que 20 sociétés à la fois sont trop nombreuses. Il est très difficile de trouver 20 opportunités à court ou moyen terme simultanément, ou presque. Il est très rare que cela vous arrive. Et si c'est le cas, vous aurez beaucoup de mal à suivre correctement ces 20 opérations, car **vous devrez passer beaucoup plus de temps à suivre une opération à court ou à moyen terme qu'à détenir une entreprise de plus dans votre portefeuille à long terme**. Je suis sûr qu'il y a des gens qui peuvent garder 20 transactions à court ou moyen terme ouvertes simultanément, mais peu de gens peuvent le faire.

Si vous consacrez 5 % de votre argent à chaque opération (ce qui correspondrait à chaque entreprise si vous avez l'idée d'investir dans 20 entreprises en même temps), et qu'en moyenne vous gardez environ 5 opérations ouvertes en même temps, 75 % de l'argent que vous consacrez à cette stratégie à court ou moyen terme serait en permanence en liquidité, avec le coût d'opportunité que cela implique.

Par exemple, si Arthur a un portefeuille à long terme de 100 000 euros et un portefeuille à moyen terme de 20 000 euros, et que dans le portefeuille à moyen terme il investit 1 000 euros par transaction et a en moyenne 5 transactions ouvertes à la fois, en pratique 15 000 de ces 20 000 euros seront toujours en liquidité. Dans ce cas, il vaudrait mieux, à mon avis, déplacer ces 15 000 euros vers le portefeuille à long terme, en laissant 115 000 euros investis à long terme et les 5 000 euros restants à moyen terme, dans les mêmes 5 opérations (en moyenne) de 1 000 euros chacune.

Le nombre d'opérations à moyen terme ouvertes simultanément est conseillé pour un investisseur moyen, je crois, autour de 5. En élargissant un peu la fourchette, il pourrait se situer entre 1 et 10. Il ne faut pas non plus ouvrir une deuxième opération qui n'est pas claire juste pour diversifier, car il vaut mieux laisser l'argent en liquidité sur le compte, et continuer à attendre, que d'ouvrir une opération qui n'est pas claire.

Une façon de gérer l'argent qui, à mon avis, convient à un investisseur moyen ayant une stratégie à moyen terme, consiste à établir deux types de transactions. Dans la première catégorie, les transactions qui sont plus claires, et dans la deuxième catégorie, les transactions qui sont moins claires, ou qui sont effectuées sur des sociétés à plus haut risque.

La première catégorie se voit attribuer 20 % du capital (logiquement destinée à la stratégie à moyen terme) et la deuxième catégorie 10 % du capital. De cette manière, vous pouvez avoir jusqu'à 5 transactions de la première catégorie, et un peu plus s'il y a des transactions de la deuxième catégorie. En théorie, vous pouvez avoir 10 transactions ouvertes de la deuxième catégorie en même temps. Mais si vous avez 10 transactions qui ne sont pas les plus claires ou qui concernent des entreprises plus risquées que la normale, vous prenez probablement un risque excessif et vous faites de l'overtrading (je développerai plus tard le sujet de l'overtrading, qui est à mon avis l'une des questions les plus importantes en matière d'investissement à court et à moyen terme).

Bien sûr, ces règles admettent des variantes, puisque la diversité des stratégies à moyen terme est très grande. Mais elles me semblent constituer un bon système de gestion monétaire dans de nombreux cas, et une bonne base pour concevoir d'autres systèmes de gestion monétaire. En particulier, je pense qu'il s'agit d'une bonne base pour les investisseurs à long terme qui ont une deuxième stratégie à moyen terme, en raison du contrôle des risques qu'elle implique et du temps dont dispose l'investisseur moyen pour gérer ses investissements.

L'utilisation de stop-loss à moyen terme est facultative. Je pense qu'il est tout aussi juste de les utiliser que de ne pas le faire. Cela dépend de la manière dont vous sélectionnez les transactions et de l'approche globale de la stratégie. **Plus vous accordez d'importance à l'analyse fondamentale, moins vous devriez utiliser les stop-loss.** Et plus vous accordez d'importance à l'analyse technique, plus vous devez utiliser les stop-loss.

Par exemple, si vous placez un stop-loss à 10% en dessous de votre prix d'entrée sur une transaction de la première catégorie, à laquelle vous consacrez 20% de votre capital à moyen terme, vous risquez 2% de votre capital à moyen terme sur cette transaction. Si le stop-loss est à une distance de 15 % de votre prix d'entrée, vous risquez 3 % de votre capital. Et s'il se situe à une distance de 20 %, vous risquez 4 % de votre capital à moyen terme. Je pense que ces chiffres sont raisonnables.

Dans une transaction de la deuxième catégorie, dans laquelle vous investissez 10 % de votre capital à moyen terme, le risque que vous courrez est logiquement réduit de moitié. Avec le stop-loss à une distance de 10 %, le risque serait de 1 % du capital, à une distance de 15 %, le risque serait de 1,5 % du capital et à une distance de 20 %, le risque serait de 2 % du capital à moyen terme.

L'endroit où placer le stop-loss doit être déterminé par l'analyse fondamentale et/ou technique, en fonction des détails du fonctionnement de chaque stratégie d'investissement.

En ce qui concerne le court terme, la diversité des systèmes de trading et le temps passé par chaque trader sont trop importants pour pouvoir établir des règles générales, à mon avis, et chaque trader doit analyser soigneusement son cas personnel.

Investissements financiers ou industriels ?

Les investissements financiers sont des investissements dans lesquels une entreprise achète une participation dans une autre, mais ne la gère pas. Parfois, elle exerce une certaine influence sur la gestion, mais ne la gère pas directement.

Par exemple, si BBVA achète 5 % d'une banque française gérée par un actionnaire à 30 %, cet investissement de BBVA est un investissement financier. BBVA pourrait siéger au conseil d'administration de la banque française et donc avoir une certaine influence sur la gestion de cette banque, mais il s'agirait toujours d'un investissement financier.

Cet investissement deviendrait un investissement industriel si, par exemple, BBVA achetait 30 % de cette banque française à l'actionnaire principal et que c'était BBVA qui gérait la banque, nommait le président, établissait les stratégies commerciales, etc.

Les entreprises gagnent généralement plus d'argent avec les investissements industriels qu'avec les investissements financiers, et la raison en est que les dirigeants d'entreprise ont tendance à être des gestionnaires plutôt que des investisseurs. Il est logique que les dirigeants de 3M, par exemple, en sachent plus sur la gestion d'entreprises telles que 3M que sur l'investissement en Bourse. Ainsi, pour les actionnaires de 3M, il est généralement préférable que les dirigeants achètent une entreprise d'adhésifs pour la fusionner avec leur entreprise d'adhésifs et obtenir des synergies, se développer davantage, etc., plutôt que d'utiliser cet argent pour acheter des actions de Coca Cola, Apple ou Ford, ou une participation dans une entreprise d'adhésifs qu'ils ne contrôlent pas, pour voir s'ils gagnent de l'argent sur l'augmentation de ces actions ou sur les dividendes qu'ils reçoivent.

Il y a de l'argent à gagner dans les investissements financiers, et de nombreuses entreprises le font. Mais il y a généralement moins d'argent à gagner que dans les investissements industriels, et ce pour trois raisons qui se renforcent mutuellement :

1) Le rendement annuel moyen obtenu est généralement inférieur

2) Les entreprises détiennent des investissements financiers pendant moins longtemps, de sorte que les intérêts composés fonctionnent moins longtemps, et elles paient également des impôts sur les bénéfices lorsqu'elles les vendent.

3) Moins d'argent est investi

Les synergies peuvent être réalisées grâce à des investissements industriels. Pas avec des investissements financiers. Certaines entreprises créent des coentreprises avec des sociétés dans lesquelles elles détiennent une participation financière, mais ce n'est pas la même chose que de réaliser un investissement industriel et de contrôler cette filiale. Les plus grandes synergies sont réalisées lorsque vous achetez l'entreprise et que vous la fusionnez.

Parfois, on commence par une participation financière dans une entreprise, pour apprendre à connaître l'entreprise et le pays, par exemple, avec l'idée de convertir cette participation financière en une participation industrielle à l'avenir, si tout se passe bien. C'est par exemple la voie que BBVA a suivie avec la banque turque Garantí, afin d'apprendre à connaître le secteur bancaire turc avant de réaliser un investissement plus important.

Pourquoi l'investissement à long terme fonctionne-t-il si bien ?

Le monde fonctionne de telle manière que son évolution est très favorable aux investisseurs à long terme. La raison principale pour laquelle il en est ainsi est, je crois, au-delà de la connaissance humaine, mais il n'en demeure pas moins qu'il en est ainsi. Le fait est que le monde est ainsi conçu, et nous devrions le savoir et utiliser cette connaissance à notre avantage. La prudence, le bon sens, les intérêts composés, etc., font de l'investissement boursier à long terme un excellent investissement pour ceux qui achètent des entreprises de qualité, se diversifient, etc. Il est impossible de savoir ce qui se passera dans le futur, mais cela a toujours été le cas (en Bourse, et dans la vie en général). Le fait est que l'avenir a toujours profité aux investisseurs en Bourse qui ont agi avec prudence et bon sens, en pensant au long terme et aux intérêts composés. Parfois plus, parfois moins. Certains ont fait mieux, d'autres un peu moins bien. Mais l'investissement boursier à long terme a toujours été un excellent investissement à long terme et continuera probablement à l'être à l'avenir.

En revanche, agir de manière imprudente, prendre trop de risques, etc., finit presque toujours par avoir de très mauvaises conséquences pour les investisseurs.

Le message de tout cela est très positif, car l'**obtention de bons résultats dépend de choses qui sont à la portée de tout le monde** (prudence, bon sens, investissement dans des entreprises de qualité, etc.), et non du hasard ou d'une grande intelligence. Tout le monde peut donc obtenir ces bons résultats.

Si vous analysez le comportement des personnes qui ont mal réussi en Bourse, vous constaterez qu'elles ont toutes enfreint une ou plusieurs règles de base. Elles ont investi dans des entreprises de faible qualité, ne se sont pas diversifiées, n'ont pas été claires sur la stratégie d'investissement qu'elles voulaient suivre, ont acheté et vendu presque toujours sous le coup de l'émotion, etc.

L'important est que, **pour une raison ou une autre, le monde est conçu de manière à favoriser les investisseurs à long terme,** et il est essentiel de le savoir pour décider comment investir notre argent.

Acheter des entreprises ou racheter ses propres actions ?

Les entreprises qui réduisent le nombre d'actions de leur capital social au fil du temps ont tendance à être de très bons investissements à long terme et figurent parmi celles qui connaissent la croissance la plus rapide (en termes de bénéfices par action, de dividendes, de cours de l'action, etc.)

Les entreprises qui achètent d'autres entreprises parviennent souvent à améliorer leur rentabilité grâce à ces achats, mais ce n'est pas aussi évident que dans le cas précédent et, dans de nombreux cas, il n'y a pas d'augmentation de la rentabilité pour les actionnaires. Il est très rare qu'une entreprise qui réduit continuellement son nombre d'actions ne figure pas parmi les meilleures. Il n'en va pas de même pour les entreprises qui achètent généralement d'autres entreprises en augmentant leur capital. Parmi ces dernières, on trouve également de bons investissements à long terme, mais, en tant que groupe, elles ont tendance à enregistrer des performances moins bonnes que celles qui rachètent leurs actions.

En d'autres termes, **si une entreprise réduit régulièrement le nombre d'actions de son capital social, elle a toutes les chances d'être un bon investissement à long terme.**

Si une entreprise augmente le nombre d'actions de son capital social, ce n'est pas un bon signe, même si cela n'exclut pas l'entreprise en tant qu'investissement à long terme.

Les raisons sont les suivantes.

La première est qu'en achetant des actions de la société elle-même au-dessous de leur valeur réelle et en les rachetant, la valeur des actions restantes augmente immédiatement, car chacune d'entre elles a un bénéfice par action plus élevé, un dividende plus élevé, une valeur comptable par action plus élevée, et ainsi de suite.

La seconde, moins évidente mais beaucoup plus importante à mon avis, est que les rachats et les remboursements réguliers d'actions sont un **signe que la priorité des gestionnaires est le rendement pour les actionnaires**. En d'autres termes, il est peu probable que les dirigeants qui rachètent et rachètent régulièrement des actions fassent tout le reste (dans la gestion de n'importe quel aspect de l'entreprise) de la même manière que les autres dirigeants, mais il est probable que cette philosophie consistant à donner une véritable priorité aux intérêts des actionnaires se retrouve dans tout ce qu'ils font. Et toutes les actions influencées par cette philosophie de concentration sur les bénéfices des actionnaires augmenteront les bénéfices des actionnaires au-delà de ceux du groupe de gestionnaires qui préfèrent acheter d'autres sociétés plutôt que d'acheter les actions de la société pour les rembourser.

Certaines entreprises annoncent à l'avance leurs rachats d'actions. Par exemple, en annonçant qu'au cours des deux prochaines années, elles investiront 3 milliards d'euros dans le rachat de leurs propres actions. À mon avis, les rachats d'actions sont plus efficaces lorsqu'ils ne sont pas annoncés, car la probabilité d'acheter ces actions à des prix inférieurs est plus élevée. Et ce qui est vraiment dans l'intérêt des actionnaires de l'entreprise, c'est que celle-ci rachète ses actions au prix le plus bas possible, de manière à acheter un plus grand nombre d'actions avec le même argent, ce qui, au moment du rachat, donnera plus de valeur aux actions qui resteront entre les mains de ses actionnaires.

Les traders ont un dicton "Don't fight the FED", qui fait référence au fait que lorsque la FED (la Réserve fédérale, la banque centrale des États-Unis) prend une position sur le marché (hausse ou baisse des taux d'intérêt, par exemple), le bon côté pour le trading est celui que la FED va suivre.

En d'autres termes, dans une situation normale, chaque trader analyse le marché et décide s'il est plus probable que le marché monte ou descende dans un avenir proche. En général, certains sont haussiers, d'autres baissiers. Lorsque la FED annonce qu'elle va baisser les taux d'intérêt ou injecter des liquidités sur les marchés (bien que cela puisse être nuancé, pour cette explication, supposons que les deux sont haussiers pour les marchés à ce moment-là), la grande majorité des traders considèrent à partir de ce moment-là que le bon côté est le côté haussier, et ce qu'ils font, c'est rechercher des opérations haussières sur le marché pour y opérer (achat), et rejeter les éventuelles opportunités baissières qu'ils détectent (ne pas ouvrir de positions baissières).

À l'inverse, si la Fed annonce qu'elle va augmenter les taux d'intérêt ou réduire les liquidités sur le marché (nous considérons pour cet exemple que les deux sont baissiers pour le marché), la grande majorité des traders chercheront des transactions baissières, rejetant toutes les transactions haussières qu'ils verront.

La raison en est évidente : lorsque la FED agit dans une direction, la probabilité que le marché évolue dans la direction soutenue par la FED (les banques centrales en général) n'est jamais de 100 %, mais elle est beaucoup plus élevée que la moyenne. Il est donc rationnel et logique pour les traders de négocier uniquement dans cette direction, car cela augmente leurs chances de gagner de l'argent sur chaque transaction qu'ils ouvrent.

De même, si une entreprise annonce à l'avance qu'elle va racheter un grand nombre d'actions, il est logique que les opérateurs qui négocient ce titre augmentent leur biais haussier, et ce biais haussier accru se traduit par une pression d'achat accrue, et donc par des prix plus élevés pour tout le monde. Il en va de même pour la société qui a annoncé qu'elle allait racheter ses actions. Ces prix plus élevés signifient moins d'actions achetées et rachetées, et donc un bénéfice moindre pour les actionnaires de la société qui rachète ses actions.

Si une société dont le capital social est de 1 milliard d'actions investit 1 milliard de livres sterling pour racheter des actions à un prix moyen de 50 livres sterling, elle rachètera 20 millions d'actions, soit 2 % de son capital social. Mais si elle parvient à les racheter à un prix moyen de 45 livres sterling, elle rachètera 22,22 millions d'actions, soit 2,222 % de son capital social.

C'est pourquoi je pense que les rachats doivent être annoncés après coup, et non l'inverse. Le meilleur moment pour racheter des actions est lorsque l'entreprise est fondamentalement bon marché. Et, de préférence, lorsque de nombreux traders baissiers vendent les actions (mieux si ces ventes se font à crédit ou à découvert), car cela permettra de réduire le prix d'achat, et donc d'acheter plus d'actions.

Il peut arriver qu'une entreprise annonce un plan de rachat d'actions précisément pour attirer les achats des négociants et des investisseurs, afin de maintenir le cours de l'action à un niveau élevé. Peut-être parce qu'un plan d'options de gestion, par exemple, est sur le point d'expirer. Il s'agirait d'un exemple de mauvaise gestion, voire de gestion déloyale, de la part de la direction de cette société à l'égard de ses actionnaires.

Y a-t-il un inconvénient à ce qu'une entreprise soit peu endettée?

Un faible niveau d'endettement est généralement considéré comme une bonne chose. Ce n'est pas une grosse erreur, mais ce n'est pas toujours la chose la plus efficace à faire que de ne pas avoir de dettes.

La situation financière idéale (endettement ou surliquidité) d'une entreprise est quelque chose que personne **ne peut calculer exactement**. Entre autres parce que ce point idéal dépend de ce qui se passera dans le futur en matière de revenus, de coûts, etc. et que **personne ne connaît l'avenir**. C'est pourquoi le niveau idéal d'endettement ou d'excédent de liquidités d'une entreprise est subjectif, et il faut admettre que personne n'en a la clé.

Il faut savoir que lorsqu'une entreprise cherche à avoir une situation financière trop confortable, elle accumule trop d'argent en revenu fixe ou en liquidité. Et cela signifie que cet excès de liquidités détenues par l'entreprise **procure aux dirigeants beaucoup de tranquillité d'esprit, mais aussi un très faible rendement pour les actionnaires**. De plus, cela montre que les dirigeants pensent davantage à eux-mêmes qu'à leurs actionnaires, et ils risquent d'étendre cette attitude au reste de leurs décisions au sein de l'entreprise.

Les investisseurs qui investissent en Bourse le font parce qu'ils sont conscients de la plus grande rentabilité à long terme de la Bourse par rapport aux revenus fixes, pour les nombreuses raisons que nous avons déjà vues dans ce livre et dans les précédents. Pour la même raison, s'endetter pour créer des entreprises est une activité rentable (quand on le fait avec prudence et bon sens, logiquement), puisque l'entreprise qui s'endette gagne le différentiel entre la faible rentabilité qu'elle paie (celle des revenus fixes) et la forte rentabilité qu'elle obtient (celle des entreprises qu'elle crée avec l'argent qu'elle a emprunté). D'un autre point de vue, si la plupart des entreprises étaient incapables de trouver des activités plus rentables que le coût de l'emprunt, nous serions dans une situation inhabituelle où la croissance serait très faible. Et les investisseurs obligataires ne demanderaient probablement rien pour prêter leur argent, mais devraient plutôt payer pour l'avoir en dépôt, en raison de l'impossibilité de le prêter et d'être payés pour cela.

Il y a des entreprises qui n'ont pas besoin de s'endetter pour croître beaucoup, mais il y en a d'autres (en général, celles qui ont beaucoup d'actifs, comme les infrastructures, l'énergie, l'électricité, l'eau, les télécommunications, etc.) qui, si elles ont peu d'endettement, réduisent la rentabilité de leurs actionnaires (pas toujours, mais dans la plupart des cas).

Comme je l'ai dit, il est impossible de trouver le bon filon dans chaque entreprise, mais lorsque l'on étudie les entreprises, il est bon de savoir qu'un faible endettement n'est pas toujours une bonne chose (ou, du moins, qu'il n'est pas toujours préférable à un endettement un peu plus important).

Comment fixer la rémunération variable des dirigeants ?

Le mode de rémunération des dirigeants est, à mon avis, une question plus importante qu'il n'y paraît. Je pense qu'elle est importante non seulement parce qu'elle détermine si les dirigeants reçoivent plus ou moins d'argent (et si les actionnaires disposent de plus ou moins d'argent après avoir payé les dirigeants), mais aussi parce que les raisons choisies pour fixer la rémunération des dirigeants influencent grandement la façon dont l'entreprise est gérée et si les rendements à long terme pour les actionnaires seront plus élevés ou plus faibles.

Tout d'abord, je pense qu'il est impératif que la rémunération des dirigeants **dépende de chiffres par action** (bénéfice par action, dividende par action, etc.) plutôt que de chiffres totaux (bénéfice total de l'entreprise, millions d'euros / de dollars distribués sous forme de dividendes par l'entreprise, etc.) Cela semble évident, car l'une des premières choses que tout investisseur apprend est que c'est le bénéfice par action qui compte, et pas tant le bénéfice total de l'entreprise. Pourtant, de nombreuses primes de dirigeants sont encore fixées sur la base des chiffres totaux, et non des chiffres par action. Cela présente le risque évident que les dirigeants cherchent à faire grossir les entreprises (en levant des capitaux), au prix d'une moindre rentabilité, car cela augmenterait leur rémunération, même si le rendement pour l'actionnaire diminue.

Il s'agit ensuite de prendre en compte de manière **cohérente la question des dividendes**. Si la rémunération des dirigeants dépend du bénéfice par action, c'est une amélioration par rapport au fait de la faire dépendre du bénéfice total. Mais cela pourrait avoir pour effet négatif que les dirigeants réduisent ou suppriment les dividendes, car quelle que soit la qualité de l'investissement des bénéfices non distribués (tant qu'ils ne perdent pas d'argent, bien sûr), le bénéfice par action augmente, comme nous l'avons vu plus haut. Si l'on ne tient compte que du bénéfice par action et non des dividendes, les dirigeants pourraient payer moins de dividendes pour augmenter leur propre rémunération, au prix également d'une réduction du rendement pour les actionnaires (en raison des dividendes non payés et mal réinvestis).

D'autre part, si la rémunération dépend uniquement des dividendes, le danger est qu'ils paient trop de dividendes, au prix d'une réduction de la croissance future des bénéfices (et donc aussi des dividendes) de l'entreprise. Dans ce cas, les actionnaires percevraient plus de dividendes à court terme, mais moins de dividendes à long terme. Les dirigeants qui agissent de la sorte perçoivent plus d'argent à court terme et, lorsque le long terme arrive, ils sont peut-être déjà dans une autre entreprise.

Il serait peut-être judicieux de tenir compte du pay-out, en établissant un niveau de pay-out approprié pour l'entreprise, sur une base personnalisée. Et de procéder à des ajustements au fur et à mesure que la rémunération augmente ou descend en dessous de ce niveau, car les dirigeants doivent disposer de la flexibilité nécessaire pour prendre les meilleures décisions à tout moment. Il peut arriver que, quelques années après l'établissement du plan de rémunération des dirigeants, la situation de l'entreprise évolue et qu'il soit souhaitable d'augmenter ou de diminuer la rémunération par rapport à ce qui avait été initialement prévu.

Je pense donc qu'il faut tenir compte à la fois du bénéfice par action et du dividende par action. Et sur de **longues périodes,** afin d'éviter d'essayer de maximiser l'un ou l'autre de ces chiffres sur 1 à 3 ans au détriment de leur détérioration sur des périodes plus longues.

C'est un autre problème de la rémunération variable des dirigeants, qui se fait généralement à très court terme, car 1 à 3 ans est une période très courte dans l'activité d'une entreprise. Je pense qu'il est préférable d'avoir une durée d'environ 10 ans. Après tout, il s'agit d'améliorer la rentabilité à long terme de l'entreprise (et non de faire de petites choses qui peuvent fonctionner à court terme, au prix d'une réduction de la rentabilité à long terme), et cela ne peut être mesuré à court terme, mais doit l'être à long terme. Si les cadres ne sont dans l'entreprise que depuis 1 à 3 ans, ils sont susceptibles d'avoir eu peu d'influence sur les performances à long terme de l'entreprise, et leur rémunération régulière est suffisante pour le service fourni, de sorte qu'il n'est pas nécessaire de la compléter par des mesures d'incitation supplémentaires.

En outre, le système choisi pour la rémunération des dirigeants doit être **simple**. Il doit être compris par tous et facile à calculer pour n'importe quel investisseur. Un système très compliqué comprenant une multitude de variables difficiles à calculer, s'il est bien utilisé, pourrait être meilleur, mais il pourrait être facilement détourné et manipulé.

Le **niveau d'endettement** doit également être pris en compte. Au moins, la dette ne devrait pas dépasser certains niveaux, car nous avons également vu que la dette peut être augmentée de manière excessive pour améliorer le bénéfice par action et le dividende à court terme.

Le fait est qu'à l'heure actuelle, la plupart des systèmes de rémunération des dirigeants ne permettent pas d'obtenir le rendement maximal (pour les dirigeants) lorsque l'entreprise fonctionne de manière optimale pour les actionnaires, mais lorsqu'un certain nombre de circonstances se produisent, qui ne coïncident pas nécessairement avec l'amélioration des rendements réels à long terme des actionnaires par les dirigeants autant qu'ils le pourraient.

C'est pourquoi je pense que ce serait un grand pas en avant que d'**aligner** à la fois le **rendement à long terme pour les actionnaires et la rémunération des dirigeants**, car cela optimiserait la création de richesses dans le monde entier. Cela profiterait directement aux actionnaires et aux dirigeants, et indirectement au reste de la société, car la création de richesses signifie plus d'emplois, des emplois de meilleure qualité et plus stables, etc.

En ce qui concerne les **stock-options** pour les dirigeants, je **pense qu'il ne faut pas les donner**. Je pense qu'il est préférable de les payer en espèces, afin de ne pas diluer les actionnaires. Si de nouvelles actions sont émises pour rémunérer les managers en augmentant le capital, une dilution permanente est générée, car ces nouvelles actions ne sont pas seulement une rémunération pour l'année en cours, mais à partir de ce moment (que les managers les gardent ou les vendent sur le marché) ils prendront une partie des bénéfices et des dividendes de l'entreprise.

D'autre part, il est également très important d'examiner l'engagement des dirigeants vis-à-vis de l'entreprise. S'ils sont payés en espèces, ils peuvent acheter des actions de la société avec cet argent, s'ils le souhaitent. Et **je pense qu'il est très important pour les actionnaires de savoir si leurs dirigeants veulent acheter des actions de l'entreprise ou non**.

Qu'est-ce qui doit être considéré comme un résultat ordinaire ou extraordinaire ?

En règle générale, je pense que l'**extraordinaire doit être aussi réduit que possible**. En cas de doute sur un fait particulier, nous devrions le considérer comme ordinaire.

La ligne qui sépare les résultats ordinaires des résultats extraordinaires est souvent très subjective et fondée sur des opinions, ce dont il faut tenir compte pour savoir quels chiffres (bénéfice par action, EBITDA, etc.) sont utilisés pour évaluer les entreprises.

Les dividendes ne posent généralement pas de problème ; il est presque toujours clair quelle partie est un dividende ordinaire et quelle partie est un dividende extraordinaire. Ce n'est pas toujours le cas, comme dans le cas de Ferrovial en 2012, qui a payé 1,25 euros par action comme dividende ordinaire et extraordinaire (pour la vente d'une partie de sa participation dans BAA, dont le principal actif était l'aéroport de Heathrow), mais sans préciser exactement quelle partie de ces 1,25 euros était un dividende ordinaire et quelle partie était un dividende extraordinaire. Il y a encore quelques cas de ce type, mais ils sont très peu nombreux, et ils ne posent pas beaucoup de problèmes parce qu'avec le dividende ordinaire de l'année précédente et l'évolution du bénéfice ordinaire par action de l'année au cours de laquelle ce dividende "ordinaire + extraordinaire" est payé, on peut estimer assez approximativement ce qu'est ce dividende ordinaire qui n'est pas expressément spécifié. Et, par conséquent, quel est également le dividende extraordinaire.

Mais en ce qui concerne les revenus, et surtout les dépenses, la situation n'est souvent pas aussi claire.

Les ventes par Ebro Foods de ses divisions sucre (rachetée par le britannique AB Foods) et produits laitiers (rachetée par le français Lactalis) en 2008 et 2010, respectivement, sont des exemples flagrants de bénéfices extraordinaires. Dans de tels cas, il n'y a pas de doute. Une filiale importante est vendue, qui cesse de faire partie de l'entreprise, et il est donc évident que le bénéfice (ou la perte, car les filiales sont parfois vendues à perte pour ne pas perdre plus d'argent à l'avenir) est extraordinaire.

Cependant, lorsqu'elles présentent leurs résultats, les entreprises affichent souvent des chiffres extraordinaires (EBITDA, EBIT, bénéfice par action, etc.) dont il n'est pas si évident qu'ils le soient.

Par exemple, les sociétés cotées en Bourse recrutent et licencient fréquemment du personnel, ou ouvrent et ferment des succursales et des magasins, etc. Il arrive que certaines sociétés considèrent ces dépenses comme extraordinaires et publient un chiffre d'EBITDA total et un chiffre d'EBITDA ordinaire, dans lesquels elles soustraient ce type de dépenses. Je considère, en général, que ces dépenses sont ordinaires, parce que les banques ont toujours ouvert des succursales dans certains endroits et les ont fermées dans d'autres, Inditex ou H&M ouvriront toujours des magasins et en fermeront d'autres, ils licencieront toujours des employés dans certains domaines et en embaucheront dans d'autres, et ainsi de suite.

Il en va de même pour les compagnies d'assurance. Certaines années, elles ont plus de demandes d'indemnisation que d'autres, en raison de tempêtes, d'ouragans, de pluies ou de chaleurs excessives, par exemple.

Par conséquent, en cas de doute, je pense qu'il est **prudent de considérer ces dépenses comme ordinaires.**

Ce n'est que dans des cas très clairs que je pense que les produits et les charges doivent être considérés comme extraordinaires et exclus du calcul du bénéfice ordinaire.

L'effet des ordinateurs sur les fissures et les fortes reprises boursières

De plus en plus de transactions sont effectuées par des systèmes informatiques. Et il est vrai que certains krachs et hausses brutales sont provoqués par le fonctionnement de ces ordinateurs.

Un système informatique de négociation est une chose très complexe, et il **est impossible de prendre en compte toutes les situations possibles qui peuvent se présenter**. Dans 99 % des cas, ils fonctionnent comme prévu, mais il arrive parfois qu'un certain nombre de circonstances fassent que les systèmes informatiques de négociation cessent de se comporter comme prévu par les personnes qui les ont conçus. Certains systèmes se vendent parce que d'autres systèmes se vendent, et ces derniers se vendent à nouveau grâce aux ventes des systèmes précédents, etc., ce qui génère une spirale de ventes, chaque fois à des prix plus bas, ce qui n'était pas dans les plans de ceux qui ont programmé ces systèmes informatiques.

Il est normal que les baisses de prix entraînent l'exécution de stop-loss par ces systèmes. Ce qui est exceptionnel, c'est qu'il se produit parfois un saut de stop-loss en chaîne, dans lequel chaque stop-loss exécuté entraîne le déclenchement de nouveaux stop-loss, qui, une fois exécutés, entraînent le déclenchement de nouveaux stop-loss, et ainsi de suite.

Ceux qui conçoivent et programment ces systèmes sont des professionnels très compétents, qui font très bien leur travail et accordent beaucoup d'attention aux détails. Mais il est humainement impossible d'envisager toutes les situations qui peuvent se produire sur le marché, en envisageant tous les cas possibles. De nombreuses situations non envisagées ne se produisent pas dans la réalité, mais il arrive que certaines d'entre elles y arrivent. Et cela provoque une réaction en chaîne dans de nombreux systèmes informatiques, qui doivent être déconnectés pour arrêter cette spirale de ventes en krachs, ou d'achats en hausses, qui font perdre beaucoup d'argent à ceux qui investissent avec ces systèmes informatiques. Mais pour des raisons mathématiques (pour monter il faut mettre de l'argent frais, mais pour baisser il suffit que la peur conduise à liquider les positions à n'importe quel prix), **il est plus probable que ces cas se produisent lors des baisses**.

Tout cela n'est pas un problème pour les investisseurs à moyen et long terme, car une fois que les systèmes informatiques sont mis hors service, le marché revient à la normale. En tout état de cause, ces baisses constituent une bonne opportunité d'achat à moyen et long terme, donc si vous entendez dire que c'est la raison d'une baisse, vous avez là une excellente opportunité d'achat. Il est important que vous sachiez que ces situations existent, pourquoi et comment elles se développent, car elles peuvent générer un malaise et provoquer des décisions erronées chez de nombreuses personnes qui ne sont pas conscientes de ce que nous venons de voir.

Qu'est-ce qu'un fonds spéculatif ?

Les fonds spéculatifs constituent une catégorie très large de fonds d'investissement. Bien qu'ils aient la réputation d'être très risqués, il existe en réalité des fonds spéculatifs de tous types, allant d'un risque très faible à un risque très élevé.

Cela dépend de la législation de chaque pays, mais en général, les fonds spéculatifs ne sont pas autorisés pour tout le monde, mais seulement pour les "investisseurs avertis". La définition d'un "investisseur averti" dépend de la législation de chaque pays à ce moment-là. En général, on fixe un investissement minimum très élevé (plusieurs dizaines ou centaines de milliers d'euros) afin de filtrer le niveau de sophistication des investisseurs. Ce n'est pas un filtre parfait, mais c'est le plus courant.

Les fonds spéculatifs sont-ils intéressants ? Il existe peu de statistiques sur les hedge funds, car ce sont des fonds qui ne sont pas ouverts au grand public et qui fournissent peu d'informations. D'après les études que j'ai vues, les rendements des fonds spéculatifs sont assez similaires à ceux des fonds communs de placement dans lesquels tout le monde investit, de sorte que vous ne devriez pas vous inquiéter de ne pas pouvoir investir dans ce type de fonds. Vous ferez probablement mieux et serez plus à l'aise et en sécurité avec les actions que vous choisissez et dont vous recevez des dividendes réguliers.

Qu'est-ce qu'un fonds à rendement absolu ?

Les fonds à rendement absolu sont un type de fonds spéculatif à faible risque dans lequel tout le monde peut investir.

L'idée de ces fonds est de gagner un peu plus que les revenus fixes, mais avec une volatilité égale ou inférieure à celle des revenus fixes.

Comme vous le savez peut-être déjà, les revenus fixes à long terme sont beaucoup moins rentables que le marché boursier. Mais, d'un autre côté, il est fortement recommandé (essentiel, à mon avis) de placer une partie de votre argent dans des titres à revenu fixe, afin de constituer un fonds de réserve en cas d'événements imprévus. Tenez également compte du point de vue d'autres investisseurs, qui estiment que vous devriez avoir un pourcentage important de vos actifs dans des titres à revenu fixe.

Le fait est que, pour une raison ou une autre, tout le monde souhaite placer une partie de son argent dans des titres à revenu fixe. Mais, en même temps, tout le monde sait qu'il s'agit de la partie la moins rentable de ses actifs.

L'idéal serait de trouver un investissement qui soit aussi rentable que la Bourse et en même temps aussi stable que les revenus fixes. Par exemple, "quelque chose" qui augmente de 10 à 20 % chaque année et qui ne baisse jamais. À l'heure actuelle, il n'existe rien qui réponde à ces caractéristiques, mais les fonds à rendement absolu sont nés de cette idée, et leur objectif est de gagner un peu plus que ce que rapportent les revenus fixes, mais sans chuter. Ou, du moins, sans chuter autant que les revenus fixes lorsqu'ils chutent.

Par exemple, si à un moment donné, avec un revenu fixe, vous gagnez 3 % par an, l'objectif de ces fonds serait de gagner 3,5 % à 5 %, mais sans jamais baisser (ou presque). En d'autres termes, c'est la même chose que si vous investissiez dans des titres à revenu fixe, dans le sens où vous pouvez retirer l'argent à tout moment sans perdre (si vous devez le retirer soudainement), mais en gagnant un peu plus que si vous placiez l'argent sur des comptes rémunérés, des dépôts bancaires, des obligations, etc.

Comment les fonds à rendement absolu tentent-ils d'y parvenir ? De plusieurs manières. Par exemple, en utilisant des produits dérivés, en ayant recours à une variété de systèmes de négociation à faible risque (et à faible rendement potentiel), en ayant recours à l'arbitrage, etc. Il est fréquent qu'ils utilisent plusieurs stratégies en même temps. L'idée est que la performance de toutes les stratégies qu'ils utilisent soit aussi stable que celle des titres à revenu fixe, mais un peu plus rentable.

Si vous investissez dans ce type de fonds, vous devriez investir dans plusieurs d'entre eux pour vous diversifier, et non dans un seul. Et il serait très utile de savoir en détail ce que fait chacun des fonds dans lesquels vous investissez et ce dans quoi il investit, afin d'éviter les surprises à un moment donné.

En général, la différence qu'ils rapportent par rapport aux revenus fixes est relativement faible. Si un investisseur calcule bien son fonds de réserve permanent, ce qui est relativement simple comme je l'explique dans "Comment investir en Bourse à long terme en partant de zéro (Obtenez la retraite que vous méritez grâce aux dividendes)", je pense que ce type de fonds ne va pas lui apporter grand-chose. Si, à un moment donné, vous connaissez bien l'un de ces fonds et que vous souhaitez y investir une petite partie de votre réserve permanente de revenus fixes, je pense que c'est très bien. Mais par prudence, il ne faut pas placer beaucoup d'argent dans ces fonds, car dans certaines circonstances de marché, ils peuvent surprendre. Ces circonstances de marché dans lesquelles il peut y avoir des surprises dépendent de ce que fait chaque fonds et sont difficiles à déterminer à l'avance. Je pense que nous devrions toujours savoir clairement où nous investissons notre argent et de quoi dépend notre investissement, car c'est ainsi que nous pourrons dormir en paix et obtenir les meilleurs rendements. Et dans ce type de fonds, il est souvent difficile de remplir toutes ces conditions.

Pourquoi certaines entreprises chutent-elles brutalement lorsqu'elles commencent à faire des bénéfices ?

Cela peut paraître étrange, mais c'est plus fréquent qu'il n'y paraît dans certains types d'entreprises. Dans les entreprises présentes sur le marché depuis des années, telles que les petites entreprises de qualité médiocre et les entreprises cycliques, dont nous parlerons en détail plus loin, ce qui se passe est normal : le prix de l'action augmente lorsque l'entreprise devient bénéficiaire après avoir été déficitaire.

Lorsque l'inverse se produit, c'est-à-dire que l'entrée dans le bénéfice fait chuter le cours de l'action, la **raison en est le choc qui se produit lorsque des illusions excessives se heurtent à la réalité.**

Comme nous l'avons déjà vu, il existe de nombreux types d'entreprises qu'il est très difficile d'analyser, quelle que soit l'expérience acquise. L'un des types d'entreprises les plus difficiles à analyser est celui des entreprises qui ont de grandes attentes pour une nouvelle activité, mais qui sont encore en phase de démarrage (ce qui peut prendre des années) et qui enregistrent des pertes.

La première chose à garder à l'esprit est qu'il y a **de très bonnes idées qui sont de mauvaises affaires**. En effet, à première vue, elles semblent très utiles à de nombreuses personnes, et elles le sont, mais la grande majorité des personnes qui les trouvent utiles ne s'y intéressent que si elles sont gratuites, ou si elles leur coûtent si peu d'argent qu'il est très difficile pour l'entreprise d'être rentable en proposant ses produits et services à ces prix-là. Dans d'autres cas, le prix est correct, mais il s'avère qu'il intéresse beaucoup moins de personnes que prévu, ce qui fait que les coûts fixes représentent un pourcentage des recettes beaucoup plus élevé que prévu. La rentabilité de l'entreprise est alors bien inférieure aux attentes initiales.

Tant que l'entreprise n'a pas fonctionné pendant un certain temps et atteint le point où la réalité dépasse les attentes, il est très difficile de l'évaluer objectivement.

Et lorsque quelque chose qui provoque une très bonne sensation est très difficile à évaluer objectivement, il arrive généralement que les **illusions l'emportent sur la raison.**

Les illusions en général **sont contagieuses et qu'elles se nourrissent les unes des autres**. Pensez, par exemple, à la façon dont l'illusion d'un enfant à Noël se propage à ses parents, oncles, tantes, oncles, grands-parents, etc. C'est une très bonne chose en général. Mais ce n'est pas le cas lorsque vous investissez. **En matière d'investissement, la contagion des illusions est dangereuse** et il faut tout faire pour l'éviter.

Le problème dans ce cas est que toute nouvelle concernant l'entreprise est considérée comme une bonne nouvelle. Un nouveau contrat, une augmentation des effectifs, une nouvelle ouverture, une nouvelle application possible du produit ou du service, un nouveau pays, etc. Mais il est toujours impossible d'évaluer la qualité de la nouvelle à l'aide des paramètres habituels. L'illusion grandit donc et devient contagieuse, comme c'est toujours le cas. Et elle continue de l'emporter sur la raison

Tout cela fait grimper le cours de l'action. L'augmentation du prix de l'action accroît encore l'enthousiasme et confirme apparemment que l'entreprise est sur la bonne voie et que ses actionnaires ont un avenir de plus en plus prometteur devant eux.

Le problème est que toutes ces choses, toutes ces illusions, sont impossibles à contrer par la raison. Car, de manière réaliste, **il est impossible de prouver mathématiquement si toute cette illusion est excessive ou non.** Lorsque l'illusion est excessive, les investisseurs plus rationnels se tiennent volontairement à l'écart, mais ils ne peuvent pas prouver mathématiquement et sans équivoque que l'illusion des investisseurs plus émotionnels est excessive par rapport à ce que l'on peut attendre dans le meilleur des cas. Car, entre autres, il **n'y a pas d'unanimité sur le "best case scenario" (le meilleur scenario)**, puisque pour les investisseurs émotionnels, ce "best case scenario" est beaucoup plus favorable (plus de revenus, plus de succursales, plus de produits, plus de ...) que pour les investisseurs plus rationnels. Qui peut garantir que ce produit ou service ne sera pas acheté par plus de 100.000, 1 million ou 100 millions de clients ? Personne ne peut le garantir. En étant réaliste et réfléchi, vous pouvez éviter de faire un tel investissement, mais vous ne pouvez pas prouver mathématiquement aux investisseurs délirants qu'ils le sont trop. Il n'y a pas de profits, pas de réalités (ce que l'on entend généralement par "réalités"), seulement des attentes. Très élevées, et très bonnes, pour beaucoup.

Tout cela continue d'être le cas jusqu'à ce que les bénéfices entrent en ligne de compte. C'est **alors que la raison peut intervenir**, en utilisant les mathématiques, pour démontrer quelle est la réalité objective et ce que l'on peut attendre de l'entreprise à partir de ce moment-là.

Par exemple, si les investisseurs les plus enthousiastes s'attendaient à ce que l'entreprise gagne 500 millions d'euros en atteignant un million de clients, et qu'à un moment donné l'entreprise parvient à avoir 500 000 clients mais que ses bénéfices ne sont que de 20 millions d'euros, avec ces données, la raison peut maintenant faire des estimations et des calculs dans lesquels tout le monde peut voir, même les investisseurs les plus enthousiastes, que dans le "meilleur des cas" (**sur lequel il y a maintenant un certain accord**) les bénéfices de l'entreprise seront d'environ 50 millions d'euros. Loin des 500 millions d'euros attendus précédemment.

Cela signifie que l'entreprise, qui était évaluée comme si elle allait gagner 500 millions d'euros alors qu'elle perdait de l'argent, est maintenant évaluée comme si elle allait gagner 50 millions d'euros (environ), "au mieux".

Il en résulte une contradiction très importante. En effet, depuis que le cours de l'action de l'entreprise a commencé à augmenter (en raison de l'excès d'illusion), l'entreprise n'a cessé de s'améliorer et est passée du statut d'entreprise avec une idée non réalisée et perdant de l'argent, à une réalité avec des bénéfices, avec un produit qui a du succès sur le marché, qui donne de plus en plus d'argent à ses actionnaires, qui a de plus en plus de travailleurs générant de plus en plus de revenus pour l'entreprise, etc.

Mais lorsque l'entreprise n'était encore qu'une idée non réalisée, rien n'empêchait ceux qui le voulaient de se faire des illusions illimitées sur ce que l'entreprise allait devenir. Une fois l'entreprise devenue réalité, la **raison l'emporte sur l'illusion**.

C'est comme le cas d'une personne qui reçoit un cadeau emballé et qui s'imagine qu'à l'intérieur de la boîte se trouve quelque chose de mieux que ce qui s'y trouve réellement. Même si elle n'a pas encore ouvert la boîte, elle a hâte d'avoir le cadeau qu'elle pense avoir reçu. Lorsqu'elle ouvre la boîte et trouve quelque chose de différent de ce qu'elle attendait, la personne voit que la réalité est inférieure aux illusions faites.

Qu'est-ce qu'une augmentation de capital en blanc et quand est-elle utile ?

En réalité, une augmentation de capital en blanc (ou en douceur, les deux noms étant couramment utilisés) est une chose qui vient probablement intuitivement à l'esprit de tout le monde.

Il s'agit de **participer à une augmentation de capital sans apport d'argent frais**, en vendant une partie des droits reçus pour les actions déjà détenues afin de souscrire les nouvelles actions qui peuvent être souscrites avec l'argent obtenu par la vente des droits.

Anne détient des actions Boeing et Boeing procède à une augmentation de capital à raison d'une action nouvelle pour deux actions anciennes, au prix de 10 dollars par action nouvelle. Anne n'a plus d'argent pour acheter des actions Boeing, mais elle ne veut pas non plus diluer sa participation. Anne possède déjà 1 000 actions Boeing, elle pourrait donc en acheter jusqu'à 500 au prix de 10 dollars chacune. Mais cela impliquerait d'investir 5 000 dollars qu'Anne ne possède pas actuellement (ou qu'elle possède, mais elle ne veut pas investir autant d'argent dans Boeing pour l'instant).

Les droits peuvent maintenant être vendus à 1,50 $. Anne calcule donc le nombre de droits qu'elle doit vendre pour souscrire au nombre maximum d'actions sans apport d'argent frais. La formule est la suivante :

Nombre d'actions achetées x Prix d'achat par action = Nombre de droits vendus x Prix de vente du droit

En d'autres termes : "les actions que nous pouvons acheter" = "ce que nous obtenons en vendant une partie des droits".

Le nombre d'actions achetées est le "nombre de droits totaux - nombre de droits vendus", multiplié par la proportion de l'augmentation de capital.

Exemple de cette dernière formule dans le cas de la vente de 600 droits :

Nombre d'actions achetées = Nombre total de droits (1 000) - Nombre de droits vendus (600) x la proportion de l'augmentation de capital (0,5 ; 1 divisé par 2 est 0,5).

(1.000 - 600) x 0,5 = 200

En d'autres termes, si nous vendons 600 droits, il nous en reste 400. Et ces 400 droits, dans le cadre d'une augmentation de capital à raison d'une nouvelle action pour deux anciennes, nous donnent le droit d'acheter 200 nouvelles actions.

Une fois cela compris, remplaçons la première des formules que nous avons vues, le nombre d'actions achetées, par la deuxième formule, et le résultat est le suivant :

(Nombre de droits totaux - Nombre de droits vendus x la proportion de l'augmentation de capital) x Prix d'achat des actions = Nombre de droits vendus x Prix de vente des droits

Pour transposer cette formule au nombre de droits vendus (qui est ce que nous voulons calculer, combien de droits nous devons vendre), nous l'appelons NDV, et nous introduisons tous les chiffres que nous connaissons déjà.

((1.000 - NDV) x 0,5) x 10 = NDV x 1,50

Nous multiplions 0,5 x 10 :

(1 000 - NDV) x 5 = NDV x 1,50

Nous transmettons les 5 à l'autre partie de l'équation :

1.000 - NDV = NDV x 1,50 / 5

Nous divisons 1,50 par 5 :

1.000 - NDV = NDV x 0,30

Nous passons la NDV de gauche à droite :

1 000 = 1,30 x NDV

Enfin (si vous n'aimez pas les maths, désolé, mais c'est le moyen le plus rapide de calculer le nombre de droits que nous devons vendre), nous effaçons NDV :

NDV = 1 000 / 1,3 = 769

Nous allons maintenant vérifier la formule en vendant 770 droits. Le nombre de droits à vendre doit être arrondi en fonction de la proportion de l'augmentation de capital. L'important est que le nombre de droits restants permette d'acheter un nombre exact d'actions, de sorte qu'il n'y ait ni trop ni trop peu de droits, et d'optimiser ainsi les commissions. Si nous vendons 769 droits, il nous en reste 231, et cela ne donne pas un nombre exact quand on le divise par 2. C'est pourquoi il faut garder 230 droits (ou 232, en pratique cela ne change rien d'acheter 1 action de plus ou de moins), car cela nous permettra d'acheter exactement 115 actions (230 / 2 = 115). Si la proportion de l'augmentation de capital avait été de 1 x 3, nous aurions dû conserver 231 droits, car 231 divisé par 3 est exactement 77.

La vente de 770 droits nous donne 770 x 1,50 = 1 155 dollars.

L'achat de 115 actions coûtera 115 x 10 = 1 150 dollars.

La différence de 5 dollars est due aux arrondis, cela n'a pas d'importance.

En effet, Anne peut vendre 770 droits et avec cet argent, elle aura 1 115 actions (les 1 000 qu'elle avait déjà, plus les 115 nouvelles actions qu'elle achète maintenant). Ce ne sont pas les 1 500 actions qu'elle aurait eues si elle avait exercé tous ses droits, mais elle a réussi à réduire la dilution sans injecter d'argent frais.

Quand faut-il recourir à l'augmentation de capital en blanc ? Logiquement, lorsque vous ne disposez pas de l'argent nécessaire pour participer à l'augmentation de capital. Ou bien vous avez de l'argent mais vous ne voulez pas investir davantage dans l'entreprise, et vous ne voulez pas réduire votre investissement (si vous voulez réduire votre investissement, il vaut mieux vendre tous vos droits, plutôt qu'une partie seulement).

Dans le cas d'investissements **à long terme**, je pense que nous devrions avoir tendance à opter pour des augmentations de capital, car l'entreprise est toujours censée être bonne à long terme (si ce n'est pas le cas, ce dont je vais parler maintenant pour les investissements à moyen terme devrait s'appliquer). Cela ne signifie pas qu'il faille toujours opter pour des augmentations de capital. Il peut y avoir des cas où nous voulons continuer à détenir une entreprise à long terme et où nous avons l'argent nécessaire pour procéder à l'augmentation de capital, mais où nous ne voulons pas le faire (par exemple, parce qu'à ce moment-là, une autre entreprise nous semble être un meilleur investissement que celle qui est en train d'augmenter son capital).

Dans le cas d'investissements à **moyen terme**, je pense que nous devrions avoir tendance à ne pas procéder à des augmentations de capital. Pourquoi ? Parce qu'en général, à moyen terme, la gestion de l'argent est différente. Très probablement, s'il y a une augmentation de capital, c'est que l'opération ne se déroule pas comme prévu, et il est préférable de ne pas investir davantage d'argent frais dans une opération qui se déroule mal, ou du moins pas aussi bien que nous l'avions prévu. Bien sûr, il y a aussi des exceptions, mais il s'agit là d'une ligne directrice générale. Dans certains cas, il est également conseillé de procéder à une augmentation de capital lorsque l'on investit à moyen terme. Bien entendu, cela doit être évalué au cas par cas.

Prenons le cas de Borja, qui pense qu'il y a une certaine probabilité qu'Exxon procède à une augmentation de capital, mais que ce n'est pas certain. Il décide donc d'investir 1 000 dollars maintenant dans Exxon, et 1 000 dollars supplémentaires si l'entreprise procède à l'augmentation de capital. Si l'augmentation de capital n'a pas lieu, Borja n'investira pas la deuxième tranche de 1 000 dollars dans Exxon.

Rachel, en revanche, pensait qu'il n'y aurait pas d'augmentation de capital chez Exxon et a investi directement les 2 000 dollars qu'elle avait prévu d'allouer à cette opération.

Lors de l'augmentation de capital, Borja fera bien d'investir son deuxième millier de dollars. Rachel ne devrait plus investir d'argent frais, mais procéder à une augmentation de capital blanche, afin de se diluer le moins possible. Ou vendre tous ses droits, voire toutes ses actions, en fonction de sa stratégie, bien sûr. Mais si elle veut continuer l'opération et se diluer le moins possible, je pense qu'elle devrait faire une augmentation de capital en blanc, et ne pas mettre d'argent frais dans cette opération. Il est également important de prendre en compte le montant de l'augmentation de capital. Logiquement, ce n'est pas la même chose pour Rachel, après avoir investi 2 000 dollars, de se voir demander 2 000 dollars de plus, pour ne pas être diluée, que 200 dollars. Il s'agit là d'un élément à évaluer au cas par cas.

En variante de ce que nous avons vu, vous pouvez apporter de l'argent frais si vous n'avez pas tout l'argent dont vous avez besoin. Par exemple, dans le cas de Boeing, Anne n'avait peut-être pas l'argent nécessaire pour souscrire les 500 actions auxquelles elle avait droit, mais entre la vente d'une partie des droits et une partie de l'argent dont elle disposait, elle pourrait être en mesure de souscrire 300 nouvelles actions.

Elle peut également vendre plus de droits que ce que nous avons calculé, pour souscrire 50 actions Boeing (au lieu des 115 d'Ana), par exemple, et garder des liquidités pour acheter des actions d'une autre entreprise, par exemple.

Est-il important que les principaux actionnaires d'une entreprise soient lourdement endettés ?

La richesse des actionnaires d'une entreprise est indépendante de l'entreprise. Les actionnaires de l'entreprise X ne sont pas directement affectés par le fait que l'actionnaire principal de l'entreprise X a de nombreuses dettes, puisque l'entreprise X n'a aucune obligation à l'égard des dettes de ses actionnaires principaux. Ces actionnaires principaux ne peuvent pas mettre leurs dettes personnelles à la charge de la société.

Mais **dans la pratique, ils peuvent modifier la gestion de l'entreprise** et faire des choses qu'ils ne feraient pas s'ils n'étaient pas lourdement endettés. Fondamentalement, un actionnaire lourdement endetté cherche à obtenir des dividendes de son entreprise, afin que ceux-ci l'aident à rembourser ses dettes. C'est une bonne chose si cela reste dans l'ordre, car cela peut les inciter à améliorer la gestion de l'entreprise, afin que celle-ci puisse verser davantage de dividendes (d'une manière saine), et ainsi de suite.

Mais il existe un risque que des actifs qui constituent de bons investissements à long terme soient vendus pour payer des dividendes extraordinaires, qui profitent à ces grands actionnaires en raison de leur endettement élevé, mais pas aux actionnaires minoritaires qui, en échange d'un dividende extraordinaire aujourd'hui, verront à l'avenir une croissance réduite des dividendes ordinaires.

Il peut également arriver que des actionnaires importants amènent l'entreprise à verser plus de dividendes ordinaires qu'elle ne le devrait, ce qui affaiblit son bilan.

Ainsi, lorsque les principaux actionnaires d'une entreprise sont lourdement endettés, il convient de suivre leur situation personnelle et de voir comment leur dette évolue, afin de déterminer si certaines des décisions qu'ils prennent concernant l'entreprise peuvent être dues aux dettes personnelles de leurs principaux actionnaires et nuire à la rentabilité des actionnaires minoritaires de l'entreprise. Cela ne devrait pas automatiquement conduire à une vente immédiate, mais de tels cas devraient être suivis de près. D'autre part, une personne qui s'est endettée excessivement à un moment donné peut avoir tendance à s'endetter excessivement pour son entreprise. Toutefois, il peut également s'agir d'une situation particulière qui ne se reproduira pas. Mais dans tous les cas, les actionnaires minoritaires devraient suivre, même s'il s'agit de la situation personnelle de ces actionnaires majoritaires, et normalement, cela ne devrait pas affecter les performances de l'entreprise. En théorie, cela ne devrait pas affecter ses performances, mais dans la pratique, c'est parfois **le cas**.

Acheter des bons à prix réduit

Comme vous le savez peut-être, les obligations sont négociées sur le marché tous les jours, tout comme les actions. Une obligation émise au prix de 1 000 £ peut se négocier à 950 £ ou à 1 030 £, par exemple.

Il faut distinguer deux cas bien différents dans l'investissement en obligations qui se négocient à un prix inférieur à celui auquel elles ont été émises (leur valeur nominale).

L'un des cas est celui de l'**investisseur moyen** qui souhaite placer une partie de son argent dans des obligations, en recherchant un rendement légèrement supérieur à celui obtenu en achetant les obligations au moment où elles sont émises (en payant les 1 000 livres sterling dans cet exemple). Dans ce cas, je pense qu'il est tout à fait approprié d'acheter les obligations sur le marché lorsqu'elles se négocient en dessous de leur valeur nominale (les 1 000 £ dans cet exemple), une fois qu'elles ont été émises. Cependant, cela n'est pas toujours possible. Par exemple, dans un scénario de baisse générale des taux d'intérêt, il est normal que la plupart des obligations se négocient au-dessus de leur valeur nominale. Dans un scénario de taux d'intérêt stables, les mouvements quotidiens du marché peuvent signifier que, parfois, des obligations de haute qualité émises pour 1 000 £ peuvent être achetées pour un peu moins de 1 000 £, ce qui permet d'obtenir un rendement légèrement supérieur à celui que l'on obtiendrait en achetant des obligations similaires au même moment à leur prix d'émission.

Si nous achetons une obligation de 1 000 £ émise à 5 % et arrivant à échéance dans un an pour 970 £, nous recevrons au bout d'un an la valeur nominale de 1 000 £ et 50 £ d'intérêts. Cela représente un rendement de 8,25 % (le bénéfice de 80 £ représente 8,25 % des 970 £ investies).

Cette stratégie ne permet pas de gagner beaucoup d'argent. Elle n'est pas meilleure que le marché boursier. Mais **vous pouvez ajouter un peu de rendement à la partie de vos actifs qui est constituée de**

revenus fixes. Par ailleurs, le temps que vous consacrez à cette stratégie (que vous devrez soustraire au temps que vous consacrez à la Bourse ou à votre temps libre) en vaut la peine. Mais avec un peu de temps, vous pouvez ajouter un peu de rentabilité. Pas beaucoup, mais un peu. Il s'agit d'une stratégie à faible risque qui convient parfaitement à l'investisseur moyen qui souhaite y consacrer un peu de temps. Il faut absolument toujours utiliser des obligations émises par des entreprises et des gouvernements de la plus haute qualité, et non des obligations à haut risque.

Un autre cas est celui de l'investisseur à risque qui cherche à obtenir des rendements élevés en investissant dans des obligations d'**entreprises en difficulté** qui se négocient bien en dessous de leur valeur nominale. Supposons que l'obligation de notre exemple arrive à échéance dans un an, qu'elle rapporte 5 % d'intérêts et qu'elle se négocie à 700 livres sterling. En investissant 700 livres aujourd'hui dans un an, nous obtiendrons 1 050 livres, si tout se passe bien. La valeur nominale de l'obligation, soit 1 000 £, plus les 50 £ d'intérêts. Il s'agit d'un rendement de 50 %, puisque l'investissement de 700 £ aujourd'hui nous rapportera 350 £ dans un an.

Bien qu'il s'agisse d'un exemple hypothétique, il existe des cas réels avec des rendements théoriques de cet ordre, dans des scénarios de taux d'intérêt normaux (et non dans des scénarios d'inflation élevée, par exemple, où tout dépôt bancaire rapporterait 40 %).

Mais **cette stratégie est très risquée**. Et en plus d'être très risquée, elle est **plus appropriée pour les experts en droit commercial** et ayant une pratique et une expérience de ce type de situation problématique que pour l'investisseur moyen. En effet, dans ces cas, la probabilité est grande qu'à l'échéance, nous ne recevions pas les 1 000 livres escomptées, mais moins. C'est ce que l'on appelle les décotes. Ils peuvent également nous verser moins d'intérêts, voire pas d'intérêts du tout, ainsi que retarder la date d'échéance, échanger les obligations contre des actions (parfois à des prix beaucoup plus élevés que ceux auxquels les actions de l'entreprise sont cotées sur le marché à ce moment-là), une combinaison de toutes ces choses, ou même beaucoup d'autres choses différentes.

Les connaissances de l'investisseur moyen sont **peu utiles** pour évaluer la probabilité que toutes ces choses se produisent, ou ne se produisent pas, dans l'une de ces entreprises dans une situation très délicate. Il est beaucoup plus nécessaire de disposer de connaissances juridiques sur la préférence de chaque créancier, les poursuites judiciaires possibles, les probabilités que ces poursuites soient gagnées par l'une ou l'autre des parties, la prédisposition des banques à négocier ce type de situation à ce moment-là, et ainsi de suite. Il s'agit de connaissances très spécifiques, propres aux professionnels du droit qui suivent ce type de situation, et non à l'investisseur moyen.

Certains investisseurs individuels ont obtenu des rendements très élevés pendant la crise financière de la première décennie du XXIe siècle en suivant ce type de stratégie avec des titres à revenu fixe de Bankia et de banques britanniques, par exemple. L'investisseur moyen peut faire quelque chose de ce genre et gagner beaucoup d'argent de temps en temps. Mais je pense qu'il n'est pas suffisamment informé pour investir dans ce type de situation tout en restant prudent, et c'est pourquoi je ne recommande pas d'investir dans ce type de situation.

Quelle est la précision des évaluations des flux de trésorerie actualisés ?

Les évaluations des flux de trésorerie actualisés sont des moyens de calculer la juste valeur (et non le prix) des actions. L'idée est d'acheter lorsque le prix de l'action est inférieur à la juste valeur qui a été calculée, et de vendre lorsque le prix de l'action est supérieur à la juste valeur.

Il existe plusieurs formules pour calculer la valeur théorique d'une action par actualisation des flux de trésorerie. Examinons l'une d'entre elles, car elles sont toutes similaires. Plusieurs chiffres peuvent être utilisés comme flux de trésorerie actualisés (différents flux de trésorerie, dividende, etc.). Nous allons utiliser le dividende. Les conclusions sont les mêmes quel que soit le flux utilisé.

La formule de calcul de la valeur d'une action par actualisation des flux de trésorerie que nous allons utiliser est la suivante (en prenant des prévisions à 5 ans) :

Valeur de l'action = [(Cash flow année 1 / (1 + K)) + (Cash flow année 2 / (1 + K)^2) + (Cash flow année 3 / (1 + K)^3) + (Cash flow année 4 / (1 + K)^4) + ((Cash flow année 5 + Valeur résiduelle de l'entreprise)] / (1 + K)^5)

La formule de calcul de la valeur résiduelle de l'entreprise est la suivante :

Valeur résiduelle de l'entreprise = (flux de trésorerie de l'année 5 x (1 + g)) / (K - g)

g est la croissance attendue à perpétuité. C'est-à-dire le montant de la croissance attendue des dividendes à partir de l'année 6, de manière permanente.

K est le taux d'actualisation que nous utiliserons. Il est également appelé "rendement requis pour l'entreprise". Ce K est, en théorie, le rendement de l'actif sans risque plus la prime de risque que nous accordons à chaque entreprise. Nous devrions donc attribuer une prime de risque plus faible aux entreprises de qualité supérieure qu'aux entreprises de qualité inférieure, en différenciant chaque entreprise au cas par cas, en fonction de nos critères.

Supposons que Procter and Gamble se négocie à 100 dollars et verse un dividende de 3 dollars.

Nous pensons que le dividende augmentera de 10 % au cours des cinq prochaines années et qu'à partir de la sixième année, il augmentera indéfiniment de 2 % par an. Nous allons utiliser un taux d'actualisation de 6 %, car c'est ce que nous pensons être approprié pour Procter & Gamble.

Par conséquent, les flux de trésorerie attendus (dividendes) au cours des 5 prochaines années sont les suivants :

Dividende année 1 : 3,30

Dividende année 2 : 3,63

Dividende année 3 : 3,99

Dividende année 4 : 4,39

Dividende année 5 : 4,83

Le dividende de chaque année est celui de l'année précédente, majoré de 10 %.

Nous calculons d'abord la valeur résiduelle de l'entreprise au cours de la cinquième année :

Valeur résiduelle de l'entreprise = (Flux de trésorerie de l'année 5 x (1 + g)) / (K - g) = (4,83 x 1,02 / (0,06 - 0,02)) = 123,17 $.

Nous allons maintenant calculer la valeur actuelle de l'action :

Valeur de l'action = (3,30 / 1,06) + (3,63 / (1,06)^2) + (3,99 / (1,06)^3) + (4,39 / (1,06)^4) + ((4,83 + 123,17) / (1,06)^5) =

(3,30 / 1,06) + (3,63 / 1,1236) + (3,99 / 1,1910) + (4,39 / 1,2625) + ((4,83 + 123,17) / 1,3382) =

3,11 + 3,23 + 3,35 + 3,47 + 96,65 = **USD 109,81**

L'une des premières choses qui surprend est que j'ai dit que nous nous attendions à ce que Procter & Gamble croisse de 10 % pendant les cinq premières années, puis de 2 % par an indéfiniment par la suite. En réalité, si nous nous attendons à ce qu'une entreprise croisse de 10 % pendant 5 ans seulement, puis de 2 % seulement pendant des décennies et des décennies (jusqu'à notre mort et au-delà), il est peu probable que nous **voulions investir dans cette entreprise à long terme**, car il n'est pas intéressant d'avoir une croissance aussi faible tout au long de notre vie. Faisons donc les calculs en supposant que la croissance sera de 10 % indéfiniment. Pour cela, le taux d'actualisation K doit être supérieur à 10 %, nous allons prendre 12 %, car sinon la différence entre l'un et l'autre (K - g) serait négative, et la formule ne fonctionnerait pas. La nouvelle évaluation de Procter & Gamble en supposant une croissance indéfinie de 10 % et un taux d'actualisation K de 12 % est la suivante :

Valeur résiduelle de l'entreprise = (Flux de trésorerie de l'année 5 x (1 + g)) / (K - g) = (4,83 x 1,10 / (0,12 - 0,10)) = 265,65 $.

Valeur de l'action = (3,30 / 1,12) + (3,63 / (1,12)^2) + (3,99 / (1,12)^3) + (4,39 / (1,12)^4) + ((4,83 + 265,65) / (1,12)^5) =

(3,30 / 1,12) + (3,63 / 1,2544) + (3,99 / 1,4049) + (4,39 / 1,5735) + ((4,83 + 265,65) / 1,7623) =

2,95 + 2,89 + 2,84 + 2,79 + 2,79 + 153,48 = **164,95 USD**

Comme vous pouvez le constater, le résultat est trop élevé pour nous être utile à l'heure actuelle. Il est certain que Procter & Gamble, qui se négocie aujourd'hui à 100 dollars (et dont le rendement du dividende est de 3 %), vaudra plus de 165 dollars à l'avenir. Mais si nous considérons ce montant de 165 dollars comme son juste prix aujourd'hui, nous achèterons à n'importe quel prix pour le reste de notre vie d'investisseur. Et **nous sommes censés utiliser cette méthode d'évaluation pour affiner notre évaluation** et acheter à de meilleurs prix que si nous n'évaluions pas du tout l'entreprise. À 165 dollars, le rendement actuel du dividende est de 1,8 % (3 / 165 x 100). Cette hypothèse n'est pas utile si nous achetons maintenant à 100 $, ou si nous pensons que c'est un peu cher, et qu'il vaut mieux attendre et voir si le cours tombe à 80 $, par exemple.

Nous venons de voir qu'il s'agit du problème de l'utilisation d'une croissance réaliste. Dans le cas présent, nous l'avons fixé à 10%, dans d'autres il pourrait être de 8%, et ainsi de suite. Mais avec l'un ou l'autre, le problème serait le même : si nous ne fixons pas un taux de croissance perpétuelle très bas, de l'ordre de 2%, ce système d'évaluation nous dira presque tout le temps (à l'exception de quelques moments de très forte surévaluation) que l'action se négocie en dessous de sa valeur (calculée selon cette formule), et qu'il s'agit d'un très bon achat. Et cela n'est pas utile, logiquement.

Un autre élément frappant dans ce dernier exemple est que les dividendes de chaque année valent de moins en moins en monnaie d'aujourd'hui. Je me réfère à la série de chiffres que nous venons de voir :

2,95 + 2,89 + 2,84 + 2,79 + 2,79 + 153,48 = **164,95 USD**

Comme vous pouvez le constater, nous donnons au dividende de chaque année une valeur inférieure en monnaie d'aujourd'hui. Cela s'explique par le fait que nous supposons une croissance de 10 % et que, dans le même temps, nous "exigeons" un rendement de 12 % (K). Comme 12 est supérieur à 10, cette série de chiffres est descendante. Mais une croissance moyenne de 10 % est une très bonne croissance, et **il n'est** donc **pas réaliste** que, dans nos calculs, ces dividendes futurs, qui augmentent de 10 %, **valent de moins en moins**.

Nous voyons donc que nous devons utiliser une croissance faible perpétuelle. Mais **pourquoi 2 % et non 1 % ou 3 %** ?

Faisons le même calcul que précédemment (croissance des 5 premières années de 10 % et taux d'actualisation K de 6 %) en ne changeant que la croissance à perpétuité, qui sera désormais de 3 % :

Valeur résiduelle de l'entreprise = (Flux de trésorerie de l'année 5 x (1 + g)) / (K - g) = (4,83 x 1,03 / (0,06 - 0,03)) = 165,83 $.

Valeur de l'action = (3,30 / 1,06) + (3,63 / (1,06)^2) + (3,99 / (1,06)^3) + (4,39 / (1,06)^4) + ((4,83 + 165,83) / (1,06)^5) =

(3,30 / 1,06) + (3,63 / 1,1236) + (3,99 / 1,1910) + (4,39 / 1,2625) + ((4,83 + 165,83) / 1,3382) =

3,11 + 3,23 + 3,35 + 3,48 + 127,53 = **140,70 USD**

En faisant passer la croissance perpétuelle de 2 % à 3 %, la valeur théorique de l'action passe de 109,81 $ à 140,70 $, soit une différence de 28 %. C'est une grande différence.

Prenons maintenant la même hypothèse (croissance dans les 5 premières années de 10% et taux d'actualisation K de 6%) avec une croissance perpétuelle de 1% :

Valeur résiduelle de l'entreprise = (Flux de trésorerie de l'année 5 x (1 + g)) / (K - g) = (4,83 x 1,01 / (0,06 - 0,01)) = 97,57 $.

Valeur de l'action = (3,30 / 1,06) + (3,63 / (1,06)^2) + (3,99 / (1,06)^3) + (4,39 / (1,06)^4) + ((4,83 + 97,57) / (1,06)^5) =

(3,30 / 1,06) + (3,63 / 1,1236) + (3,99 / 1,1910) + (4,39 / 1,2625) + ((4,83 + 97,57) / 1,3382) =

3,11 + 3,23 + 3,35 + 3,48 + 76,52 = **89,69 $US**

Comme vous pouvez le constater, la différence entre choisir 1% et 2% comme croissance perpétuelle est de 18% (la différence entre 89,69 et 109,81).

Les formules d'actualisation des flux de trésorerie sont très sensibles à la croissance perpétuelle choisie, et quelle est la bonne ? Le problème est que **personne ne sait quelle est la croissance perpétuelle correcte**. Toutes les formules nous ont donné un résultat exact, au centime près. Mais précis en fonction de nos hypothèses, des hypothèses qui ne reposent pas sur des calculs précis et objectifs, mais qui sont totalement subjectives. Et il est tout aussi valable d'utiliser 1 % que 2 % ou 3 %, ou n'importe quel chiffre avec des décimales entre les deux, ou en dehors de la fourchette 1 %-3 %.

Il en va de même pour la croissance des cinq premières années. Faisons maintenant le calcul en supposant une croissance de 7 %, 8 % et 9 % (dans tous les cas en supposant une croissance de 2 % à perpétuité), et voyons les différences.

9 % de croissance au cours des 5 premières années :

Dividende année 1 : 3,27

Dividende année 2 : 3,56

Dividende année 3 : 3,89

Dividende année 4 : 4,23

Dividende année 5 : 4,62

Valeur résiduelle de l'entreprise = (Flux de trésorerie de l'année 5 x (1 + g)) / (K - g) = (4,62 x 1,02 / (0,06 - 0,02)) = 117,81 $.

Valeur de l'action = $(3,27 / 1,06) + (3,56 / (1,06)^2) + (3,89 / (1,06)^3) + (4,23 / (1,06)^4) + ((4,62 + 117,81) / (1,06)^5) =$

(3,27 / 1,06) + (3,56 / 1,1236) + (3,89 / 1,1910) + (4,23 / 1,2625) + ((4,62 + 117,81) / 1,3382) =

3,08 + 3,17 + 3,27 + 3,35 + 91,49 = **104,36 USD**

Croissance de 8 % au cours des cinq premières années :

Dividende année 1 : 3,24

Dividende année 2 : 3,50

Dividende année 3 : 3,78

Dividende année 4 : 4,08

Dividende année 5 : 4,41

Valeur résiduelle de l'entreprise = (Flux de trésorerie de l'année 5 x (1 + g)) / (K - g) = (4,41 x 1,02 / (0,06 - 0,02)) = 112,46 $.

Valeur de l'action = (3,24 / 1,06) + (3,50 / (1,06)^2) + (3,78 / (1,06)^3) + (4,08 / (1,06)^4) + ((4,41 + 112,46) / (1,06)^5) =

(3,24 / 1,06) + (3,50 / 1,1236) + (3,78 / 1,1910) + (4,08 / 1,2625) + ((4,41 + 112,46) / 1,3382) =

3,06 + 3,11 + 3,17 + 3,23 + 87,33 = **USD 99,9**

7% de croissance au cours des 5 premières années :

Dividende année 1 : 3,21

Dividende année 2 : 3,43

Dividende année 3 : 3,68

Dividende année 4 : 3,93

Dividende année 5 : 4,21

Valeur résiduelle de l'entreprise = (Flux de trésorerie de l'année 5 x (1 + g)) / (K - g) = (4,21 x 1,02 / (0,06 - 0,02)) = 107,36 $.

Valeur de l'action = (3,21 / 1,06) + (3,43 / (1,06)^2) + (3,68 / (1,06)^3) + (3,93 / (1,06)^4) + ((4,21 + 107,36) / (1,06)^5) =

(3,21 / 1,06) + (3,43 / 1,1236) + (3,68 / 1,1910) + (3,93 / 1,2625) + ((4,21 + 107,36) / 1,3382) =

3,02 + 3,05 + 3,09 + 3,11 + 3,11 + 83,37 = **95,64 USD**

En d'autres termes, de faibles variations dans la croissance estimée pour les 5 premières années signifient également des variations significatives dans le prix de l'action. Entre estimer 7% pour ces 5 premières années, ou estimer 10%, la valeur théorique de l'action varie de 13% (la différence entre 95,64 dollars et 109,81 dollars). Et **il est illusoire de penser que l'on peut prédire avec autant de précision la croissance des entreprises**. Personne ne peut calculer si cette croissance sera exactement de 7 %, 8 % ou tout autre chiffre similaire. Et cela en supposant que la croissance des entreprises sera finalement proche de ces chiffres, ce qui est également beaucoup supposer.

Enfin, le **taux d'actualisation choisi fait également varier fortement les résultats obtenus**. Dans ce cas, nous ne prendrons qu'un seul exemple, afin de ne pas rendre l'explication plus longue que nécessaire. Celui d'une croissance de 10 % les 5 premières années avec une croissance perpétuelle de 2 %, mais maintenant avec un taux d'actualisation K de 8 % au lieu des 6 % que nous avons vus dans le premier exemple.

Valeur résiduelle de l'entreprise = (Flux de trésorerie de l'année 5 x (1 + g)) / (K - g) = (4,83 x 1,02 / (0,08 - 0,02)) = 82,11 $.

Nous allons maintenant calculer la valeur actuelle de l'action :

Valeur de l'action = $(3,30 / 1,08) + (3,63 / (1,08)^2) + (3,99 / (1,08)^3) + (4,39 / (1,08)^4) + ((4,83 + 82,11) / (1,08)^5) = (3,63 / (1,08)^2) + (3,99 / (1,08)^3) + (4,39 / (1,08)^4) + ((4,83 + 82,11) / (1,08)^5) =$

(3,30 / 1,08) + (3,63 / 1,1664) + (3,99 / 1,2597) + (4,39 / 1,3605) + ((4,83 + 82,11) / 1,4693) =

3,06 + 3,11 + 3,17 + 3,23 + 59,17 = **71,74 USD**

Dans ce cas, en changeant simplement le taux d'actualisation K de 6% à 8%, la valeur théorique de l'action change de 35% (de 109,81 à 71,74).

Comme vous pouvez le constater, ces méthodes d'évaluation des flux de trésorerie actualisés (le fonctionnement des autres formules est très similaire à tout ce que nous avons vu ici avec la formule choisie dans ce cas) **sont très sensibles à trois éléments :**

1) La **croissance choisie** pour les 5 premières années (5 ans dans notre exemple. On peut utiliser n'importe quel nombre d'années et les conclusions obtenues seront les mêmes que celles que nous examinons ici). Et pourquoi 5 ans ? Si vous choisissez 4 ans au lieu de 5, ou 6, ou 3, ou 10, etc., la formule vous donnera toujours des résultats différents dans chaque cas.

2) La **croissance perpétuelle** que vous choisissez, qui n'est peut-être pas la croissance réelle que vous attendez, mais une croissance très faible.

3) Le **taux d'actualisation K** doit être choisi.

Toute variation minime de l'un de ces trois paramètres entraîne des variations importantes du résultat final. Ce résultat final sera toujours un nombre exact, calculé au centime près. Toujours sous des hypothèses aussi valables que d'autres similaires, qui nous donneraient un résultat très différent. Totalement exact aussi, mais en **apparence** seulement.

Comme je pense que l'estimation de la valeur correcte de ces 3 variables est hors de portée de la plupart des investisseurs, je recommande d'utiliser (pour le cas des entreprises adaptées au long terme, pas pour toutes les entreprises), au lieu de ces méthodes d'actualisation des flux de trésorerie, les fourchettes de PER, de rendement des dividendes, etc., que j'ai discutées et expliquées en détail dans le livre "Comment investir en Bourse à long terme en partant de zéro (Obtenez la retraite que vous méritez grâce aux dividendes)". Parce que je pense qu'elles sont beaucoup plus utiles et plus faciles à utiliser, et qu'elles ne sont **pas moins précises, même si vous n'obtenez pas un résultat qui semble être un chiffre exact.**

Ces méthodes d'évaluation des flux de trésorerie actualisés sont-elles inutiles ?

Non, elles sont utiles. Mais seulement pour les personnes qui ont beaucoup d'expérience et de pratique, et dans les cas où les prédictions pour les années suivantes sont fiables. Les analystes des banques d'investissement, des courtiers, etc., les utilisent parce qu'ils ont une relation très fluide avec les dirigeants des entreprises qu'ils analysent, ce qui leur permet de faire des estimations plus précises de la croissance dans les années à venir (estimations qui, dans de nombreux cas, ne se réalisent pas, non pas parce que les analystes ne font pas bien leur travail, mais parce que, dans la plupart des cas, il est presque impossible d'avoir raison sur les chiffres exacts qui seront donnés à l'avenir). En outre, après des années d'expérience, ils affinent le taux de croissance perpétuelle et le taux d'actualisation K qui conviennent le mieux à chaque entreprise et à chaque phase du marché. Toutefois, ces méthodes ne sont jamais aussi précises qu'elles le paraissent, même si, dans certains cas, elles peuvent constituer un outil utile. Et **n'oubliez pas que la grande majorité des fonds d'investissement ne parviennent pas à égaler les rendements en dividendes des indices auxquels ils se réfèrent**, pour mieux comprendre l'utilité réelle de ces systèmes d'évaluation, qui est assez faible.

Pour toutes ces raisons, je pense que la partie la plus intéressante des rapports d'analystes n'est pas le prix cible, mais le reste des informations qu'ils donnent. Sachant cela, il est facile de comprendre comment les analystes augmentent ou diminuent les prix cibles des entreprises. Lorsque des nouvelles négatives sont annoncées et que le marché boursier chute, en réduisant un peu la prévision de croissance dans la formule et/ou en augmentant un peu le taux d'actualisation K (plus le risque est élevé, plus le taux d'actualisation devrait théoriquement l'être), le prix cible baisse. Inversement, lorsque les nouvelles sont positives et que le marché boursier monte, en augmentant légèrement les taux de croissance prévus dans la formule et/ou en diminuant légèrement le taux d'actualisation K, le prix cible augmente. Vous voyez, de petits ajustements de 1 à 2 % du taux de croissance ou du taux d'actualisation K provoquent les changements de prix que vous voyez généralement dans les médias dans les changements de prix cibles des analystes. Voici le processus qui sous-tend ces changements de prix cibles.

Dans tous les exemples précédents, nous avons parlé du dividende, mais pas du pay-out. On suppose que ce n'est pas la même chose de payer un dividende de 3 dollars avec un pay-out de 50 % qu'avec un pay-out de 25 % ou de 100 %. Si le pay-out ne varie pas tout au long de votre vie d'investisseur, ces méthodes ne font pas de distinction entre le pay-out de l'entreprise, puisque ce qui compte, ce sont les flux (dividendes) que vous allez recevoir. Si vous pensez que l'entreprise modifiera son pay-out à l'avenir, vous devez inclure cette prévision dans vos calculs. Par exemple, si vous pensez qu'à partir de la huitième année, le pay-out passera de 25 % à 50 %, au lieu d'utiliser ces formules pour 5 ans, comme nous l'avons fait ici, vous devrez les utiliser pour 10 ans, par exemple, et calculer les flux attendus (dividendes) en fonction de ce que vous estimez être la variation du pay-out. Il s'agit là d'une complication supplémentaire, car le fait de supposer que le paiement augmentera dans 8 ans, ou dans 6 ans, ou dans 12 ans, modifiera considérablement le résultat de la formule pour cette seule raison. De même qu'il variera fortement selon que l'on suppose que le paiement passera à 50 %, 60 % ou 70 %. De même, il est trop compliqué pour la grande majorité des gens, et pour n'importe quel être humain, de faire des estimations précises à ce sujet.

En général, lorsqu'on examine un objectif de prix, il convient de se demander quelles hypothèses la personne qui effectue le calcul a retenues et **pourquoi elle a retenu ces hypothèses et pas d'autres.**

Pour acquérir de l'expérience avec les flux de trésorerie actualisés, il faudrait les utiliser souvent, faire plusieurs évaluations pour le même cas et les suivre, procéder à des ajustements en fonction de l'expérience antérieure, etc. Trop de temps pour un investisseur individuel, et trop d'ajustements constants pour obtenir des résultats utiles. Pour toutes ces raisons, je pense qu'il est difficile d'obtenir quelque chose de plus précis et de plus utile pour l'investissement à long terme que les fourchettes de PER, de VE/EBITDA, de rendement du dividende, etc. que j'ai mentionnées dans "Comment investir en Bourse à long terme en partant de zéro".

Pourquoi il n'est pas possible de simuler les achats passés dans un indice avec dividendes

Pour effectuer des analyses, des comparaisons, des études, etc., ou pour interpréter celles effectuées par d'autres, afin de choisir la ou les stratégies d'investissement que nous suivons, il est important de comprendre ce que représentent les indices boursiers (qui sont couramment utilisés pour comparer une stratégie à une autre) et comment ils doivent être traités pour parvenir à des conclusions valables.

Les indices de dividendes (appelés "Total Return") nous indiquent le rendement à **partir de n'importe quel moment dans le futur**. Mais ils ne peuvent pas être utilisés pour simuler des achats passés et voir quel rendement aurait été obtenu.

Donner un exemple sur un indice est trop compliqué, car cela nécessiterait trop de calculs, ce qui nuirait à la clarté de l'explication. Nous utiliserons donc un indice composé d'une seule action dans notre exemple.

Imaginons qu'il n'y ait qu'une seule action dans l'indice, qui commence à se négocier à 10 euros. Cette entreprise verse un dividende de 1 euro par an. Le cours de l'action reste inchangé à 10 euros (permettez-moi cette ressource pédagogique pour rendre l'exemple beaucoup plus facile à comprendre), et le dividende reste également inchangé à 1 euro chaque année.

L'indice SANS dividendes aurait un rendement de 0 %, car il resterait indéfiniment à 10 euros (nous supposons que l'indice a le même prix que l'action, 10 euros). Mais l'indice AVEC dividendes augmenterait de 10 % chaque année, car avec ce dividende de 1 euro par an, nous achèterions plus d'actions de la société à 10 euros (en réalité, nous savons déjà qu'il n'est pas possible d'acheter des fractions d'actions, mais dans cet exemple, nous pouvons le faire, de sorte que le raisonnement est plus facile à comprendre).

En d'autres termes, la première année, avec l'euro reçu en dividendes, nous achetons 0,10 action et possédons ensuite 1,10 action.

Cela signifie qu'au cours de la deuxième année, nous recevrons un dividende de 1,10 euro (1 euro de dividende x 1,1 action détenue), ce qui nous permettra d'acheter 0,11 action supplémentaire et de détenir ainsi 1,21 action. Etc.

Il en résulte que l'indice AVEC dividendes aurait cette évolution :

Année 1 : 10,00 euros

Année 2 : 11,00 euros

Année 3 : 12,10 euros

Année 4 : 13,31 euros

Année 5 : 14,64 euros

Année 6 : 16,11 euros

Année 7 : 17,72 euros

Année 8 : 19,49 euros

Année 9 : 21,44 euros

Année 10 : 23,58 euros

Que nous apprend cette série de chiffres ?

Annabelle, qui a acheté la première année une action à 10 euros et qui a réinvesti tous les dividendes, possède aujourd'hui 2 358 actions, qui se négocient à 10 euros et ont donc un prix de marché de 23,58 euros.

Ces 2.358 actions cette année lui donneront un dividende total de 2.358 euros (1 euro par action).

Ce calcul de l'argent qu'Annabelle possède maintenant et du rendement qu'elle a obtenu peut être fait dans ce cas parce qu'elle a investi au moment où l'indice a été créé, mais nous ne pourrions pas l'utiliser comme nous l'avons fait dans ce cas pour simuler combien Suzanne aurait gagné si elle avait fait plusieurs achats au cours des années.

Par exemple, si Suzanne avait investi 1 000 euros en année 3, elle n'aurait pas acheté 82,64 actions (1 000 / 12,10), mais 100 actions (1 000 / 10). Car le cours de l'action en année 3 (comme toujours) était celui de l'indice SANS dividendes, qui dans notre exemple est toujours de 10 euros, et non celui de l'indice AVEC dividendes (12,10 euros, dans notre exemple).

Ainsi, si Suzanne avait investi 1 000 euros par an, elle aurait acheté 100 actions (1 000 / 100) au cours de chacune de ces 10 années. Elle aurait donc aujourd'hui 1 000 actions (100 actions par an x 10 ans) si elle n'avait pas réinvesti les dividendes (mais les avait dépensés, par exemple). Suzanne n'aurait donc PAS :

Année 1 : (1 000 / 10,00 euros) = 100 actions

Année 2 : (1 000 / 11,00 euros) = 90,91 actions

Année 3 : (1.000 / 12,10 euros) = 82,64 actions

Année 4 : (1 000 / 13,31 euros) = 75,13 actions

Année 5 : (1.000 / 14,64 euros) = 68,31 actions

Année 6 : (1.000 / 16,11 euros) = 62,07 actions

Année 7 : (1.000 / 17,72 euros) = 56,43 actions

Année 8 : (1 000 / 19,49 euros) = 51,31 actions

Année 9 : (1 000 / 21,44 euros) = 46,64 actions

Année 10 : (1.000 / 23,58 euros) = 42,41 actions

Total = 675,85 actions

Et combien d'actions Suzanne aurait-elle si elle avait réinvesti les dividendes ?

Pour le calculer, il faut appliquer à chaque achat l'appréciation de l'indice AVEC les dividendes depuis le moment de l'achat.

Les 100 actions de l'année 1 seraient devenues 235,80 actions (puisque l'indice AVEC dividendes est passé de 10 euros à 23,58 euros, soit une augmentation de valeur de 235,8 %, comme dans le cas d'Annabelle).

Pour calculer les parts qu'elle aurait pour l'investissement en année 2, il faut utiliser l'indice AVEC dividendes, pour voir comment il a évolué au cours de ces années. Comme elle est passée de 11 euros à 23,58 euros, c'est une revalorisation de 114,36 % ((23,58 - 11) / 11 x 100). Cela signifie que les 100 actions qu'elle a achetées l'année 2 sont devenues 214,36 actions.

Nous ferions des calculs similaires pour les 10 années, et nous additionnerions les 10 résultats obtenus (230,58 + 214,36 + ...), obtenant ainsi le nombre d'actions que Suzanne aurait aujourd'hui après avoir investi 1 000 euros chaque année, et avoir réinvesti tous les dividendes dans l'achat d'autres actions.

Pourquoi la macroéconomie classique doit-elle être adaptée ?

Par macroéconomie classique, j'entends les points de vue et les théories qui existent sur l'influence des mouvements monétaires, des taux d'intérêt, des déficits ou des excédents commerciaux, des importations et des exportations, du niveau d'emploi, du salaire moyen dans un pays, etc. sur le marché boursier (à la fois sur les résultats des entreprises et sur le prix des actions) et les marchés financiers en général.

La grande majorité de ces théories ont été élaborées lorsque le "monde économique" ne comprenait que les États-Unis, le Japon et la moitié de l'Europe. Jusqu'aux années 1990, l'Europe de l'Est, l'Afrique, l'Amérique latine et le reste de l'Asie (à l'exception du Japon et de l'Australie en Océanie) ne représentaient pratiquement rien pour l'économie mondiale. **Des milliards de personnes vivaient et existaient, mais n'avaient pratiquement aucun impact sur l'économie mondiale, comme si elles n'existaient pas.**

À partir de la chute du mur de Berlin en novembre 1989, l'Europe de l'Est a "vu le jour", mais au cours des années 1990, son poids dans l'économie mondiale a été quasiment nul.

Il en a été de même pour l'Amérique latine, l'Afrique et la quasi-totalité de l'Asie. Au début du XXIe siècle, tous ces continents et régions ont heureusement cessé d'être "rien" et sont devenus de plus en plus **importants dans l'économie mondiale**. Et la différence est **impressionnante**.

En quelques années, le "monde économique" est passé de quelques centaines de millions de personnes (les États-Unis, le Japon et pratiquement la moitié de l'Europe) à plusieurs milliards de personnes. Ces milliards de personnes qui "n'existaient pas" et qui "existent" aujourd'hui ont toujours été là, mais leur influence économique était nulle au niveau mondial. **Cela change tout,**

radicalement.

Car, en outre, ce n'est pas seulement le nombre de personnes, mais aussi leurs **différentes cultures et façons de faire** qui ont une influence. L'économie mondiale n'est rien d'autre que le résultat de ce que fait chaque personne vivant dans le monde. Et la façon d'être et de faire des affaires, la façon d'envisager l'argent, la vie, etc. n'est pas seulement celle de l'Europe et des États-Unis. Les Asiatiques, par exemple, ont une façon de voir la vie différente de celle des Européens et des Américains, ce qui a une **double influence**. D'une part, parce que le nombre de personnes "existantes" est plus important et, d'autre part, parce que ces "nouvelles" personnes ne se comportent pas comme le prévoient les théories économiques classiques, qui ont été conçues pour l'Europe et les États-Unis. Même le Japon, après la Seconde Guerre mondiale, était un pays dont le poids dans l'économie était pratiquement nul. C'est dans les années 70 et 80 du 20e siècle que, dans la pratique, le Japon a commencé à "exister".

Et la moitié de l'Europe qui "existait" (l'Europe occidentale) il y a quelques décennies n'était pas la même qu'aujourd'hui. Par exemple, les théories classiques sur les mouvements monétaires ne prenaient en compte pratiquement, parce qu'il ne pouvait en être autrement, que le dollar, le deutsche mark, la livre sterling, le franc suisse et le yen. La peseta, la lire, le franc belge, le florin néerlandais, la drachme grecque, etc. existaient, mais le poids et l'influence de tous ces pays étaient très différents avant l'euro et après l'euro. L'**euro** est une évolution mondiale très importante, qui influence le comportement de toutes les autres monnaies, les relations commerciales de tous les pays du monde.

Un autre problème important s'ajoute à ce qui précède : **chaque pays utilise ses propres formules** pour calculer les données relatives au PIB, à l'inflation, à l'emploi et à toute autre variable macroéconomique. Ainsi, plus il y a de pays économiquement pertinents, plus le nombre de formules à connaître et à analyser pour les études macroéconomiques est important.

Tout cela, et bien d'autres choses encore, fait que le "monde économique" est complètement différent de ce qu'il était lorsque la plupart des théories économiques ont été élaborées.

Et non seulement ces changements ne sont pas terminés, mais ils ne font probablement que commencer, ils s'amplifient de jour en jour et, **dans quelques années, ils seront beaucoup plus importants qu'aujourd'hui**.

Je pense que tous ces changements seront très positifs pour l'ensemble de l'économie mondiale. Tant pour les entreprises cotées en Bourse que pour celles qui ne le sont pas, et pour tous les habitants de la planète. Mais il sera de plus en plus difficile de prédire les mouvements du marché avec des indicateurs et des théories élaborés il y a plusieurs décennies. Et créer de nouvelles théories et de nouveaux indicateurs qui tiennent compte de tous ces changements sera également trop compliqué pour l'investisseur moyen. C'est une raison de plus pour privilégier l'investissement à long terme en actions sur la base des fondamentaux des entreprises (beaucoup plus faciles à étudier et à analyser que la macroéconomie), et de se méfier des stratégies basées sur les indicateurs macroéconomiques.

Qu'est-ce que la courbe de rendement inversée et pourquoi est-elle importante?

Comme vous le savez, il est **normal que le taux d'intérêt augmente au fur et à mesure que la durée des obligations s'allonge,** toujours en parlant de la même entreprise, du même État, etc.

En d'autres termes, si Siemens a émis des obligations à 1 an, 2 ans et 5 ans, il est normal que l'obligation à 1 an donne un taux d'intérêt plus bas que l'obligation à 2 ans, et que l'obligation à 2 ans donne un taux d'intérêt plus bas que l'obligation à 5 ans. Ceci est normal à la fois au moment où Siemens émet les obligations (que ces 3 obligations aient été émises en même temps ou à des moments différents), et une fois que ces obligations sont déjà négociées sur le marché et que les prix sont fixés par l'offre et la demande.

Il en va de même pour les États. Les obligations émises par les États-Unis, par exemple, ou par tout autre État, présentent généralement cette relation. Les obligations à 1 an rapportent moins d'intérêts que les obligations à 2 ans, les obligations à 2 ans rapportent moins d'intérêts que les obligations à 5 ans, les obligations à 5 ans rapportent moins d'intérêts que les obligations à 10 ans, et ainsi de suite. C'est ce qu'on appelle la "courbe normale" des taux, et c'est la situation habituelle pour les obligations de tous les pays et de toutes les entreprises la plupart du temps.

Une "courbe de rendement inversée" se produit lorsque les obligations à long terme produisent des taux d'intérêt inférieurs à ceux des obligations à court terme. Par exemple, l'obligation américaine à 2 ans rapporte 4 %, tandis que l'obligation américaine à 10 ans rapporte 3 %.

Cela peut se produire pour les raisons suivantes. Nous savons que le **rendement des obligations à 10 ans d'un pays** correspond à peu près à la **somme de la croissance attendue du PIB et de l'inflation attendue**. En effet, acheter des obligations à 10 ans d'un pays revient à investir dans le pays dans son ensemble. Vous vous attendez donc à obtenir le rendement moyen du pays (croissance du PIB) plus l'inflation, afin de ne pas perdre de pouvoir d'achat. Par exemple, si l'on s'attend à ce que l'Allemagne ait une croissance du PIB de 3 % et une inflation de 2,5 % au cours des prochaines années, ses obligations à 10 ans rapporteront environ 5,5 %. Approximativement parce que nous ne savons jamais avec certitude quelles seront les données réelles à l'avenir, et parce que certains investisseurs s'attendront à une chose (une croissance du PIB de 3 %, par exemple), et d'autres investisseurs s'attendront à autre chose (une croissance du PIB de 2,8 %, ou de 3,3 %, etc.). Avec l'inflation, c'est pareil, chaque investisseur peut avoir sa propre estimation, et les estimations de certains investisseurs seront différentes de celles d'autres investisseurs. **C'est pour cela que le marché existe, et c'est pour cela que chaque jour il y a des gens qui achètent et des gens qui vendent.**

Les rendements des obligations dont l'échéance est inférieure à 10 ans sont calculés de la même manière, mais sont quelque peu réduits en raison de la diminution du risque, puisque plus le temps restant pour récupérer l'argent est court, plus le risque est faible pour l'investisseur qui a prêté l'argent. Tous ces prix ne sont fixés par personne, mais résultent de l'offre et de la demande des investisseurs obligataires. Mais dans la pratique, les investisseurs obligataires calculent plus ou moins le prix auquel ils achètent et vendent des obligations de cette manière, et c'est pourquoi les rendements que ces obligations donnent sur le marché se situent plus ou moins dans les fourchettes que je viens de mentionner (PIB + inflation pour l'obligation à 10 ans, et un peu moins au fur et à mesure que l'échéance se raccourcit).

En reprenant l'exemple de l'Allemagne, si à un moment donné ses obligations à 10 ans rapportent 5,5 % sur le marché, les obligations à 5 ans rapporteront 4,70 % (par exemple), les obligations à 2 ans 3,90 % (par exemple), et les obligations à 1 an 3 % (par exemple). Il s'agit d'une courbe normale : plus la durée augmente, plus le taux d'intérêt des obligations augmente.

Supposons maintenant qu'à un moment donné, l'offre et la demande sur le marché obligataire soient telles que les obligations à 2 ans rapportent 4 % et les obligations à 10 ans 3 %. D'après ce que nous avons vu, si les obligations à 10 ans rapportent 3 %, c'est parce que le marché dans son ensemble s'attend à ce que la somme du PIB et de l'inflation (dans les deux cas, il s'agit d'estimations futures) soit de 3 %. Par exemple, que le PIB augmentera de 2 % et l'inflation de 1 %. Dans des circonstances normales, les obligations à moins de 10 ans devraient avoir un rendement inférieur à 3 %.

Pourquoi y a-t-il une divergence entre les obligations à 2 et à 10 ans ?

En effet, les investisseurs dans leur ensemble s'attendent à ce que la somme du PIB et de l'inflation dans le futur soit inférieure à la somme du PIB et de l'inflation dans le présent, pour faire simple. À l'heure actuelle, par exemple, le PIB pourrait croître de 3 % et l'inflation de 2 % (ce qui donne 5 %) et les obligations à 2 ans (en raison de leur risque plus faible) offrent un rendement de 4 %, dans notre exemple.

Mais si les obligations à 10 ans rapportent 3 %, c'est parce que l'on s'attend à ce que la somme du PIB et de l'inflation, qui est actuellement de 5 %, tombe à 3 %. Cela peut se produire en raison d'une baisse du PIB, d'une baisse de l'inflation ou des deux.

Par exemple, si le PIB continue de croître à 3 % au cours des prochaines années et que l'inflation tombe à 0 %, il serait logique que les obligations à 10 ans se négocient à 3 %, car le rendement réel (rendement nominal moins l'inflation) resterait constant à 3 % (5 - 2 = 3 ; 3 - 0 = 3).

Ce qui se passe, c'est que, normalement, une inflation plus faible est positive pour l'économie, et c'est pourquoi il est logique qu'une inflation plus faible soit synonyme d'un PIB plus élevé. Dans ce cas, si l'inflation devait tomber à 0 % à l'avenir, il serait logique que le PIB augmente de 4 ou 5 %, et non de 3 %.

Par conséquent, lorsque l'on s'attend à ce que la somme du PIB et de l'inflation diminue à l'avenir, c'est **très probablement en raison d'une baisse du PIB, et non d'une baisse de l'inflation**. Et si le PIB augmente moins à l'avenir qu'il ne le fait aujourd'hui, l'économie s'en portera moins bien. C'est pourquoi les courbes inversées sont considérées comme annonciatrices de récessions. Les récessions ne se produisent pas parce que les obligations à long terme rapportent un peu moins d'intérêts et que cela nuit à l'économie, mais parce que si les obligations à long terme rapportent un peu moins d'intérêts, c'est parce que les investisseurs obligataires s'attendent (on le suppose) à ce que le PIB augmente moins à l'avenir qu'il ne le fait actuellement. En fin de compte, la courbe inversée n'est que la vision qu'ont les investisseurs obligataires de l'avenir, et ils peuvent se tromper. En effet, le marché obligataire est dominé par de grands investisseurs qui investissent sur la base de leurs prévisions macroéconomiques, comme les banques, les compagnies d'assurance, les fonds communs de placement, les plans de pension, etc. Une courbe inversée signifie donc que la plupart de ces investisseurs, après avoir fait leurs prévisions macroéconomiques, s'attendent à ce que le PIB soit plus faible à l'avenir qu'il ne l'est aujourd'hui.

C'est pourquoi une courbe inversée est un signal à prendre au sérieux, car elle a souvent précédé une récession. Elle n'est pas infaillible, mais elle fait partie de **ces signaux macroéconomiques qui méritent que l'on prenne le temps d'y réfléchir lorsqu'ils se produisent.**

Une nuance importante est qu'il n'existe pas de définition exacte d'une "courbe inversée". Il doit s'agir de ce que nous avons constaté, à savoir que les obligations à long terme rapportent moins d'intérêts que les obligations à court terme. Mais ce n'est pas la même chose si cela se produit un jour, un mois, plusieurs mois, etc. Ce n'est pas non plus la même chose si cette divergence se produit entre les obligations à 1 an et les obligations à 2 ans, ou entre les obligations à 2 ans et les obligations à 10 ans. Ce n'est pas non plus la même chose pour 0,01 % que pour 1 %, etc.

Quoi qu'il en soit, lorsque vous entendez quelqu'un dire que "la courbe est inversée", soyez attentif, car il s'agit de l'un des signaux les plus fiables dans le passé pour prédire les récessions. Nous ne pouvons pas savoir si elle continuera à fonctionner aussi bien à l'avenir que par le passé, mais nous devrions y prêter attention lorsque cette situation se produit. Pourrait-il y avoir une courbe inversée à l'avenir parce que l'on s'attend à ce que le PIB augmente mais que l'inflation diminue, et que la somme du PIB et de l'inflation est inférieure à la somme du PIB et de l'inflation actuels, mais que la courbe inversée annonce une amélioration de l'économie (en raison de la hausse du PIB et de la baisse de l'inflation) ? Oui, cela pourrait être le cas. La macroéconomie, comme nous l'avons déjà vu, est très compliquée, une multitude de facteurs sont impliqués et le résultat final de tous ces facteurs est presque impossible à prédire. Mais lorsqu'une courbe inversée se produit, il convient de la surveiller.

Pour en revenir à la question des obligations, il est très important d'examiner ce que nous avons vu à propos des rendements des obligations à 10 ans, qui correspondent à peu près à la somme de la croissance attendue du PIB et de l'inflation. En effet, la question **de savoir s'il est bon ou mauvais que les taux d'intérêt obligataires augmentent ou diminuent dépend de ce facteur**.

En principe, la hausse des taux d'intérêt obligataires est néfaste pour le marché boursier, mais si les taux d'intérêt obligataires augmentent parce que l'on s'attend à ce que l'inflation se maintienne, ou qu'elle diminue quelque peu, mais que le PIB augmente, alors la hausse des taux d'intérêt obligataires sera une bonne nouvelle pour le marché boursier.

La baisse des taux d'intérêt obligataires est généralement favorable au marché boursier, mais si les taux d'intérêt obligataires baissent parce que l'on s'attend à ce que l'inflation se maintienne, ou s'ils augmentent, mais que le PIB diminue, alors la baisse des taux d'intérêt obligataires sera une mauvaise nouvelle pour le marché boursier.

Considérations relatives aux investissements dans d'autres monnaies

Investir dans d'autres devises est une complication supplémentaire, mais gérable. Par exemple, il est conseillé d'investir aux États-Unis, en Europe et au Royaume-Uni.

C'est une complication car à **tout ce qui doit être pris en compte lors d'un investissement dans sa propre monnaie, s'ajoute l'analyse des monnaies impliquées dans la transaction.**

Comme c'est souvent le cas **lorsqu'on investit à long terme, ce problème est beaucoup moins important que lorsqu'on investit à court et à moyen terme.**

À **très court terme** (opérations de quelques jours ou semaines), ce n'est pas non plus un gros problème. Parfois, cela profitera un peu, parfois cela nuira un peu. En effectuant un grand nombre de transactions, on peut s'attendre à ce que l'effet combiné de toutes les transactions soit mineur, étant donné que toute perte sur une partie des transactions sera plus ou moins compensée par des gains sur le reste des transactions. Il faut garder à l'esprit qu'à un moment donné, il peut y avoir un mouvement brusque en l'espace de quelques jours, pour ou contre. Il est presque certain que pour ceux qui négocient régulièrement, un tel mouvement se produira plusieurs fois. C'est pourquoi, à court terme, il est nécessaire de tenir compte du fait que, si l'on négocie avec un effet de levier (ce que je ne recommande pas), l'effet de levier des opérations dans d'autres devises doit être inférieur à l'effet de levier des opérations dans sa propre devise, afin d'éviter qu'un jour une série de coïncidences ne se produisent et ne conduisent à une perte importante en raison d'un mouvement inattendu dans les devises. Ou, sans être significative, une perte un peu plus importante que prévu pour cette opération, ce qui peut être très fréquent. C'est pourquoi je pense qu'il faut en tenir compte dans la conception du money management du trader (prendre moins de risque dans les opérations dans d'autres devises que dans sa propre devise), qu'il investisse ou non avec un effet de levier.

Je pense qu'il est plus important d'être conscient de la question des devises lorsque l'on investit à **moyen terme**, dans des opérations qui durent quelques mois ou quelques années. Dans ce cas, vous pouvez gagner ou perdre plus avec la devise qu'avec la hausse ou la baisse du cours de l'action (ou du fonds d'investissement, de l'ETF ou autre). C'est pourquoi, à moyen terme, je pense qu'il est crucial d'analyser la devise avec la même importance que l'entreprise ou l'indice dans lequel vous investissez.

L'analyse fondamentale des monnaies est beaucoup plus complexe que l'analyse des entreprises ou des indices boursiers (ce qui est une raison pour réfléchir plus que d'habitude au trading à moyen terme dans d'autres monnaies). **Le moyen le plus abordable que je connaisse pour l'investisseur moyen d'analyser les devises est une combinaison de parité de pouvoir d'achat et d'analyse technique.**

L'analyse d'une monnaie par ses fondamentaux impliquerait une analyse de la dette publique de ce pays (ou continent, pour ceux dont l'euro n'est pas la monnaie locale), de ses balances commerciales, de ses politiques économiques et fiscales actuelles et prévisionnelles, etc. Elle est trop compliquée pour l'investisseur moyen, tant en raison de la complexité technique de tous les calculs à effectuer qu'en raison du temps important qu'elle requiert.

La parité de pouvoir d'achat est un substitut rapide et utile. Elle repose sur l'hypothèse que la même "chose" (produit local) devrait coûter le même effort dans tous les pays, si les taux de change sont équitables. Par exemple, un kilo de pommes de terre coûtera beaucoup plus cher en Suisse que dans un pays émergent mais, dans une situation d'équilibre, un Suisse et un habitant d'un pays émergent coûteront l'équivalent de 10 minutes de travail, par exemple.

Il est important que ces comparaisons soient faites avec un produit local, et non avec des produits importés. Par exemple, pour un Suisse moyen, l'achat d'une Harley Davidson (un produit fabriqué aux

Etats-Unis) peut coûter 3 mois de travail, alors que pour un habitant d'un pays émergent, cela peut coûter 10 ans de travail. Cette différence n'est pas due aux taux de change, mais au niveau de vie très différent d'un pays à l'autre. De même, un fromage français coûtera plus d'heures de travail à un Espagnol qu'à un Suisse. Cela n'est pas dû à la valeur relative de l'euro par rapport au franc suisse, mais au niveau de vie différent en Espagne et en Suisse.

Le hamburger de McDonald's, le Big Mac, se prête bien à ces comparaisons de parité de pouvoir d'achat des monnaies, car il est fabriqué avec des produits locaux dans tous les pays, et un grand nombre de produits et de processus sont impliqués dans sa fabrication. Il est donc très représentatif de l'économie de chaque pays dans lequel McDonald's est implanté.

Un kilo de pommes de terre ou de tomates est également local, mais il s'agit d'une représentation plus limitée de l'économie. Dans le Big Mac, il y a de la viande, divers légumes, des céréales, de l'huile, etc. En d'autres termes, il s'agit d'une bonne représentation du panier d'achat dans chaque pays. Les coûts salariaux (et sans argent noir, ce qui pourrait fausser les comparaisons entre pays), le coût de l'immobilier dans lequel sont situés les restaurants, etc.

En outre, McDonald's est présent dans presque tous les pays du monde et son produit est très homogène dans chacun d'entre eux. Et McDonald's est présent dans des pays qui remplissent les conditions minimales pour être investissables, sinon il n'ouvrirait pas de restaurants dans ce pays. Il s'agit là d'un filtre intéressant pour les devises suivies par cet indice.

Pour moi, la **prudence consiste à ouvrir des transactions à moyen terme dans d'autres devises lorsque ces deux éléments coïncident :**

1) La devise dans laquelle vous souhaitez investir est sous-évaluée par rapport à sa valeur fondamentale.

2) L'action ou l'indice dans lequel vous souhaitez investir est sous-évalué par rapport à sa valeur fondamentale.

Si l'action ou l'indice est sous-évalué mais que la devise ne l'est pas, vous courez un risque plus élevé que d'habitude. Ce n'est pas imprudent, mais je pense qu'il est préférable de rechercher une sous-évaluation des deux en même temps, même au risque de perdre quelques transactions. Néanmoins, je pense qu'il est également valable d'ouvrir la transaction si la devise est en équilibre avec la nôtre. Dans ce cas, il y a un risque que l'autre devise devienne sous-évaluée pendant notre transaction (ce qui nous serait préjudiciable), mais c'est un risque acceptable s'il est connu et tarifé. Il est préférable de rechercher des situations où les deux devises sont sous-évaluées. **Le moyen terme est difficile et il faut se couvrir autant que possible.**

Si la monnaie que nous allons acheter est surévaluée, je pense qu'il est préférable de ne pas effectuer l'opération. Dans de nombreux cas, l'opération rapportera de l'argent, mais par prudence et en fonction des probabilités, je pense qu'il est préférable d'en chercher une autre.

Tant l'entreprise ou l'indice que la devise peuvent bien entendu être soumis à l'analyse technique.

En investissant à plus court terme, il est possible d'ouvrir l'opération lorsque la devise est surévaluée mais dans une situation technique où l'on pense qu'elle a toutes les chances de rester à ce niveau, voire d'accroître sa surévaluation. Logiquement, cela implique un risque plus élevé, qui doit être contrôlé par des stop-loss. Cela ajoute de la complexité, comme toujours lorsqu'on utilise des stop-loss.

Dans le cadre d'un investissement à long terme, je distingue deux phases.

Dans la **phase de formation du portefeuille**, si elle est longue (ce qui est habituel), les variations de devises sont relativement peu importantes. Il se passe la même chose que ce que nous avons vu lorsque nous avons parlé des avantages de faire de nombreux petits achats : parfois nous achèterons haut, parfois bas, et la moyenne des nombreux achats constituera un bon prix d'achat moyen de la devise.

Si la phase de constitution du portefeuille est relativement courte, par exemple parce qu'une personne commence à investir dans des entreprises dans d'autres devises vers l'âge de 60 ans (environ), je pense qu'elle devrait veiller à effectuer des achats dans la devise sous-évaluée (ou pas du tout si ce n'est pas le cas). En effet, vous courez le risque que, dans les quelques années précédant la retraite, la plupart des achats que vous ferez se feront dans la monnaie surévaluée.

Si les actions étrangères sont placées sur un compte dans notre devise et que les dividendes sont automatiquement convertis dans notre devise le jour où ils sont perçus, il en va de même pour les dividendes que nous percevons. Certains seront perçus lorsque la devise est surévaluée, d'autres lorsque la devise est sous-évaluée, et la moyenne sera un bon prix, pour la même raison que nous avons vue lorsque nous avons examiné l'avantage mathématique de faire de nombreux petits achats. Ce n'est pas non plus un problème.

Dans la **phase où vous commencez à vivre de vos revenus,** les changements de devises sont plus importants. À ce stade, les variations brutales des devises entraîneront des variations brutales de nos revenus, parfois en notre faveur, parfois en notre défaveur.

Du point de vue d'un Européen, si nous avons 20 000 dollars de revenus, lorsque le taux de change euro-dollar est de 1 euro = 1 dollar, ces 20 000 dollars représentent 20 000 euros.

Mais si, un an plus tard, le taux de change passe à 1 euro = 1,50 dollar, alors les 20 000 dollars équivalent à 13 333 euros (20 000 / 1,50). Il s'agit d'une réduction de revenu de 33 %.

Si le taux de change passe à 1 euro = 0,75 dollar, les 20 000 dollars deviendront 26 667 euros (20 000 / 0,75), ce qui représente également une augmentation de 33 % du revenu.

Le problème est qu'à ce stade, la moyenne n'est plus aussi importante, à moins qu'il n'y ait un écart important entre les revenus perçus et les dépenses courantes, car les dépenses courantes d'une année ne peuvent être reportées jusqu'à ce que le taux de change devienne plus favorable (peut-être dans plusieurs années), et que les bonnes années compensent les mauvaises. Si, dans l'exemple ci-dessus, les frais de subsistance nécessaires sont de 16 000 à 18 000 euros, l'année où vous gagnez 13 000 euros, vous devrez prendre de l'argent ailleurs pour payer les dépenses habituelles. Il n'est pas impossible de prévoir ce genre de chose, mais il est nécessaire de le faire (il serait imprudent de l'ignorer), et cela ajoute de la complexité.

Par conséquent, le fait **de détenir des revenus dans d'autres devises ajoute de l'instabilité et de la volatilité aux revenus, à l'humeur, etc.**

Cela ne veut pas dire qu'il ne faut pas détenir d'actions de sociétés dans d'autres monnaies lorsqu'on investit à long terme pour obtenir des revenus, mais plutôt qu'il faut veiller à ne pas détenir trop de revenus dans d'autres monnaies afin d'éviter qu'un mouvement de change soudain ne vous fasse passer un mauvais moment. Si vous avez 25 % de vos revenus dans d'autres devises, un mouvement de change défavorable de 40 % réduira votre revenu total de 10 % (0,25 x 0,40 = 0,10), ce qui me semble acceptable. Il me semble donc raisonnable d'avoir jusqu'à 25 % de vos revenus dans d'autres devises. Plus de 25 % en période de prospérité sera particulièrement favorable, mais en période de crise, cela réduira votre revenu d'un pourcentage significatif. Quoi qu'il en soit, je recommande clairement d'investir aux États-Unis, en Europe et au Royaume-Uni.

Quand les filtres d'entreprise sont utiles

Par "filtres d'entreprises", j'entends ces bases de données contenant des milliers d'entreprises qui répertorient les entreprises en fonction d'une multitude de critères, tels que celles dont le ROE est inférieur ou supérieur à X, le PER inférieur ou supérieur à Y, un certain ratio d'endettement inférieur ou supérieur à Z, etc.

Pour commencer par la partie la plus facile, **ces filtres ne sont pas utiles pour l'investissement à long terme**. Les entreprises dans lesquelles investir à long terme ne sont pas choisies en fonction de telles conditions, mais en fonction de leurs barrières à l'entrée, de leurs activités, de leurs perspectives à long terme, etc., comme je l'explique dans "Comment investir en Bourse à long terme en partant de zéro (Obtenez la retraite que vous méritez grâce aux dividendes)". Tout cela ne peut se résumer à des chiffres et, par conséquent, ces filtres ne sont pas utiles pour les investissements à long terme.

Ces filtres sont utiles pour de nombreuses stratégies à moyen terme. Ils sont plus utiles pour écarter les entreprises que pour les choisir, et donc pour gagner du temps, ce qui, comme je l'ai dit, est l'un des principaux inconvénients de l'investissement à moyen terme : le temps qu'il requiert, qui est beaucoup plus élevé que celui de l'investissement à long terme.

Pour comprendre ce que sont réellement ces filtres, je pense que le plus simple est de penser que cette idée est née aux États-Unis, où des milliers d'entreprises sont cotées en Bourse.

Dans un pays comme l'Espagne, où environ 100 à 200 sociétés sont cotées, ces filtres ne sont pas très utiles, car les investisseurs connaissent pratiquement toutes les sociétés cotées et savent quelles sont celles qu'il convient d'étudier pour leur stratégie. En d'autres termes, ce n'est pas que tous les investisseurs connaissent en détail toutes les sociétés cotées en Espagne, mais ceux qui veulent investir dans des sociétés de qualité savent quel groupe de sociétés ils doivent étudier, ceux qui veulent investir dans de petites sociétés de faible qualité font de même, tout comme ceux qui veulent investir dans des sociétés cycliques, ou des sociétés de croissance, etc. Avec ce nombre d'entreprises (100-200), ces types de filtres permettant d'écarter (et non de sélectionner) les entreprises sont peu utiles.

Mais dans un pays comme les États-Unis, où il y a plusieurs milliers de sociétés cotées, il est impossible de connaître toutes les sociétés cotées, voire d'en avoir un aperçu rapide. C'est pourquoi, dans ce cas, ces types de filtres sont utiles. Comme je l'ai dit, ils ne servent pas à sélectionner des entreprises, mais à les écarter et à gagner beaucoup de temps avec elles. Dans cette optique, **il est facile de faire preuve de bon sens pour utiliser ces filtres de la manière la plus utile**.

Imaginons par exemple que Clara souhaite investir dans des entreprises de croissance aux États-Unis et qu'elle apprécie logiquement l'aide de ces filtres. Supposons qu'elle accorde de l'importance au rendement des capitaux propres et qu'elle souhaite donc investir dans des entreprises dont le rendement des capitaux propres est élevé. Elle recherche également des entreprises qui ont enregistré une forte croissance de leur bénéfice par action au cours des deux dernières années. Clara n'utilise pas le filtre pour savoir quelle(s) entreprise(s) acheter, mais pour obtenir une liste de candidats à étudier. C'est pourquoi elle commence par des conditions relativement basses, afin de voir combien d'entreprises remplissent ces conditions à ce moment-là. Par exemple, elle commence avec des conditions de ROE supérieur à 10 % et de croissance du BPA supérieure à 10 %, et imaginons que la base de données contienne 300 entreprises. Comme Clara considère qu'elle a le temps d'examiner rapidement une cinquantaine d'entreprises (et d'en choisir 10 à 15 pour effectuer une analyse plus approfondie de ces 50 entreprises), cette liste de 300 entreprises ne lui est pas d'une grande utilité.

Elle demande donc une nouvelle liste d'entreprises ayant un ROE supérieur à 12 % et une croissance du bénéfice par action supérieure à 14 %, et obtient 100 entreprises, ce qui est encore beaucoup. Elle augmente les conditions à un ROE de 20 % et à un rendement du dividende de 20 %, et il obtient 15 entreprises. 15 entreprises, c'est trop peu, parce qu'elle veut examiner un premier échantillon d'environ 50 entreprises, pour voir dans quelles activités et quels secteurs elles se trouvent, etc. Clara réduit donc un peu les conditions et demande les entreprises qui ont un ROE supérieur à 15 % et une croissance du bénéfice par action au cours des deux dernières années également supérieure à 15 %. Avec ces conditions, elle obtient 56 entreprises, ce qui correspond plus ou moins à ce qu'elle voulait. Elle va maintenant jeter un coup d'œil rapide à ces 56 entreprises, en examinant plus de détails à leur sujet, et dresser une liste des 10 à 15 entreprises qu'elle analysera de manière plus approfondie. Ces 10 à 15 entreprises que Clara va analyser plus en détail ne seront peut-être pas les mêmes que celles qu'elle a trouvées lorsqu'elle a demandé des entreprises dont le rendement des capitaux propres était supérieur à 20 % et dont la croissance du bénéfice par action sur deux ans était supérieure à 20 %. Si Clara avait conservé cette liste, elle aurait peut-être écarté certaines entreprises qui étaient meilleures que celles-ci, même si elles avaient manqué de peu ces conditions. C'est pourquoi **ces filtres ne sont pas utilisés pour sélectionner des entreprises, mais pour les écarter.**

Imaginons maintenant que Paul souhaite investir dans de petites entreprises en difficulté. Il demandera donc au filtre d'éliminer les entreprises dont la capitalisation est inférieure à 100 millions de dollars et dont le résultat net est négatif. S'il obtient 200 entreprises, ce qui lui semble beaucoup, il abaissera la capitalisation maximale à 50 dollars, ou 20 dollars, jusqu'à ce qu'il obtienne une liste d'environ 30 entreprises, ce qui correspond à ce qu'il souhaite. Si, avec 100 millions, il n'obtient que 10 entreprises, il augmentera la capitalisation maximale à 125, 150, etc., jusqu'à ce que les conditions qu'il fixe lui permettent d'obtenir une liste d'environ 30 entreprises.

Martin, qui souhaite investir dans des entreprises cycliques en bas de cycle, demandera à la base de données de lui indiquer les entreprises dont le bénéfice par action a baissé de plus de X % au cours des dernières années.

Il convient d'être particulièrement attentif, lors de l'utilisation des filtres, aux cas des entreprises qui, au cours de la période analysée (qui peut aller jusqu'à 20 ou 30 ans), sont passées **du statut de petite entreprise à celui d'entreprise prospère**. Des entreprises qui sont passées du "garage" à la notoriété mondiale. Elles existent dans tous les secteurs, et pas seulement dans celui de la technologie. Dans ces cas, les taux de croissance sont énormes, mais il faut savoir détecter ce type de situation et se rendre compte qu'il est peu probable que ces taux de croissance se maintiennent à l'avenir, et qu'il est même possible qu'une fois arrivées à maturité, ces entreprises connaissent une croissance inférieure à la moyenne du marché. Les entreprises cycliques, et d'autres, peuvent également donner une image bien meilleure que la réalité sur certaines périodes (qui peuvent parfois être très longues), si leurs trajectoires au cours des années passées sont analysées mécaniquement. En abusant des filtres, on peut perdre beaucoup d'argent. Il est essentiel d'**appliquer beaucoup de bon sens aux résultats des filtres**.

Comme vous pouvez le constater, l'utilisation de ces filtres est simplement une question de bon sens, en mettant en place les conditions qui nous permettent de gagner du temps lors d'une première sélection d'entreprises en vue d'une analyse ultérieure.

En aucun cas, quelle que soit la stratégie d'investissement utilisée, ces filtres ne doivent servir à sélectionner des entreprises. **Ils doivent toujours, absolument toujours, être utilisés pour éliminer des entreprises.**

Les investissements exotiques sont-ils plus rentables ?

En général, ce n'est pas le cas. La raison en est que ce qui est exotique pour nous ne l'est pas pour des millions de personnes. Et chacun **a un avantage lorsqu'il investit chez lui, et un inconvénient lorsqu'il investit à l'étranger.**

Pour un Espagnol, il peut être exotique d'investir au Viêt Nam, par exemple. Il se peut qu'un investisseur espagnol ait lu des études ou des analyses sur Internet concernant le Viêt Nam, et lorsqu'il se compare au reste des investisseurs espagnols, il peut constater que ses connaissances sur l'investissement au Viêt Nam à ce moment-là sont beaucoup plus élevées que celles de l'investisseur espagnol moyen, qui ne sait pratiquement rien de ce pays.

Et il est acceptable pour un investisseur espagnol d'investir au Viêt Nam à tout moment. Mais il doit se rendre compte que ce sentiment d'avoir un niveau de connaissances bien plus élevé que l'investisseur moyen n'est pas réaliste. En effet, il se compare aux investisseurs espagnols, dont la plupart ne pensent pas à investir au Viêt Nam, **mais pas aux investisseurs vietnamiens.**

En réalité, les connaissances de cet investisseur espagnol sont probablement bien inférieures à celles des investisseurs vietnamiens. Il peut toujours être judicieux pour lui d'investir dans ce pays à un moment donné, mais compte tenu des circonstances, il doit s'assurer qu'il le fait avec un faible risque, ce qui est possible en investissant de petites sommes d'argent et/ou en utilisant des "stop-loss".

Une autre chose qui arrive parfois avec les investissements exotiques est qu'il peut sembler que plus l'investissement est rare, plus vous allez gagner de l'argent, mais ce n'est pas nécessairement le cas. En fait, ce n'est généralement pas le cas. **La plupart des investisseurs obtiennent les meilleurs rendements en investissant dans ce qu'ils connaissent le mieux, et non dans l'objet le plus éloigné et le moins familier qu'ils puissent trouver.**

Est-il possible de gagner de l'argent en procédant à des introductions en Bourse à court terme ?

Oui, il est possible pour l'investisseur moyen de gagner de l'argent en participant à des introductions en Bourse à court terme, afin de vendre rapidement. Il s'agit en fait d'une opération commerciale, mais d'**une opération beaucoup plus facile que la normale**. Facile dans le sens où la conception de l'opération est beaucoup plus simple, puisque le **point où placer le stop-loss est très clair**. D'autre part, il est vrai que les **chances de gagner sont un peu plus élevées** que dans les opérations de trading normales.

Le stop-loss doit correspondre au prix de l'introduction en Bourse. Si le prix de l'action augmente au début de la négociation, le stop-loss peut et doit être relevé. Mais au moment où l'action commence à être négociée, elle doit être au prix de l'introduction en Bourse et il n'est pas possible de descendre en dessous. C'est beaucoup plus facile que d'habitude dans le commerce, car **il est très compliqué de fixer correctement des stop-loss, et dans ce cas, il suffit d'utiliser le prix de l'introduction en Bourse comme stop-loss**.

En ce qui concerne les chances de réussite de l'opération, dans les **premiers jours, les souscripteurs et l'entreprise qui fait appel public à l'épargne essaient de faire en sorte que le prix de l'action ne baisse pas**. Ils n'y parviennent pas toujours, mais le premier changement opéré par l'entreprise au cours de la première période de cotation est très important. Si ce prix est déjà inférieur au prix de l'introduction en Bourse, je pense que la meilleure chose à faire est de vendre immédiatement et de clôturer l'opération. Dans ce cas, la perte au cours de ce premier instant sera probablement faible.

Si la hausse initiale est inférieure à 5 % environ et qu'elle commence à se ralentir, il est probablement préférable de vendre dès que possible, car le risque que le prix tombe en dessous du prix de l'introduction en Bourse est élevé. N'oubliez pas qu'à ce stade précoce, les preneurs fermes stabilisent le prix de l'action et que si la hausse est encore relativement faible et qu'elle se ralentit, la pression à la vente risque d'être forte. En outre, au fur et à mesure que les preneurs fermes réduisent leurs engagements de stabilisation (généralement plus importants au cours des 1 à 3 premiers jours, et moins importants par la suite), la vente s'installe et fait baisser le prix. Cette question des engagements de stabilisation est très importante à connaître. Dans ces moments initiaux, si le prix baisse, les banques souscriptrices ont un engagement d'achat (dont le montant exact dépend de chaque cas), ce qui ne se produit pas dans une opération de négociation normale, ce qui **nous donne un avantage important**.

L'identité du vendeur lors de l'introduction en Bourse est également très importante. Les trois types de vendeurs les plus courants sont les gouvernements, les sociétés de capital-investissement ou les propriétaires industriels (les familles qui contrôlent et gèrent l'entreprise, qui sont souvent aussi les fondateurs de l'entreprise).

Parmi ces trois vendeurs, les meilleurs pour les actionnaires minoritaires sont les gouvernements, et les pires sont les sociétés de capital-investissement, sur la base du prix auquel elles introduisent l'entreprise en Bourse. Les propriétaires industriels introduisent parfois l'entreprise en Bourse à un prix aussi bon que les gouvernements, et parfois à un prix aussi mauvais que les sociétés de capital-investissement.

Les États (gouvernements), comme nous l'avons déjà vu, vendent des actions à des investisseurs qui sont aussi des électeurs. Ils pensent donc non seulement à obtenir un bon prix pour la vente, mais aussi à ne pas perdre trop de voix, au cas où l'introduction en Bourse se passerait mal pour leurs milliers d'investisseurs/électeurs. Ce n'est pas toujours le cas (les introductions en Bourse de Deutsche Telekom et de Bankia en sont des exemples contraires), mais c'est le scénario le plus probable. Il est également vrai que les décotes auxquelles les entreprises publiques s'introduisent en Bourse ne sont généralement pas aussi élevées que dans les années 1980 et au début des années 1990, mais elles sont généralement suffisantes pour permettre au moins de réaliser un bénéfice rapide.

À l'autre extrême, on trouve les sociétés de **capital-investissement,** qui ont tendance à introduire des entreprises en Bourse à des prix assez élevés, et généralement le prix des actions de ces entreprises chute brutalement après leur introduction en Bourse, comme nous l'avons vu plus haut. Comme tout vendeur, les sociétés de capital-investissement cherchent à obtenir le prix le plus élevé possible, car elles n'ont pas besoin que ceux qui leur achètent les actions votent pour elles. Il existe ici une asymétrie importante entre les connaissances des vendeurs et celles des investisseurs individuels, qui sont les acheteurs potentiels. Les vendeurs (les sociétés de capital-investissement) savent comment présenter les bons côtés de l'entreprise et justifier une forte croissance future et des valorisations élevées, à l'aide de méthodes telles que l'évaluation des flux de trésorerie actualisés. Vous savez comment elles fonctionnent et à quel point elles sont précises, **bien moins que l'impact psychologique du chiffre exact obtenu grâce à elles** sur des personnes qui ne connaissent pas les rouages de ces méthodes d'évaluation.

Les prévisions de croissance et les valorisations élevées présentées lors de l'introduction en Bourse d'entreprises vendues par des sociétés de capital-investissement ne sont généralement pas atteintes dans la plupart des cas, même si l'entreprise est bonne et que ses performances à long terme sont également bonnes. Mais le prix de l'introduction en Bourse n'est généralement pas le meilleur prix auquel acheter l'entreprise à ce moment-là.

Entre les deux, il y a les **propriétaires industriels**. Ils vendent parfois à des prix élevés, avec une mentalité similaire à celle des sociétés de capital-investissement, et parfois à des prix intéressants (pour les acheteurs), parce qu'ils veulent vraiment avoir un actionnariat heureux et stable. Pourquoi ? Chacun voit l'argent et la vie différemment. Certains veulent maximiser leur rentabilité, quelle que soit leur fortune, d'autres pensent qu'ils vivront de la même manière qu'ils gagnent 500 millions d'euros ou 400 millions d'euros lors de l'introduction en Bourse, et ils sont heureux que ce qu'ils ont créé et sur lequel ils ont travaillé toute leur vie ait une bonne image et soit apprécié par la société.

Mettons tout cela ensemble pour voir comment décider d'acheter ou non dans une IPO à court terme. La question de savoir s'il faut acheter à long terme ou non a déjà été abordée.

Selon le vendeur, il faut aller à toutes les introductions en Bourse faites par les Etats, sauf si l'une d'entre elles se présente mal, pour toutes les raisons que nous allons voir maintenant.

Nous devrions éviter d'assister à toutes les introductions en Bourse de sociétés de capital-investissement, sauf si l'une d'entre elles semble particulièrement intéressante.

Les introductions en Bourse de propriétaires industriels devront être décidées au cas par cas.

Après avoir examiné les vendeurs, nous devons nous pencher sur deux points très importants :

1) L'**évaluation de l'entreprise**

2) L'**atmosphère qui règne** autour de cette introduction en Bourse

Les deux sont très importants, et plus encore le second, l'environnement (n'oublions pas que nous parlons maintenant d'opérations à court terme et non à long terme).

Lorsque nous investissons à long terme, ou à moyen terme, sur la base des fondamentaux, l'élément le plus important est toujours la valorisation de l'entreprise. Un investisseur à long terme ne devrait pas acheter une entreprise qui semble chère parce qu'elle est très à la mode, ou parce que le tableau technique est très attrayant, ou pour toute autre raison. Inversement, si l'entreprise est bonne et bon marché, le fait qu'elle ne soit pas à la mode n'est pas un problème pour un investisseur à long terme, mais une raison supplémentaire d'acheter.

Mais ce qui importe vraiment ici, c'est de savoir si nous pourrons ou non vendre ces actions à un prix supérieur à celui de l'introduction en Bourse à **court terme**. Que ce soit cher ou bon marché est secondaire. Cela nous aidera à prendre la décision de participer ou non à l'introduction en Bourse, mais notre objectif principal à ce stade n'est pas de déterminer si le prix est cher ou bon marché. **Ce qui nous importe vraiment, c'est d'estimer si le prix semble cher ou bon marché à l'ensemble des investisseurs.**

En fait, c'est **exactement le contraire de ce que l'on fait quand on investit à long terme**. Lorsque vous investissez à long terme, ce qui compte, c'est que l'entreprise vous semble bon marché. Et si elle ne semble pas bon marché à la plupart des gens, tant mieux, car plus le prix de l'action baissera, moins nous pourrons acheter cher.

Mais **ici, nous devons penser à l'inverse**. Nous devons avoir une opinion sur la question de savoir si le prix de l'introduction en Bourse est cher ou bon marché, mais seulement à titre indicatif, car ce qui compte vraiment ici, ce n'est pas ce que nous pensons, mais ce **que les autres pensent**.

En outre, il n'est pas possible d'attendre ici. Soit vous achetez au moment de l'introduction en Bourse, soit vous n'achetez pas du tout. Une fois que la société commence à être cotée, vous pouvez l'acheter comme n'importe quelle autre société, bien sûr, mais c'est une autre stratégie, pas celle dont nous parlons ici, qui consiste à aller à l'IPO en espérant obtenir un rendement initial élevé dans les premiers jours de cotation. Donc ici on ne peut pas se dire "cette société à PER X n'est pas mal, mais je vais attendre un peu parce que je pense qu'elle va baisser un peu, etc". Soit nous participons à l'introduction en Bourse, soit nous n'y participons pas. Et si nous n'y allons pas, une seconde après que la société ait commencé à être cotée en Bourse, nous parlons déjà d'autre chose, pas de cette stratégie. Le prix de l'introduction en Bourse est un soutien très important, en raison de ce que j'ai dit précédemment au sujet des banques de souscription. Mais ce support ne fonctionne, quand il fonctionne, qu'au cours des premiers jours de cotation, tout au plus. Parfois, il est cassé dès le premier instant, et dans ce cas, il est nécessaire de vendre immédiatement. Ce type de soutien ne se produit pas une fois que le prix de l'action est libre sur le marché ; il s'**agit d'une particularité des introductions en Bourse**.

C'est pourquoi le facteur le plus important est l'atmosphère qui règne autour de l'introduction en Bourse, qu'il y ait beaucoup ou peu de gens qui disent qu'ils vont acheter, que les personnes qui participent à l'introduction en Bourse demandent le montant minimum (parce qu'elles ne sont pas très enthousiastes) ou qu'elles demandent beaucoup d'argent (parce qu'elles voient très clairement ce qu'il en est), etc.

Il n'y a pas de formule ou de ratio pour cela, c'est juste une **question d'intuition, d'expérience et d'un peu de chance.**

La situation générale du marché boursier est également déterminante. Dans un marché haussier, les chances d'une introduction en Bourse réussie (à court terme) sont beaucoup plus élevées que dans un marché latéral ou baissier.

L'une des données à prendre en compte est la **sursouscription**, mais elle n'est pas entièrement fiable. La sursouscription est le nombre de fois (généralement exprimé comme tel) où les demandes d'actions dépassent les actions à vendre.

Imaginons que 10 millions d'actions soient vendues lors de l'introduction en Bourse à 50 euros. Cela fait un total de 500 millions d'euros. S'il y a des demandes pour des actions d'une valeur de 1 milliard d'euros, la sursouscription est de 2 fois, s'il y a des demandes pour 10 milliards d'euros, la sursouscription est de 20 fois, et ainsi de suite.

Plus la sursouscription est élevée, mieux c'est. Mais ce n'est pas toujours fiable, comme je l'ai dit. Il peut y avoir des fonds d'investissement, des plans de pension, etc., qui gonflent artificiellement leurs demandes pour générer des attentes. Il se peut aussi qu'ils réduisent ces demandes pour faire l'inverse, réduire les attentes et finalement acheter plus d'actions à de meilleurs prix (lors de l'introduction en Bourse, ou juste après le début de la cotation). En outre, les **demandes des investisseurs institutionnels** peuvent être placées et retirées librement, et souvent même lorsque les investisseurs individuels ne peuvent plus faire de nouvelles demandes ou retirer celles qu'ils ont déjà faites.

Un autre facteur important est l'évolution de la **fourchette de prix**. Lorsqu'il est annoncé que l'entreprise va entrer en Bourse, une large référence est généralement donnée. Par exemple, entre 4 et 6 euros. Au fur et à mesure que le processus progresse, cette fourchette se rétrécit et, au début de l'introduction en Bourse, une fourchette de prix indicative est incluse dans le prospectus de l'introduction en Bourse, par exemple entre 5 et 5,50 euros.

Si, au fur et à mesure que la période d'appel progresse, la fourchette tombe entre 5 et 5,25 euros, puis entre 4,75 et 5, etc, c'est en principe un mauvais signe. Ce n'est pas toujours le cas, vous devez l'estimer en fonction de votre évaluation fondamentale et de l'environnement. Cet abaissement de la fourchette peut s'expliquer par une demande moins forte que prévu de la part des fonds d'investissement, des plans de pension, des particuliers, etc. (ce qui est généralement un signe que l'introduction en Bourse a peu de chances d'aboutir), ou par le fait que l'on veut lancer l'introduction en Bourse avec une décote, et qu'il y a ce gain initial dont nous parlons, et que l'on a vu qu'avec la fourchette de prix précédente, il y avait peu de chances que cela se produise. Quoi qu'il en soit, aucun ratio ne peut nous aider à déterminer dans quel cas nous nous trouvons, c'est l'environnement qui compte.

Si la fourchette de prix augmente, par exemple entre 5,50 et 6 euros, c'est généralement un meilleur signe, car cela indique qu'il y a beaucoup de demande, et c'est ce qui est nécessaire pour faire ce premier profit. Il est préférable d'acheter à 6 euros et de vendre à 7 euros le premier jour de négociation, que d'acheter à 5 euros et de devoir vendre à 5,10 euros parce que le prix n'augmente pas. Il arrive aussi qu'ils augmentent la fourchette pour profiter au maximum de la demande et sortir l'entreprise au prix le plus cher possible, avec le moins de hausse possible. Mais en principe, et à court terme, il est préférable qu'au fur et à mesure que l'introduction en Bourse progresse, la fourchette augmente plutôt qu'elle ne diminue.

N'oubliez pas que nous parlons ici du très court terme. Si vous voulez participer à cette introduction en Bourse à long terme, il est préférable que le prix soit de 5 euros, même s'il tombe à 4 euros, car cela vous permettra d'acheter plus d'actions avec le même argent et de gagner plus à l'avenir. En revanche, si vous participez à une introduction en Bourse à très court terme, ce **qui compte pour vous, c'est l'écart initial que fait le prix de l'action, et non le prix auquel l'entreprise se négociera dans quelques mois ou dans quelques années**.

La conséquence de la demande plus ou moins forte lors de l'introduction en Bourse est l'**attribution des actions au prorata**. Il y a répartition au prorata lorsqu'il n'y a pas assez d'actions pour tous ceux qui les ont commandées. Le problème qui se posait il y a quelques années était que si beaucoup de personnes commandaient des actions lors d'une introduction en Bourse, chacune d'entre elles recevait très peu d'actions d'une valeur de quelques dizaines d'euros. Cela ne satisfaisait personne, car les commissions pour la vente de ces actions, ou leur détention, représentaient un pourcentage élevé du peu d'argent investi. Il fallait donc trouver un moyen de résoudre ce problème.

Ce qui a été imaginé, c'est la loterie, c'est-à-dire que si beaucoup de gens demandent des actions, tout le monde ne recevra pas d'actions, mais ceux qui se verront attribuer des actions recevront un montant suffisant (au moins autour de 1 000 à 2 000 euros, selon les cas).

En règle générale, plus la demande d'actions est élevée et moins les bénéficiaires sont nombreux, plus la hausse à court terme est importante. Toutefois, cela n'est pas vrai dans 100 % des cas. Par exemple, lors de l'introduction en Bourse d'Aena, toutes les personnes qui en ont fait la demande ont reçu des actions et cette introduction en Bourse a été l'une des plus performantes dès le premier jour. Cela a probablement été influencé par le fait qu'elle a eu lieu à un moment où la situation économique était mauvaise et où l'intérêt de la majorité de la population pour le marché boursier était très faible. Mais en règle générale, si l'on s'attend à ce que la proratisation soit faible, les chances d'une forte hausse à court terme sont réduites.

La manière dont le tirage au sort est effectué peut varier, et a d'ailleurs déjà varié à l'occasion. La méthode habituelle consiste à déterminer le nombre d'actions à attribuer à chaque personne lors de chaque introduction en Bourse (lorsqu'il n'y a pas assez d'actions pour tout le monde) en triant les noms des investisseurs par ordre alphabétique et en attribuant un nombre minimum d'actions jusqu'à ce que le nombre d'actions soit épuisé. Par exemple, supposons qu'il soit décidé que le nombre d'actions à attribuer est de 25, et que le prix par action est de 50 euros. 300 000 personnes ont commandé des actions et le nombre d'actions à vendre dans la tranche de détail est de 500 000. Cela signifie que seules 20 000 personnes (500 000 / 25) sur les 300 000 personnes qui ont commandé des actions peuvent se voir attribuer des actions. Les noms des 300 000 personnes qui ont commandé des actions sont classés par ordre alphabétique et, à partir d'une lettre déterminée par le tirage au sort (par exemple J), 25 actions sont attribuées à chaque investisseur, jusqu'à ce que le nombre de 20 000 soit atteint.

La **répartition des tranches** lors de l'introduction en Bourse est également importante. Surtout si et pourquoi elle est modifiée au milieu de l'introduction en Bourse.

Les introductions en Bourse comportent deux tranches importantes : la tranche institutionnelle et la tranche de détail. Il peut parfois y avoir d'autres tranches, telles que la tranche des employés de l'entreprise, qui tendent à être beaucoup moins importantes.

La tranche institutionnelle est constituée des actions qui seront achetées par les grands investisseurs, tels que les fonds d'investissement, les plans de pension, etc. La tranche "retail" correspond aux actions qui seront achetées par les investisseurs particuliers. Par exemple, une entreprise va vendre 100 millions d'actions lors de son introduction en Bourse et alloue 75 millions d'actions à la tranche institutionnelle et les 25 millions restants à la tranche de détail. L'important ici est de voir quels indices cela peut donner sur l'intérêt des investisseurs institutionnels, ce qui est décisif pour que le prix augmente ou non lorsqu'il commence à être négocié.

Une fois l'introduction en Bourse lancée, il peut y avoir un transfert d'actions d'une tranche à l'autre. En général, le transfert se fait de la tranche institutionnelle vers la tranche des particuliers.

Du moins jusqu'à présent, il n'y a de transfert de la tranche des particuliers vers la tranche institutionnelle que si l'intérêt des particuliers est très faible et qu'il est clair qu'il restera des actions dans la tranche des particuliers. En principe, c'est un mauvais signe, car presque toujours lorsque cela se produit, c'est parce que l'introduction en Bourse n'est pas très intéressante (parce qu'elle est coûteuse, parce que l'entreprise n'est pas intéressante, en raison de la situation actuelle du marché, etc.

S'il y a un transfert d'actions de la tranche institutionnelle vers la tranche de détail, c'est très positif car il y a beaucoup de demandes de la part des détaillants et l'on considère que la tranche de détail initiale était trop faible. Ainsi, pour réduire une partie de l'important prorata, davantage d'actions seront allouées à cette tranche de détail.

Mais s'il y a un tel glissement des institutionnels vers les particuliers et que les raisons invoquées ne sont pas claires, la cause la plus probable est que l'intérêt des institutionnels est faible, plus faible que ce qui était initialement prévu. Si tel est le cas, il est peu probable que l'introduction en Bourse soit couronnée de succès. En outre, les investisseurs individuels peuvent seulement participer à l'introduction en Bourse, ou ne pas y participer, mais ils ne peuvent rien négocier. Les investisseurs institutionnels, en revanche, négocient, et négocient beaucoup, tout au long du processus d'introduction en Bourse. Les investisseurs institutionnels peuvent placer leurs ordres en fonction d'un prix. Par exemple, "si le prix est inférieur à 5 euros, je veux 1 million d'actions, s'il est compris entre 5 et 5,50, je n'en veux que 200 000, et s'il est supérieur à 5,50, je ne veux aucune action". Mais ils n'écrivent pas cela sur un ordinateur et attendent, ils en discutent avec les banques souscriptrices lors de réunions, d'appels téléphoniques, etc. Cet achat d'un million d'actions si le prix est inférieur à 5 euros, par exemple, qui est donné aujourd'hui, peut être modifié demain pour un autre achat de 900 000 actions, ou de 1 200 000 actions si le prix est inférieur à 5 euros. Ou encore, on peut garder 1 million d'actions, mais augmenter le prix à

5,15 euros, ou le baisser à 4,80 euros. Etc. Le fait est que les investisseurs institutionnels négocient d'abord le prix, et beaucoup, et s'il y a un transfert d'actions de la tranche institutionnelle vers la tranche de détail, c'est parce que les négociations sur le prix n'ont pas abouti, que les investisseurs institutionnels considèrent que c'est cher, et que lors de l'introduction en Bourse, ils vont finalement acheter moins que ce qu'ils avaient prévu. Et si le prix de l'introduction en Bourse (supposons 6 euros) est considéré comme cher par la plupart des investisseurs institutionnels, il est très peu probable qu'une fois que la société commencera à opérer, ils commenceront à acheter des actions à 6,20 ou 6,50 euros, par exemple, alors qu'ils auraient pu acheter la veille beaucoup plus d'actions qu'ils n'en ont achetées à 6 euros, et qu'ils n'ont pas voulu le faire.

Une fois que la décision est prise de procéder à l'introduction en Bourse, la chose la plus importante est que le stop-loss doit être au prix de l'introduction en Bourse, comme je l'ai dit plus haut. S'il n'est pas respecté, la chose raisonnable et logique à faire est de vendre immédiatement et de clôturer l'opération.

Si le prix de l'action augmente au moment de l'introduction en Bourse, il est difficile de choisir le moment de la vente. Vous pouvez utiliser l'analyse technique, mais comme il n'y a pas d'historique, vous devez utiliser des graphiques à très court terme, 5 minutes, 15 minutes, ou quelque chose comme ça. Le premier problème est que ces graphiques sont généralement payants et qu'il ne vaut pas la peine de payer les frais correspondants juste pour utiliser ce service pendant un ou quelques jours. Le deuxième problème est que l'investisseur moyen doit travailler et ne peut pas passer ses journées devant l'écran.

Si, pour une raison quelconque, vous êtes en mesure de le faire, il est préférable que la décision de vendre soit prise à l'aide de l'analyse technique et des chandeliers, ou d'un outil similaire.

La plupart des gens n'en seront pas capables et n'auront d'autre choix que d'utiliser leur intuition. Ce n'est peut-être pas très scientifique, mais pensez que la plupart des personnes qui font ces opérations n'en vivent pas. Le choix est de gagner plus ou moins d'argent, mais de gagner de l'argent quand même, et d'une manière relativement facile. De plus, les sommes d'argent seront relativement faibles. Pensez que si l'introduction en Bourse vous donne 1 000 ou 2 000 euros et que le prix de l'action augmente de 10 à 30 %, le bénéfice se situe entre 100 et 600 euros environ. C'est bien pour quelques jours (l'argent est bloqué pendant quelques jours, entre la clôture du délai de demande d'actions et le début de la cotation de l'action), mais ce n'est pas suffisant pour faire de gros investissements dans des connexions en temps réel, perdre un ou plusieurs jours de travail (ce qui ne garantirait pas non plus que votre bénéfice soit plus élevé), etc.

Par conséquent, si l'introduction en Bourse s'est bien déroulée et que vous gagnez de l'argent, vendez quand votre intuition vous le dira et n'y pensez plus.

Il arrive que de gros actionnaires s'engagent, au moment de l'introduction en Bourse, à ne pas vendre leurs actions avant un délai d'au moins X jours. Cette période de X jours est la **"période de blocage"**. Les actionnaires qui prennent cet engagement sont généralement l'actionnaire principal avant l'introduction en Bourse, d'autres actionnaires concernés (même s'ils ne sont pas majoritaires), les banques garantes, etc. Si, à la fin de la période de blocage, il y a des ventes massives, ces ventes massives sont appelées "overhang". Les deux termes, lock-up et overhang, figurent dans les textes de toute documentation relative aux introductions en Bourse. Il convient donc de les connaître et de suivre les informations données à leur sujet lorsqu'on investit dans des introductions en Bourse, en particulier si l'on investit dans des introductions en Bourse à court ou à moyen terme, comme c'est le cas dans la présente section.

Un dernier détail : en général, le montant que vous obtenez lors d'une introduction en Bourse est relativement faible, mais il est parfois possible d'utiliser plus d'un compte. Par exemple, il est parfois possible de faire une demande à un nom individuel et une autre sur un compte où il y a d'autres titulaires. Par exemple, Raphaël peut faire une demande de 1 500 euros sur un compte qui est à son seul nom, et une autre demande de 1 500 euros sur un autre compte qu'il a avec sa mère. Et si les frères et sœurs de Raphaël ne participent pas à l'introduction en Bourse, pour quelque raison que ce soit, et que Raphaël veut y aller avec plus que ces 3 000 euros, il peut effectuer un virement de 1 500 euros à chacun de ses trois frères et sœurs, ils peuvent aller à l'introduction en Bourse avec cet argent et, une fois les actions vendues, ils peuvent régler les comptes entre eux.

Pourquoi il est possible de gagner de l'argent relativement facilement avec des PTB partielles

Dans mon livre "Options et contrats à terme à partir de zéro (C'est aussi beaucoup plus facile que vous ne le pensez)", j'explique ce qu'est l'arbitrage, pourquoi il est si positif pour la formation correcte des prix, et pourquoi ce n'est pas quelque chose que les investisseurs individuels peuvent faire, car les investisseurs institutionnels ont un avantage insurmontable sur les particuliers en raison des commissions et de l'agilité de l'opération.

Les PTB partiels sont un cas particulier, car dans les PTB partiels, les investisseurs individuels peuvent gagner de l'argent grâce à l'arbitrage, ou à quelque chose de **très similaire à l'arbitrage.**

Lors d'une offre publique d'achat normale portant sur 100 % de l'entreprise, le prix de l'action augmente généralement rapidement pour atteindre presque le prix de l'offre publique d'achat.

Par exemple, si Repsol se négocie à 12 euros et que quelqu'un lance une offre publique d'achat pour 100 % de Repsol à 15 euros, le prix de l'action augmentera rapidement pour atteindre presque 15 euros (14 euros et de nombreux centimes). Si l'on s'attend à ce qu'il y ait une offre publique d'achat concurrente, le cours pourrait dépasser 15 euros, par exemple 16, 17 ou 20 euros, en fonction des attentes concernant l'offre publique d'achat concurrente. La raison en est que si plusieurs personnes sont intéressées par l'achat de Repsol, soit elles font leurs offres maintenant, soit elles ne pourront plus jamais acheter Repsol (ou du moins pas avant des décennies, très probablement).

Imaginons qu'au moment où Repsol se négocie à 12 euros, c'est BP qui fait une offre publique d'achat à 15 euros. S'il est le seul intéressé, le cours de l'action montera rapidement à 14 euros et de nombreux centimes. Mais s'il y a plusieurs parties intéressées, il montera à 17 euros, par exemple.

Comment les petits investisseurs peuvent-ils savoir que d'autres compagnies pétrolières sont réellement intéressées par le rachat de Repsol lorsque BP lance son offre publique d'achat à 15 euros ?

Les investisseurs individuels ne le savent pas, mais les banques d'investissement, les fonds d'investissement, les plans de pension, etc., entendent depuis un certain temps que Royal Dutch et Exxon, par exemple, étudient également une offre publique d'achat pour Repsol, et que jusqu'à 18-20 euros l'achat de Repsol sera rentable pour n'importe laquelle de ces trois compagnies pétrolières en raison de la valeur des analystes de Repsol, des synergies qui seront obtenues, etc.

Ce sont ces banques d'investissement, ces fonds d'investissement, etc., qui achètent en masse des actions de Repsol et sont prêts à payer jusqu'à 17 euros environ, en espérant que Royal Dutch et/ou Exxon entreront dans une guerre de prise de contrôle, et que celui qui gagnera à la fin paiera environ 18-20 euros.

Dans cette situation, toutes les parties intéressées savent que si Royal Dutch et Exxon ne font pas rapidement une meilleure offre pour Repsol (et elles peuvent le faire parce que c'est rentable pour elles), elles ne pourront plus l'acheter, car si BP finit par l'acheter à 15 euros, elle ne la vendra pas peu après (cela pourrait arriver, mais c'est très improbable, car il est normal qu'elle l'intègre à ses actifs et que l'opportunité d'acheter Repsol pour le reste des compagnies pétrolières intéressées par elle disparaisse).

Mais que se passe-t-il si l'offre publique d'achat de Repsol ne porte pas sur 100 %, mais seulement sur 10 % de son capital social ? Par exemple, parce qu'il s'agit d'une offre publique d'achat de Repsol pour des actions détenues en propre. Ou parce que BP ne veut acheter que 10 %, quelle qu'en soit la raison.

Dans ce cas, il est très peu probable que le cours de l'action Repsol se rapproche des 15 euros offerts dans le cadre de l'OPA sur 10 % de son capital. Le scénario le plus probable est qu'il se maintienne autour de 12 euros, peut-être un peu plus, mais relativement loin des 15 euros. Suffisamment loin de 15 euros pour qu'il soit intéressant d'acheter des actions Repsol sur le marché à 12 euros, par exemple, et d'aller à l'OPA à 15 euros, en obtenant ce gain "sûr" de 3 euros par action.

Alors pourquoi cela ne se passe-t-il pas comme dans les introductions en Bourse normales, où les grandes banques d'investissement et les autres investisseurs institutionnels utilisent leurs liquidités disponibles, voire empruntent si nécessaire, pour acheter autant d'actions qu'ils le peuvent tant qu'ils réalisent un bénéfice, aussi faible soit-il ?

Parce que cette plus-value est certaine, **mais seulement pour un nombre limité d'actions**, pas pour n'importe quel nombre d'actions.

Dans une OPA à 100 % à 15 euros, vous savez qu'ils vont acheter toutes les actions que vous avez, quelles qu'elles soient, sans aucune limite. C'est pourquoi le prix de l'action augmente au point que l'achat à ce prix (14 euros et plusieurs centimes) et la vente dans le cadre de l'offre publique d'achat donnent un rendement très similaire à celui de la dette publique, des dépôts bancaires ou des revenus fixes à court terme en général. Dans ce cas, la sécurité est de 100 % (ou presque, car si, pour une raison ou une autre, l'offre publique d'achat n'était pas réalisée, ce qui semblait certain ne le serait plus, et les investisseurs qui s'étaient engagés dans cette opération pourraient finir par faire des pertes). Je profite de l'occasion pour vous dire que dans certains cas, ces situations peuvent être utilisées par les investisseurs individuels comme substitut à un dépôt bancaire à taux fixe. En d'autres termes, en achetant parfois au prix du marché et en vendant dans le cadre de l'offre publique d'achat, et après déduction de toutes les commissions, vous pouvez obtenir un rendement légèrement supérieur à celui que vous obtiendriez en plaçant votre argent dans un dépôt à terme fixe pour la même période de temps. Par exemple, vous gagnez 3 % au lieu des 2 % que vous obtiendriez pour la même période sur un dépôt bancaire. Cela peut être une alternative pour augmenter le rendement de l'argent que vous avez en revenu fixe, mais vous devez être très sûr que le PTB aura lieu, sinon vous ferez une perte. Dans la pratique, il arrive de temps à autre que la probabilité que l'offre publique d'achat ait lieu soit pratiquement de 100 % et que l'on puisse obtenir un rendement légèrement supérieur à celui des titres à revenu fixe à ce moment-là. Ces cas se produisent lorsque la date précise à laquelle l'offre publique d'achat sera faite n'est pas connue, que ce soit dans 3 mois ou dans 5 mois, par exemple. Cette incertitude rend l'arbitrage difficile pour les investisseurs institutionnels, ce qui peut conduire à une petite opportunité de ce type pour les investisseurs individuels.

Mais une offre publique d'achat partielle fonctionne différemment. Dans une OPA partielle, une banque peut acheter 1 million d'actions à 14,80 euros et constater que seules 150 000 actions sont achetées à 15 euros, par exemple, et que les 850 000 autres actions doivent être vendues sur le marché, au prix qu'elle peut payer (qui peut être plus proche de 12 euros que de 15). C'est pourquoi, dans ces cas, les investisseurs institutionnels ne peuvent pas acheter des actions en grande quantité, car ils risquent alors de perdre de l'argent.

Comment savoir quel sera le nombre maximum d'actions qui seront achetées dans le cadre d'une offre publique d'achat partielle ? Il faut attendre la fin de l'offre publique d'achat pour savoir avec certitude combien d'investisseurs y ont participé. Ce n'est qu'à ce moment-là qu'il sera possible de faire le calcul final et de voir si le nombre maximum d'actions qui seront achetées à chaque investisseur sera de 223, 457 ou 98, par exemple. C'est toujours après que nous devons décider du nombre d'actions à acheter pour participer à l'offre publique d'achat partielle.

C'est pourquoi il s'agit d'un bénéfice "sûr" entre guillemets, car si nous achetons plus d'actions que celles qui seront achetées plus tard dans le cadre de l'OPA (et nous ne pouvons absolument pas le savoir à l'avance), les actions restantes ne seront pas vendues à 15 euros dans le cadre de l'OPA, mais nous devrons les vendre sur le marché au prix que nous pourrons, ou les garder.

Le nombre d'actionnaires que compte l'entreprise à ce moment-là est la première donnée qui peut être utilisée pour faire une estimation, mais elle n'est pas très fiable. En effet, certains (ou beaucoup) d'actionnaires ne participeront pas à l'offre publique d'achat partielle. Cependant, certains (ou de nombreux) investisseurs qui n'étaient pas actionnaires de la société achèteront des actions à ce moment-là uniquement pour participer à l'offre publique d'achat partielle. Et parmi ceux qui achètent, certains achèteront plus d'actions et d'autres moins, ce qui influencera également le nombre maximum d'actions qui seront achetées à la fin par chaque investisseur.

Dans la pratique, ces introductions en Bourse partielles sont similaires aux introductions en Bourse. Vous devez évaluer l'environnement pour décider du nombre d'actions que vous allez acheter pour participer à l'IPO partielle. Si vous n'aimez pas suffisamment l'entreprise pour la conserver à moyen ou long terme au prix auquel vous l'achetez, essayez d'acheter moins d'actions que vous pensez qu'elles seront achetées dans le cadre de l'offre publique d'achat partielle.

Dans les PTB partiels, il est également possible d'utiliser plusieurs comptes, comme nous l'avons vu dans l'exemple des IPO avec Raphaël, sa mère et ses frères et sœurs. Il faut savoir qu'il est parfois possible de faire une demande individuelle (Raphaël seulement) et une demande conjointe (Raphaël et sa mère), et parfois non (on ne peut en faire qu'une seule, et si Raphaël fait ces deux demandes, on lui attribuera l'une ou l'autre, mais pas les deux).

Toutefois, s'il existe une décote intéressante sur une offre publique d'achat de 100 % (plus que le petit gain que j'ai mentionné lorsque la seule incertitude est la date à laquelle l'offre publique d'achat aura lieu), l'offre publique d'achat n'est pas certaine et il est très difficile pour un investisseur individuel d'estimer la probabilité que l'offre publique d'achat se termine bien ou mal. Je fais référence au cas, par exemple, où une offre publique d'achat est lancée sur l'entreprise X à 10 euros par action et que le prix de l'action reste à 8-9 euros. Dans ce cas, il semble que nous ayons un bénéfice sûr si nous achetons par exemple à 9 euros et attendons la fin de l'OPA pour vendre à 10. Mais si nous pouvons acheter à 9, ce **qui est certain, c'est qu'il n'est pas certain** (redondance mise à part) que l'OPA se termine avec succès et que nous vendions à 10.

S'il est certain (comme dans la vie, rien n'est sûr à 100 %, mais 99,99999 % le sont) que l'OPA aura effectivement lieu, alors le cours de l'action ne sera pas à 9 euros, mais à 9,90, plus ou moins. Cette petite décote entre les 10 euros et les 9,90 euros auxquels l'action est cotée est due à l'arbitrage que nous avons déjà vu, puisque lorsqu'une offre publique d'achat est certaine, les actions de cette société deviennent équivalentes à des revenus fixes à court terme (comptes et dépôts bancaires, bons du Trésor, etc.). Si d'ici à ce que l'OPA soit terminée et que les 10 euros par action soient versés sur le compte, un dépôt bancaire moyen rapporte 1 %, par exemple, le cours de l'action se négocie de telle sorte qu'en achetant aujourd'hui et en attendant l'OPA, on gagne à peu près le même 1 %. Dans la plupart des cas où l'on est totalement certain que l'offre publique d'achat aura lieu et que le jour où l'argent sera collecté, cette petite réduction sera si faible que les investisseurs institutionnels en profiteront, en raison des commissions inférieures à celles des investisseurs individuels, comme nous l'avons déjà vu.

Si, au lieu de ce 1%, nous pouvons apparemment faire 10%, par exemple, les avocats et les analystes des grandes banques d'investissement estiment que la probabilité que l'offre publique d'achat se produise réellement est relativement faible. Mais cette probabilité ne sera probablement pas nulle. Si l'offre publique d'achat a lieu, ceux qui ont acheté à 9 et vendu à 10 lors de l'offre publique d'achat auront apparemment réalisé un profit facile et sûr. Mais ce ne sera pas le cas. C'est une stratégie perdante à long terme, même si elle peut parfois donner de bons résultats. En effet, le rapport entre le gain potentiel (le passage de 9 à 10) et la perte potentielle (jusqu'où l'action descend en dessous de 9 euros au moment où l'OPA est annulée, si elle est annulée) est défavorable. En moyenne, les actions de l'entreprise à acheter baissent autant, voire plus, lorsque ces OPA sont annulées que ce qui est gagné lorsque ces OPA ont effectivement lieu. Il faut savoir que dans ces cas, il n'est pas possible de fixer des stop-loss, car au moment où l'OPA est annulée, il existe un gap baissier dans lequel les stop-loss ne seraient pas exécutés, de sorte qu'il n'est pas possible de limiter les pertes à un niveau qui rendrait favorable le rapport entre la rentabilité et le risque. Par exemple, dans le cas ci-dessus où nous achetons à 9 euros et prévoyons de vendre à 10 euros, nous ne pouvons pas placer un stop-loss à 8,70 euros, car si l'OPA est annulée, le cours de l'action tombera directement à 8 euros, 7 euros, ou autre, sans passer par les 8,70 euros auxquels nous voudrions limiter nos pertes. Il faut également tenir compte du fait qu'une offre publique d'achat fait généralement monter le cours de l'action au-dessus de son niveau habituel, de sorte que le retrait de ces offres publiques d'achat fait presque toujours revenir soudainement le cours de l'action à son niveau habituel (qui, comme nous l'avons vu précédemment, est presque toujours inférieur au prix que les actions atteignent lors d'une offre publique d'achat, en raison de la plus grande valeur de l'achat d'une entreprise entière par rapport à l'achat d'actions sur une base journalière en Bourse). C'est pourquoi les mathématiques s'opposent à ce type de stratégie commerciale. Si vous le faites une fois et que cela fonctionne, vous avez eu de la chance et vous avez gagné X euros. Mais si vous le faites plusieurs fois, il est normal que les pertes soient égales ou supérieures aux bénéfices.

Il s'agit donc d'une stratégie commerciale risquée et perdante à long terme, très différente des PTB partielles que nous avons vues auparavant.

Les barrières à l'entrée ne sont pas toujours menacées par l'arrivée de quelqu'un de moins cher

Surmonter les barrières à l'entrée d'une entreprise ne consiste pas seulement à entrer dans l'entreprise, mais aussi à **y rester pendant une période longue et stable.**

L'une des façons d'essayer d'entrer dans une entreprise est de casser les prix actuels. Cela fonctionne pour l'entrée, mais ne garantit pas que la nouvelle entreprise moins chère continuera d'exister à l'avenir.

En fait, il est facile de baisser les prix, et c'est quelque chose que l'on a toujours fait pour essayer d'entrer dans le monde des affaires. Mais gagner de l'argent avec ces prix plus bas a toujours été très difficile, et l'est encore aujourd'hui.

Il est rare que ces prix inférieurs soient maintenus. Il est plus fréquent que l'entreprise qui s'est lancée dans les affaires avec des prix plus bas disparaisse ou finisse par augmenter ses prix.

N'oubliez pas que les entreprises, même les nouvelles, **veulent gagner de l'argent, et non pas supprimer des emplois existants au prix d'une perte d'argent indéfinie.**

C'est pourquoi, lorsqu'une nouvelle entreprise entre sur le marché en baissant ses prix, il **est plus important de voir si elle gagne de l'argent que si elle obtient des clients**. Les clients viendront certainement, parce qu'ils seront attirés par les prix bas (du moins au début, mais la qualité obtenue pour ces prix bas et la question de savoir si ces clients reviendront à l'avenir est une autre question).

Il s'agit d'une question très importante, car dans ces cas, toute l'attention tend à se concentrer sur la part de marché que les nouvelles entreprises prennent, mais pas sur le fait de savoir si elles gagnent de l'argent (ce qui serait durable et changerait la donne), ou si elles en perdent (ce qui ne serait pas durable et, après un certain temps, la situation reviendrait au statu quo ante).

Dans le même ordre d'idées, il existe des conflits d'intérêts entre toutes les parties qui composent une entreprise et qui doivent être connus, comme nous l'avons déjà vu en parlant de la gestion. Ces conflits d'intérêts sont encore plus importants dans les nouvelles entreprises. Il est courant qu'il y ait la **direction d'un côté** et les **investisseurs** de l'autre. C'est une très bonne chose qu'il y ait les deux groupes, car il y a des gens qui ont des idées à développer mais pas d'argent pour le faire. Et, en même temps, il y a des gens qui ont de l'argent, mais pas d'idées à développer ni de temps pour le faire. L'union des deux groupes est donc très bénéfique.

Mais il existe des situations où les intérêts des deux groupes s'opposent. L'intérêt des investisseurs est de ne maintenir l'entreprise ouverte que s'il y a une réelle chance de gagner de l'argent. Dans le cas contraire, ils ne voudraient pas investir plus d'argent et préféreraient même récupérer une partie de l'argent qu'ils ont déjà investi, afin d'investir dans d'autres projets qui ont une réelle chance de se consolider et de gagner de l'argent. L'intérêt des gestionnaires qui ont attiré l'argent des investisseurs est de maintenir l'entreprise ouverte. Si possible en gagnant de l'argent, bien sûr, mais **pour les gestionnaires, il n'est pas si urgent que l'entreprise soit rentable**. Si l'entreprise perd de l'argent, **les investisseurs investissent de l'argent, mais les gestionnaires sont payés**. Ce n'est pas de la triche, du moins dans la grande majorité des cas, mais il faut se mettre à la place des autres (du mieux que l'on peut ou que l'on sait) pour mieux comprendre la manière dont chacun agit.

Beaucoup de ces dirigeants d'entreprises déficitaires sont convaincus que leur idée est bonne, qu'elle est utile. Ils espèrent qu'un jour elle sera rentable et sont animés par l'illusion qu'elle deviendra réalité.

Mais tant que l'**entreprise reste ouverte, ils ne perdent rien**. Au contraire, ils sont payés, ils acquièrent de l'expérience, ils nouent des contacts, etc. En revanche, les investisseurs sont perdants, car ce sont eux **qui apportent l'argent nécessaire pour que l'entreprise reste ouverte**, pour que les administrateurs continuent à être payés, etc. Pour que cette situation perdure, les dirigeants doivent susciter l'enthousiasme des investisseurs, et cet enthousiasme conduit parfois à surévaluer l'idée d'entreprise et à transmettre des attentes qui ne correspondent pas à la réalité quant au caractère perturbateur de l'idée et à l'ampleur des gains futurs. Ce qui se passe, c'est qu'ils sont trop enthousiasmés par leur idée et qu'ils n'ont pas une vision objective de celle-ci et de ses possibilités. Ce sont des parties intéressées, et leurs intérêts leur font voir la réalité de manière subjective (comme c'est le cas pour tout le monde). Nous voyons tous le monde à partir de notre propre tête, pas à partir de la tête des autres.

Cet excès d'illusion peut faire croire que l'on parvient à franchir des barrières à l'entrée que l'on ne parvient pas à franchir en réalité, puisque les clients que l'on a attirés sont "subventionnés" par les investisseurs qui apportent de l'argent à l'entreprise pour qu'elle puisse fonctionner dans ces conditions. Et comme cette situation n'est pas tenable dans le temps, elle prendra fin tôt ou tard.

C'est pourquoi il existe des barrières à l'entrée plus élevées qu'il n'y paraît lorsqu'un tel cas se présente. Ce type de situation est assez fréquent dans les start-ups internet, par exemple, car il s'agit d'un secteur plus compliqué à valoriser selon les méthodes traditionnelles, et plus propice à générer de grandes illusions. Mais elles peuvent aussi se produire dans n'importe quel autre secteur.

Il est essentiel de comprendre que ce qui **compte, c'est qu'une entreprise soit une bonne idée pour la personne qui investit de l'argent**. Elle doit également être une bonne idée pour les clients, bien entendu. Sans clients, on ne peut pas gagner d'argent. Mais avec des clients, on peut perdre de l'argent, et avec beaucoup de clients, on peut perdre beaucoup d'argent.

En fait, il est facile de trouver une bonne idée en ne pensant qu'au client. Il suffit d'offrir un service gratuitement ou à un prix nettement inférieur à celui des entreprises qui fournissent actuellement ce service. Les clients apprécieront, c'est certain, et vous aurez beaucoup de clients. Tant que vous avez l'argent nécessaire pour fournir ce service et payer tous les coûts liés à la fourniture de ce service en perdant de l'argent. C'est là que beaucoup d'entreprises échouent, parce que le créateur de l'idée a très bien pensé aux clients, mais pas tellement aux investisseurs. Il suppose qu'avec de nombreux clients, la rentabilité des investisseurs viendra tôt ou tard, mais ce n'est souvent pas le cas. Si les prix restent gratuits ou bas, les investisseurs n'obtiendront jamais un rendement positif, quel que soit le nombre de clients. Et si les prix sont augmentés, le service ne présentera plus d'intérêt pour les clients, qui cesseront de l'utiliser.

Pendant que cette situation se prolonge, les créateurs de l'idée sont payés par les investisseurs et n'ont pas l'urgence que les investisseurs ont de faire une analyse réaliste de la situation. Le moyen de prolonger la situation est de créer l'illusion chez les investisseurs. D'autre part, si les investisseurs cherchent à vendre leurs actions parce qu'ils ne voient pas clairement la situation, il n'est pas non plus dans leur intérêt de couper court à ces illusions tant qu'ils n'ont pas vendu leurs actions.

La question clé lorsque quelqu'un prétend surmonter une barrière à l'entrée est donc de **savoir s'il gagne de l'argent avec ce qu'il fait.**

Si l'entreprise ne gagne pas d'argent, le franchissement de cette barrière à l'entrée n'est ni durable, ni réel. Il s'agit simplement d'une tentative ratée qui, en cours de route, a fait perdre temporairement des clients aux entreprises établies et de l'argent aux investisseurs de la nouvelle entreprise.

En tant qu'investisseur, vous **devez toujours examiner les nouvelles idées du point de vue de la rentabilité de l'investissement**, car sans cette rentabilité, l'idée n'est pas valable, quel que soit le nombre de clients que vous obtiendrez au départ.

Le marché boursier d'un pays n'est pas l'économie de ce pays

C'est un phénomène qui **a beaucoup changé** depuis la fin des années 1990 (bien qu'il n'y ait pas de frontière claire entre l'avant et l'après) et je pense qu'il affecte beaucoup tous les investisseurs.

Jusqu'aux années 1980 et au début des années 1990 environ, les économies des pays étaient relativement isolées les unes des autres, et la diversification entre les Bourses de différents pays était beaucoup plus efficace qu'elle ne l'est aujourd'hui (mais aussi beaucoup plus compliquée et coûteuse, et très peu de gens avaient la richesse nécessaire pour le faire), en ce sens qu'il y avait plus de différences entre les performances des économies de certains pays et celles d'autres pays.

Ce n'est plus le cas, et de moins en moins. Surtout en Bourse, mais il en va autrement pour les petites entreprises non cotées. Dans le monde des sociétés cotées, il y a de moins en moins d'entreprises qui ne font des affaires que dans leur propre pays, ce qui était la norme jusqu'à la fin des années 1980 et au début des années 1990. Ce changement est décisif et affecte de nombreuses stratégies d'investissement.

C'est pourquoi, par exemple, la **diversification par secteur devient plus importante que la diversification par pays**. Les deux doivent être combinées, mais il convient d'accorder plus d'importance aux secteurs qu'auparavant.

Par exemple, jusque dans les années 1980, détenir des actions de Telefónica, Orange et Vodafone (qui a été créée plus tard, en 1991, mais qui est utile pour cet exemple) aurait constitué une bonne diversification, car chacune de ces sociétés n'était présente que dans son propre pays (l'Espagne, la France et le Royaume-Uni, respectivement), et cela signifiait donc que l'investissement était réparti sur trois pays différents. Aujourd'hui, ces trois mêmes entreprises sont présentes dans de nombreux pays où elles coïncident. Par exemple (cela pourrait changer à l'avenir dans ce cas précis), l'évolution du marché espagnol des télécommunications affecte Telefónica, Orange et Vodafone de manière très similaire. Cela signifie que, d'une certaine manière, le fait d'avoir ces trois entreprises n'est pas aussi clairement diversifié qu'il y a quelques années.

Pour cette raison, et compte tenu du fait que l'argent (et le temps) des investisseurs est limité, je pense qu'il faut en tenir compte. Car il est encore courant d'associer la Bourse espagnole à l'économie espagnole, la Bourse allemande à l'économie allemande, la Bourse française à l'économie française, la Bourse américaine à l'économie américaine, etc.

Aujourd'hui, en raison de la mondialisation, cette diversification dans des entreprises de différents pays mais du même secteur devient de moins en moins efficace, car les risques pour les entreprises du même secteur basées dans différents pays deviennent de plus en plus similaires.

C'est pourquoi je pense qu'il est de plus en plus logique de diversifier en pensant aux secteurs, et pas tellement aux pays où chaque entreprise est basée. Comme je l'ai déjà expliqué, il faut essayer d'avoir des entreprises de plusieurs pays, mais dans des secteurs différents.

Par exemple, pour un investisseur espagnol détenant des actions de Telefónica, il est plus logique d'acheter BMW ou Adidas que Deutsche Telekom. Il est également plus logique d'acheter Air Liquide ou LVMH plutôt qu'Orange (France Telecom). Ou d'acheter IBM ou Nike plutôt qu'ATT. Etc.

C'est également très important pour décider du moment où il faut acheter et du moment où il faut vendre. De nombreux investisseurs interprètent encore les mouvements boursiers de leur pays dans une perspective purement nationale, mais cela devient de moins en moins vrai au fil des jours. **Les sociétés cotées en Bourse sont de plus en plus influencées par ce qui se passe dans d'autres pays, et de moins en moins par ce qui se passe dans le leur.**

Par exemple, une hausse ou une baisse du marché boursier est souvent interprétée comme le résultat d'une élection, d'un chiffre de chômage ou de création d'emplois, etc. dans notre propre pays. Mais si l'on observe l'évolution des marchés boursiers d'autres pays dans l'environnement économique (principalement l'Europe et les États-Unis), on constate que, dans la plupart des cas, ils ont connu la même hausse ou la même baisse, ou une évolution très similaire. L'explication que cet investisseur pense avoir trouvée pour ce mouvement (le résultat des élections, ou ce qui s'est passé dans son pays) n'est donc pas vraie, et cela le conduira à prendre de mauvaises décisions à l'avenir, car lorsque la situation qu'il suit se retournera, le marché boursier n'évoluera probablement pas comme il s'y attend (et s'il le fait, ce sera par hasard).

Il arrive que le marché boursier d'un pays se porte mieux que son économie, ce qui peut amener à penser que le marché boursier doit certainement baisser. Mais si les bénéfices réalisés par les entreprises de ce pays dans d'autres pays augmentent, le raisonnement selon lequel le marché boursier national doit baisser parce que l'économie nationale va mal est erroné.

Par exemple, le marché boursier espagnol peut augmenter lorsque l'économie espagnole va mal parce que les économies du Brésil et du Mexique vont bien. Inversement, lorsque l'économie espagnole se porte bien, les problèmes rencontrés dans d'autres pays peuvent faire chuter le marché boursier espagnol. Il en va de même pour les marchés boursiers du reste du monde.

Je pense qu'il est important d'être très clair sur cette question, car il s'agit d'une de ces choses que l'on comprend et que l'on accepte lorsqu'on y réfléchit, mais que l'on oublie parfois dans les moments critiques à cause de ses émotions (avidité et peur), et cet oubli conduit à prendre de mauvaises décisions.

Comment gérer la suspension des paiements et des activités d'une entreprise ?

Lorsqu'une entreprise est en cessation de paiement, elle est généralement suspendue. Cela peut durer des semaines, des mois ou des années.

Pendant la durée de la suspension des opérations, il n'y a pas grand-chose à faire. Mais comme il s'agit d'une période qui tend à être longue et mauvaise, je pense qu'il **est très important de savoir en quoi elle consiste, comment elle fonctionne et à quoi s'attendre dans une telle situation**. Au moins pour avoir une stabilité émotionnelle, qui peut faire défaut si l'on ne sait pas ce que cette situation implique réellement.

Dans le cas de l'entreprise qui a fait défaut, nous ne pouvons qu'attendre, car elle a cessé ses activités et nous ne pouvons ni acheter ni vendre. **Nous devons** donc au moins nous **assurer que cela n'affecte pas le reste des décisions que nous devons prendre** dans le cadre de nos stratégies d'investissement.

Si une entreprise fait défaut, c'est très grave. C'est quelque chose qui **ne devrait jamais vous arriver dans votre portefeuille à long terme**, mais cela peut vous arriver si vous investissez dans de petites entreprises de faible qualité, par exemple.

Suspendre les paiements signifie ne pas payer ce qui est dû (pour le moment), mais de manière légale. Pour ce faire, il faut s'adresser à un juge, qui autorise l'entreprise à se mettre dans cette situation. C'est un moyen d'essayer de maintenir l'entreprise en vie, de la redresser et de lui permettre de renouer avec les bénéfices. Il ne s'agit donc pas d'une étape préalable à la disparition, mais d'une tentative de remise à flot de l'entreprise. En conséquence d'un redressement judiciaire, une entreprise peut disparaître, mais ce n'est pas la solution principale d'un redressement judiciaire.

La cessation de paiement est une **"pause pour réfléchir à la manière de renflouer l'entreprise"** entre l'entreprise elle-même, les fournisseurs, les créanciers (banques, détenteurs d'obligations, etc.), etc.

La suspension des paiements peut être demandée par l'entreprise elle-même, ou par des créanciers, des fournisseurs, etc.

Si elle est demandée par l'entreprise, c'est généralement mieux, car c'est un moyen de se défendre. Elle aura probablement un plan à présenter aux fournisseurs et aux créanciers pour leur payer ce qu'elle leur doit et se sortir de la situation de la meilleure façon possible.

Si elle est demandée par des créanciers ou des fournisseurs, c'est encore pire, car c'est probablement parce que l'entreprise n'a pas d'autre solution pour sortir de cette situation, et les fournisseurs et/ou créanciers pensent que la seule solution est de finir par liquider l'entreprise afin de récupérer ce qui peut l'être, et au moins que le problème ne continue pas à s'aggraver et à affecter davantage de personnes.

Dès que le tribunal déclare la cessation des paiements, l'entreprise présente aux créanciers et aux fournisseurs un plan dans lequel elle explique comment elle pense pouvoir payer ce qu'elle leur doit, ou au moins une partie de ce qu'elle leur doit. Ceux-ci commencent à négocier avec l'entreprise, afin de recouvrer le plus possible et le plus rapidement possible.

Les créanciers et les fournisseurs peuvent accepter des abandons de créances. **Pourquoi acceptent-ils de percevoir moins que ce qui leur est dû ?** Pour plusieurs raisons. La principale est qu'il vaut mieux recouvrer 80 que NE PAS recouvrer 100. Une autre raison est qu'il vaut mieux recouvrer 80 et continuer à faire des affaires avec l'entreprise pendant de nombreuses années, que de recouvrer 100 maintenant, que l'entreprise cesse d'exister et que l'on ne puisse plus faire d'affaires avec elle à l'avenir.

En tant qu'actionnaire de cette entreprise, on peut penser qu'il est préférable d'annuler la dette. Et plus cette annulation est importante, mieux c'est. Mais dans la pratique, ce n'est pas le cas, car dans ces situations, l'argent n'est pas donné.

En cas de réduction de valeur, la situation de l'entreprise est moins bonne que s'il n'y avait pas eu de réduction de valeur. Les créanciers et les fournisseurs acceptent la réduction de valeur lorsqu'ils constatent qu'ils ne pourront pas recouvrer tout ce qui leur est dû. Et s'ils pensent qu'ils ne pourront pas recouvrer tout ce qui leur est dû, c'est que les perspectives de l'entreprise ne sont pas très bonnes et que, même si elle sort de la cessation de paiements, sa situation restera assez instable.

Il est donc préférable que les perspectives de l'entreprise soient relativement bonnes et qu'elle paie tout ce qu'elle doit, car dans ce cas, les actions sont susceptibles de valoir plus que si elle n'est pas en mesure de payer tout ce qu'elle doit.

Idéalement, les perspectives de l'entreprise devraient être bonnes et il devrait y avoir une radiation. Cela n'est pas impossible, mais en principe, vous devriez avoir plus d'espoir si, dans la suspension des paiements, il est convenu qu'il n'y aura pas de réduction de valeur que s'il y en a une. Il se peut aussi qu'il y ait une annulation et que les actions se vendent bien au moment où elles commencent à être négociées. Il n'y a pas de règles fixes, il s'agit de voir quels signaux sont plus positifs que d'autres.

Une question encore plus importante pour les actionnaires est de savoir **si** des **actions seront émises pour rembourser la dette**.

Idéalement, l'entreprise devrait payer en espèces et ne pas émettre d'actions, mais cela n'est pas toujours possible. Le remboursement de la dette au moyen d'actions présente un avantage pour l'entreprise : il réduit la dette et les intérêts à payer "gratuitement". Il se peut donc que l'entreprise se porte bien et devienne immédiatement rentable.

Supposons que l'entreprise Suspended ait une dette de 100 millions d'euros, pour laquelle elle paie un taux d'intérêt moyen de 9 %, soit 9 millions d'euros par an. Le taux d'intérêt est très élevé, car l'entreprise a beaucoup de risques et doit logiquement payer un taux d'intérêt élevé sur sa dette.

Cette entreprise a un EBIT de 5 millions d'euros, donc après avoir payé les 9 millions d'euros d'intérêts, son résultat net est de -4 millions d'euros (nous ne prenons pas en compte les impôts, pour rendre l'exemple plus simple et plus didactique). Si l'on soustrait les 9 millions d'euros d'intérêts sur la dette des 5 millions d'euros d'EBIT, le résultat est de -4 millions d'euros.

Supposons que l'entreprise parvienne à un accord avec les banques pour payer 80 millions des 100 millions qu'elle doit avec de nouvelles actions, qu'elle émettra au moment du paiement. Cela réduit instantanément la dette de 100 millions à 20 millions. Les intérêts passeraient ainsi de 9 millions d'euros par an à seulement 1,8 million (9 % de 20). Mais comme l'entreprise est désormais en bonne santé et que son risque est beaucoup plus faible, elle convient avec les banques que les intérêts sur les 20 millions d'euros restant à rembourser passeront de 9 % à 5 %. Elle paie donc 1 million d'euros d'intérêts par an (5 % de 20). Cela porte l'EBIT de 5 millions à un bénéfice avant impôts de 4 millions d'euros, et un bénéfice net (en supposant un taux d'impôt sur les sociétés de 20 %) de 3,2 millions d'euros (4 millions - 0,8 million d'impôts).

De cette manière, l'entreprise suspendue a été immédiatement assainie et est maintenant une entreprise rentable qui peut facilement rembourser ses dettes restantes. Elle peut même réaliser de nouveaux investissements, pour lesquels les banques pourront lui accorder des crédits (sans atteindre le niveau d'endettement qu'elle avait au moment de la cessation de paiement, bien entendu), etc.

Mais ce nettoyage n'a pas vraiment été "gratuit". Il a été "gratuit" pour l'entreprise, mais pas pour ses actionnaires, car il y **a maintenant beaucoup plus d'actions**.

Imaginons qu'au moment où la suspension des paiements a commencé, il y avait 100 millions d'actions, négociées à 0,20 euro. Cela signifiait un EBIT par action de 0,05 euro (5 / 100). Maintenant, 400 millions d'actions ont été émises (80 millions d'euros de dette convertie / 0,20 euro par action), de sorte qu'au lieu de 100 millions d'actions, il y a 500 millions d'actions, et donc l'EBIT par action est maintenant de 0,01 (5 / 500).

Il semble logique que s'il y a 5 fois plus d'actions, chaque action vaille 5 fois moins. Auparavant, il y avait 100 millions d'actions qui détenaient l'ensemble de l'entreprise. Aujourd'hui, il y a 500 millions d'actions, soit 5 fois plus. Si, avant la suspension des paiements, les actions se négociaient à 0,20 euro, il semble qu'elles devraient maintenant se négocier à 0,04 euro (0,20 / 5).

Mais il y a un détail important, c'est que les 100 millions d'actions initiales "possédaient" également 80 millions d'euros de dettes, qui n'existent plus aujourd'hui. Il faut en tenir compte d'une manière ou d'une autre, car d'une part les usines doivent être réparties entre davantage d'actions, mais d'autre part il y avait une dette de 80 millions d'euros qui a aujourd'hui disparu.

Lorsqu'il y avait 100 millions d'actions, la capitalisation de l'entreprise était de 20 millions d'euros (100 x 0,20). La dette étant de 100 millions, la valeur de l'entreprise est de 120 millions d'euros (20 + 100). VE = Capitalisation boursière + Dette nette. Et le ratio VE / EBIT était de 24 fois (120 / 5).

Il y a maintenant 500 millions d'actions, de sorte que la capitalisation boursière de l'entreprise est de 100 millions d'euros (500 x 0,20). Mais comme la dette est tombée à 20 millions d'euros, l'EV est encore de 120 millions d'euros (100 + 20). C'est la même chose **que précédemment (120), mais en sens inverse, en raison du transfert de la dette vers les capitaux propres**. Ainsi, à 0,20 euro par action, l'EV/EBIT est toujours égal à 24 fois (120 / 5).

Cela signifie-t-il qu'en dépit du fait que beaucoup plus d'actions ont été émises, les actions qui existaient avant le redressement judiciaire ont la même valeur qu'auparavant ? Oui, cela signifie que les actionnaires initiaux n'ont rien perdu. En fait, **ils ont gagné,** parce que l'entreprise perdait de l'argent avant et valait de moins en moins chaque jour, et que maintenant elle gagne de l'argent et vaut donc de plus en plus chaque jour. Ainsi, si les actions se négociaient auparavant à 0,20 euro, il est logique qu'elles se négocient aujourd'hui à plus de 0,20 euro, ce qui signifie que les actionnaires initiaux ont gagné, malgré le fait que beaucoup plus d'actions ont été émises.

En principe, il est souhaitable qu'aucune action ne soit émise, mais si des actions sont émises, il se peut que cela augmente la valeur des actions existantes, comme nous venons de le voir. Mais il peut aussi arriver que la valeur des actions existantes chute brutalement, et c'est d'ailleurs le **plus grand danger des procédures d'insolvabilité**. Il n'est pas courant que les entreprises en cessation de paiement disparaissent complètement et cessent d'exister. Il y a eu des cas, mais il est plus courant que de nombreuses actions soient émises lors de l'augmentation de capital qui sauvera l'entreprise, de sorte que les actions existantes perdent une grande partie de leur valeur.

Pour que l'une ou l'autre chose se produise (qu'après l'augmentation de capital les actions originales valent plus ou moins qu'avant), le **prix auquel les nouvelles actions sont émises est décisif**. Dans l'exemple ci-dessus, j'ai supposé que les nouvelles actions étaient émises au prix auquel les actions d'origine étaient négociées au moment de la suspension de la négociation, mais il n'est pas nécessaire que ce soit ce prix, et en fait il peut s'agir de n'importe quel autre prix.

Le prix d'émission des nouvelles actions est négocié entre l'entreprise et les créanciers et est déterminant pour les actionnaires de l'entreprise.

Supposons qu'il soit décidé que les nouvelles actions seront émises à 0,40 euro, de sorte que 200 millions d'actions sont émises (80 / 0,40). Dans ce cas, l'EV/EBIT de la société après l'augmentation de capital au prix de 0,20 euro serait le suivant. La capitalisation étant de 60 millions d'euros (0,20 x 300), l'EV serait de 80 millions d'euros (60 + 20), et l'EV/EBIT serait de 16 fois (80 / 5). En d'autres termes, si la société maintient l'EV/EBIT de 24 fois qu'elle avait avant la cessation de paiements, le prix de l'action passera à 0,33 euros, puisqu'à 0,33 euros la capitalisation de la société est de 100 millions, et l'EV/EBIT est toujours de 24 fois (100 + 20 / 5).

Si les nouvelles actions sont émises à 0,10 euro, 800 millions d'actions seront émises (80 / 0,10). La capitalisation à 0,20 euro serait de 180 millions d'euros (900 x 0,20), l'EV de 200 millions (180 + 20), et l'EV/EBIT de 40 fois (200 / 5). Si l'EV/EBIT de 24 fois est maintenu, le prix de l'action tombera à 0,11 euros, puisqu'à 0,11 euros la capitalisation est de 100 millions d'euros, et que l'EV/EBIT est maintenu à 24 fois.

Comme vous pouvez le constater, si les nouvelles actions sont émises à 0,20 euro, les actionnaires d'origine restent dans la même situation (en fait, ils progressent, car l'entreprise gagne de l'argent, peut rembourser la dette restante et s'améliore), si elles sont émises à 0,40 euro, ils gagnent clairement, et si elles sont émises à 0,10 euro, ils perdent (bien qu'à partir de maintenant, les actions augmenteront probablement, alors que lorsqu'elles étaient à 0,20, elles ont baissé pendant longtemps, et continueront probablement à baisser en dessous de 0,20 euro).

Prenons maintenant un cas extrême, celui où les nouvelles actions sont émises à 0,01 euro. Dans ce cas, 8 000 millions d'actions seraient émises (80 / 0,01), de sorte qu'à 0,20 euro, la capitalisation de l'entreprise serait de 1 620 millions d'euros (8 100 x 0,20), l'EV de 1 640 millions (1 620 + 20), et l'EV/EBIT de 328 fois (1 640 / 5). Pour maintenir l'EV/EBIT à 24 fois, la capitalisation devrait être de 100 millions d'euros, et donc le prix de l'action tomberait à 0,01 euro (100 / 8 100).

En réalité, tous les cas que nous avons vus se produisent, mais il y **a plus de cas mauvais (0,01) et passables (0,10) que de cas bons (0,20) et très bons (0,40)**. Par conséquent, il est souhaitable de sortir de l'insolvabilité sans lever de capitaux, mais il n'est pas impossible de lever des capitaux et d'augmenter la valeur des actions existantes.

Lors d'une suspension de la cotation pour cause de cessation de paiement, la seule chose à faire est d'attendre le plus calmement possible. Et pour cela, il est essentiel de savoir ce que nous avons vu ici, de comprendre les nouvelles qui sortiront sur les négociations entre l'entreprise et les créanciers, et comment cela peut affecter les actionnaires.

Pensez que cela ne vous arrivera pas avec des entreprises de grande qualité, cela ne peut vous arriver que si vous investissez dans des entreprises très risquées, telles que des petites entreprises de faible qualité. Pour de nombreux investisseurs, cela n'arrivera donc jamais, et pour ceux à qui cela arrive, cela devrait se produire avec très peu d'argent investi dans cette entreprise. Si peu d'argent qu'il dormira tranquillement pendant toute la durée de la suspension des paiements et de la cotation, sans que cela n'affecte sa santé ou sa bonne humeur.

Pour illustrer le fait qu'une entreprise peut sortir d'une procédure de redressement judiciaire en meilleure forme qu'elle n'y était entrée, j'en citerai deux, Renta Corporación et Zinkia.

Zinkia a été retirée de la cote le 26 février 2014 alors qu'elle s'échangeait à 0,48 euro. Elle a été recotée le 3 novembre 2015 et son premier prix était de 0,72 euros.

La cotation de Renta Corporación a été suspendue le 19 mars 2013, alors qu'elle s'échangeait à 0,57 euro. Elle a été réinscrite à la cote le 30 octobre 2014, et son premier cours a été de 1,40 euro.

Logiquement, si vous pensez qu'une entreprise va être retirée de la cote, vous ne devriez en aucun cas l'acheter (un véritable investisseur de valeur pourrait l'acheter, comme nous allons le voir maintenant, mais très peu de personnes sont qualifiées pour le faire). Mais si cela vous arrive un jour, j'espère que cela vous aidera à mieux comprendre le processus qui va se dérouler, les nouvelles qui vont sortir, et les alternatives possibles qui existent, dans l'espoir que peut-être l'entreprise sortira du redressement judiciaire avec plus de valeur que le jour où elle a été mise en redressement judiciaire.

Enfin, pendant une suspension de la négociation, il n'est pas totalement impossible de vendre les actions. C'est très difficile, mais pas impossible. Certaines personnes peuvent être intéressées par la vente pour des raisons fiscales, par exemple parce qu'elles ont réalisé un bénéfice qu'elles souhaitent compenser par les pertes de la société suspendue et payer ainsi moins d'impôts.

Une possibilité consiste à rechercher un acheteur sur Internet, ou autre, à se mettre d'accord sur le prix et à effectuer la transaction hors marché. Par exemple, au moyen d'un contrat devant un notaire.

Une autre possibilité, plus simple lorsqu'elle se présente, est qu'il existe parfois des banques d'investissement qui achètent des actions de l'entreprise radiée de la liste à toute personne qui souhaite les leur vendre. Elles ne paient généralement pas grand-chose. L'objectif du vendeur est de réaliser la perte maintenant et de pouvoir la compenser par d'autres gains.

La raison pour laquelle la banque d'investissement achète est peut-être qu'elle pense que les actions vaudront plus après la suspension des paiements, comme nous l'avons vu dans les exemples de Renta Corporación et de Zinkia. **Il s'agit là d'un exemple d'investissement dans la valeur.**

Les marchés financiers sont souvent l'indicateur le plus fiable de l'évolution de la situation politique

C'est un sujet qui me tient à cœur. Je pense qu'il est essentiel de le connaître pour investir dans certaines situations, mais aussi pour **comprendre le fonctionnement du monde** en général.

Dans chaque pays, il y a des situations politiques très compliquées. Tous les journaux en parlent constamment, elles font la une de tous les journaux, les gens dans la rue les commentent constamment, etc. Il semble que la vie du pays tout entier dépende de ce qu'il advient de cette question.

Mais la Bourse bouge très peu.

En d'autres termes, la population de ce pays attend pendant des jours, des semaines ou des mois quelque chose qui est censé changer complètement sa vie, et pendant ce temps, **le marché boursier ignore complètement ce fait.**

Cette divergence est très frappante et je pense qu'elle mérite d'être examinée.

Lorsque j'ai vu de tels cas, le **marché boursier a presque toujours eu raison en fin de compte**. Il est très rare que les gens s'inquiètent de ce qui va se passer, le marché boursier n'en tient pas compte, et lorsque cela se produit, le marché boursier chute brutalement, ce qui donne raison aux gens.

Je pense que nous devons examiner deux questions.

La première est que lorsque de telles divergences se produisent, il est très probable (d'après mon expérience) que ce que tout le monde craint ne se produira pas, ou si cela se produit, ce ne sera pas aussi effrayant que ce que les gens pensaient. C'est très utile lorsqu'il s'agit d'investir et de savoir comment interpréter correctement les événements politiques, ou du moins les événements politiques qui font la une de tous les journaux.

La deuxième question est de savoir pourquoi cela se produit et pourquoi le marché boursier a raison. Pour cette deuxième question, je n'ai pas de réponse objective et indiscutable, seulement des hypothèses, qui peuvent vous aider à mieux comprendre le monde dans lequel vous vivez.

Je pense que nous pouvons considérer comme certain, ou presque, que lorsque l'une de ces divergences se produit, les grands investisseurs connaissent l'issue de cet événement et savent qu'elle sera favorable. Ou bien ils savent que s'il se produit, il n'aura pas l'impact que tous les médias lui prêtent. Sinon, ils vendraient en masse et les prix des actions s'effondreraient, et les divergences dont nous parlons aujourd'hui ne se produiraient pas.

Je vois deux explications à cela.

L'une d'entre elles est que ces grands investisseurs disposent d'informations privilégiées de la part des hommes politiques.

D'autre part, ces grands investisseurs savent analyser la situation bien mieux que les médias, et leur confiance est telle qu'ils n'ont aucun doute sur le fait que ce qui préoccupe tout le monde n'a que peu ou pas d'importance, ou beaucoup moins d'importance que ce que l'on veut bien faire croire à l'opinion publique.

Je ne peux pas dire laquelle des deux explications est la bonne, ou si dans certains cas c'est l'une et dans d'autres l'autre. Ou si la bonne explication est quelque chose d'autre auquel je ne peux pas penser.

Il est important de garder à l'esprit que, parfois, il semble que le marché boursier ait réagi comme on pouvait s'y attendre d'après les rapports des médias, mais si vous regardez d'autres marchés boursiers, vous verrez que cette chute (ou cette hausse) a été générale sur les marchés boursiers mondiaux et qu'elle n'a donc pas été causée par ces événements locaux.

L'important, en tant qu'investisseur, c'est que la prochaine fois que vous verrez tous les médias parler d'un événement qui semble presque catastrophique, regardez ce que fait le marché boursier. Si le marché boursier ne bouge pas ou fait la même chose que les autres, il est très probable que c'est le marché boursier qui a raison, et non tous les médias, quel que soit le bruit qu'ils font, et quel que soit le degré d'inquiétude qu'ils ont réussi à susciter chez le reste de la population.

L'importance de la corruption dans l'économie mondiale

À mon avis, la corruption est le facteur le plus déterminant de l'économie mondiale, depuis que le monde existe. Tant sur le marché boursier que sur tout ce qui n'est pas le marché boursier, y compris le niveau d'emploi, les salaires, les prix du logement, etc.

La corruption est impossible à mesurer et n'est incluse dans aucune théorie macroéconomique que je connaisse. C'est un problème pour la macroéconomie, car le facteur le plus important, à mon avis, n'est pas pris en compte dans les prévisions et la recherche macroéconomiques.

En essayant d'examiner la question d'un point de vue plus pratique et utile, je pense que la corruption est très élevée, et l'a toujours été. Dans le monde entier. À tel point que j'ai du mal à imaginer qu'elle puisse encore augmenter par rapport aux niveaux actuels. Si cette hypothèse est vraie, les études macroéconomiques dont j'ai parlé plus haut sont raisonnablement utiles. Car même s'il est vrai que la corruption est le facteur le plus important et que ces études ne le prennent pas en compte, si l'on considère que ce facteur reste plus ou moins constant dans le temps, l'analyse de l'évolution de toutes les autres variables nous donnerait des informations utiles pour investir et pour faire des estimations sur l'évolution de l'économie. La macroéconomie est nécessairement imprécise. Une tâche aussi compliquée que celle de "comprendre le monde" ne peut jamais être précise, quelle que soit la qualité de sa réalisation. Mais elle peut être raisonnablement utile.

Si la corruption devait augmenter encore davantage à l'avenir, tous les paramètres et données que nous avons l'habitude d'entendre et de traiter nous fourniraient des informations trop optimistes pour la nouvelle réalité, dans laquelle tous les actifs (actions, obligations, dépôts bancaires, biens immobiliers, terres, bétail, etc) vaudraient moins que ce que l'on pense. La corruption peut aller plus loin, mais j'ai l'impression qu'elle se situe à des niveaux si élevés qu'elle est compliquée.

À l'inverse, si la corruption est réduite, la situation sera inverse : tous les actifs vaudront en réalité plus que ce que nous pensons, car l'emploi, les salaires, les bénéfices des entreprises, etc. augmenteront.

Il est très difficile de savoir comment la corruption évoluera dans les décennies à venir. Je suis optimiste, car je pense que Internet a apporté un changement total dans ce domaine également. Ce ne sera pas facile, mais je pense qu'il est possible de réduire les niveaux de corruption, et ce de manière significative. En fait, de plus en plus de personnes sont arrêtées pour corruption dans le monde entier.

Il est vrai que la perception de la corruption a beaucoup changé au sein d'une grande partie de la population, parce qu'il y a quelques années, les gens n'en étaient pas du tout conscients et qu'aujourd'hui, ils suivent le problème et s'en préoccupent. Pour ces personnes, il est possible que la perception soit qu'il y a maintenant beaucoup plus de corruption que lorsqu'elles ne prêtaient pas attention à ce problème. C'est difficile à mesurer, mais j'ai l'impression qu'il n'y a pas plus de corruption, mais plutôt que des progrès commencent à être réalisés dans la résolution du problème, ce qui signifie nécessairement que l'on en parle davantage, que l'on diffuse plus d'informations à ce sujet, etc. Et cela, bien que désagréable, est très positif et nécessaire pour progresser dans la résolution de ce problème.

À mon avis, si le problème de la corruption pouvait être presque complètement éliminé, ou du moins si l'on pouvait faire beaucoup de progrès dans cette direction, je crois que l'effet sur la Bourse, l'économie et le monde en général serait beaucoup plus grand et plus positif que celui de la révolution industrielle ou d'Internet. **Pour moi,**

il s'agit du changement structurel le plus important qui puisse se produire. Ce n'est pas quelque chose qui peut être mesuré de quelque manière que ce soit, c'est juste mon impression sur le sujet.

Comment interpréter l'ouverture de la séance dans les hauts et les bas de la Bourse ?

En règle générale, il est pratiquement impossible de connaître le meilleur moment d'une séance pour acheter ou vendre. La façon de l'estimer serait d'utiliser l'analyse technique et les chandeliers sur les graphiques intrajournaliers, ce que la plupart des gens ne peuvent pas faire, car cela nécessite d'être devant l'ordinateur pendant la séance, de payer une redevance mensuelle pour recevoir les données en temps réel pendant la séance, etc.

Mais il y a des moments où il est relativement facile pour tout investisseur d'optimiser, ou du moins d'essayer d'optimiser, ses achats et ses ventes.

Deux de ces moments sont les **descentes** et les **montées abruptes**.

Si vous êtes familier avec l'analyse technique et les chandeliers, vous savez que les bougies noires prédominent dans les fortes baisses et les bougies blanches dans les fortes hausses.

Des chandeliers blancs se forment lorsque la séance s'ouvre à la baisse et se termine à la hausse.

Les chandeliers noirs se forment lorsque la séance s'ouvre à la hausse et se termine à la baisse.

Appliquons-le d'abord au cas des baisses, lorsque nous voulons acheter. Le marché boursier est en baisse depuis quelques jours ou quelques semaines, et nous essayons de trouver le plancher pour faire nos achats. Nous nous couchons un jour avec des titres tragiques qui disent à quel point la Bourse va mal, combien elle a baissé aujourd'hui, quelles ont été les plus grosses baisses, etc. et le lendemain, au début de la séance, la Bourse monte de manière significative. Cela peut donner envie d'acheter à ce moment-là, en pensant que c'est le plancher, parce qu'après toutes les chutes précédentes, le marché boursier est enfin en hausse.

Mais cette hausse à l'ouverture de la séance peut être le début du corps d'un autre chandelier noir. En fait, dans de nombreux cas, c'est le cas (mais pas dans tous les cas, bien sûr). Il est donc tout à fait normal que l'ouverture d'une séance au cours de laquelle un chandelier noir se forme soit supérieure à la clôture de la veille. Cette différence entre l'ouverture d'aujourd'hui et la clôture d'hier se reflète dans les indices sous la forme de la hausse initiale dont je parlais.

Comment savoir si cette ouverture haussière de la Bourse est le début d'un nouveau chandelier noir ou le début de la hausse ? Il est impossible de le savoir avec certitude, mais selon toute probabilité, il est préférable de ne pas acheter sur cette ouverture haussière et d'attendre de **voir comment la séance se termine**. La prochaine fois que vous serez confronté à une telle situation, regardez le nombre de fois où le marché boursier s'ouvre avec un certain optimisme et où, à la fin de la séance, il y a une nouvelle chute, les prix clôturant en dessous du niveau auquel ils ont clôturé la séance précédente.

Donc, si nous évitons d'acheter à l'ouverture et attendons la clôture sur ces ouvertures optimistes au milieu de l'automne, **notre taux de réussite s'améliorera**. Ce n'est pas une méthode infaillible, mais elle est utile et facile.

Une fois le sol créé, c'est le contraire qui se produit, c'est-à-dire qu'à partir de ce moment, les bougies produites seront principalement blanches. Et les bougies blanches se forment à l'envers : elles s'ouvrent en bas et se ferment en haut.

Ainsi, lorsque la reprise s'amorce après le creux, c'est l'inverse qui se produit, dans la plupart des séances : le marché boursier ouvre en baisse, retournant apparemment vers les creux après la reprise de la veille, mais à la clôture de la séance, une nouvelle reprise s'est amorcée.

C'est pourquoi lorsque la Bourse baisse et cherche le plancher de la baisse, les ouvertures haussières ne sont généralement pas un bon signe, et je pense qu'il est préférable de garder l'envie d'acheter en pensant que la Bourse a déjà fait un plancher et que les prix s'échappent. Il vaut mieux attendre la fin de la séance, pour voir quelle bougie se forme ce jour-là.

Lorsque le contraire commence à se produire, lorsque l'ouverture est baissière et que le pessimisme revient dans l'atmosphère, mais qu'en fin de séance la journée a été haussière, il est plus probable que le plancher ait déjà été atteint et qu'il y ait donc **davantage de raisons d'acheter lors de ces ouvertures baissières.**

Dans le cas des hausses, il en va de même, mais logiquement en sens inverse. Lorsque nous avons un trade ouvert à court ou moyen terme et que nous cherchons le point de vente, nous devons nous rappeler que le maximum sera marqué lorsque les bougies blanches laisseront la place aux bougies noires.

Comme les bougies blanches sont formées par le plus bas d'ouverture et le plus haut de clôture, **nous devons** maintenant **retenir l'envie de vendre lors d'ouvertures baissières sur le marché boursier**, en pensant que le rallye est terminé et qu'il va commencer à chuter rapidement. Il est préférable d'attendre la fin de la séance, pour voir si cette ouverture baissière se transforme en une autre bougie blanche, ce qui est souvent plus probable.

Et pourtant, lorsqu'il y a des signaux top, les ouvertures haussières ne doivent pas être vues comme quelque chose de positif, un signe que "voyons si le prix revient sur les plus hauts, pour pouvoir vendre et gagner un peu plus". Comme nous aurions pu le faire il y a quelques jours et que nous n'avons pas fait (car, sauf hasard, il est impossible d'avoir le bon haut pour vendre, tout comme il est impossible d'avoir le bon bas pour acheter).

Il est fréquent que ces ouvertures haussières laissent espérer une poursuite de la hausse, mais il faut savoir que c'est lors des ouvertures haussières que se forment les bougies noires. Et lorsque les chandeliers noirs commencent à se succéder, le moment idéal pour vendre est probablement passé, et désormais **plus vous tarderez à vendre, plus le prix auquel vous vendrez sera bas.**

Qu'est-ce qu'une augmentation de capital sans droit préférentiel de souscription et pourquoi est-elle réalisée ?

Une augmentation de capital sans droit préférentiel de souscription est une augmentation de capital dans laquelle les actionnaires de la société n'ont pas de droits particuliers par rapport aux non-actionnaires.

Par exemple, lors d'une augmentation de capital normale, les actions sont émises à raison d'une nouvelle action pour huit actions détenues, au prix de 10 euros. Supposons que l'action se négocie actuellement à 15 euros.

Cela signifie que si vous possédez 800 actions, qui se négocient actuellement sur le marché à 15 euros chacune, vous pouvez acheter 100 nouvelles actions supplémentaires, au prix de 10 euros chacune. Si vous ne voulez pas acheter ces 100 actions à 10 euros, pour quelque raison que ce soit, vous vendrez vos 800 droits (1 droit par action, c'est toujours le cas) à quelqu'un d'autre qui veut les acheter. Chaque actionnaire décide s'il veut acheter les nouvelles actions auxquelles il a droit, vendre ses droits, ou acheter une partie des actions auxquelles il a droit et vendre le reste des droits.

C'est la chose logique et normale à faire, car les propriétaires de la société sont les actionnaires, et **si de nouveaux partenaires doivent être autorisés à entrer dans la société, cela devra se faire avec le consentement des actionnaires**, les propriétaires de la société. Les administrateurs d'une société ne devraient pas céder une partie de la société à de nouveaux partenaires, même s'ils apportent de l'argent, sans d'abord donner aux actionnaires existants la possibilité d'apporter eux-mêmes l'argent frais et de maintenir ainsi leur pourcentage de participation dans la société.

Comment se fait-il que, parfois, la direction d'une entreprise procède à une augmentation de capital sans donner aux actionnaires de l'entreprise la possibilité de participer à cette augmentation ?

En effet, une augmentation de capital avec droits est plus lente, car elle doit être approuvée lors d'une assemblée générale, annoncée quelques jours à l'avance, puis un marché des droits doit être ouvert (ce qui devrait durer au moins 15 jours) pour que chacun des actionnaires existants décide d'acheter les nouvelles actions ou de vendre les droits, et ainsi de suite. L'ensemble de ce processus peut prendre jusqu'à un mois si l'on se dépêche.

Si la même augmentation de capital est réalisée sans droits de souscription préférentiels, elle peut être effectuée en un jour. Le lundi, par exemple, les actionnaires de l'entreprise s'endorment sans rien savoir de cette question, et le mardi, lorsqu'ils se réveillent et regardent les nouvelles, ils constatent que leur entreprise a procédé cette nuit-là à une augmentation de capital accélérée sans droits de souscription préférentiels, dans le cadre de laquelle X actions ont été émises à un tel prix, que des investisseurs institutionnels du monde entier les ont achetées, etc.

Il ne fait aucun doute que les augmentations de capital sans droits de souscription préférentiels sont beaucoup plus rapides que les augmentations de capital normales.

Y a-t-il vraiment quelque chose à gagner de cette vitesse accrue ?

Les dirigeants des entreprises qui les réalisent affirment que sans cette plus grande rapidité, l'opération serait perdue (généralement l'achat d'une autre entreprise, ou d'actifs vendus par une autre entreprise), car d'autres acheteurs se présenteraient, et ce seraient eux qui remporteraient l'appel d'offres. Selon cette hypothèse, l'alternative serait de réaliser l'augmentation de capital sans droits de souscription préférentiels et de pouvoir procéder à l'achat, ou de ne pas réaliser l'augmentation de capital (ni sans droits pour les actionnaires, ni avec droits) et de ne pas procéder à l'achat.

N'ayant jamais participé à une négociation de ce type, je ne sais pas quelle est la part de vérité dans cette explication.

Mais étant donné que, dans de nombreux cas, les rachats d'entreprises se font par le biais d'augmentations de capital avec droits de souscription préférentiels, et que les **augmentations de capital sont en principe des opérations indésirables pour les actionnaires** parce que, dans de nombreux cas, le rendement par action après l'augmentation de capital n'évolue pas aussi bien qu'il l'aurait fait sans l'augmentation de capital, en général, je n'aime pas les augmentations de capital avec droits de souscription préférentiels. Peut-être que dans certains cas, elles sont vraiment motivées et positives pour les actionnaires de la société, mais en général, je pense qu'elles devraient être évitées. En fait, je trouverais logique qu'elles soient interdites, dans le cadre du respect de la propriété privée, c'est fondamental pour toute entreprise.

Il est souhaitable d'éviter les augmentations de capital avec droits de souscription préférentiels, et encore plus souhaitable d'éviter les augmentations de capital sans droits de souscription préférentiels.

En ce qui concerne le consentement des actionnaires que j'ai mentionné plus tôt, en réalité, elles ont lieu avec le consentement des actionnaires. Bien que dans le cas de nombreux actionnaires sans qu'ils le sachent, et dans le reste des cas sans réelle possibilité aujourd'hui d'éviter de donner ce consentement.

Il est d'usage que l'ordre du jour des assemblées générales comprenne chaque année un point demandant le consentement des actionnaires pour procéder à de telles augmentations de capital sans droit préférentiel de souscription (généralement jusqu'à un pourcentage maximum du capital social, par exemple 50 %). Ce point, comme tous les autres, est approuvé par l'assemblée à la majorité des voix. Le vote de quelques actionnaires individuels n'empêchera pas l'approbation de ce point.

Mais je ne pense pas que cela signifie que vous ne pouvez rien faire non plus, au moins pour garder votre propre tranquillité d'esprit. À l'heure actuelle, l'habitude de voter contre les points de l'ordre du jour est très peu répandue. En grande partie parce qu'on a l'impression que cela ne sert à rien, et dans la pratique, c'est vrai aujourd'hui dans presque tous les cas.

Mais, d'un autre côté, je pense qu'il serait bon de changer cette habitude, et cela ne se fait pas en se mettant tous d'accord pour voter non sur un point particulier lors d'une réunion particulière, mais cela se fait **si quelques personnes commencent à prendre l'habitude de voter contre ce qu'elles n'aiment pas**. Peut-être que ces quelques personnes seront suivies par d'autres et qu'un jour, elles seront nombreuses et parviendront à changer les choses. Les **grands changements sont toujours initiés par quelques personnes**, et tout ce qui contribue à une meilleure gestion des entreprises est positif.

À une occasion, par exemple, les actionnaires de Vodafone ont réussi à ne pas approuver la rémunération de son PDG (ou président, cela fait maintenant des années et je ne peux pas trouver de confirmation quant à savoir s'il s'agissait d'une position ou d'une autre) et elle n'a pas été approuvée, et il n'a pas reçu la rémunération que ses actionnaires considéraient comme excessive.

Si vous n'aimez pas un point de l'ordre du jour d'une assemblée, qu'il s'agisse d'une augmentation de capital sans droit de souscription préférentiel, des salaires ou de la rémunération des dirigeants, de la nomination d'un homme politique en tant qu'administrateur de votre entreprise, ou autre, **peut-être que si vous votez contre, vous pourrez changer les choses, et nous serons tous gagnants**.

Pourquoi ne pas acheter des actions de grandes entreprises qui se négocient à des prix dérisoires ?

De temps en temps, des entreprises qui semblent à première vue importantes, et elles le sont, rencontrent des problèmes qui les amènent à se négocier à des prix dérisoires. Les médias grand public s'en font l'écho et même les personnes qui n'ont jamais investi en Bourse y voient une opportunité évidente de gagner de l'argent parce qu'elles pensent (à juste titre) que la plus grande compagnie aérienne de Suisse ou la plus grande banque de Grèce ne va pas disparaître.

Sans avoir besoin d'être un expert en Bourse, il est clair qu'"**ils feront quelque chose pour maintenir cette entreprise importante en activité, donc cette entreprise ne va sûrement pas disparaître**".

Jusqu'à présent, le raisonnement est tout à fait correct, car il est vrai que ces entreprises sont trop importantes pour disparaître (pour quelque raison que ce soit dans chaque cas spécifique), et les hommes politiques et les grands hommes d'affaires de ce pays feront tout ce qu'il faut pour que l'entreprise continue d'exister et gagne à nouveau de l'argent.

Là où le raisonnement échoue, c'est que lorsque l'entreprise se rétablira et gagnera à nouveau de l'argent, ses actions vaudront beaucoup plus que ce qu'elles valent aujourd'hui. À première vue, il s'agit d'un raisonnement clair et évident :

"La principale compagnie aérienne suisse, par exemple, s'est très mal comportée et perd beaucoup d'argent, si bien que ses actions sont passées d'une valeur de beaucoup de francs suisses à quelques centimes. Mais cette compagnie ne va certainement pas disparaître, donc acheter ces actions aujourd'hui pour quelques centimes tôt ou tard sera un investissement spectaculaire, car lorsque cette compagnie gagnera à nouveau de l'argent, ses actions vaudront à nouveau beaucoup de francs suisses, et le capital investi aura été multiplié de nombreuses fois. De plus, le risque est très faible car les actions ne peuvent pas valoir moins de 0."

Si elles valent moins de 0, les **actionnaires ne devront de toute façon pas mettre plus d'argent,** mais il se peut que leurs actions soient anéanties et disparaissent définitivement, de sorte que lorsque l'entreprise renouera avec les bénéfices, les actions qui se négociaient à quelques centimes n'**existeront plus** et seront remplacées par d'autres actions, différentes, qui se négocieront alors à un prix élevé en francs suisses.

Prenons l'exemple d'une banque en Grèce.

Supposons que la Banque des îles grecques, la plus grande et la plus importante banque de Grèce (dans notre exemple imaginaire), dispose de 10 milliards d'euros de fonds propres. Ces 10 milliards d'euros représentent l'argent des actionnaires : l'argent qu'ils ont apporté au départ pour créer la banque, plus la part des bénéfices qu'ils ont conservée au fil des ans.

La banque a reçu 90 milliards d'euros de dépôts de ses clients et a accordé des prêts pour un montant de 200 milliards d'euros. Les choses ont mal tourné et les prêts non performants ont fortement augmenté. Certains de ces prêts n'ont pas été remboursés et la banque ne pourra pas récupérer environ 15 milliards d'euros.

Il est tout à fait normal qu'une banque ne soit pas remboursée d'une partie des prêts qu'elle a accordés. Cela arrive à toutes les banques, et cette perte est couverte par les bénéfices du reste de l'activité.

Le problème, c'est que lorsque tout va bien, la Banque des îles grecques gagne environ 1 milliard d'euros par an. À ce rythme, il lui faudrait environ 15 ans pour couvrir cette perte de 15 milliards d'euros. 15 ans, c'est trop long, on ne peut pas attendre aussi longtemps. En outre, les fonds propres de la banque sont déjà négatifs. Il y avait 10 milliards d'euros de fonds propres, mais après cette perte de 15 milliards d'euros, les fonds propres sont de -5 milliards. Et, en plus, ces pertes irrécouvrables de 15 milliards d'euros pourraient aller plus loin.

La banque est toujours en activité, ses succursales sont toujours ouvertes et ses actions sont toujours négociées. Ces actions se négocient au-dessus de 0, mais valent moins de 0 (-5 milliards / Nombre d'actions composant le capital social).

Même si la banque continue à fonctionner, elle ne pourra pas le faire longtemps. Pour que les actions valent 0, il faut que quelqu'un mette 5 milliards d'euros, mais ce n'est pas suffisant car les banques doivent avoir des fonds propres en rapport avec les prêts qu'elles ont accordés. Quel devrait être le montant des fonds propres de la banque dans ce cas ? Il n'y a pas de chiffre exact, c'est quelque chose qui se négocie entre les politiques, le reste des banquiers du pays, etc. Ce chiffre est ce que l'on appelle généralement le "trou de la banque", dont on ne sait pas exactement à combien il s'élève, les médias donnant des chiffres différents.

Imaginons qu'après des semaines ou des mois de négociations, il soit décidé que pour le niveau actuel des prêts de la banque, l'évolution prévue de l'économie, l'étude réalisée sur la solvabilité des clients de la banque, etc., les politiciens et les banquiers conviennent que la banque a besoin d'un capital de 12 000 millions d'euros pour continuer à fonctionner. Comme ces fonds propres s'élèvent actuellement à -5 milliards d'euros, quelqu'un doit injecter 17 milliards d'euros dans la banque. Et comme la banque a un bénéfice attendu (lorsqu'elle se rétablit) d'environ 1 milliard d'euros, celui qui investit 17 milliards d'euros paiera un ratio cours/bénéfice de 17 fois.

Que demandera celui qui apportera les 17 milliards d'euros ? Très probablement la propriété à 100 % de la banque. Et dans ce cas, ceux qui détenaient jusqu'à présent 100 % de la banque (les propriétaires des actions qui se négociaient à quelques centimes) détiendront désormais 0 % de la banque. En d'autres termes, ces actions qui se négociaient à quelques centimes **sont éliminées et cessent d'exister**.

Le plus important dans tout cela, c'est que la banque continue d'exister, gagne à nouveau 1 milliard d'euros et se porte bien, mais que les actions qui se négociaient à quelques centimes d'euros ne montent pas à plusieurs euros, mais valent définitivement 0, et disparaissent.

Les modalités de mise en œuvre peuvent varier.

L'une des possibilités est que les anciens actionnaires, qui détenaient au total 100 % de la banque, en détiennent désormais 1 %. Cela signifie que les actions qui se négociaient à 0,10 euro, par exemple, se négocieront à 0,001 euro (100 fois moins), par exemple. Et c'est leur valeur correcte, la banque étant déjà en bonne santé et gagnait 1 000 millions d'euros.

La raison pour laquelle ces actionnaires se retrouvent avec 1 % de la banque au lieu d'être complètement éliminés est généralement d'ordre politique, afin d'éviter autant que possible les problèmes en prétendant qu'ils ont encore des actions, qu'ils se rétabliront ("nous ne savons pas quand") et que le temps passera.

Une autre possibilité est ce que l'on appelle une "opération accordéon", qui consiste à augmenter le capital avec des droits de souscription préférentiels, tout en annulant les anciennes actions.

Par exemple, nous avons 10 000 actions qui se négocient à 0,10 euro et, dans le cadre de l'opération accordéon, nous recevons 10 000 droits, dont chacun nous permet d'acheter une nouvelle action à 5 euros, par exemple. Lorsque les droits sont émis, les actions existantes sont annulées. C'est-à-dire qu'au moment où l'augmentation de capital commence, cela ne se passe pas comme dans les augmentations de capital normales, où nous avons les 10 000 actions que nous avions déjà et 10 000 droits, mais nous avons 10 000 droits, et les 10 000 actions que nous avions disparaissent.

Si nous voulons conserver notre pourcentage dans l'entreprise, nous devons investir 50 000 euros (dans cet exemple) pour acheter les nouvelles actions. Si nous ne voulons pas apporter d'argent frais pour acheter les nouvelles actions, nous pouvons vendre les droits. Dans certains cas, nous pourrons les vendre à un prix supérieur aux 0,10 euros que nous ont coûté les actions, dans d'autres à seulement 0,01 euros, et dans d'autres encore, personne ne les achètera, couvrant ainsi l'augmentation de capital dans une nouvelle phase, dans laquelle les droits n'existent plus, parce que leur valeur était également de 0,01 euros.

Et peut-être que les droits valent 0, mais acheter les actions à 5 euros est un bon investissement, parce qu'avec le temps, elles augmenteront à partir de ce prix.

Le fait est que la Banque des îles grecques existe toujours, qu'elle gagne à nouveau de l'argent comme par le passé, mais que les actions qui se négociaient à quelques centimes sont tombées à 0 et ont disparu (ou presque).

Bien sûr, il peut y avoir des situations dans lesquelles ces sociétés constituent un bon investissement lorsqu'elles se négocient à quelques centimes, mais avant d'investir dans ces sociétés, vous devez procéder à une analyse fondamentale détaillée, et pas seulement au raisonnement que j'ai décrit au début de cette section sur le fait que la société ne va pas disparaître, et ainsi de suite.

Particularités de l'évaluation des entreprises à forte rémunération

Comme vous le savez, le ratio cours/bénéfice et le rendement du dividende sont totalement liés. **Ils doivent être analysés ensemble, l'un n'étant pas plus important que l'autre.**

Les dividendes proviennent des bénéfices, et les bénéfices futurs sont à leur tour fortement influencés par la politique de dividendes, qui doit être adaptée à chaque entreprise. **Les dividendes ne doivent pas être versés lorsque les bénéfices sont insuffisants, pas plus qu'ils ne doivent être retenus lorsqu'il n'y a pas de bonnes opportunités d'investissement.** J'ai abordé les nuances de tout cela en détail dans "Comment investir en Bourse à long terme en partant de zéro (Obtenez la retraite que vous méritez grâce aux dividendes).

Mais il existe un cas où l'un de ces deux ratios prend le pas sur l'autre lorsqu'il s'agit de valoriser l'entreprise, c'est celui des entreprises dont le pay-out est proche de 100 % de manière permanente. Par "en permanence", on entend qu'elles peuvent maintenir indéfiniment ce versement de 100 % tout en progressant autant que la moyenne du marché, voire plus. Ou du moins plus que l'inflation, en tant que tendance à long terme. **Dans ce type d'entreprise, le rendement du dividende prime sur le PER.**

Pourquoi ?

En effet, ces entreprises ont un avantage très important sur les autres, à savoir qu'elles **peuvent croître sans pratiquement réinvestir leurs bénéfices, et c'est un élément qui doit être valorisé**. Et la façon de les évaluer est de donner la préférence au rendement du dividende, ce que le marché fait généralement dans ces cas-là.

En d'autres termes, si cet avantage devait être ignoré de manière permanente par le marché, ces entreprises pourraient être **le meilleur investissement de manière permanente.**

C'est pourquoi le marché privilégie le rendement des dividendes dans ce type d'entreprises, ce qui les place au même niveau **que les autres entreprises en ce qui concerne ce ratio**. Cela signifie que le ratio cours/bénéfice de ces entreprises est généralement plus élevé que la moyenne du marché. Mais cela ne rend pas ces entreprises plus chères que les entreprises ayant un PER plus faible, mais plutôt l'inverse : **si elles avaient un PER similaire à celui d'autres entreprises qui devraient croître au même rythme qu'elles, elles seraient particulièrement bon marché**.

Prenons un exemple.

Supposons que Klépierre et BASF soient des entreprises similaires, en ce sens que le marché s'attend à une croissance similaire dans le futur. Pour cet exemple, il importe peu que cette croissance soit forte ou faible, l'essentiel étant qu'elle soit identique ou très similaire dans les deux cas. Supposons une croissance de 10 %.

Toutes deux ont un bénéfice par action (BPA) de 2 euros. La différence est que BASF a un pay-out de 50 %, parce que c'est une entreprise normale qui doit réinvestir une partie de ses bénéfices, et que Klépierre a un pay-out de 100 %.

Supposons qu'à l'heure actuelle, le marché estime que les entreprises qui devraient connaître une croissance de 10 % devraient se négocier à un ratio cours/bénéfice de 15 fois, de sorte que les deux entreprises devraient se négocier à 30 euros (15 x 2).

BASF verse un dividende de 1 euro (distribution de 50 %) et Klépierre verse un dividende de 2 euros (distribution de 100 %).

À 30 euros, BASF a un rendement du dividende de 3,33 % (1 / 30 x 100), et Klépierre a un rendement du dividende de 6,67 % (2 / 30 x

100).

Si l'on considère le ratio cours/bénéfice, les deux entreprises sont évaluées de la même manière, avec un ratio cours/bénéfice de 15 fois. C'est juste, car on s'attend à ce qu'elles croissent toutes deux de 10 %. Si leur croissance est la même, elles devraient se négocier au même ratio cours/bénéfice, en théorie.

Mais si nous regardons le rendement du dividende, Klépierre nous donne deux fois plus que BASF. Et cela ne semble pas juste, car on s'attend à ce que les deux croissent de la même manière à l'avenir, soit d'environ 10 %.

Comment résoudre cette divergence entre le ratio cours/bénéfice et le rendement du dividende ? Lequel des deux ratios doit prévaloir sur l'autre ? Parce qu'il est clair que soit le **PER, soit le rendement du dividende les valorise équitablement, mais qu'il est impossible de les valoriser équitablement par les deux ratios à la fois.**

Dans ces cas, c'est le rendement du dividende qui domine. C'est ce que le marché préfère dans tous les cas, et à **juste titre**. Car le dividende est bien plus que de l'argent qui entre ou qui sort de la caisse, comme je l'ai expliqué dans des livres précédents. Des dividendes stables sont la base du marché boursier. Un marché boursier sans dividendes ressemblerait probablement à un casino. Cela ne signifie nullement que toutes les entreprises doivent verser des dividendes. Cela ne signifie pas non plus que toutes les entreprises qui ne versent pas de dividendes sont de mauvaises entreprises. Certaines grandes entreprises ne versent pas de dividendes et n'ont pas l'intention de le faire, et c'est très bien ainsi. **Mais les dividendes sont des dividendes.**

Ainsi, dans cette situation, le marché ferait correspondre BASF et Klépierre pour leur rendement en dividendes, de sorte que les deux se négocieraient avec un rendement en dividendes de 3,33 % (selon notre exemple). BASF se négocierait donc à 30 euros avec un PER de

15 fois, et Klépierre à 60 euros, avec un PER de 30 fois.

C'est pourquoi les entreprises dont le taux de distribution est de 100 %, ou proche de 100 %, sont toujours cotées avec un PER élevé. En réalité, un **PER élevé n'est pas un PER cher**. Pour ces entreprises, ce PER élevé est le bon PER et elles doivent être évaluées de cette manière.

Se pourrait-il que ce ne soit pas le cas et que les entreprises dont le taux de distribution est proche de 100 % se négocient à un ratio cours/bénéfice similaire à celui d'entreprises qui leur ressemblent en termes de perspectives de croissance ?

Oui, cela peut arriver, **mais il s'agit d'une anomalie du marché**, dont vous devez tirer parti si elle se produit.

Un exemple de ce type d'anomalie est la chute de la BME (gestionnaire de la Bourse espagnole) lors du krach de 2009, le krach des subprimes, qui l'a amenée à se négocier à un peu moins de 13 euros. Cela correspondait à un PER d'environ 5,50 fois. D'autres entreprises sont également tombées à des PER similaires à celui-ci. Ce krach était une anomalie en soi, et en fait toutes les entreprises, presque sans exception, étaient anormalement bon marché dans ce krach, même par rapport à d'autres krachs.

Mais peut-être que le cas de BME était une anomalie plus importante que la moyenne, alors voyons voir.

Depuis ce plus bas de 13 euros au début de l'année 2009 jusqu'à la fin 2015, BME a distribué des dividendes totaux de 13,41 euros. En d'autres termes, les personnes qui ont acheté à ce niveau bas en moins de 7 ans ont reçu plus de dividendes que ce que les actions leur ont coûté. L'action a terminé l'année 2015 à plus de 31 euros et a continué à distribuer des dividendes similaires les années suivantes, jusqu'en 2020, date à laquelle elle a été achetée à 34 euros par SIX (gestionnaire de la Bourse suisse).

Ce rendement n'est pas normal, ce qui n'est pas normal, c'est que BME se négociait à ce PER, même au plus bas de la chute. Pour d'autres entreprises dans cette situation, il n'y a pas eu d'évolution spectaculaire des dividendes, c'est pourquoi le cas de BME était une anomalie dans la manière habituelle d'évaluer les entreprises avec un pay-out de 100 %.

Le fait est qu'il est possible qu'à un moment donné, il y ait une anomalie où le marché privilégie le ratio cours/bénéfice par rapport au rendement des dividendes dans ces entreprises, et si vous repérez l'une de ces anomalies, vous avez toutes les chances d'être en présence d'une excellente opportunité d'achat.

D'autre part, le **dividende d'une entreprise à faible distribution n'est pas toujours plus sûr que celui d'une entreprise à distribution élevée**. Cela dépend de l'activité de chaque entreprise. Le dividende **d'une entreprise avec un pay-out de 100 % peut être plus sûr que le dividende d'une autre entreprise avec un pay-out de 30 %**, par exemple. Il est vrai que, dans une même entreprise, le dividende est plus sûr et a plus de chances d'augmenter si le pay-out est faible que s'il est élevé, mais il s'agit d'une question qui doit être clarifiée. Prenons l'exemple ci-dessus, où BASF a payé un dividende de 1 euro avec un pay-out de 50 %, et Klépierre a payé un dividende de 2 euros avec un pay-out de 100 %. Le dividende de BASF est-il plus sûr parce qu'il a un pay-out plus faible ? En principe, non. **Si les deux entreprises sont gérées correctement, les deux dividendes sont aussi sûrs l'un que l'autre** (ne pensez pas à ces deux entreprises en particulier, mais au type d'entreprises qu'elles représentent dans cet exemple).

Comme nous l'avons vu lors de l'examen du rendement des capitaux propres, les deux types d'entreprises peuvent avoir la même croissance future. La différence est que les entreprises de type BASF (dans notre exemple) doivent conserver une partie de leurs bénéfices pour maintenir le même taux de croissance que les entreprises de type Klépierre (dans notre exemple). En d'autres termes, les entreprises de type BASF ne versent pas un dividende plus faible pour être plus sûres et avoir plus de capacité à verser des dividendes à l'avenir, mais parce qu'elles ne peuvent pas verser plus de dividendes si elles veulent maintenir un taux de croissance similaire à celui des entreprises de type Klépierre. **Par conséquent, les dividendes des deux types d'entreprises devraient être aussi sûrs l'un que l'autre**, s'ils sont correctement calculés. Dans les deux cas, le dividende diminuerait en cas de baisse de l'activité, mais il n'y aurait pas plus de probabilité d'une baisse du dividende dans les sociétés dont le taux de distribution est plus élevé.

Des entreprises comme BASF ne versent pas un dividende de 100 % afin de disposer d'une réserve permettant de maintenir le dividende, mais parce que leurs activités ne leur permettent pas de verser un dividende de 100 % et de maintenir une croissance normale.

Logiquement, un pay-out de 100 % est un cas extrême, dans lequel toute baisse de profit devrait se répercuter sur le dividende. Dans un cas plus normal, avec un pay-out de 50 % par exemple, il est possible pour l'entreprise de disposer d'une certaine marge pour maintenir le dividende face à de petites baisses de bénéfices, et je pense que c'est une bonne chose que ce soit le cas. En effet, je pense que la stabilité des dividendes est très importante, et si une entreprise peut verser un dividende idéal de 63 %, par exemple, il est juste que le dividende soit de 50 % à 55 %, afin de disposer d'une certaine marge pour donner au dividende la stabilité dont j'ai parlé. Mais dans un tel cas, il ne me semblerait pas juste que le pay-out soit de 30 %, par exemple, car **ce serait une mauvaise gestion de l'argent des actionnaires**. Que ferait l'entreprise de ces 20 à 30 % du bénéfice par action qu'elle ne distribue pas sous forme de dividende et qu'elle n'a pas la possibilité d'investir correctement ? Il est fort probable qu'elle le place dans des titres à revenu fixe. Comme vous le savez, il est nécessaire, tant pour les entreprises que pour les particuliers, d'avoir en permanence un peu d'argent en titres à revenu fixe. Mais un placement trop important dans des titres à revenu fixe est préjudiciable, en raison du coût d'opportunité. Une entreprise qui pourrait verser un dividende de 60 % mais qui le fait à 30 %, juste pour s'assurer que même si les bénéfices diminuent, elle pourra maintenir ou augmenter son dividende, **appauvrirait ses actionnaires** en ayant de grandes quantités d'argent placées en titres à revenu fixe, qu'elle n'utiliserait qu'en cas de besoin pour maintenir les dividendes futurs. Donner de la stabilité aux dividendes, c'est très bien, mais payer régulièrement de faibles dividendes aux actionnaires juste pour avoir des réserves afin de maintenir ou d'augmenter légèrement ces faibles dividendes de manière artificielle, je pense que ce serait une mauvaise gestion de l'argent des actionnaires.

C'est pourquoi j'ai dit que tous les dividendes devraient être aussi sûrs, quel que soit le paiement, car tous les paiements devraient être calculés de manière à ce que le dividende soit le plus élevé possible, tout en maintenant une gestion saine de l'entreprise. La manière dont un dividende serait plus sûr que d'autres en raison d'une faible distribution serait la mauvaise gestion dont je parlais, qui signifierait que les actionnaires reçoivent régulièrement des dividendes inférieurs à ce qu'ils devraient être, **simplement pour satisfaire les dirigeants, au prix de l'appauvrissement des actionnaires avec des dividendes artificiellement bas**. En outre, les dirigeants qui versent des dividendes artificiellement bas risquent d'être de piètres gestionnaires de l'entreprise dans son ensemble, car de faibles dividendes ne seraient **qu'un signe supplémentaire de l'attitude de ces dirigeants**, qui n'est pas favorable à leurs actionnaires.

Il n'existe pas de règles fixes permettant d'estimer si un versement de 100 %, ou presque, est viable ou non. Il faut connaître les activités de l'entreprise. Une caractéristique que j'ai observée chez de nombreuses entreprises (mais pas toutes) qui peuvent maintenir un paiement de 100 % sur une base durable est qu'elles ont tendance à se négocier à un ratio cours/valeur comptable élevé. En d'autres termes, il s'agit de sociétés qui réalisent des bénéfices élevés avec peu d'actifs. Cela signifie que pour maintenir et développer ces actifs, elles ont besoin de relativement peu d'investissements, ce qui leur permet d'avoir un paiement élevé et de continuer à croître à un bon rythme. Plus précisément, au lieu de dire qu'elles ont une faible valeur comptable, je dirais qu'elles ont de petits actifs, car dans la valeur comptable, elles pourraient avoir un excès significatif de liquidités, par exemple, ce qui réduirait le rapport Prix / Valeur comptable. Mais, logiquement, la liquidité n'est pas un actif pour lequel il faut dépenser de l'argent pour le maintenir, mais l'inverse : c'est un actif qui génère davantage de nouvelles liquidités. Cela ne signifie pas pour autant que toutes les entreprises ayant peu d'actifs sont de bons investissements à long terme et peuvent verser beaucoup de dividendes, ni que celles qui ont beaucoup d'actifs ne peuvent pas verser des dividendes élevés de manière durable, etc.

Dans le même ordre d'idées, on pourrait penser qu'un faible dividende évite les problèmes d'endettement futurs, puisqu'il reste plus d'argent dans l'entreprise pour le moment où elle commencera à avoir des problèmes d'endettement. Mais à mon avis, c'est le contraire qui est vrai : des **dividendes élevés évitent (ou réduisent) les problèmes d'endettement** futurs, et des dividendes faibles augmentent les problèmes d'endettement futurs. Je pense que personne ne fait d'investissements en sachant qu'il va faire des erreurs, et donc en mettant de l'argent de côté pour le moment où ces erreurs commenceront à être révélées, puis en utilisant ces réserves précédemment épargnées pour réduire les problèmes d'endettement actuels.

Je pense qu'il est plus probable que vous investissiez en croyant bien faire, et donc que vous investissiez autant que vous le pouvez, dans les limites du raisonnable. La quantité d'argent qu'une entreprise investit dépend de la quantité d'argent qui se trouve à l'intérieur de l'entreprise (fonds propres), donc plus il y a **de dividendes qui ont été indûment retenus dans le passé, plus la capacité d'endettement**

de l'entreprise sera grande au moment où elle s'endettera. Ainsi, si dans une situation donnée, l'entreprise a un ratio dette nette/EBITDA de 6 fois, par exemple, si elle a artificiellement retenu des dividendes dans le passé, elle ne disposerait pas aujourd'hui de l'argent nécessaire pour ramener le ratio dette nette/EBITDA à 5 ou 4 fois, Au lieu de cela, elle se serait endettée davantage, en achetant plus d'actifs, et son ratio Dette nette/EBITDA serait maintenant plus élevé, disons de 8 fois, et son problème d'endettement serait plus important que si elle avait payé plus de dividendes dans le passé, au lieu de les retenir artificiellement.

La déflation est-elle toujours mauvaise ?

La déflation est l'une des choses les plus redoutées. La déflation est la baisse des prix. Logiquement, les prix ne peuvent pas baisser en permanence, car c'est incompatible avec l'amélioration de la situation, et la déflation n'est donc clairement pas la situation idéale, loin de là. Du moins en tant qu'état permanent de l'économie.

Mais **si elle est ponctuelle, la déflation est compatible avec l'amélioration de la situation**. Les prix peuvent baisser en même temps que l'économie, l'emploi, etc. progressent.

Pour distinguer une bonne déflation d'une mauvaise, il faut examiner ce qui l'a provoquée.

Si la cause est que les gens n'ont pas d'argent pour acheter et que les entreprises doivent baisser leurs prix ne serait-ce que pour survivre, la déflation est logiquement mauvaise. En réalité, **la déflation n'est qu'une conséquence de cette situation économique, et non sa cause**. En d'autres termes, l'économie ne va pas mal parce qu'il y a de la déflation, mais parce que l'économie va mal pour une raison ou une autre, et l'une des conséquences de cette mauvaise situation économique est que les entreprises doivent baisser leurs prix, et c'est ce qui génère la déflation. Les gens ne sont pas malades parce qu'ils ont 40 degrés de fièvre, mais ils ont 40 degrés de fièvre parce qu'ils sont malades.

Une bonne déflation se produit lorsque la cause est un gain d'efficacité. Si nous fabriquons des chaussures à 10 euros la paire et que nous les vendons à 15 euros, nous gagnons 5 euros par paire de chaussures. Si nous parvenons à réduire le coût de fabrication à 8 euros, nous pouvons les vendre à 13 euros, en conservant le bénéfice de 5 euros par paire de chaussures et en augmentant probablement le nombre de paires de chaussures vendues, ce qui accroîtrait le bénéfice total de notre entreprise. **Nous gagnons autant, voire plus, mais les clients paient moins.** Cette déflation est une bonne chose.

Nous sommes très habitués à ce type de déflation positive, non pas dans l'économie dans son ensemble, mais dans certains secteurs spécifiques, tels que la technologie. Les ordinateurs, les téléviseurs, les téléphones portables, etc. coûtent beaucoup moins cher aujourd'hui qu'il y a quelques décennies. Le secteur technologique dans son ensemble gagne beaucoup plus d'argent qu'il y a quelques décennies, et les clients disposent de produits de plus en plus performants et utiles.

La déflation n'est donc pas toujours mauvaise, elle est parfois positive. Mais si elle était permanente, même si elle était positive, je pense que l'effet final serait négatif. **L'esprit humain n'est pas fait pour gagner de moins en moins d'argent en permanence**, même si les coûts diminuent également.

En d'autres termes, théoriquement, c'est la même chose si les salaires augmentent de 1 % et que l'inflation augmente également de 1 %, ou si les salaires diminuent de 1 % et qu'il y a une déflation de 1 %. Dans les deux cas, nous restons dans la même situation, parce qu'ils sont équivalents. Mais dans la pratique, ce n'est pas la même chose. Il est supportable qu'une année les salaires baissent de 1 % et qu'il y ait une déflation de 1 %, mais les êtres humains ne sont pas faits pour vivre en pensant à la baisse de leur salaire l'année prochaine, dans 5 ans, dans 10 ans, au moment de leur retraite, et ainsi de suite. Cela détruirait les gens psychologiquement et aurait un effet très négatif sur l'économie. Ce serait contre nature, car l'être humain n'est pas fait pour vivre avec une telle perspective d'avenir, même s'il pense que tout lui coûtera moins cher à l'avenir.

De plus, l'**amélioration de l'efficacité a une limite**, car les chaussures dont nous avons pu réduire le coût de 10 euros à 8 euros ne pourront pas être produites dans quelques années à 5 euros, puis à 2 euros, puis à 0,30 euros, puis à 0,01 euros, ...

Une déflation peut donc être bonne si elle est temporaire et légère, mais pas si elle est permanente.

Un autre problème qu'une bonne déflation peut poser est celui de la **dette**.

En cas de déflation, les dettes ne diminuent pas parce qu'il y a déflation, elles augmentent.

C'est-à-dire qu'il y a moins d'efforts à faire pour payer une dette de 30.000 euros si nous gagnons 1.000 euros par mois que si notre salaire est réduit à 950 euros par mois, et que la dette est toujours de 30.000 euros. Dans le premier cas, notre dette représente 30 mois de travail (30.000 / 1.000) et dans le second, 31,5 mois de travail (30.000 / 950).

Une chose qui peut atténuer cette situation est que les dettes ne sont pas payées sur les revenus, mais sur les bénéfices. Comme c'est plus clair pour les entreprises, revenons à notre usine de chaussures, où nous avions une dette de 100 000 euros pour un prêt que nous avons contracté pour acheter les machines que nous utilisons pour fabriquer les chaussures. Cela nous coûte la même chose de payer ces 100 000 euros de doute si nous fabriquons les chaussures à 10 euros et les vendons à 15 euros, que si nous fabriquons les chaussures à 8 euros et les vendons à 13 euros, puisque dans les deux cas le bénéfice par paire de chaussures vendue est de 5 euros. En effet, on ne rembourse pas le crédit avec le revenu de 15 euros par paire de chaussures, ni avec le revenu de 13 euros par paire de chaussures, mais avec le bénéfice de 5 euros par paire de chaussures, qui est le même 5 euros dans les deux cas.

C'est pourquoi les **dettes peuvent être aussi facilement remboursées en cas de déflation qu'en cas d'inflation**, car ce qui compte (pour les entreprises et les particuliers), ce ne sont pas les revenus, mais les bénéfices. Et les bénéfices peuvent être maintenus en période de déflation, et même augmenter, si l'on parvient à vendre plus de paires de chaussures en baissant le prix de vente tout en maintenant la marge bénéficiaire.

Alors pourquoi les banques centrales ont-elles si peur de la déflation et font-elles tout ce qu'elles peuvent pour l'éviter ?

Parce que les banques centrales, en fin de compte, sont contrôlées par les politiciens. Et ce que les politiciens voient, c'est que si la TVA est de 20 %, par exemple, lorsqu'ils vendent des paires de chaussures à 15 euros, ils facturent 3 euros, soit 20 % de 15. Mais si nous baissons le prix des chaussures à 13 euros, alors pour chaque paire de chaussures vendue, ils factureront 2,60 euros de TVA, soit 20 % de 13.

Si cela se produit dans un secteur isolé, comme la technologie, cela n'a pas d'importance pour eux. Mais si cela se produit dans l'ensemble de l'économie, il en résultera une baisse des recettes fiscales, et c'est ce qu'elles veulent vraiment éviter (la baisse des recettes fiscales), et non la déflation en tant que telle. C'est pourquoi les banques centrales, qui dépendent en pratique des hommes politiques, font tout ce qu'elles peuvent imaginer pour éviter la déflation.

Mon opinion est que la **plus grosse de toutes les bulles que nous connaissons, à l'échelle mondiale, est celle des dépenses publiques, et que cette bulle éclatera tôt ou tard.** Entre autres parce qu'il est mathématiquement impossible qu'elle croisse indéfiniment, comme c'est le cas pour toute bulle. Et si une bulle cesse de croître, elle commence à éclater.

C'est pourquoi je pense qu'à un moment donné, nous pourrions connaître une période de déflation relativement prolongée, voire quelque peu abrupte, en fonction de l'évolution des événements, lorsque cette bulle fiscale éclatera.

La façon la plus souhaitable de faire éclater cette bulle fiscale serait de réduire fortement les dépenses publiques, ce qui permettrait de rembourser les énormes montants de la dette publique accumulée tout en transférant une partie de l'économie du secteur public vers le secteur privé. Dans ce cas, cette éventuelle période de déflation prolongée serait compatible avec le maintien, voire l'augmentation des salaires et des marges des entreprises. Elle serait même très favorable. Cela se ferait en réduisant la corruption, comme nous l'avons vu précédemment. C'est pourquoi j'ai dit qu'à mon avis, **l'élimination de la corruption serait la réforme structurelle qui aurait le plus grand impact sur l'économie (et sur tout ce qui n'est pas l'économie, d'ailleurs).**

Barrières à l'entrée dans l'entreprise ou dans le secteur

Lorsque l'on investit à long terme, l'élément le plus important lors de la sélection d'une entreprise est la présence de barrières à l'entrée. Dans de nombreuses stratégies à moyen terme, cet aspect est également très important, mais à long terme, il l'est tout particulièrement.

Les barrières à l'entrée peuvent se situer au niveau de l'entreprise ou du secteur auquel elle appartient. Lorsque l'on investit à long terme, je pense qu'**il est préférable qu'elles se trouvent dans le secteur plutôt que dans l'entreprise** (mais pas dans le secteur auquel l'entreprise appartient). En effet, s'ils sont dans le secteur, ils sont **plus faciles à repérer et plus sûrs.**

Par exemple, il est facile de voir que les compagnies d'électricité qui acheminent les câbles électriques vers les foyers, les entreprises et les industries ont d'importantes barrières à l'entrée. C'est le cas de toutes les entreprises du secteur, et non de certaines d'entre elles. Il est donc plus facile de voir et de comprendre cette barrière à l'entrée que dans le cas des supermarchés, par exemple.

Les supermarchés sont un secteur où les barrières à l'entrée sont relativement faibles. Chacun peut voir dans sa ville de petits supermarchés rivaliser avec les grandes chaînes.

Les grandes chaînes de supermarchés ont un avantage sur les petits supermarchés en raison de leur volume d'achat élevé. Un volume d'achat élevé permet d'obtenir de meilleurs prix auprès des fournisseurs que dans le cas des petits supermarchés, et signifie également que les coûts fixes représentent un pourcentage plus faible du prix de vente des produits. Cela permet aux grands supermarchés de vendre leurs produits moins cher que les petits, avec une marge bénéficiaire égale ou supérieure à celle des petits supermarchés.

Mais même dans ce cas, les supermarchés cotés n'ont pas, dans leur ensemble, des barrières à l'entrée aussi élevées que celles d'autres secteurs (les compagnies d'électricité que nous avons déjà vues, les autoroutes, les grandes entreprises de construction, les banques commerciales, les entreprises de télécommunications, etc.)

Dans le secteur des supermarchés, certains se distinguent des autres et affichent un historique de croissance des bénéfices aussi bon, voire meilleur, que celui de nombreuses entreprises dans des secteurs où les barrières à l'entrée sont élevées. En Espagne, c'est le cas de Mercadona et, aux États-Unis, de Walmart.

Mais il est certain qu'il est plus difficile de voir les différences entre Mercadona (qui n'est pas actuellement cotée en Bourse) ou Walmart et le reste des supermarchés que dans le cas de toutes les compagnies d'électricité qui acheminent les câbles électriques jusqu'aux foyers et aux entreprises. Il est également plus facile d'estimer si ces barrières à l'entrée **subsisteront dans 10, 20 ans,** etc. si l'on considère des secteurs plutôt que des entreprises individuelles.

C'est la raison pour laquelle je pense qu'en matière d'investissement à long terme, il est préférable d'investir dans des secteurs qui présentent des barrières à l'entrée élevées, plutôt que dans des entreprises qui présentent des barrières à l'entrée élevées dans des secteurs qui n'ont pas de telles barrières à l'entrée.

Il ne faut pas non plus exclure complètement ce dernier type d'entreprises, car il peut y avoir de très bonnes entreprises qui maintiennent leurs barrières à l'entrée pendant de nombreuses années. Mais je pense que vous devriez en tenir compte dans l'ensemble de votre portefeuille, en investissant peut-être moins dans ces sociétés que dans d'autres (bien que cela dépende de chaque cas individuel).

Lorsque vous investissez à moyen terme, je pense que cette question n'est pas importante. Ce qui est plus important, c'est la croissance attendue dans les prochaines années que ce qui se passera avec les barrières à l'entrée dans 10 ou 20 ans, par exemple. Et à court terme, les barrières à l'entrée ne sont pas importantes.

Avantages et inconvénients des entreprises mono-produit

Les entreprises qui ne fabriquent qu'un seul produit, ou presque, présentent un **risque supérieur à la moyenne**. Leur évitement dépend de la stratégie d'investissement suivie, car si le produit a du succès à un moment donné, sa rentabilité, au moins pour une période donnée, peut être beaucoup plus élevée que la moyenne.

En principe, **pour une stratégie à long terme, il vaut mieux les écarter**, car le risque est élevé. Trop élevé, à mon avis, pour l'investisseur à long terme. Si ce produit ne fonctionne plus comme par le passé, les perspectives de l'entreprise peuvent changer du tout au tout et être très difficiles à estimer.

Pour les stratégies à **court et moyen terme,** ce même risque **peut être intéressant**, car si, à un moment donné, ce produit fonctionne très bien, l'augmentation des résultats de l'entreprise et du prix de l'action peut être beaucoup plus importante que dans le cas des entreprises qui ont de nombreux produits, dont certains fonctionnent très bien et d'autres pas.

En fait, il arrive que des investisseurs repèrent bien à l'avance un produit dont ils pensent qu'il sera un succès, par exemple parce qu'il est lié à quelque chose qu'ils aiment beaucoup, ce qui leur donne envie d'investir dans l'entreprise qui fabrique ce produit. Mais lorsqu'ils constatent que le produit appartient à une grande entreprise, leur idée d'investissement ne fonctionne pas, car même si le produit connaît le succès escompté, le cours de l'action de la grande entreprise ne le reflétera pas, étant donné le faible poids relatif du produit dans l'ensemble de l'entreprise.

Imaginons par exemple le cas des navigateurs Tom Tom. Supposons qu'Éric, grand amateur de ce type de produits, ait connu ces navigateurs alors que presque personne ne les connaissait et qu'il était clair qu'ils allaient connaître un grand succès. Comme il s'agit d'une entreprise indépendante qui ne fabrique que ce produit, Éric aurait pu acheter des actions de Tom Tom et aurait obtenu une rentabilité très élevée grâce à la popularisation des navigateurs de cette entreprise.

Mais si les navigateurs TomTom avaient été une division d'une très grande entreprise, comme IBM ou Siemens, il n'aurait pas été très logique pour Éric d'acheter des actions d'IBM ou de Siemens en espérant un rendement très élevé de la popularisation des navigateurs TomTom, étant donné que ces entreprises comptent beaucoup plus d'activités, dont certaines sont beaucoup plus importantes. Le succès de TomTom n'aurait donc pas entraîné une forte réévaluation des actions de ces grandes entreprises.

Comme je le dis toujours, il n'y a pas vraiment de bonnes ou de mauvaises entreprises, mais des entreprises adaptées ou non à chaque stratégie d'investissement. **Pour les stratégies risquées, des sociétés comme Tom Tom sont plus adaptées**, car le prix de l'action reflète beaucoup plus directement le succès (s'il y en a un) de leur produit unique. Et **pour les investissements à long terme à la recherche de dividendes, des sociétés comme IBM ou Siemens sont préférables,** car elles sont beaucoup plus sûres.

Entreprises intégrées ou non intégrées

Les entreprises intégrées sont celles qui font tout ce qui doit être fait dans le cadre de leurs activités, du début à la fin. Pour illustrer ce propos, prenons l'exemple d'une usine de papier, Europac.

Europac est une papeterie intégrée, car son activité va de la forêt à la livraison du papier ou de l'emballage au client. Elle va de la collecte des déchets de papier au recyclage, à la création de nouveaux papiers et emballages et à leur revente au client.

Europac a des forêts. Dans ces forêts, elle coupe des arbres pour fabriquer du papier, tout en veillant à ce qu'il y ait davantage d'arbres à l'avenir. Le bois est d'abord transformé en pâte à papier. Ensuite, elle utilise la pulpe pour en fabriquer différents types. Europac vend certains papiers directement aux clients, tandis que d'autres sont utilisés pour fabriquer des emballages. Elle vend ensuite ces emballages à ses clients.

D'autre part, elle récupère les déchets de papier, dont elle fait de la pâte, et avec cette pâte, elle fabrique également différents types de papier, certains destinés à être vendus en tant que papier et d'autres à fabriquer des emballages, qui seront le produit final qu'elle vend.

Cette intégration de toutes les étapes de l'entreprise permet à Europac d'**améliorer les marges bénéficiaires du produit final**, de **mieux connaître son activité et de** gagner en **stabilité**, car il arrive que les marges bénéficiaires d'une partie de la chaîne diminuent alors que celles d'une autre partie de la chaîne augmentent.

La **marge bénéficiaire commune s'améliore** parce que les intermédiaires sont éliminés (ainsi que les coûts de transport, la bureaucratie et la paperasserie, etc.), ce qui permet de réduire le coût final du papier et des emballages vendus.), ce qui permet de réduire le coût final du papier et de l'emballage vendus. Cela signifie qu'au même prix de vente que les autres entreprises non intégrées, la marge bénéficiaire d'Europac est plus élevée. Et si elle baisse le prix, elle conserve une bonne marge bénéficiaire et **augmente ses barrières à l'entrée**.

D'autre part, elle permet à **Europac de mieux connaître son activité**, ce qui lui permet d'être plus efficace et de fabriquer de meilleurs produits. Par exemple, l'interaction qu'elle a avec les clients auxquels elle vend des emballages pour poissons lui permet d'améliorer ses produits existants, voire d'en créer de nouveaux en agissant au stade de la fabrication de la pâte à papier ou de l'exploitation forestière. Une papeterie non intégrée qui n'irait pas plus loin que la production de pâte à papier n'aurait pas de contact direct avec les clients qui achètent des emballages de poisson et ne disposerait pas des informations dont dispose une papeterie intégrée pour améliorer son processus de production de pâte à papier ou l'exploitation de ses forêts.

Enfin, dans toute chaîne de production, les marges ne restent pas toujours fixes, mais fluctuent. Si les marges de vente de la pâte à papier diminuent, les marges de vente de l'emballage s'améliorent, et vice versa. C'est pourquoi l'intégration offre une plus grande **stabilité**.

C'est pourquoi, **pour les investissements à long terme, je préfère les entreprises intégrées qui** connaissent leur activité du début à la fin de la chaîne. Elles sont **plus sûres** et disposent de beaucoup plus d'informations, ce qui est essentiel pour **maintenir et accroître les barrières à l'entrée**.

Les entreprises non intégrées ne sont pas toujours mauvaises, et peuvent même être meilleures à moyen terme à certains moments.

En reprenant l'exemple précédent, nous avons dit qu'une entreprise comme Europac est plus sûre parce que lorsque les marges d'une partie de la chaîne diminuent, les marges d'une autre partie de la chaîne augmentent, ce qui lui donne de la stabilité. Cette stabilité est très bonne pour les investisseurs à long terme, mais elle permet d'éviter que les meilleures marges bénéficiaires ne soient à un moment ou à un autre supprimées dans leur totalité.

Supposons par exemple que, pendant quelques années, les marges bénéficiaires sur la vente de pâte à papier augmentent de manière significative. Cela profitera à Europac dans cette partie de son activité, mais lui nuira dans la partie de son activité qui consiste à prendre la pâte à papier et à fabriquer le papier et les emballages à vendre.

Dans ce cas, une entreprise qui se limiterait à la production de pâte à papier profiterait pleinement de ces marges bénéficiaires élevées et ne serait pas désavantagée par les marges plus faibles de l'activité à partir de la production de pâte à papier (production de papier et d'emballages, etc.).

Dans ce cas, pour les investisseurs à moyen terme, la papeterie non intégrée serait meilleure que la papeterie intégrée. Mais pour les investisseurs à long terme, l'usine intégrée serait meilleure. Et pour les investisseurs à moyen terme, il y a le risque d'avoir investi dans une troisième papeterie non intégrée qui achète de la pâte à papier déjà fabriquée et fabrique des emballages, car elle est pénalisée par les faibles marges bénéficiaires de la mauvaise partie de l'activité à ce stade du cycle dont nous parlons (la fabrication d'emballages), sans bénéficier du tout des marges bénéficiaires élevées de la production de pâte à papier. Le moyen terme est toujours plus risqué que le long terme. S'il est bien géré, le moyen terme peut rapporter plus d'argent, mais il **est difficile de le faire suffisamment bien pour compenser l'investissement à long terme.**

Pourquoi les entreprises qui ont le plus chuté au cours de l'année chutent-elles parfois encore plus en décembre ?

Il arrive parfois qu'en fin d'année, les entreprises qui ont le plus souffert au cours de l'année (en termes de baisse du prix des actions) connaissent une chute brutale dans les derniers jours ou les dernières semaines de l'année, ce qui aggrave encore leur chute par rapport à celle qu'elles ont déjà connue au cours de l'année et accroît logiquement l'inquiétude de leurs actionnaires et des investisseurs qui envisagent d'acheter des actions de cette entreprise.

Cette chute peut être due à l'une des raisons habituelles (mauvaises perspectives de l'entreprise, manque d'intérêt de la majorité du marché à ce moment-là, incertitude, etc.), ou à d'autres raisons particulières à ces derniers jours de l'année dans ce type de situation, qui se résument essentiellement au fait que la **chute importante du cours de leurs actions incite** certains de leurs actionnaires à **vendre,** pour diverses raisons.

L'une d'entre elles est la **réalisation de pertes fiscales** pour compenser d'autres gains. Ce phénomène peut se produire tant chez les investisseurs individuels que chez les investisseurs institutionnels. En d'autres termes, au cours de l'année, vous avez gagné de l'argent en vendant des actions d'autres sociétés (ou des fonds d'investissement, etc.) et cela signifie qu'à la fin de l'année, vous cherchez des moyens de payer moins d'impôts. L'un des moyens de payer moins d'impôts est de vendre des actions de sociétés dans lesquelles vous avez subi des pertes. C'est un moyen sûr et immédiat de récupérer une partie de ce que vous avez perdu.

Imaginons que Pierre ait gagné 5 000 euros en vendant des actions Siemens et qu'au mois de décembre, il perde 5 000 euros sur des actions qu'il détient dans la Deutsche Post. Les actions de la Deutsche Post ont fortement chuté et on ne sait pas si elles vont se redresser. Mais si Pierre les vend maintenant, il compensera les 5 000 euros qu'il a gagnés avec Siemens par les 5 000 euros qu'il a perdus avec Deutsche Post et économisera 1 000 euros d'impôts (nous supposons qu'il doit payer 20 % de la plus-value en impôts). Avec ces 1 000 euros (20 % des 5 000 euros gagnés sur les actions Siemens), Pierre peut considérer qu'il a gagné des actions Deutsche Post, de sorte qu'il a réduit la perte sur les actions Deutsche Post de 5 000 euros à 4 000 euros.

Imaginons que Pierre ait acheté 1 000 actions de la Deutsche Post pour 10 euros, soit un total de 10 000 euros (10 x 1 000).

Alors que nous arrivons aux derniers jours de l'année, la Deutsche Post se négocie à 5 euros, Pierre a donc une perte latente de 5.000 euros. La Deutsche Post va-t-elle monter à 6 euros à court terme ? Il est difficile de le dire, mais grâce au bénéfice de Siemens **pour Pierre, les actions de la Deutsche Post peuvent immédiatement monter** à 6 euros, car en les vendant à 5 euros et en réduisant le paiement de l'impôt sur la vente des actions de Siemens avec un bénéfice de 1 000 euros, c'est en pratique comme s'il avait vendu les actions de la Deutsche Post à 6 euros, au lieu des 5 euros auxquels elles s'échangent actuellement sur le marché.

Beaucoup de gens aiment que Pierre vende ces actions dans les derniers jours de l'année, afin de s'assurer des gains fiscaux. S'il attend le 2 janvier de l'année suivante, Pierre ne pourra plus compenser le gain de Siemens par la perte de Deutsche Post, et il aura perdu la possibilité de gagner ces 1 000 euros s'il n'a pas vendu ses actions de Deutsche Post avant la fin de la dernière séance boursière de l'année. Les 6 000 euros qu'il récupère de la Deutsche Post (5 000 euros provenant de la vente + 1 000 euros provenant de la réduction d'impôt) peuvent être utilisés pour acheter des actions d'une autre entreprise plus susceptible d'augmenter à court terme, comme Ahold, Telecom Italia ou Burberry.

Les fonds d'investissement sont un autre type d'investisseur qui a intérêt à vendre dans de tels cas. Certains d'entre eux peuvent vouloir que les plus mauvais résultats de l'année n'apparaissent pas dans leur rapport du 31 décembre à leurs détenteurs de parts, pour des **raisons d'image.** C'est pourquoi ils vendent leurs actions Deutsche Post dans les derniers jours de décembre, afin qu'elles n'apparaissent pas dans le rapport de fin d'année, et les rachètent dans les premiers jours de janvier (parfois moins cher qu'ils ne les ont vendues, parfois plus cher), parce qu'ils pensent qu'elles ne sont pas chères et qu'elles vont augmenter dans les mois à venir.

Dans ces cas, ces ventes entraînent une baisse du prix de l'action, ce qui déclenche **les stop-loss des traders à court terme** détenant des actions de la société, qui les vendent. Les ventes de ces traders déclenchent de nouveaux stop-loss chez d'autres traders, qui vendent à leur tour leurs actions, et tout cela peut inciter les traders à **ouvrir des positions baissières** sur la société, en vendant des actions à crédit (ou des contrats à terme, des CFD, etc.), ce qui déclenche à son tour de nouvelles chutes, etc.

De l'extérieur, il n'y a aucun moyen de détecter ce type de situation. L'analyse technique, par exemple, ne donne pas d'informations sur ce type de choses. Le seul moyen que je connaisse pour voir que cela peut se produire est l'intuition (qui peut bien sûr échouer) et les informations qui apparaissent dans les journaux, à la radio, etc. Par exemple, les directeurs et les analystes des banques et des courtiers qui apparaissent dans les médias peuvent voir que cela se produit, parce qu'ils le font dans leur travail, qu'ils voient leurs clients privés le faire, qu'ils en entendent parler par leurs collègues, etc. et qu'ils le commentent parfois dans les médias.

En tant qu'investisseurs individuels, nous pouvons constater que ce phénomène se produit lorsque l'année a été normale ou bonne en général et que certaines entreprises ont obtenu des résultats particulièrement mauvais. Pourquoi ? Parce que pour que cela ait un effet significatif, il faut qu'il y ait suffisamment de personnes qui le fassent. Et pour qu'il y ait suffisamment de gens qui le fassent, il faut qu'il y ait suffisamment de gens qui fassent des bénéfices, ce qui ne se produit que si l'année a été généralement bonne. Lors d'une mauvaise année, peu de gens ont des bénéfices à compenser, et les quelques personnes qui ont réussi à faire des bénéfices ont beaucoup d'entreprises qui ont dû choisir ce qu'elles allaient vendre à perte.

Cet effet est plus perceptible lorsque de nombreuses personnes réalisent des bénéfices (dans d'autres actions) et qu'il y a **relativement peu d'entreprises qui ont eu de mauvais résultats** et dont de nombreux actionnaires ont subi des pertes importantes (de sorte que ces ventes sont concentrées dans ces quelques entreprises et que les baisses que je commente ici sont importantes).

Il en va de même pour les fonds communs de placement et les régimes de retraite. Si l'année a été mauvaise en général, il n'y a aucune raison de vouloir qu'une entreprise particulière n'apparaisse pas dans le rapport de fin d'année, car la plupart d'entre elles auront baissé depuis le début de l'année. Ces ventes sont justifiées lorsque l'année a été bonne dans l'ensemble et que quelques entreprises se sont distinguées négativement.

Il ne s'agit pas d'acheter toutes les entreprises qui chutent en fin d'année, mais ce type de situation donne parfois lieu à de très bonnes opportunités d'achat à court et moyen terme, d'où l'intérêt d'essayer de les détecter.

Gregorio Hernández Jiménez

La popularisation d'Internet comme facteur d'amélioration de la gestion des entreprises

Internet améliore tout et, à mon avis, il influence et influencera encore plus la **gestion des entreprises**. Plus il y aura de gens qui suivront les entreprises, plus il sera facile de détecter les erreurs et les domaines à améliorer, ainsi que de trouver de nouvelles idées qui amélioreront la gestion des entreprises.

Tout cela pourrait rester de la théorie, mais je **crois que c'est déjà le cas dans la pratique**. L'**investisseur moyen** d'aujourd'hui connaît et est conscient de détails qu'il lui était impossible de connaître avant Internet. Il suffit de penser qu'avant Internet, pratiquement personne n'a jamais pu voir le rapport annuel des entreprises dans lesquelles il investissait. Et malgré cela, l'investissement boursier fonctionnait. Et, en particulier, l'investissement à long terme à la recherche de rendements en dividendes a donné de très bons résultats, ce que **je pense qu'il est très important de savoir**.

Comment obtenait-on le rapport annuel d'une entreprise avant l'apparition de Internet ? En achetant des actions de cette société et en se rendant à l'assemblée générale des actionnaires, généralement un matin pendant les heures de travail. Bien entendu, très peu de gens se rendaient aux assemblées des actionnaires.

L'alternative était d'appeler la société (il n'était pas facile de trouver le numéro à appeler, car on ne pouvait pas le chercher sur Internet) et de demander qu'une copie du rapport annuel soit envoyée à son domicile. L'appel téléphonique coûtait de l'argent (un autre petit obstacle), le rapport annuel pouvait être envoyé ou non (parce qu'il n'y en avait plus, ou parce qu'ils n'avaient pas l'habitude de l'envoyer), etc.

Le résultat est que pratiquement personne n'a pu voir les rapports annuels de leurs entreprises. Les gens investissaient en fonction des nouvelles publiées dans les journaux. Et ils ont très bien investi à long terme, ne l'oubliez jamais.

Les investisseurs individuels s'intéressent désormais à des détails qui étaient impensables auparavant, et je suis convaincu que cela améliore déjà la façon dont les entreprises sont gérées, et que cela le fera **encore plus à l'avenir.**

Un autre effet qui pourrait se produire à l'avenir est qu'une plus grande transparence et une meilleure connaissance des entreprises feront probablement augmenter les ratios de ce qui est considéré comme cher ou bon marché par rapport au passé, lorsqu'il n'y avait pas d'internet et que les investisseurs disposaient de peu d'informations, étant donné que **le risque d'investir dans des entreprises sera réduit.** La différence ne sera probablement pas spectaculaire, mais il est possible qu'elle soit perceptible, progressivement.

Comment investir une somme d'argent importante lorsque vous débutez ?

Il y a des personnes qui, à un moment donné, reçoivent une grosse somme d'argent à investir, de telle sorte qu'elles **considèrent que cette somme d'argent dépasse les connaissances qu'elles ont à ce moment-là**. Cela peut être dû au fait qu'ils ont déjà suffisamment d'argent de côté lorsqu'ils prennent la décision de commencer à investir en Bourse, à la vente d'un bien immobilier, à un héritage, au fait que leurs parents leur demandent d'investir leur argent en constatant qu'ils réussissent bien dans ce qu'ils font, ou à toute autre raison.

Cette responsabilité peut susciter un certain malaise, mais je crois que **la procédure à suivre est très simple**.

Prenons le cas de Laura, qui investit ses économies en Bourse depuis quelques années et possède déjà un portefeuille de 6 entreprises, après avoir investi environ 15 000 euros.

Xavier et Christine, ses parents, voient que Laura se débrouille bien avec la Bourse, elle est très enthousiaste et la comprend de mieux en mieux.

C'est pourquoi ils lui disent qu'ils lui font confiance et lui demandent d'investir en Bourse 600 000 euros qu'ils ont épargnés tout au long de leur vie.

Laura est d'abord très enthousiaste, mais elle commence rapidement à s'inquiéter. C'est une chose d'avoir investi les 5 000 euros qu'elle avait économisés et les 500 euros qu'elle met de côté chaque mois, et c'en est une autre d'avoir soudain la responsabilité d'investir 600 000 euros d'un seul coup, ce qui représente également les économies de ses parents.

Laura a déjà acheté 6 entreprises pour son portefeuille. Elle les connaît bien et a confiance en elles. Mais elle ne peut pas mettre 100 000 euros dans chacune de ces 6 entreprises, car cela représenterait une diversification insuffisante.

Il y a 4 autres entreprises qu'elle suit de près. Laura est certaine qu'elle ajoutera deux d'entre elles à son portefeuille grâce aux économies réalisées au cours des prochains mois et aux dividendes qu'elle perçoit. Elle pense qu'elle ajoutera les deux autres, mais pour l'instant, elle n'en est pas tout à fait sûre, car elle doit apprendre à mieux les connaître.

Si elle n'investit que dans ces 10 entreprises, à raison de 60 000 euros dans chacune d'entre elles, elle se diversifie beaucoup, mais pas autant qu'elle le devrait. Mais il serait pire de choisir 20 entreprises maintenant sans les connaître, parce qu'il est très probable qu'elle fasse une erreur dans l'une d'entre elles et fasse perdre de l'argent à ses parents.

Que doit faire Laura pour gérer cet argent de manière judicieuse ?

Elle doit prévoir d'investir cet argent dans **30 entreprises**, par exemple. Elle doit investir **20 000 euros dans chacune** d'entre elles, de sorte qu'elle ne détienne jamais plus de **4 %** de l'argent de ses parents.

Comment Laura choisira-t-elle ces 30 entreprises, si elle n'en connaît bien que 8 pour le moment ?

Laura ne doit pas choisir ces 30 entreprises maintenant, elle doit simplement décider qu'elle investira cet argent dans 30 entreprises, **quelles qu'elles soient et à n'importe quel moment,** et établir un plan prudent sur cette base.

Si elle investit 20 000 euros dans chacune des 8 entreprises qu'elle connaît vraiment et dont elle est sûre qu'elles sont valables pour un investissement à long terme, cela représente 160 000 euros.

Investit-elle déjà ces 20 000 euros par entreprise pour résoudre cette partie du problème ?

Non, il vaut mieux ne pas les investir tous en même temps, à moins d'un krach boursier soudain et historique qui ferait grimper les cours à des niveaux complètement irrationnels. Mais il y a fort à parier qu'une telle chose ne lui arrivera pas au moment où ses parents viennent de lui confier cette tâche.

Sauf situation très particulière comme celle que je viens d'évoquer, et même dans ce cas il faut être très prudent, chacun de ces 20 000 euros doit être investi sur une période allant **de 1 à 5 ans**, en fonction de ses connaissances et des circonstances du marché à ce moment-là.

Le reste de l'argent, les 440 000 euros qu'elle investira dans 22 autres entreprises (plus ou moins), dont elle ne sait pas encore lesquelles, devrait être laissé en revenu fixe. Le temps qu'**il faudra**, sans se presser. La partie des 160.000 euros consacrée aux 8 entreprises qu'elle connaît déjà et qu'elle n'a pas encore investies devrait également être placée en titres à revenu fixe. Et les dividendes perçus. La limite d'investissement par entreprise est de 20 000 euros, au moins jusqu'à ce qu'un certain temps se soit écoulé, que le portefeuille soit mieux formé, que Laura ait plus de connaissances et de sécurité, et qu'elle puisse décider d'investir un peu plus dans une entreprise (mais pas beaucoup plus). Les revenus fixes dans lesquels elle investit doivent être au moins en partie des revenus fixes à court terme, tels que des comptes rémunérés, des fonds du marché monétaire, etc. En fonction des circonstances du marché (niveau plus ou moins élevé des taux d'intérêt), une partie pourrait être investie dans des titres à revenu fixe à plus long terme.

Une fois ce plan établi, elle ne doit pas chercher rapidement les 22 entreprises qui lui manquent, mais prendre le temps nécessaire. Lorsqu'elle trouvera la neuvième entreprise dans laquelle investir, elle établira un plan similaire aux précédents pour investir les 20 000 euros correspondant à cette neuvième entreprise entre 1 et 5 ans. Lorsqu'elle trouve la dixième entreprise, même chose. Etc. Toujours avec sérénité et sécurité.

Elle aura ainsi investi l'argent de ses parents de **manière judicieuse, en sachant à tout moment ce qu'elle faisait, et avec une très bonne diversification dans le temps.**

Qu'est-ce que les "zero hunters" et pourquoi sont-ils très bénéfiques pour tous les investisseurs ?

Les chasseurs de zéro sont un tout nouveau type d'investisseurs. Ils existent également grâce à Internet, et nous allons voir comment ils font une **différence pour l'ensemble de la communauté des investisseurs**.

Les chasseurs de zéros enquêtent sur les entreprises qu'ils soupçonnent de valoir zéro, ou presque, parce qu'elles falsifient leurs comptes. En Espagne, ils se sont fait connaître à la suite de l'affaire Gowex, lorsqu'à l'été 2014, Gotham City, une entreprise jusqu'alors totalement inconnue en Espagne, a publié un rapport dans lequel elle affirmait que les comptes de Gowex étaient faux et que ses actions valaient 0, ce que le président de Gowex a reconnu quelques jours plus tard.

Cela a-t-il porté préjudice aux actionnaires de Gowex ?

Dans l'ensemble, **cela leur a été bénéfique**. Si Gotham n'avait pas existé, l'entreprise aurait mis plus de temps à s'effondrer, mais elle aurait fini par s'effondrer. Certains de ceux qui étaient actionnaires au moment de la suspension de la cotation auraient vendu leurs actions et n'auraient pas été affectés par l'effondrement qui a suivi. Mais ils auraient été remplacés par d'autres. Plus il aura fallu de temps pour découvrir que les comptes de Gowex étaient faux et que l'entreprise valait 0, plus le nombre de personnes affectées aura été élevé et plus les investisseurs auront perdu d'argent dans leur ensemble.

C'est pourquoi **Gotham a été très bénéfique pour la communauté des investisseurs**. Ceux qui ont perdu de l'argent avec Gowex ne l'ont pas perdu à cause de Gotham, mais à cause du PDG de Gowex et de ses associés.

Ce que Gotham a fait, c'est **empêcher un grand nombre des personnes concernées d'investir plus d'argent dans la Gowex, et empêcher que d'autres personnes soient touchées**.

L'enquête de Gotham sur Gowex était **techniquement spectaculaire** et **éthiquement louable**. Gotham a gagné de l'argent en se positionnant à la baisse avant de rendre son rapport public, bien sûr, et cela a également profité à d'autres investisseurs. En effet, les ventes d'actions de Gowex par Gotham ont exercé une pression à la baisse sur le cours de l'action de Gowex. En d'autres termes, grâce à Gotham, les actions Gowex ont moins augmenté que si Gotham n'avait pas effectué ces ventes à crédit. Cela signifie que ceux qui ont acheté des actions Gowex l'ont fait à des prix légèrement inférieurs à ceux qu'ils auraient obtenus si Gotham n'avait pas vendu, et qu'ils ont donc **perdu un peu moins d'argent**.

Enfin, les chasseurs de zéros profitent à tous les investisseurs du monde entier, car les fraudeurs qui tentent d'introduire de petites entreprises en Bourse pour commettre ce type de délit savent que l'existence des **chasseurs de zéros leur rend la tâche plus difficile**, ce qui pourrait bien signifier que certaines escroqueries de ce type ne seront pas commises et que d'autres seront détectées plus tôt.

Les entreprises financent leur croissance par des augmentations de capital continues

C'est une chose compliquée à exécuter correctement, bien qu'elle repose sur une base théorique. **L'idée est de croître rapidement sans avoir de problèmes d'endettement.**

Imaginons que, dans le secteur de la fabrication de vis, des dizaines d'entreprises fabriquent des vis et que chacune d'entre elles ne possède qu'une seule usine.

L'une d'entre elles pourrait décider d'entamer un processus de fusion, afin de profiter des synergies qui résulteraient du regroupement de dix de ces usines en une seule entreprise.

La façon la plus courante de procéder consiste à s'endetter pour acheter l'une des usines. Après avoir intégré l'usine achetée et ramené sa dette à un niveau gérable, on s'endette à nouveau pour acheter une nouvelle usine, etc. L'intégration de chacun de ces achats nécessiterait une période relativement longue, au moins 2 à 3 ans, de sorte que le processus d'intégration des 10 usines prendrait beaucoup de temps.

Une autre solution plus risquée consisterait à s'endetter lourdement pour acheter les dix usines en une seule fois ou en quelques années. Cela réduirait considérablement le délai dans lequel l'achat des 10 usines serait réalisé, mais au prix d'un endettement important, avec le risque que cela comporte. Et ce d'autant plus dans un processus de concentration accélérée des entreprises.

Une autre solution consisterait à fusionner les dix entreprises par échange d'actions. De cette manière, il n'y aurait pas de dette, mais cela pourrait ne pas être possible. Par exemple, parce que les dirigeants de toutes les entreprises concernées ou de plusieurs d'entre elles voudraient être ceux qui dirigent l'entreprise qui en résulterait. Ou parce que certains propriétaires d'usines ne voudraient pas s'intégrer, préférant rester indépendants, ou liquider leur entreprise et se dissocier de la nouvelle société.

Venons-en maintenant au cas qui nous occupe. L'entreprise qui souhaite mener l'intégration des 10 usines pourrait décider de lever les fonds nécessaires par le biais d'augmentations de capital. L'avantage est que la dette ne serait pas un problème, puisqu'elle n'existerait pas, car l'argent nécessaire pour payer l'achat des 9 autres entreprises serait levé lors de 9 augmentations de capital, par exemple.

Et il serait théoriquement possible que les actionnaires initiaux et ceux qui rejoignent le projet ne soient pas dilués, si des synergies supérieures au nombre de nouvelles actions émises sont réalisées grâce à l'intégration.

Mais comme je l'ai déjà mentionné dans ce livre et dans les précédents, les augmentations de capital sont en pratique des opérations délicates qui, dans de nombreux cas, ne se déroulent pas aussi bien qu'elles le devraient et finissent par diluer les actionnaires et par réduire leur rentabilité au lieu de l'augmenter. De plus, si plusieurs augmentations de capital sont réalisées à la suite, la probabilité qu'une ou plusieurs d'entre elles tournent mal augmente.

Un autre problème qui complique le processus est que, pour **attirer de nouveaux actionnaires, il est important que les actions augmentent après chaque augmentation de capital**. Si elles stagnent ou baissent, il sera de plus en plus difficile de convaincre de nouveaux actionnaires d'apporter de l'argent frais lors des augmentations de capital suivantes. Dans un tel processus, il est également difficile d'inciter les actionnaires initiaux à apporter de l'argent frais, car il est peu probable que ces actionnaires disposent de suffisamment d'argent pour participer à une série d'augmentations de capital importantes.

Tout cela signifie qu'il y a trop de choses qui doivent bien se passer pour que l'ensemble du processus se déroule correctement. S'il est bien exécuté, l'objectif d'une croissance rapide avec peu ou pas de dettes peut être atteint. Mais il est très difficile de bien l'exécuter, c'est pourquoi, en général, je pense qu'il est préférable de rester à l'écart de ce type de situation, tant pour la stratégie à long terme que pour la stratégie à moyen terme.

Qu'est-ce qu'un fonds activiste ?

La grande majorité des fonds d'investissement n'influencent pas la gestion des entreprises dans lesquelles ils investissent. Certains achètent et vendent les actions des entreprises dans lesquelles ils investissent sans jamais avoir de contact avec leur direction, tandis que d'autres rencontrent la direction des entreprises dans lesquelles ils investissent. Dans ce dernier cas, ils peuvent avoir une légère influence sur la direction, en donnant quelques idées ou en suggérant une nouvelle façon de faire, mais de manière amicale et anodine.

Il existe toutefois quelques fonds d'investissement qui **tentent de modifier la manière dont les entreprises dans lesquelles ils investissent sont gérées**, même de manière inamicale. Ces fonds d'investissement identifient les entreprises qui, selon eux, **vaudraient beaucoup plus que ce qu'elles valent sur le marché si certains changements étaient apportés à leur gestion**. Comme, par exemple, commencer à verser des dividendes ou les augmenter. Ou, au contraire, cesser de verser des dividendes et investir cet argent dans autre chose. Ou vendre certains actifs, ou acheter d'autres actifs, ou fusionner l'entreprise avec une autre, etc. Cela dépend des cas.

En général, ils commencent par acheter un pourcentage relativement important du capital de l'entreprise, parfois même en demandant un siège au conseil d'administration.

Dans un premier temps, ils tentent de s'adresser à la direction et aux principaux actionnaires (s'il y en a), afin de les amener à mettre en œuvre leurs idées. S'ils n'y parviennent pas à l'amiable, ils essaient souvent de convaincre d'autres actionnaires de se joindre à eux, afin d'obtenir une majorité suffisante pour changer le président de l'entreprise, ou du moins pour le faire changer d'avis.

Il s'agit bien sûr d'un mode d'investissement particulièrement risqué, car il n'est pas facile de changer la façon dont une entreprise est gérée.

Parfois, leur vision est plutôt à court terme, à la recherche d'un profit rapide, même si ce n'est pas ce qu'il y a de mieux pour l'évolution de l'entreprise dans plusieurs années. D'autres fois, c'est l'inverse, ils ont une vision à plus long terme que la direction de l'entreprise.

Dans l'ensemble, et même si ce n'est pas toujours le cas, **je pense que leur travail est bon**, car ils contribuent à une plus grande **transparence** dans la gestion des entreprises et à une **meilleure qualité** de gestion.

Investir dans une entreprise où un fonds activiste est entré et tente de changer la direction **est très risqué**, car il ne réussit pas toujours. Ils se retirent souvent lorsqu'ils ne voient plus aucune chance d'atteindre leur objectif. Et, généralement, lorsque les investisseurs individuels découvrent que le fonds activiste s'est déjà retiré et a quitté le projet, le prix de l'action est beaucoup plus bas, en raison des ventes effectuées par le fonds lui-même, par d'autres investisseurs qui disposent d'informations d'initiés, par d'autres investisseurs individuels qui découvrent la nouvelle avant qu'elle ne soit rendue publique.

Il faut également tenir compte du fait qu'il s'agit généralement d'entreprises en difficulté, qui voient souvent le cours de leurs actions augmenter en raison des chances que la direction soit en mesure de changer. Toutefois, si cela ne se produit pas, le marché les réévalue en tant qu'entreprises à problèmes. Et même moins qu'avant, car à ce stade, il est plus difficile pour la direction de l'entreprise de s'améliorer.

Parfois, les fonds activistes atteignent leur objectif et tous les actionnaires obtiennent un bon rendement.

Investir dans une telle situation relèverait d'une stratégie à haut risque, et un tel investissement ne nécessiterait qu'une petite somme d'argent. Pour les investisseurs prudents, il est préférable d'éviter ces situations.

L'étalon-or résoudrait-il les problèmes du système financier actuel ?

Le système monétaire actuel, le système fiduciaire, est loin d'être parfait.

Le système fiduciaire est un système dans lequel la monnaie est en fait constituée de billets de banque. Les banques centrales augmentent et diminuent la quantité de monnaie quand elles le souhaitent, les banques privées augmentent ou diminuent également la quantité de monnaie en circulation en augmentant ou en diminuant le montant des crédits qu'elles accordent, et ainsi de suite.

Lorsque les banques centrales créent d'énormes quantités de monnaie, elles provoquent une hyperinflation. Par exemple, l'Argentine et le Venezuela ont connu l'hyperinflation pendant de nombreuses années à la fin du 20e siècle et au début du 21e siècle. Si les banques centrales créent encore plus d'argent que dans ces deux cas, l'argent devient pratiquement sans valeur, comme ce fut le cas au Zimbabwe, où vous avez peut-être entendu des anecdotes sur le fait que pour acheter une miche de pain, il fallait transporter une brouette pleine de billets de banque.

Il existe généralement une relation entre la corruption et la quantité d'argent créée par les banques centrales, de sorte que **plus la corruption est importante dans un pays, plus les banques centrales créent de l'argent.** En effet, cet argent crée un effet trompeur au sein de la population, ce qui aide les politiciens corrompus à rester au pouvoir. D'un côté, les gens voient que les choses vont très mal, mais de l'autre, leurs salaires sont constamment augmentés "beaucoup". Et entre les politiciens et les médias, ils accusent souvent le marché d'être responsable de l'augmentation des prix des biens et des services, alors que les augmentations de salaires sont à mettre au crédit du gouvernement.

Les dévaluations monétaires volontaires sont également étroitement liées à ce phénomène. Les dévaluations monétaires ne sont pas faites pour gagner en compétitivité, mais généralement pour cacher la corruption et continuer à voler la population. **Une dévaluation monétaire est une perte de valeur de l'argent.** C'est-à-dire un appauvrissement de la population parce que l'émetteur de cet argent, l'État, a dévalué tous les biens et services du pays à cause de la corruption.

Les guerres monétaires ne sont pas des guerres entre pays, mais des guerres entre les castes politiques des différents pays, afin de continuer à taxer leurs populations. Un pays ne gagne pas en compétitivité en dévaluant sa monnaie (en théorie, les services et les produits du pays coûtent moins cher aux étrangers, ce qui améliore l'économie), mais il appauvrit sa population, afin de maintenir la corruption et la charge fiscale qui y est associée. Parfois, lorsqu'une monnaie est dévaluée à cause de la corruption des politiciens de ce pays, ces derniers et les médias accusent les marchés, les spéculateurs, etc. d'être responsables de la dévaluation, en disant qu'ils attaquent le pays sans raison. Si le pays allait vraiment bien, il serait très facile de lutter contre ces attaquants. C'est une situation similaire à celle des entreprises dont le cours de l'action chute fortement et dont les dirigeants imputent cette chute aux traders baissiers, en prétendant que la santé de l'entreprise est bonne. Si la santé de l'entreprise est bonne, nous ne devrions pas blâmer qui que ce soit pour la chute, mais plutôt en tirer profit au bénéfice des actionnaires en achetant des actions pour le stock de trésorerie aux prix très bas auxquels les traders baissiers vendent. Ainsi, au lieu d'attaquer ces traders baissiers, nous devrions les remercier pour leur erreur, qui a permis à l'entreprise d'acheter un grand nombre d'actions d'autocontrôle et de les racheter par la suite, enrichissant ainsi de manière inattendue les actionnaires de l'entreprise, grâce à l'erreur commise par ces traders baissiers. Mais si la direction de l'entreprise, au lieu d'acheter des actions pour les racheter, s'attache à blâmer les traders baissiers, c'est la direction de l'entreprise qui est responsable de la chute.

Il en va exactement de même pour les pays. Si, à un moment donné, des spéculateurs attaquent un pays sain en vendant ses obligations, par exemple, le gouvernement de ce pays sain devrait les remercier, car il pourrait racheter pour 80, par exemple, les obligations qu'il avait précédemment émises pour 100, et réduire la dette publique de manière rapide et inattendue de 20 %, enrichissant ainsi les habitants de ce pays attaqué par des spéculateurs qui ont agi de manière erronée. Mais si les dirigeants de ce pays, au lieu de racheter la dette publique à bas prix pour enrichir les habitants de ce pays, s'attaquent aux spéculateurs, alors ce **sont les dirigeants de ce pays qui appauvrissent les habitants de ce pays.** Et non seulement ils les appauvrissent, mais ils essaient de rejeter la responsabilité de cet appauvrissement massif sur les autres.

Pour rendre les produits et services d'un pays plus attrayants pour les étrangers et pour améliorer réellement l'activité économique et la vie des citoyens, il faut réduire fortement les dépenses publiques, les impôts et tous les obstacles à l'activité économique (comme les réglementations inefficaces qui entravent l'activité économique, par exemple), etc.

Donc, comme je le disais, le système monétaire actuel est loin d'être parfait, et il serait très bien de trouver un nouveau système monétaire, qui évite tous ces problèmes et qui ne soit pas géré par les politiciens, mais indépendant d'eux.

L'alternative la plus discutée est l'**étalon-or**. Je pense que l'étalon-or était une bonne invention à l'époque, mais je crois qu'il aurait des inconvénients significatifs aujourd'hui.

L'étalon-or a réussi à établir une sorte de monnaie universelle, l'or, qui a grandement facilité les échanges entre les pays, mais aussi à l'intérieur des pays.

Fondamentalement, l'étalon-or signifie que toute monnaie émise est garantie par de l'or. Si l'on dit que 20 euros équivalent à 1 gramme d'or, par exemple, on peut se rendre à la banque centrale avec un billet de 20 euros et l'échanger contre 1 gramme d'or.

L'avantage est que la quantité de monnaie ne dépend pas des politiciens (bien que je nuance maintenant), mais de la quantité d'or qui existe. Les politiciens ne peuvent pas "imprimer des billets" pour créer de l'hyperinflation et cacher la corruption, car ils ne peuvent pas créer plus de billets s'il n'y a plus d'or. Ils ne peuvent pas non plus dévaluer la monnaie, car s'ils essayaient de le faire, les citoyens se rendraient à la banque centrale pour échanger leurs billets contre de l'or, et échangeraient cet or contre des billets d'autres monnaies plus sérieuses, également garanties par de l'or. Il s'agit là d'un avantage très important, mais qui, à mon avis, s'accompagne d'un certain nombre d'autres inconvénients, que nous allons maintenant examiner.

Le premier est le **déséquilibre international** que cela crée. Supposons par exemple deux pays de 50 millions d'habitants. L'un d'entre eux, l'Abondance, possède 10 000 tonnes d'or dans son sol et l'autre, la Misère, n'en possède que 100.

Pour le même travail, les gens de l'Abondance seront payés beaucoup plus d'or que les gens de la Misère. Si un comptable de l'Abondance gagne 100 grammes d'or par mois, par exemple, un comptable de la Misère gagnera 1 gramme d'or par mois. Avec les économies de quelques années, le comptable de l'Abondance pourrait aller vivre à Miseria (qui a un très bon climat, les gens sont très sympathiques et c'est un endroit où il fait bon vivre), et y vivre sans travailler, en payant 1 gramme d'or pour ce qui coûte 100 en Abondance, en achetant des locaux, des entreprises, etc, et en devenant riche instantanément.

Ou peut-être que ce qui se produirait, c'est une migration massive de la misère vers l'abondance, parce qu'il vaut mieux facturer 100 grammes d'or qu'un seul, pour faire la même chose.

Ce déséquilibre me semble être un énorme problème, et je ne pense pas qu'il serait accepté aujourd'hui, de quelque manière que ce soit. Les pays qui ont peu d'or voudraient établir l'étalon pétrole, ou l'étalon cobalt, ou l'étalon zinc, ou l'étalon bois d'acajou, etc. Chacun voudrait fixer comme étalon la marchandise dont il dispose en plus grande quantité que les autres pays, afin d'être plus riche que les autres "sans rien faire".

Je pense que le travail des employés et le risque des entrepreneurs doivent être bien plus importants que le système monétaire choisi. Après tout, l'**argent est un moyen, pas une fin**, et dans la création de richesse, il doit vraiment en être ainsi. Il est inacceptable que naître dans l'Abondance rende beaucoup plus riche que naître dans la Misère, même si l'on travaille beaucoup moins, si l'on prend beaucoup moins de risques en créant des entreprises, si l'on fait les choses beaucoup moins bien, etc. Le monde ne peut pas fonctionner comme ça, même si nous insistons pour qu'il en soit ainsi.

Pour en revenir à l'idée que la quantité d'or ne dépend pas des hommes politiques, elle dépendrait en fait d'eux. Pensez à n'importe quel gouvernement corrompu qui vous vient à l'esprit. Imaginez qu'un jour, il déclare **avoir trouvé X tonnes d'or** dans une région reculée du pays, que personne ne peut s'en approcher pour des raisons de sécurité nationale, que l'or va être transféré à la banque centrale et que, grâce à cela, il peut imprimer X tonnes d'argent frais. Qui pourrait l'en empêcher ? Même si cela semble invraisemblable, qui va l'empêcher ? Qui va compter l'or prétendument découvert et la quantité exacte de billets de banque qui seront émis ou qui l'ont déjà été ?

Si toute la population devait échanger ses billets de banque contre de l'or, elle n'en aurait pas assez mais dans le monde d'aujourd'hui, il est très improbable que cela se produise. La plupart des monnaies sont électroniques et la plupart des transactions doivent être effectuées avec de l'argent électronique, il est impossible de les effectuer avec de l'or physique.

En outre, il existe des précédents de **dévaluation des métaux**, comme cela s'est produit dans l'Empire romain. Les pièces d'argent ont été fabriquées avec de moins en moins d'argent et de plus en plus de métaux de faible valeur, ce qui équivaut à "créer de l'or/de l'argent à partir de rien" ou à "imprimer des billets de banque". Si vous avez l'occasion de regarder des pièces d'argent romaines de la fin de l'Empire romain, vous verrez qu'elles ressemblent à du plastique, qu'elles sont à peine lourdes et qu'elles n'ont pas l'air d'être de l'argent. Elles ressemblent davantage à des pièces de jeu pour enfants qu'à des pièces qui étaient autrefois réelles. Elles ne sont pas fausses, en ce sens qu'elles datent réellement de la période qu'elles représentent et qu'elles étaient réellement utilisées comme monnaie à l'époque. Mais elles sont fausses dans le sens où ce sont des pièces qui ont été dévaluées par la corruption, tout comme le sont aujourd'hui de nombreuses monnaies du système fiduciaire.

C'est pourquoi le principal problème est la corruption, et non l'utilisation d'un système monétaire ou d'un autre. Si la corruption est élevée, les politiciens chercheront et trouveront des moyens de dévaluer la monnaie, quel que soit le système monétaire utilisé.

Un autre problème que je vois à l'étalon-or est qu'il **place l'argent au-dessus du travail et du risque entrepreneurial**, et je pense que c'est un frein majeur à la création de richesse.

On estime que la quantité d'or dans le monde aujourd'hui équivaut à 3 seaux de la taille de 3 piscines olympiques.

Mettez ces trois cubes d'or d'un côté, et de l'autre toutes les entreprises et tous les biens immobiliers qui existent dans le monde, tout le bétail, toutes les terres, toutes les matières premières, tout le travail de toute la population de la Terre, etc. et réfléchissez à ce qui vous semble le plus important.

Si vous pensez que la chose la plus importante est ces 3 cubes d'or, c'est ce que fait l'étalon-or : il les place au-dessus de tout le reste et s'assure que ces 3 cubes d'or ne perdent pas de valeur.

Si vous pensez que le plus important est tout ce qui existe sur terre, et que ces 3 cubes d'or sont secondaires, **alors vous n'aimez pas non plus l'étalon-or**.

Prenons un exemple très simple. Imaginons qu'il n'y ait que deux personnes dans le monde. L'une possède 100 grammes d'or, soit tout l'or de la planète, et l'autre n'a pas d'or, mais sait faire du pain.

La personne qui possède l'or veut acheter du pain, car elle a faim. La personne qui sait faire du pain commence à en faire et gagne de plus en plus d'or, mais elle se rend compte qu'elle aura beau travailler, elle ne gagnera jamais plus de 100 grammes d'or. Qu'est-ce qui pourrait l'inciter à faire de plus en plus de pain ? Si elle connaissait la situation, rien, car plus il fabrique de pain, moins elle gagnera d'or pour chaque pain fabriqué. En d'autres termes, plus elle travaille, moins son travail vaut.

L'étalon-or permet à la monnaie, l'or, de conserver sa valeur. Mais **au prix d'une dévaluation de l'"étalon pain"**.

En d'autres termes, si la personne qui sait faire du pain fait 1 000 pains, elle peut tout au plus être payée 100 grammes d'or. Mais si elle faisait 1 million, ou 1 milliard de pains, elle pourrait tout au plus obtenir 100 grammes d'or. Parce qu'il n'y a plus d'or dans le monde, elle aura beau travailler dur, faire du bon pain, bien servir son client, etc., elle ne pourra obtenir que 100 grammes d'or pour tout le pain qu'elle aura fait. Alors pourquoi va-t-elle faire 1 000 pains au lieu de

100, s'il est plus confortable et plus facile de faire 100 pains que 1 000 ?

Si la machine à pain fabrique plus de pain, c'est que l'"étalon pain" est dévalué. Il n'est pas possible d'éviter la dévaluation, la **seule chose à faire est de choisir lequel dévaluer** : l'"étalon-or" ou l'"étalon-pain". L'un des deux doit être dévalué, il n'est pas possible que les deux conservent leur valeur.

Transposons maintenant cet exemple au monde réel. Au lieu de deux personnes, il y en a des milliards. Au lieu d'un simple pain, il y a des millions de produits. Mais la situation est la même, peu importe le travail de ces milliards de personnes, peu importe le nombre d'entreprises qu'elles créent, peu importe les risques qu'elles prennent avec leurs investissements, il n'y a que ces 3 seaux d'or à "distribuer" à l'ensemble de l'humanité. Donc dans ce scénario, **plus on travaille, plus notre travail est dévalorisé**, car moins on reçoit d'or pour chaque heure de travail. Si seul le travail était rémunéré, ce que nous serions payés par heure serait :

Prix par heure travaillée = Quantité d'or existante / Nombre d'heures travaillées par l'ensemble de l'humanité

Comme la quantité d'or est pratiquement fixe (on estime qu'elle augmente de 2 % par an, mais je pense qu'il est plus illustratif de penser que depuis que le monde a été inventé, tout ce qui a été trouvé après des siècles et des siècles de recherches sans fin, ce sont ces 3 cubes dont je vous ai parlé), plus vous travaillez d'heures, moins vous pouvez payer pour chaque heure de travail, parce qu'il y a cette limite physique de ces 3 cubes d'or.

Comme vous pouvez le constater, dans cette négociation, le pouvoir est clairement détenu par ceux qui possèdent l'or, et non par ceux qui travaillent, prennent le risque de créer des entreprises, etc. Le **déséquilibre est énorme** et les détenteurs d'or, conscients de leur position de force, pressureraient de plus en plus le reste de la population, dévalorisant de plus en plus le travail, le risque entrepreneurial, etc.

C'est pourquoi **je pense que l'étalon-or serait un frein majeur à la création de richesses**. L'argent conserverait beaucoup mieux sa valeur, c'est certain. Mais **nous vivrions tous beaucoup moins bien**, et il y aurait beaucoup moins de choses (produits et services). Le monde progresserait beaucoup plus lentement. Si le nombre de choses que nous créons augmente plus vite que la quantité d'or, les choses perdent de la valeur. Et plus nous créons de choses, plus les choses que nous créons perdent rapidement de la valeur, et **moins il vaut la peine de travailler et de créer ces choses**.

Et puis, je pense qu'il y aurait un autre problème, c'est que la vitesse de circulation de **l'argent serait fortement réduite**. L'activité économique dépend de nombreux facteurs, dont la vitesse de circulation de l'argent. Imaginez qu'aujourd'hui, avec le système monétaire fiduciaire que nous avons, tout le monde économise au maximum et ne dépense presque rien, juste le minimum pour ne pas mourir de faim. Il est évident que la plupart des entreprises n'auraient plus de clients, puisque la majeure partie de l'argent que nous dépensons n'est pas strictement nécessaire pour nous maintenir en vie. Il s'agirait d'une très forte réduction de la vitesse de circulation de la monnaie, car les gens garderaient presque tout l'argent qu'ils pourraient obtenir et ne laisseraient partir qu'une petite partie de l'argent qu'ils ont réussi à collecter. Logiquement, les entreprises commenceraient à fermer, le chômage monterait en flèche et le chaos s'ensuivrait.

Je pense qu'un effet similaire se produirait avec l'étalon-or, parce que la chose la plus précieuse au monde serait les petits morceaux de ces trois cubes d'or. Et les gens auraient du mal à se défaire des morceaux d'or qu'ils auraient obtenus. Parce qu'ils sauraient que l'humanité entière se battrait pour obtenir sa part. **Il n'est ni bon ni** souhaitable que l'activité la plus rentable au monde consiste à creuser des trous dans le sol pour trouver des morceaux d'un métal particulier. Les incitations à libérer la chose la plus précieuse au monde (les morceaux d'or) seraient minimes, ce qui réduirait considérablement la vitesse de circulation de la monnaie et ferait chuter l'activité économique. Si l'argent (l'or) était la chose la plus rare et la plus précieuse, et que les choses coûtaient de moins en moins d'or (parce qu'il y avait de plus en plus de choses et que l'"étalon-or" était constamment dévalué), les incitations à faire circuler l'argent (l'or) seraient pratiquement nulles. Tout le monde saurait que s'il échangeait de l'or contre quoi que ce soit d'autre, ce "quoi que ce soit d'autre" continuerait à se déprécier bien plus que l'or qu'il venait de libérer, et il ferait donc **tout son possible pour ne pas libérer cet or et pour le garder en sa possession.**

Depuis l'abolition de l'étalon-or en 1971, des centaines de millions de personnes dans le monde sont sorties de la pauvreté. Plus que jamais dans l'histoire. Et je crois que ce n'est pas une coïncidence, mais la conséquence de l'**élimination des trois cubes d'or de la création de richesse dans le monde entier.**

En d'autres termes, la population mondiale a augmenté, et continue d'augmenter, bien plus que la quantité d'or existante. Par conséquent, plus nous sommes **nombreux, moins chacun d'entre nous peut obtenir d'or**. Quels que soient notre travail et nos efforts, en tant qu'employés ou entrepreneurs.

Un autre problème géopolitique supplémentaire que je vois avec l'étalon-or, c'est que **si un groupe terroriste trouve beaucoup d'or réel en creusant accidentellement un trou dans le sol, comment résoudre ce problème ?** Assez d'or pour acheter des pays entiers, comment résoudre ce problème ?

Pour en revenir au système fiduciaire actuel, son utilisation abusive facilite des choses très négatives, telles que l'**endettement public** ou les **bulles financières**. Et il ne s'agit pas seulement d'un risque théorique qui pourrait se produire, mais au moment où nous écrivons ces lignes (année 2022), la dette publique monte en flèche dans le monde entier, et il y a eu plusieurs bulles ces dernières années dans le monde entier (dotcom, immobilier, revenu fixe, etc.). La bulle de la dette publique qui s'est créée au cours de cette troisième décennie du XXIe siècle est particulièrement importante pour les revenus fixes mondiaux, un grand nombre de pays payant des taux négatifs pour leur dette publique. En d'autres termes, ils font payer (au lieu de payer) pour emprunter de l'argent. Cette situation irrationnelle et très négative a été provoquée par l'émission massive d'argent par les banques centrales du monde entier. Il s'agit d'une situation instable qui, à un moment donné, devra revenir à la normale (il est impossible de savoir quand elle le fera, ce sera peut-être le lendemain de la publication de ce livre ou des années plus tard). Et lorsqu'elle reviendra à la normale, en fonction de la manière dont elle le fera et de l'état de l'économie à ce moment-là, des turbulences pourront apparaître sur les marchés financiers. En cas de turbulences lors de ce retour à la normale, il faut comprendre que, malgré cela, ce changement sera positif pour l'économie.

La dette publique mondiale peut donner l'impression d'être impayable, mais en réalité **elle peut être remboursée, et relativement facilement**. Pour ce faire, il faut **appliquer l'idée avec laquelle le capital-investissement a révolutionné le monde de la Bourse**. Il s'agit de considérer les États massifs et inefficaces d'aujourd'hui comme un **ensemble d'actifs qui peuvent être réorganisés**. À l'un des pires moments de la crise grecque, au cours de la deuxième décennie du XXIe siècle, le volume total de la dette publique grecque s'élevait à 240 milliards d'euros. Et les actifs vendables de l'État grec (hors commissariats, tribunaux, etc.) étaient estimés (par les grandes banques d'investissement) à environ 300 milliards d'euros. Cela signifie que le pays d'Europe le plus endetté, celui qui menaçait soi-disant de casser l'euro à cause de sa dette impayable, pourrait réduire sa dette publique à zéro en un jour (en réalité, l'échange de la dette contre des actifs ou la vente des actifs pour payer la dette en espèces prendrait un certain temps). Mais le sentiment véhiculé par les hommes politiques de toute l'Europe et du monde entier, ainsi que par les médias, était totalement différent. Pourquoi ? **Parce qu'aucun d'entre eux n'était intéressé par le fait que la Grèce vende ses actifs et réduise sa dette à zéro immédiatement**, car si elle le faisait, la Grèce commencerait à se porter très bien, et les citoyens du reste de l'Europe exigeraient quelque chose de similaire dans leurs pays, **mettant** ainsi **fin au gaspillage et à la corruption des castes politiques dans tous les autres pays**. Même en supposant que ces évaluations soient erronées et que la dette de la Grèce, ou celle de tout autre pays, ne puisse être réduite aussi facilement, il est clair que tous les États possèdent de nombreux actifs qu'ils peuvent vendre et utiliser cet argent pour réduire leur dette, de sorte que, grâce à un plan logique et prudent, toute la dette publique mondiale soit remboursée, jusqu'à ce qu'elle soit éliminée.

Dans le même ordre d'idées, les taux d'**intérêt négatifs** sont une anomalie créée par les banques centrales au cours de la deuxième décennie du XXIe siècle, en créant de grandes quantités d'argent frais ("impression de billets de banque") dans le but d'éviter la déflation dont nous avons parlé plus haut et de générer de l'inflation.

Comme beaucoup d'argent frais est créé, les banques ont beaucoup d'argent et n'ont pas besoin de payer des intérêts sur les dépôts. Elles n'ont pas non plus besoin de le faire et ne le peuvent pas, car elles facturent également des intérêts très bas sur leurs prêts. C'est pourquoi des taux d'intérêt excessivement bas sont préjudiciables au secteur bancaire.

Dans le cas des banques, la marge d'intérêt se rétrécit, car elles ne paient que très peu ou pas du tout pour leurs dépôts, mais facturent un peu plus pour les prêts qu'elles accordent.

On dit que le système financier est comme le système circulatoire de l'économie, car s'il se bloque, c'est toute l'économie qui en pâtit. Et c'est bien le cas.

En outre, les épargnants et les investisseurs individuels ne sont souvent pas préparés à vivre dans un environnement de taux négatifs, où ils doivent payer pour investir dans des obligations d'État, par exemple, ou pour déposer leur argent dans une banque. Cela crée de la confusion dans une grande partie de la population et pousse de nombreuses personnes à prendre de mauvaises décisions avec leur argent.

Les taux d'intérêt négatifs constituent un environnement contre nature et difficile pour la majeure partie de la population et ne devraient pas se produire. Il est préférable, et je pense inévitable à long terme, que la bulle fiscale dont je parlais précédemment éclate dès que possible. Ces taux d'intérêt négatifs sont une tentative de maintenir l'oppression fiscale plutôt que d'éclater la **bulle des dépenses publiques qui appauvrit les populations du monde entier depuis des décennies**. Mais je crois qu'il est impossible de maintenir indéfiniment une situation aussi artificielle, et qu'il faudra donc tôt ou tard faire éclater la bulle des dépenses publiques et la bulle fiscale. En théorie, et jusqu'à il y a quelques années, il était "impossible" que les taux d'intérêt deviennent négatifs. "Absolument impossible", parce qu'aucune réflexion théorique n'avait été menée sur le fonctionnement de l'économie dans un scénario de taux d'intérêt négatifs lors de la conception des systèmes monétaires d'aujourd'hui. La **corruption politique** a poussé **la réalité au-delà des prévisions théoriques**, entraînant l'économie dans un scénario qui n'a même pas été étudié au niveau théorique et dans lequel, comme toujours dans les situations extrêmes, le **plus grand risque réside dans les investisseurs à revenu fixe**, et non dans les investisseurs en actions. En effet, les **investisseurs à revenu fixe investissent dans les moyens** (l'argent) et **non dans la fin** (les actifs réels).

La prétendue perte de valeur de la monnaie fiduciaire actuelle par rapport à l'or est, à mon avis, fausse, car la comparaison repose sur l'hypothèse que ni l'une ni l'autre ne produit d'intérêts, ce qui n'est pas le cas.

En d'autres termes, supposons qu'à un moment donné, une once d'or coûte 20 dollars et que nous mettions une once d'or et un billet de 20 dollars dans un tiroir. Plusieurs décennies plus tard, nous avons toujours l'once d'or et le billet de 20 dollars. Et à de nombreuses périodes, l'once d'or a pris une valeur bien supérieure à 20 dollars. Cela pourrait signifier que l'or s'est apprécié par rapport au dollar. Mais l'or ne rapporte pas d'intérêts, contrairement au dollar (ou à toute autre monnaie).

En supposant un rendement fixe de 6 % (c'est le rendement généralement considéré aux États-Unis pour des périodes très longues, car c'est le rendement qui a été donné, approximativement, par les obligations d'État américaines sur le long terme), examinons un exemple avec des données réelles.

En 1833, l'once d'or coûtait 20 dollars. En 2022, elle se négocie à environ 1 700 dollars, ce qui signifie qu'elle a été multipliée par 85.

Si, en 1833, nous avions investi 20 dollars à 6 % par an et réinvesti les intérêts, nous disposerions en 2022 de 1 212 938 dollars. En d'autres termes, en 2022, nous pourrions prendre ces 1 212 938 dollars et acheter 713 onces d'or (1 212 938 / 1 700), soit 712 onces d'or de plus que l'once d'or qui est restée dans un tiroir depuis 1833.

En résumé, le système monétaire actuel a beaucoup de défauts et permet aux politiciens de faire beaucoup d'erreurs, mais je crois que l'étalon-or, tout en résolvant certains de ces problèmes, en génère d'autres plus importants. Il serait souhaitable de trouver un meilleur système que le système actuel, sans aucun doute. Ce nouveau système, à mon avis, **devrait toujours considérer l'argent comme un moyen, jamais comme une fin**. En attendant de trouver ce nouveau système, je pense qu'il serait bon d'apporter quelques ajustements au système actuel, comme l'**interdiction de la dette publique**.

L'un des avantages de l'étalon-or est qu'il rend plus difficile l'émission de la dette publique, et étant donné que la **dette publique est une source de corruption qui ne présente aucun avantage pour les citoyens**, c'est important. Mais c'est pourquoi je pense qu'il serait préférable d'interdire la dette publique plutôt que d'en rendre l'émission plus difficile, car cela éliminerait complètement le problème. Et pour l'interdire, nous n'avons pas besoin de changer le système monétaire, nous pouvons le faire maintenant.

Les citoyens n'ont pas besoin que leur État s'endette pour leur fournir les services qu'il offre. La construction d'une route prend plusieurs années, mais l'État n'a pas besoin de s'endetter (en émettant des obligations) pour la construire, puisqu'il peut la payer au fur et à mesure de sa construction, de sorte qu'il peut effectuer les paiements avec les impôts qu'il perçoit chaque année, sans avoir besoin de s'endetter. Par exemple, un État disposerait d'un budget annuel de 10 000 millions d'euros (par exemple) pour payer toutes les tranches de tous les travaux dont il dispose à ce moment-là, pour les routes et autres infrastructures nécessaires. Si la route entre Avila et Ségovie a un coût total de 1 000 millions d'euros et prend 4 ans à construire, sur ces 10 000 millions d'euros consacrés aux travaux chaque année, 250 millions d'euros sont consacrés à la construction de cette route entre Avila et Ségovie au cours de chacune des 4 prochaines années. C'est pourquoi la dette publique n'est pas nécessaire. La dette publique actuelle consiste à prendre l'argent des investisseurs sans but précis. Les politiciens prennent d'abord l'argent en émettant de la dette publique, puis ils réfléchissent à la manière de le dépenser. **Il s'agit là d'une source évidente de corruption et d'appauvrissement des citoyens.**

Je pense que l'**euro** présente certains avantages, même s'il n'est pas encore parfait. Il s'agit d'une monnaie fiduciaire, avec tous les problèmes que j'ai déjà mentionnés. Mais au moins, elle n'est pas sous le contrôle d'un seul pays, même si l'Allemagne et la France ont beaucoup d'influence sur les décisions prises par la Banque centrale européenne concernant l'euro. Cela permet d'éviter certains problèmes, comme la possibilité pour un pays de dévaluer sa monnaie, comme c'était le cas lors de l'existence de la peseta, du franc, de la lire, du florin néerlandais, etc. Certains pensent que le fait d'avoir sa propre monnaie est un avantage car cela permet de dévaluer en cas de crise et d'en sortir plus vite, par exemple, mais je ne pense pas que ce soit le cas, comme je l'ai expliqué précédemment. Si dévaluer la monnaie était une bonne chose, alors il serait très facile pour l'économie de n'importe quel pays de se porter bien, car il suffirait que le président du gouvernement signe un papier pour qu'il n'y ait plus de problèmes. Il est évident que cela n'a aucun sens. **La dévaluation est une tromperie de la population**, qui cache temporairement les problèmes, en donnant l'impression que la situation s'est améliorée. Mais en réalité, non seulement ces problèmes réels ne sont pas résolus, mais ils **continuent de s'aggraver**. En fait, je pense qu'une grande partie des problèmes que la population a vus après la crise de 2007 **étaient les conséquences des dévaluations des monnaies européennes dans les années 80 et 90,** puisque le vrai problème qui existait dans les années 80 et 90 (la corruption) n'a non seulement pas été résolu avec les dévaluations monétaires (il est clair qu'il est impossible que la dévaluation d'une monnaie améliore les problèmes de corruption), mais il s'est aggravé, **explosant avec plus de force des années plus tard.** Si les années 1980 et 1990 n'avaient pas été marquées par des dévaluations monétaires, la lutte contre la corruption aurait commencé plus tôt et la situation au XXIe siècle aurait été bien meilleure. La dévaluation d'une monnaie n'améliore pas l'économie de ce pays, mais en échange de la fausse illusion que les choses s'améliorent un peu, les problèmes s'aggravent et explosent plus tard avec encore plus de force.

Pour avoir une idée de la taille de la bulle fiscale dont nous souffrons actuellement, il suffit de regarder les données que certaines entreprises publient parfois dans leurs présentations concernant le **montant total des impôts qu'elles paient chaque année**. Pas seulement l'impôt sur les sociétés, mais aussi tous les autres impôts, taxes et autres. **Comparez ce chiffre au bénéfice net de l'entreprise** (le bénéfice réalisé par les actionnaires de l'entreprise cette année-là) **et au total des salaires perçus par tous les employés de l'entreprise.**

Permettez-moi de vous donner un exemple, celui de Telefónica en 2015. En 2015, Telefónica a réalisé un bénéfice net de 2 745 millions d'euros, c'est-à-dire le bénéfice qui correspond aux actionnaires pour l'activité de Telefónica dans le monde en 2015, c'est-à-dire ce qui leur reste en tant que propriétaires de l'entreprise. Les employés de Telefónica dans le monde entier ont reçu un total de 6 400 millions d'euros. Et les administrations publiques de tous les pays dans lesquels Telefónica opère ont soutiré un total de 11,4 milliards d'euros à Telefónica. En d'autres termes, les administrations publiques ont soutiré à Telefónica presque deux fois plus que ce que tous les employés de Telefónica dans le monde ont produit et gagné, et plus de quatre fois plus que les propriétaires de l'entreprise.

Cet exemple n'est pas farfelu, les relations que nous venons de voir entre ces 3 chiffres sont la norme. Si vous regardez ces données à partir de maintenant, vous le verrez. Au cours de la même année 2015, Acciona a réalisé un bénéfice net de 207 millions d'euros, et a payé des impôts (et taxes, redevances, etc.) pour un total de 958 millions d'euros, soit près de 5 fois le bénéfice laissé aux propriétaires de l'entreprise pour tout ce qu'elle a fait cette année-là.

La bulle fiscale actuelle est probablement **la plus grosse bulle de l'histoire**. Ainsi, **lorsqu'elle éclatera**, ce qui devra inévitablement se produire tôt ou tard, elle entraînera très probablement l'**une des plus fortes hausses des marchés boursiers de l'histoire**. Et la seule façon d'être absolument sûr que cette grande hausse vous atteindra est d'acheter des actions dans des entreprises de qualité et de **ne pas les vendre.**

Comment cibler les investissements dans les entreprises technologiques

Les entreprises technologiques **sont parmi les plus difficiles à analyser**. Notamment parce que l'**analyse fondamentale traditionnelle est peu utile**.

Lorsqu'une entreprise technologique réussit à commercialiser un produit pendant plusieurs années, son bilan est spectaculaire. Quel que soit l'angle sous lequel on l'examine, elle se porte très bien, et personne ne peut dire le contraire.

Toutefois, l'expérience montre qu'il est plus probable qu'improbable qu'une entreprise technologique très prospère cesse de l'être à un moment ou à un autre. L'analyse fondamentale n'est presque jamais en mesure de détecter ce phénomène, car **ces changements de performance sont souvent si rapides que lorsque l'analyse fondamentale émet un signal, le prix de l'action a déjà fortement chuté**.

Je ne trouve pas qu'il soit prudent d'investir dans des sociétés technologiques en se basant uniquement sur les fondamentaux, c'est pourquoi je pense qu'il est essentiel d'utiliser des stop-loss. Ce qui complique beaucoup les choses, comme toujours lorsqu'on utilise un stop-loss, qui est l'une des techniques les plus complexes à utiliser correctement, de manière efficace et vraiment rentable.

Sur cette base, nous distinguerons deux situations : d'une part, le court et le moyen terme et, d'autre part, le long terme.

A **court et moyen terme,** les entreprises technologiques ne posent pas de problèmes particuliers par rapport à d'autres secteurs. Comme tous les secteurs, il a ses particularités au sein de chaque stratégie d'investissement, mais à court et moyen terme, il n'y a pas d'obstacle réel à l'investissement dans les entreprises technologiques. Elles ont tendance à avoir une volatilité plus élevée que la moyenne, mais ce n'est pas très important. À moyen terme, je voudrais seulement souligner que je pense qu'il faut toujours utiliser des stop-loss avec les entreprises technologiques. À mon avis, il faut éviter d'investir dans les entreprises technologiques à moyen terme en utilisant uniquement l'analyse fondamentale et sans utiliser de stop-loss. Dans de nombreux autres secteurs, je pense qu'il est possible d'investir à moyen terme en utilisant uniquement l'analyse fondamentale.

Il est plus compliqué d'investir à **long terme** dans des entreprises technologiques, car celles-ci sont totalement imprévisibles dans les 10 à 20 ans à venir. Avant de poursuivre, je dois préciser que j'appelle "technologie" les entreprises qui créent la technologie, et non celles qui l'utilisent. Par exemple, les entreprises qui utilisent la technologie sont IBM, Accenture, Indra, etc. Les progrès technologiques n'excluent pas ces entreprises du marché, car elles utilisent les technologies qui fonctionnent à un moment donné, en s'adaptant à l'évolution du marché technologique et en bénéficiant des progrès technologiques.

Les entreprises qui créent de la technologie, les "pure tech companies", auxquelles je fais référence dans cette section, sont celles qui fabriquent des appareils technologiques de toutes sortes, tels que des téléviseurs, des smartphones et tout type de gadgets, du matériel informatique, Internet, certains types de logiciels (pas ceux d'IBM, Accenture, Indra, etc.), etc. En période de prospérité, ces entreprises peuvent très bien se porter. Mais les connaissances de l'investisseur moyen ne sont pas suffisantes pour lui permettre de voir si, à un moment donné, les choses vont beaucoup changer pour cette entreprise. L'expérience nous a appris qu'il est probable que les choses changent beaucoup. Mais cette certitude presque totale que les choses vont changer **ne suffit pas pour gagner de l'argent**, parce qu'il est impossible d'investir de manière rentable avec cette certitude. En effet, avant que les choses n'aillent mal, elles peuvent aller très bien, et si nous n'achetons pas parce que tôt ou tard elles iront mal, nous ne gagnerons rien non plus les années où elles iront bien. Et l'on suppose que si l'on passe du temps à suivre ces entreprises, c'est pour **en tirer des bénéfices**, et non pour être des spectateurs permanents de ce qui se passe. Je considère que ce dilemme est très difficile à résoudre, car d'une part, nous savons que dans le secteur technologique, les hausses sont beaucoup plus importantes que dans d'autres secteurs, mais d'autre part, il est très difficile de trouver les bons points d'entrée et de sortie (parce que l'option de "ne pas vendre" dans ce secteur n'est pas valable, comme le montre l'expérience).

D'autre part, il semble **évident que le secteur technologique est l'un des secteurs les plus prometteurs pour l'avenir,** et donc apparemment un bon secteur pour les investisseurs à long terme.

Le meilleur compromis auquel je puisse penser, compte tenu de la prudence, du bon sens et des rendements attendus, est que l'investisseur à long terme qui souhaite investir dans ce secteur le fasse par l'intermédiaire de **fonds communs de placement ou d'ETF.** C'est l'un des cas où je vois l'utilité des fonds communs de placement et des ETF. Dans un indice comme le Nasdaq, les entreprises qui sont à la traîne seront remplacées par celles qui les remplacent, et la tendance de l'indice sera à la hausse. Avec tous les problèmes que cela pose aux investisseurs en fonds communs de placement et en ETF, que nous avons vus dans les livres précédents. Mais dans ce secteur technologique, je pense qu'il est préférable de supporter ces problèmes des fonds communs de placement et des ETF plutôt que d'investir directement dans des actions, comme on le fait dans de nombreux autres secteurs dans le cadre d'un investissement à long terme. Essayer de passer d'une société à l'autre, chercher le bon moment pour entrer et sortir de chacune d'entre elles, je pense que c'est très compliqué pour l'investisseur moyen. Et même pour l'investisseur très expérimenté. En plus de la complication technique, cela demande beaucoup de temps, ce qui peut affecter le reste des investissements de cette personne. Si nous prenons également en compte le fait qu'en raison du risque élevé, nous devrions investir peu d'argent dans les entreprises technologiques, il est difficile de bien faire les choses et de faire en sorte que le temps passé, le stress subi, etc. en valent la peine.

C'est pourquoi je pense que si un investisseur à long terme souhaite inclure le secteur technologique dans son portefeuille, l'approche la plus pratique et la plus réaliste consiste à le faire par le biais d'un fonds commun de placement ou d'un ETF. Ou, mieux encore, par le biais de **plusieurs fonds communs de placement et/ou ETF**, à des fins de diversification.

Dans ce cas, la question des dividendes n'est pas très importante, car ces types de sociétés ne versent pratiquement pas de dividendes, de sorte que la préférence que l'on pourrait avoir pour les ETF par rapport aux fonds communs de placement est réduite par cette question.

En ce qui concerne le moment de l'investissement, il est également plus compliqué que d'habitude car, comme nous l'avons déjà vu, ces sociétés sont beaucoup plus difficiles à évaluer sur la base de leurs fondamentaux. Le meilleur moment serait une chute brutale du Nasdaq 100, par exemple. Cela peut aussi se faire par de très petits investissements espacés dans le temps.

Cependant, au moment de la retraite, il est important de garder à l'esprit que nous disposerons de plusieurs fonds d'investissement et/ou ETF qui **ne verseront que peu ou pas de dividendes,** avec toutes les complications que cela implique, comme nous l'avons vu dans ce livre et dans les précédents.

Comment cibler les investissements de croissance

Dans mon livre "How to invest in the stock market in the long term from scratch (Get the retirement you deserve with dividends)", j'expose la manière de faire de l'analyse fondamentale qui me semble la plus adaptée à l'investissement à long terme à la recherche de rendements en dividendes. Mon opinion est qu'il n'y a pas une seule façon d'analyser les entreprises par les fondamentaux qui puisse être appliquée à toutes les stratégies, mais que les deux (stratégie et façon d'analyser les entreprises) **vont de pair et doivent être adaptées l'une à l'autre**.

Dans ce livre, je donnerai mon avis sur d'autres stratégies d'investissement et, pour plus de clarté et d'utilité, je les comparerai à l'investissement à long terme dans le rendement des dividendes, car je pense qu'il sera beaucoup plus facile et plus clair de comprendre ce que je vais dire au sujet de ces autres stratégies d'investissement.

Connaître d'autres stratégies d'investissement me semble très utile pour savoir comment classer et comprendre toutes les informations que l'on reçoit. Une erreur courante et très dangereuse consiste à essayer d'appliquer à une stratégie d'investissement des éléments conçus pour une stratégie d'investissement différente. Dans de nombreux cas, ces choses sont dites et faites à juste titre par des investisseurs très performants. Mais elles sont destinées au contexte d'une stratégie d'investissement spécifique et ne sont pas valables pour une application dans un contexte différent.

Le terme "investissement de croissance" peut avoir plusieurs significations, comme c'est le cas pour de nombreux termes d'investissement. Dans le cas présent, il s'agit d'investir dans des entreprises dont la croissance des bénéfices au cours des prochaines années devrait être nettement supérieure à la moyenne. La durée des "prochaines années" n'est pas définie. Il ne s'agit pas d'une "durée de vie", ni de "décennies", mais d'une période comprise entre 1 et 5 ans, parfois plus.

Un investisseur en croissance ne choisit pas des entreprises dans lesquelles il investira toute sa vie. Cela peut arriver, mais ce n'est pas ce qu'il recherche, ni la norme. Ce qu'il recherche, c'est investir dans les **entreprises qui vont progresser le plus rapidement possible,** pour passer ensuite à une autre entreprise, puis à une autre, etc., avec l'idée de prendre les meilleures sections en hausse de chacune d'entre elles, et d'obtenir ainsi un rendement beaucoup plus élevé que les indices boursiers avec les dividendes.

Tout investisseur à long terme cherche à investir dans les entreprises dont il pense qu'elles connaîtront la plus forte croissance à l'avenir (toujours avec sécurité, prudence et diversification, car la croissance théorique maximale n'est pas le seul critère), de manière à ce que leurs dividendes augmentent le plus. Il ne s'agit pas d'un "investissement de croissance", mais d'une manière logique d'agir dans le cadre d'un investissement à long terme à la recherche d'un rendement en dividendes.

C'est pourquoi les **barrières à l'entrée sont moins importantes dans les investissements de croissance**. Plus elles sont élevées, mieux c'est, bien sûr. Mais ce n'est pas une obligation, comme c'est le cas pour les investissements à long terme. Une chaîne de restaurants italiens, par exemple, qui se développe rapidement et devient de plus en plus à la mode, est un candidat évident pour un investisseur en croissance. Il en va de même pour une entreprise qui a créé un dispositif technologique dont le succès ne cesse de croître. Mais aucune de ces deux entreprises ne convient à un investisseur à long terme, car elles risquent d'être démodées dans quelques années.

L'investisseur de croissance ne se préoccupe pas de savoir si la chaîne de restaurants italiens sera démodée dans dix ans, mais si le cours de son action augmentera plus que la moyenne du marché au cours des prochains trimestres. Pour l'investisseur à long terme, il est essentiel d'investir dans des entreprises qui ne sont pas soumises à un effet de mode. Si une entreprise réussit parce qu'elle est devenue à la mode à un moment donné, il est peu probable qu'elle ait des barrières à l'entrée élevées et qu'elle soit donc adaptée au long terme. Or, c'est **précisément l'investisseur en croissance qui veut rester**

dans l'entreprise pendant la durée de l'engouement et en sortir le plus tôt possible à la fin de l'engouement.

Une autre différence essentielle est que dans l'investissement à long terme, l'opinion des autres importe peu, alors que **dans l'investissement de croissance, l'évaluation de l'opinion des autres est essentielle.** Dans les deux cas, je fais référence à l'opinion des autres sur l'évaluation des entreprises. Si un investisseur à long terme pense qu'une entreprise est bonne à long terme, mais qu'il est le seul à le penser, il devrait probablement réfléchir à cette entreprise. Mais lorsque les entreprises de qualité baissent, les investisseurs à long terme n'ont pas besoin que beaucoup d'investisseurs soient d'accord avec eux pour dire que l'entreprise est un excellent investissement à ce moment-là. En effet, moins il y a de gens qui sont d'accord avec eux, plus ils peuvent acheter d'actions, et à de meilleurs prix. En revanche, lorsqu'un investisseur en croissance pense qu'une entreprise va connaître une forte croissance et qu'il investit dans celle-ci, il **a besoin que** beaucoup d'autres investisseurs pensent la même chose, et même plus fortement que lui, car sinon il ne pourra pas gagner d'argent, même si ses prévisions concernant les performances futures de l'entreprise sont justes.

Virginie est une investisseuse à long terme et pense que 3M est très bon marché à 100 dollars. Si la majorité des investisseurs n'est pas de cet avis, Virginie, et tous les autres investisseurs à long terme qui pensent comme elle, auront plus de temps pour acheter des actions 3M à ces prix, et même plus bas, avec les dividendes qu'ils perçoivent de toutes leurs entreprises, les économies mensuelles qu'ils font pendant que 3M est encore bon marché, etc. Si le cours passe de 100 à 90 ou à 80 dollars, Virginie et les autres investisseurs à long terme pourront acheter plus d'actions 3M avec le même argent, de sorte que cette baisse supplémentaire leur aura profité. Il importe peu à Virginie que la majorité des investisseurs soient d'accord avec elle. Si cette situation se poursuit pendant 2 ou 3 ans, par exemple, tout ce qui se passera, c'est que Virginie aura amplement le temps d'acheter des actions 3M à bon prix. En outre, si la plupart des investisseurs sont d'accord avec Virginie pour dire que 3M à 100 dollars est trop bon marché, Virginie ne pourra acheter que très peu d'actions à 100 dollars, et aucune à 80 ou 90 dollars, parce que 3M remontera rapidement à des prix moins attrayants. Ce n'est pas non plus un gros problème pour Virginie, qui cherchera d'autres entreprises dans lesquelles investir si elles sont à de meilleurs prix que 3M, mais cela l'empêchera d'acheter davantage d'actions de 3M à de très bons prix.

Francis est un investisseur en croissance et il pense qu'une entreprise qui fabrique des téléphones portables va connaître un grand succès. Il a vu les performances de l'entreprise, il a analysé le marché et il pense que l'entreprise est susceptible de vendre beaucoup plus de téléphones portables dans les 1 à 2 prochaines années. Francis se soucie beaucoup de ce que pensent les autres investisseurs, car il a **désespérément besoin que beaucoup d'autres investisseurs croient également que cette société de téléphonie mobile va connaître une forte croissance au cours des prochains trimestres**. Supposons que l'entreprise se négocie actuellement à un ratio cours/bénéfice de 25x et que, jusqu'à présent, ses bénéfices ont augmenté de 20 %.

Si Francis a raison et que les résultats augmentent de 30 % au cours des deux années suivantes, mais que la plupart des investisseurs pensent pendant ces deux années que la croissance va bientôt ralentir parce qu'une entreprise rivale va avoir plus de succès avec ses téléphones mobiles, et que le résultat est que l'entreprise se négocie à un P/E de 10, alors la stratégie d'investissement dans la croissance de Francis se sera retournée contre lui. Bien qu'il ait fait une bonne analyse, le rythme de croissance des bénéfices est passé à 30 %, contrairement à ce qu'attendaient la plupart des investisseurs. Francis a fait une bonne analyse, la plupart des investisseurs ont fait une mauvaise analyse, mais ce n'est pas une consolation pour lui, car dans cette stratégie d'investissement, c'est **ce que la majorité pense et fait qui compte vraiment, et non la meilleure analyse**. Francis ne peut pas attendre aussi longtemps que Virginie, car l'horizon d'investissement de Francis est plus court. Il peut arriver, et c'est souvent le cas, qu'à un moment donné la forte croissance de l'entreprise ralentisse pour atteindre des taux plus modérés, et alors l'opportunité disparaîtra pour de bon.

Paradoxalement, il serait plus avantageux pour Francis de croire que les bénéfices de l'entreprise de téléphonie mobile allaient augmenter de 30 % au cours des deux prochaines années et de n'enregistrer qu'une croissance de 15 %, alors que la plupart des investisseurs s'attendaient à une croissance de 40 %, de sorte que le cours de l'action de l'entreprise aurait augmenté pour atteindre un ratio cours/bénéfice de 35, par exemple. Il est essentiel de comprendre cette différence entre l'investissement à long terme et l'investissement de croissance.

Car, en réalité, ce **qui importe aux investisseurs de croissance, c'est l'évolution du cours de l'action, et non celle de l'entreprise**. Dans de nombreux cas, il existe un lien entre le cours de l'action et les résultats, bien sûr, mais pour les investisseurs de croissance, c'est la performance du cours de l'action qui est réellement décisive, et non celle des résultats. Pour les investisseurs à long terme, c'est l'inverse : ce qui compte, c'est l'évolution des bénéfices, et l'évolution du cours de l'action à court ou moyen terme est secondaire. Cette différence est **essentielle** et détermine complètement la manière dont les entreprises sont analysées dans les deux stratégies, ainsi que la manière dont elles agissent face aux événements qui se déroulent.

Le bénéfice des investisseurs en croissance est la différence entre le prix auquel ils vendent et le prix auquel ils achètent. S'y ajoutent les dividendes versés pendant qu'ils détiennent les actions, logiquement peu nombreux, car ce type d'entreprises ne verse généralement que peu ou pas de dividendes. C'est pourquoi, dans ce type d'investissement, les dividendes représentent généralement une petite partie des bénéfices, parce que les actions sont généralement détenues pendant quelques mois ou quelques années, et parce que les entreprises de croissance versent généralement peu de dividendes (elles ont un faible pay-out), voire aucun dividende, afin d'utiliser l'argent qu'elles ne versent pas sous forme de dividendes pour croître davantage (certaines y parviendront, d'autres non).

Le bénéfice des investisseurs en croissance n'est PAS la différence entre le bénéfice par action (BPA) au moment de l'achat et le BPA au moment de la vente.

Pour essayer de choisir les meilleures entreprises pour leur stratégie et maximiser leurs profits, ils utilisent l'analyse fondamentale et font des prévisions sur l'évolution future des bénéfices, en espérant qu'il y aura une corrélation entre l'augmentation des bénéfices et celle du prix de l'action. Mais leur profit ou leur perte dépend de la hausse ou de la baisse du cours de l'action, et non de la hausse ou de la baisse des bénéfices. Pour les investisseurs en croissance, l'opinion du marché dans son ensemble est donc totalement décisive, car c'est l'argent des autres investisseurs qui fera monter ou descendre le prix de l'action, augmentant ou diminuant la demande pour ces actions, et augmentant ou diminuant leur prix. Ce n'est pas la hausse ou la baisse des bénéfices qui est déterminante. Le cours de l'action peut augmenter considérablement avec une croissance médiocre des bénéfices, si l'enthousiasme des acheteurs est élevé. Le cours de l'action peut également chuter malgré une croissance des bénéfices supérieure à la moyenne si le sentiment dominant à l'égard de l'entreprise n'est pas l'enthousiasme mais le scepticisme.

Plus la durée de l'opération est longue, plus la corrélation entre les bénéfices et le cours de l'action est susceptible d'être élevée. Si Francis envisage un horizon de 4 ou 5 ans plutôt que de 1 ou 2 ans, il est plus probable que le prix de l'action évolue à peu près de la même manière que les bénéfices. Mais il est également plus difficile pour Francis de faire des estimations précises et utiles de l'évolution des bénéfices sur cet horizon temporel plus long, car plus on s'éloigne dans le temps, plus il est difficile de faire des prédictions utiles.

Le PEG est un ratio couramment utilisé dans les investissements de croissance. Le PEG est le résultat de la division du ratio P/E de l'entreprise par la croissance attendue du bénéfice par action de l'entreprise, et l'on estime que le maximum à payer est un PEG de 1 fois.

Par exemple, si une entreprise a un PER de 30 fois et que ses bénéfices par action devraient augmenter de 30 %, son PEG est de 1, puisque 30 / 30 = 1, et elle est considérée comme étant à la limite de ce qui peut être un prix correct. Si la même entreprise passe à un PER de 40 fois, le PEG devient 1,33 (40 / 30), et comme il est supérieur à 1, l'entreprise est considérée comme un peu chère, et il vaut mieux ne pas l'acheter. Dans la pratique, je pense que l'utilité du PEG est quelque peu limitée. Il ne garantit pas l'achat à bon prix et n'empêche pas les chutes importantes. D'un PEG 1,5, par exemple, beaucoup d'entreprises passent à un PEG 3 ou 4. Et d'un PEG 1, beaucoup tombent à un PEG de 0,5. Dans la pratique, il existe toutes sortes de cas. Entre autres, il faut noter que dans le PEG, ce qui est utilisé est la croissance future, ce que personne ne sait. Et celle-ci peut s'avérer, et s'avère souvent, très différente de ce que la plupart des investisseurs attendent. Il peut s'agir d'une orientation, il est bon de la connaître et surtout de la suivre si elle est très à la mode à ce moment-là. **N'oubliez pas qu'en matière d'investissement de croissance, l'opinion des autres investisseurs est plus importante que la vôtre.**

Pour la même raison (l'importance de l'opinion des autres dans l'investissement de croissance), tout ratio calculé sur la base de la valeur des actifs, comme le ROE, le ROCE, le ROIC, etc., est aussi inexact (bien qu'utile, car pour qu'une chose soit utile, il n'est pas essentiel qu'elle soit totalement exacte) que nous l'avons vu plus haut, mais si, à un moment donné, la communauté des investisseurs de croissance se concentre sur l'un de ces ratios et le considère comme le meilleur moyen de savoir si une entreprise va connaître une forte croissance à l'avenir ou non, même si vous n'êtes pas tout à fait d'accord avec cette opinion, vous devez agir comme si vous l'étiez. N'oubliez pas que pour gagner de l'argent grâce à l'investissement de croissance, il est essentiel d'être dans le courant dominant du moment, **que ce courant soit totalement exact ou non**. C'est pourquoi il n'existe pas de "meilleur ratio" pour les investissements dans les entreprises de croissance, car le meilleur ratio à un moment donné est celui qui fait évoluer le plus le cours de l'action (ce qui importe dans les investissements de croissance, à savoir que le cours de l'action évolue le plus possible dans le laps de temps le plus court possible). Et ce "meilleur ratio" évolue au gré des modes, de sorte qu'il faut à tout moment se concentrer sur les ratios les plus en vogue dans ce type d'investissement. Bien entendu, les ratios qui permettent de prévoir l'évolution probable à court terme des ratios les plus en vogue à un moment donné sont également utiles.

Une autre caractéristique de l'investissement de croissance est qu'il attire généralement des personnes avides (dans le sens où elles veulent gagner plus d'argent que les autres, et plus rapidement que les autres). Et vous savez que **plus il y a d'avidité, moins il y a d'objectivité**. C'est pourquoi il faut vivre avec une forte charge émotionnelle dans tout ce qui concerne les entreprises dans lesquelles on investit en suivant cette stratégie, ce qui rend la prise de décision difficile.

À cet égard, il est important de détecter une croissance apparemment très prometteuse mais peu solide en réalité. Nous avons déjà vu l'une des situations les plus courantes de ce type : le cas d'entreprises dont les dirigeants sont capables de créer une grande illusion autour de l'entreprise, mais il s'avère que l'entreprise **ne vit pas** vraiment de ses **clients, mais de ses investisseurs**.

Un autre cas courant de ce type est celui des **sociétés de franchise qui vivent en fait de leurs franchisés**, et non de leurs clients. La société de franchise la plus connue au monde est McDonald's. McDonald's franchise ses restaurants à des entrepreneurs locaux, et McDonald's et les entrepreneurs locaux gagnent de l'argent. Parce que l'entreprise est rentable et a fait ses preuves, et qu'elle vit de ses clients, ce qui est logique. Mais ce n'est pas toujours le cas dans toutes les sociétés de franchise. C'est pourquoi il est essentiel que les entreprises qui opèrent par le biais de la franchise indiquent si celles-ci sont rentables ou non. Pour que la croissance soit réelle, les **franchisés doivent gagner de l'argent**. Si l'activité de la société mère consiste à prendre de l'argent aux franchisés, en générant également beaucoup d'illusions sur ce qu'ils gagneront à l'avenir, mais que les franchisés ne gagnent pas d'argent avec les clients, la croissance de cette société est fictive et peut s'arrêter brusquement. C'est le cas, par exemple, lorsque les franchisés doivent payer des sommes importantes à la société mère, mais que la franchise les oblige à vendre leurs produits à des prix très bas. Les magasins sont pleins, car les prix sont très bas, et les clients apprécient. Les personnes qui envisagent de créer une franchise de cette entreprise sont attirées par ces magasins pleins, entrent dans l'entreprise et commencent à payer de grosses sommes d'argent à la société mère. Leurs magasins sont également pleins, mais les franchisés ne gagnent pas d'argent avec des prix aussi bas. Au bout du compte, les franchisés quittent les franchises et l'entreprise fait faillite, mais pendant un certain temps, on a eu l'impression qu'il s'agissait d'une très bonne entreprise, qui connaissait une forte croissance. Dans les entreprises franchisées en croissance, il est donc impératif que l'investisseur fasse le "travail de base" et vérifie si les franchisés gagnent de l'argent. En effet, dans de nombreux cas, ce n'est pas le cas, car l'activité de la société mère consiste à remplir les locaux avec des prix très bas afin d'attirer un grand nombre de franchisés et de vivre de ces derniers, et non des clients.

Un autre cas courant de fausse croissance est celui des **sociétés Internet**. Dans ce type d'entreprise, il convient de tenir compte de la **relation entre les dépenses publicitaires, le trafic et les recettes du site web**. Sur Internet, il est très facile d'augmenter le trafic d'un site web en augmentant les dépenses publicitaires. En réalité, il est impossible d'augmenter les dépenses publicitaires sans augmenter le trafic, car la relation est très directe. En ce qui concerne les recettes, la relation n'est pas aussi directe, mais il est tout de même très facile d'augmenter les recettes d'une entreprise en augmentant les dépenses publicitaires. Ce qui n'est pas si facile, et c'est ce qu'il faut examiner, c'est d'augmenter la rentabilité de l'entreprise en augmentant les dépenses publicitaires. Les entreprises qui réduisent leur trafic web et leurs revenus lorsqu'elles diminuent leurs dépenses publicitaires sont particulièrement dangereuses. Toute société Internet, avec l'argent de ses investisseurs, peut augmenter considérablement son trafic web et ses revenus. Tout le monde peut le faire. Mais il ne s'agit pas d'une véritable croissance. Une véritable croissance signifie qu'en plus du trafic web et des revenus, la rentabilité de l'entreprise augmente également.

Par conséquent, les investisseurs en croissance, en général, **ne devraient pas acheter lorsque le prix de l'action baisse, mais lorsque le prix de l'action augmente**. Je parle ici de replis importants. Si un investisseur de croissance est confronté à un recul de 5 à 10 %, il peut en profiter. Mais il ne doit pas attendre des mois et des mois un petit repli pour acheter, alors que le cours de l'action est en hausse. Et si la chute est de 30 % ou plus, je ne pense pas qu'il faille acheter (bien qu'il y ait des exceptions, comme une chute générale du marché boursier, et pas seulement de cette entreprise), même si l'occasion semble très claire. Car dans ce cas, ce qui est clair, c'est que l'opinion de la majorité des investisseurs est différente de la vôtre. Étant donné qu'il est très difficile de faire des prévisions précises sur les résultats d'une entreprise, et encore plus dans le cas des entreprises de croissance, en cas de baisse importante du cours de l'action (qui n'est pas due à une baisse générale du marché boursier), il faut penser que notre analyse a de grandes chances d'être erronée. Et même si elle était correcte, comme nous l'avons vu, **si la majorité des investisseurs ne partagent pas** nos convictions sur l'entreprise, les chances que le cours de l'action augmente et que l'investissement soit rentable sont faibles. Il faut ajouter à cela que les informations d'initiés existent et que si une entreprise dont nous pensons qu'elle va connaître une forte croissance chute fortement, c'est parce que ni les dirigeants, ni leurs fournisseurs, ni les banques avec lesquelles ils travaillent, etc. n'achètent fortement et ne recommandent pas d'acheter fortement à leurs connaissances.

Il peut arriver qu'une entreprise en croissance chute de 20 à 30 %, se redresse, dépasse de loin ses plus hauts niveaux et que le cours de son action continue d'augmenter fortement. Mais il est peu probable que cela se produise dans un court laps de temps. C'est pourquoi la **mentalité à long terme qui consiste à acheter davantage au fur et à mesure que la valeur baisse n'est pas appropriée dans le cadre d'un investissement de croissance**. Si une société de croissance chute brutalement, elle ne doit pas être radiée à jamais, mais ce n'est généralement pas une bonne idée de l'acheter au début de la baisse. Il est préférable d'attendre qu'elle remonte et de l'acheter à ce qui semble être un nouveau sommet, et non pendant la chute. Il est préférable d'attendre que la hausse soit initiée par les gestionnaires, les fournisseurs, les banques, etc. que j'ai mentionnés précédemment. Ils sauront toujours mieux évaluer l'entreprise que n'importe quel investisseur individuel, et s'ils ne sont pas en mesure de faire monter le cours de l'action, il vaut mieux attendre.

Si la chute brutale se produit en raison d'un krach général sur le marché boursier, au cours duquel tous les prix des actions chutent, c'est également une bonne occasion d'acheter des entreprises de croissance, comme je l'ai dit. Ce que j'ai dit sur le fait d'éviter d'acheter des entreprises de croissance lorsqu'elles chutent concerne le cas d'une situation de marché normale, dans laquelle l'entreprise que nous suivons chute alors que le marché en général reste stable ou augmente.

Pour toutes ces raisons, l'**analyse technique** est à mon avis **essentielle dans l'investissement de croissance**, car elle permet **de voir ce que la plupart des investisseurs pensent, et font**, de la société qui nous intéresse.

Dans l'investissement de croissance, je pense que les stop-loss sont nécessaires. Ils ne doivent pas être très serrés et il n'est pas non plus nécessaire d'être devant l'écran toute la journée pour surveiller les prix. La distance du stop-loss dépend de la gestion globale de l'argent que vous faites. Plus vous investissez d'argent dans chaque transaction, plus le stop-loss doit être proche. Inversement, moins vous investissez d'argent dans chaque transaction, plus le stop-loss peut être éloigné. Dans tous les cas, je ne fixerais pas un stop-loss supérieur à 25 % du prix d'entrée. Si le cours a baissé de 25 %, il faut une hausse de 33 % pour revenir au point de départ. Une chute de 10 à 7,50 est une baisse de 25 %. Une hausse de 7,50 à 10 est une hausse de 33 %. N'oubliez pas qu'il ne s'agit pas d'un investissement à long terme. Dans le cadre d'un investissement de croissance, il n'est pas utile d'acheter davantage lorsque le cours baisse et d'attendre aussi longtemps que nécessaire en réinvestissant les dividendes et les économies mensuelles, etc. L'investissement de croissance est différent.

Entre autres, parce que **dans toute stratégie de vente, nous limitons nos profits.** Et si nous limitons nos profits :

1) Ces gains **ne peuvent pas être réalisés dans n'importe quel laps de temps**.

2) Nous **devons également limiter les pertes pour avoir une chance d'obtenir un résultat** global positif.

À long terme, il importe peu que le cours de l'action augmente plus ou moins rapidement, car nous n'allons pas limiter les gains. Mais si l'on veut gagner 50 %, par exemple, il est très différent de le faire en un an qu'en deux ou en dix ans. C'est pourquoi, dans les investissements de croissance, il faut limiter les pertes, tant en pourcentage que dans le temps. **Il ne faut jamais conserver à long** terme un investissement à moyen terme qui a mal tourné. Il faut bien distinguer chaque stratégie, et agir sur chacune d'entre elles en fonction de leurs règles de base.

Un autre problème majeur de l'investissement de croissance est qu'il faut investir dans une grande variété d'entreprises et de secteurs (ceux qui se développent le plus à un moment donné) et qu'il est donc difficile de les connaître bien et en profondeur. Cela réduit la probabilité d'obtenir les rendements souhaités. À long terme, nous investissons continuellement dans les mêmes secteurs et entreprises (parfois nous ajoutons un secteur ou une entreprise, logiquement), ce qui permet de connaître **beaucoup plus facilement** les secteurs, les entreprises et les sociétés dans lesquels nous investissons, de suivre leur évolution, de les connaître de mieux en mieux, de voir leur comportement dans toutes les phases de l'entreprise et de l'économie en général, etc.

En ce qui concerne le **moment de la vente**, c'est la **partie la plus difficile de toute stratégie qui implique la vente**. Qu'il s'agisse d'opérations intrajournalières ou d'investissements à moyen terme dans des transactions qui durent en moyenne plusieurs années, il est **beaucoup plus facile de décider quand acheter que de décider quand vendre**. Et c'est l'**une des raisons pour lesquelles la plupart des gens obtiennent les meilleurs résultats en investissant à long terme : parce que vous n'avez pas** à décider quand vendre, parce que **vous ne vendez pas.**

Dans le cas des investissements de croissance, je pense que l'analyse technique doit jouer un rôle très important dans la décision de vendre. En principe, il faut vendre lorsque la croissance des bénéfices commence à ralentir. Mais en pratique, dans de nombreux cas, le cours de l'action a déjà beaucoup baissé lors de la publication des premiers résultats trimestriels dans lesquels cette décélération des résultats est visible, et c'est pourquoi je pense qu'il est essentiel d'accorder une grande importance à l'analyse technique lors de la vente (et également lors de l'achat, comme je l'ai mentionné plus haut). Ce que je vais commenter maintenant est valable pour cette stratégie d'investissement, et en général pour toutes les stratégies à moyen terme qui accordent une certaine importance aux fondamentaux.

Fondamentalement, je pense qu'il y a deux zones de sortie, les **moments d'euphorie** et la confirmation d'un **sommet**. Elles sont compatibles, on peut vendre une partie de l'investissement au moment de l'euphorie, et une partie au moment de la confirmation d'un sommet.

Un moment d'euphorie serait celui où vous pensez que l'entreprise est déjà fondamentalement chère, et où vous constatez une forte augmentation du prix de l'action (due à de bonnes nouvelles, à de bons résultats récents, etc.)

La confirmation d'un sommet serait si le prix sur le graphique montre un double sommet, une épaule-tête-épaule, etc.

Prenons un exemple chez Gamesa, pour mieux comprendre les deux situations auxquelles je fais référence :

Le moment idéal d'euphorie pour vendre sont les 2 sommets que je marque d'une ombre.

La confirmation d'un sommet serait, par exemple, la rupture de 19,65 (approximativement) que je marque d'une ligne horizontale.

En regardant le graphique, il semble clair qu'il vaut mieux vendre à l'un de ces 2 moments d'euphorie, au-dessus de 30 euros, que lorsque le niveau de 19,65 est cassé. Si vous atteignez ces sommets, oui, logiquement, mais ce n'est pas facile à faire.

En continuant avec le même exemple, dans la hausse de Gamesa de 4 euros à 34 euros (graphique ajusté avec les dividendes et les augmentations de capital, si vous voulez le consulter dans votre programme graphique), il y a eu plusieurs moments précédents qui auraient pu être ce pic d'euphorie et qui ne l'ont pas été, comme cette hausse à 10-11 euros :

C'est pourquoi il est très difficile de choisir le bon moment pour vendre. Si l'on regarde le premier graphique que j'ai présenté, il semble évident qu'il vaut mieux vendre à un prix supérieur à 30 euros qu'à 19 euros, mais si l'on regarde le second graphique, il semble probable qu'en essayant de vendre à un prix supérieur à 30 euros, on vendra à 10-11 euros plutôt qu'à 19 euros.

C'est pourquoi la diversification lors de la vente me semble conseillée. Je le dis avec beaucoup moins de conviction que tout ce que je vous explique sur le long terme, parce que le long terme, c'est quelque chose que tout le monde peut apprendre à faire, et c'est facile à appliquer, mais **choisir le bon moment pour vendre, c'est très compliqué**. En tout cas, étaler la vente d'actions sur 2, 3 ou 4 fois, en fonction du montant et de l'évolution de l'opération, me semble être une bonne pratique. Avec certaines ventes, vous pouvez essayer d'atteindre les sommets euphoriques, et avec d'autres, vous pouvez le faire lorsqu'une figure de renversement importante est confirmée.

Dans les transactions qui durent de quelques mois à quelques années, je trouve intéressant de suivre la moyenne des 40 sur le graphique journalier. Ce n'est pas le "meilleur" signal, dans de nombreuses occasions il donne des points de sortie prématurés, mais je pense que c'est une bonne orientation. C'est la ligne la plus proche du prix du deuxième graphique Gamesa que j'ai placé, le graphique journalier. Lorsque l'entreprise semble chère et que le prix s'éloigne beaucoup (au-dessus) de la moyenne journalière de 40, un de ces pics euphoriques pourrait se produire.

Cibler les investissements dans des entreprises de petite taille et de faible qualité (penny stocks)

L'investissement dans les petites entreprises de qualité médiocre est l'un des plus compliqués et, en même temps, l'un des plus attrayants pour de nombreux investisseurs individuels. Cette attirance de nombreux investisseurs individuels pour les petites entreprises de qualité médiocre **a une base rationnelle**, car pratiquement **tout le monde dispose d'une somme d'argent telle que si vous la multipliez par 10, votre vie change considérablement. Et si vous le multipliez par 100, votre vie change du tout au tout.**

Si nous avons 10 000 euros et que nous les multiplions par 10, nous obtenons 100 000 euros. 10 000 euros peuvent nous donner un revenu d'environ 300-500 euros par an, et 100 000 euros peuvent nous donner un revenu d'environ 3 000-5 000 euros par an (la première année, avec une augmentation de l'inflation et des salaires au fil du temps). C'est un changement de vie assez important.

Et si nous avons 10 000 euros et que nous les multiplions par 100, nous aurons 1 million d'euros, ce qui nous donnera un revenu d'environ 30 000 à 50 000 euros par an (également la première année, puis de plus en plus), avec lequel nous pourrons arrêter de travailler, du moins pour la plupart des gens. Il s'agit évidemment d'un changement de vie considérable. Et nous avons commencé avec seulement 10 000 euros.

Ce simple compte est à l'origine de la forte attraction qu'exercent les petites entreprises de faible qualité sur de nombreuses personnes. Car, pour le dire autrement, Mariano a un travail qu'il n'aime pas beaucoup, et il a réussi à économiser 10 000 euros. S'il les investit dans l'Amper, aujourd'hui à 0,10 euro, et que dans 1 ou 2 ans il le vend à 1 euro, il aura 100 000 euros. 100 000 euros qu'il investira dans Nicolás Correa, à 0,50 euro, pour les revendre 1 ou 2 ans plus tard à 5 euros. Ainsi, les 100 000 euros seront devenus 1 million d'euros. Et Mariano aura cessé de travailler dans 3 ou 4 ans.

Vu sous cet angle, il semble très intéressant, et c'est ainsi que beaucoup de gens le voient. Il peut sembler absurde de transformer 10 000 euros en 1 million d'euros en quelques années, mais quiconque observe les graphiques de petites entreprises de qualité médiocre se rend compte que c'est possible. La question de savoir si c'est facile ou difficile est une autre question. C'est très difficile. Mais avec les graphiques sous les yeux, personne ne peut dire que c'est impossible, car la vérité est que c'est faisable.

C'est cette certitude qu'il est possible d'y parvenir et l'illusion de le faire qui créent l'attrait pour les petites entreprises de qualité médiocre.

Il s'agit d'un graphique d'Amper de 1988 à 2002 :

De janvier 1994 à l'été 1997, il est passé de 0,05 euro à près de 2 euros. En d'autres termes, il a été multiplié par près de 40. Il s'agit sans aucun doute d'un phénomène très frappant, qui doit faire l'objet d'une réflexion sérieuse.

Dans cet autre graphique depuis 1986, nous voyons l'évolution d'Amper sur près de 3 décennies :

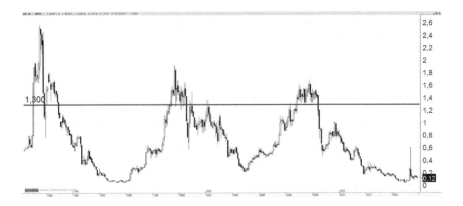

J'ai tracé la ligne horizontale à 1,30 euro, car c'est le point médian entre le maximum de 2,60 euros et le minimum de presque 0 euro. En achetant à ce point médian de 1,30 euro, **la plupart de ces trois décennies, le prix aurait été inférieur à notre prix d'achat**. À de nombreuses reprises, le prix aurait été inférieur de 80 % à 95 % à ce montant de 1,30 euro.

Afin de voir comment essayer de gagner de l'argent avec des petites entreprises de faible qualité, je distinguerai trois phases. Il ne s'agit pas de phases standard, mais simplement d'une aide que j'utiliserai pour mieux décrire l'investissement dans les petites entreprises de mauvaise qualité, de mon point de vue. Je vous rappelle que je considère qu'il s'agit d'un investissement très risqué, qui ne convient pas à la plupart des gens. Les **trois phases** sont les suivantes :

1) Lorsqu'elles présentent un **risque réel de faillite**. Ce sont les 3 points bas que vous pouvez voir dans le graphique ci-dessus.

2) Lorsqu'ils sont **très à la mode**. Ce sont les trois sommets que vous pouvez voir dans le tableau ci-dessus.

3) Lorsqu'ils sont dans une situation **normale**. Le reste du temps.

Si vous voulez investir dans de petites entreprises de faible qualité, je pense que vous avez les meilleures chances de gagner en **phase 1**, lorsqu'elles ont un risque réel de faillite. Le problème est justement qu'elles ont un risque réel de faillite. Elles le sont vraiment. N'oubliez pas que ce type d'investissement me semble inadapté à la plupart des gens.

Si vous investissez dans de petites entreprises de faible qualité, c'est, à mon avis, pour essayer de gagner beaucoup plus que la moyenne. Je ne pense pas qu'il faille investir dans de petites entreprises de qualité médiocre en espérant gagner 100 % dans la même période que celle où l'on s'attend à ce que Vodafone ou Danone (des entreprises de qualité, en général) augmentent de 60 %, par exemple. 100 %, c'est plus que 60 %, mais il est certain que Vodafone ou Danone augmentera de 60 % tôt ou tard, tandis que la petite entreprise de faible qualité augmentera de 100 % est une chose que nous supposons, mais qui ne se produira peut-être jamais. Même si cela se produit et que la petite entreprise de qualité médiocre augmente de 100 % tandis que les entreprises de qualité supérieure augmentent de 60 %, nous risquons de perdre plus en santé que ce que nous avons gagné en argent. C'est pourquoi je pense que si l'on ne s'attend pas à des rendements spectaculaires, il vaut mieux ne pas investir dans des petites entreprises de qualité médiocre.

Notons qu'investir à un moment où l'entreprise est proche de la faillite signifie avoir très peu d'occasions d'investir au cours de la vie d'un investisseur. Dans le cas d'Amper, au cours de ces trois décennies, il n'y a eu que deux occasions de ce type (j'ai dit qu'il y en avait eu trois auparavant, je vais maintenant qualifier cette éventuelle troisième occasion) : la crise de 1993, et la crise des subprimes qui a commencé en 2007, dont Amper n'est pas encore sortie au moment où j'écris ce livre, et dont nous ne savons pas comment elle en sortira. En 2003 (creux central du graphique ci-dessus), après l'éclatement de la bulle internet, elle a beaucoup chuté, mais elle n'a pas risqué la faillite comme dans les deux autres cas. Ses bénéfices ont beaucoup baissé, mais elle n'a pas connu de pertes. Du plus bas de 2003 (0,23 euros) au plus haut de 2007 (1,7 euros), son cours a été multiplié par plus de 7 en 4 ans, ce qui est une rentabilité spectaculaire. Mais le plus bas de 2003 (0,23 euro) était bien supérieur aux plus bas de 1993 et 2015, 0,05 euro dans les deux cas. Ce que je veux dire, c'est que ces 0,23 euros de 2003 sont un minimum maintenant que le temps a passé, mais qu'ils auraient pu ne pas l'être à l'époque si, pour une raison ou une autre, la baisse des bénéfices s'était transformée en pertes, s'il y avait eu un risque de faillite, etc. En d'autres termes, même si cela peut sembler le cas aujourd'hui, le creux de 2003 n'était pas vraiment un cas de type phase 1 comme celui que nous observons maintenant. Au-delà du cas spécifique d'Amper, le fait est qu'investir de cette manière signifie avoir **très peu d'opportunités d'investissement au cours d'une vie,** c'est donc quelque chose que l'on peut faire très occasionnellement, mais pas de manière régulière. **Il n'est pas utile de mettre de l'argent de côté spécifiquement pour investir uniquement dans ces cas-là.**

D'une part, parce que pendant la majeure partie de notre vie, cet argent serait en liquidité, nous donnant la rentabilité d'un revenu fixe à court terme (dépôts bancaires, comptes rémunérés, etc.). Ensuite, parce que le fait d'être conscient de cela (que cet argent est en revenu fixe avec un coût d'opportunité significatif) nous conduirait très probablement à avoir une urgence à investir cet argent, afin de cesser d'avoir ce coût d'opportunité le plus tôt possible. Et cela nous amènerait aussi très probablement à nous **précipiter** et à investir cet argent de manière incorrecte.

Notez également qu'Amper commence à perdre de l'argent en 2009, le prix de l'action évoluant entre 0,60 et 1 euro. En 2015, après avoir atteint un plancher de 0,05 euro, Amper se négocie autour de 0,10 euro et continue de perdre de l'argent, n'ayant jamais réalisé de bénéfices depuis 2009. Je veux ainsi vous montrer qu'il est vraiment difficile de deviner la zone minimale dans ces cas-là. Cela ne vaut même pas la peine d'attendre qu'ils entrent en perte et qu'ils aient beaucoup baissé, comme en 2009, Amper perdait de l'argent, s'échangeant à 1 euro, et de là, il a chuté de 95 % à 0,05 euro. Après une chute due à une entrée en perte, la reprise est généralement très lente (plusieurs années). Car c'est le temps qu'il faut pour réorganiser une entreprise qui va mal, et ce, si l'on parvient à réorganiser l'entreprise correctement. Ce n'est pas comme l'effondrement d'entreprises de qualité dû à des changements de flux financiers sur les marchés financiers, à des raisons techniques, etc. qui se rétablissent souvent en quelques mois. Les entreprises cycliques et celles qui sont en perte ou dont les bénéfices chutent brutalement, comme nous le verrons plus loin, mettent souvent des années à se redresser.

L'analyse fondamentale dans ces cas doit d'abord se concentrer sur les **probabilités de faillite de** l'entreprise (ou plus probablement sur une forte augmentation de capital, comme nous l'avons déjà vu), puis sur la recherche du **point de retournement des pertes vers les bénéfices**, en gardant toujours un œil sur l'évolution du cours de l'action, qui logiquement ne doit pas nécessairement faire ses minimums en même temps que les résultats, et en fait dans de nombreux cas les deux ne coïncident pas (cours de l'action minimum avec des résultats minimums).

Ces entreprises ne versent pas de dividendes pour le moment, il n'y a donc pas de rendement du dividende à prendre en compte. Le résultat net sera une perte, de sorte qu'il n'y aura pas non plus de ratio cours/bénéfice (il sera négatif). Comme le résultat net sera négatif, le ROE et d'autres ratios similaires seront également négatifs. Le BPA moyen des X dernières années ne sera pas utile non plus. Même dans de nombreux cas, l'EBITDA est négatif, de sorte qu'il n'y a pas non plus d'VE/EBITDA. Il en va de même pour l'EBIT.

Une analyse de la faillite doit **se concentrer sur la dette et les flux de trésorerie**, et **examiner en détail les plans mis en œuvre par l'entreprise**. Il doit s'agir d'une analyse particulièrement fine des données les plus récentes. Les tendances des dernières années seront très mauvaises, ce qui explique pourquoi l'entreprise se trouve dans une situation aussi délicate. Le fait que l'entreprise se porte très mal sera une évidence que tout le monde connaît déjà, et il ne sera donc pas nécessaire d'examiner les trajectoires des ratios, du compte de résultat, etc. des dernières années pour le savoir. Ce que vous devez estimer, ce sont les **probabilités que l'entreprise soit en mesure de rembourser sa dette,** ou non, dans la situation compliquée dans laquelle elle se trouve à ce moment-là.

En ce qui concerne la dette, il ne s'agit pas seulement d'examiner le chiffre de la dette nette, mais toutes les informations publiées à ce sujet. Les plans de refinancement, les ventes d'actifs les plus récentes et les évaluations que vous voyez, les changements dans le fonds de roulement signalés par l'entreprise, etc. Tout est pertinent dans une telle situation, même une ligne dans un article peut vous indiquer un élément d'information à rechercher dans le rapport annuel, ou à suivre tout particulièrement par la suite. Il s'agit d'une analyse **beaucoup plus compliquée** et plus **longue** que l'investissement à long terme, cela ne fait aucun doute.

Un ratio plus utile que d'habitude dans ces cas, lorsque les entreprises perdent de l'argent, est le ratio **recettes/capitalisation**. Comparez-le au même ratio lorsque l'entreprise gagnait de l'argent dans le passé, ainsi qu'à d'autres entreprises du secteur, le cas échéant, ou de secteurs similaires. Cela peut vous donner une meilleure idée du potentiel de l'entreprise et de sa valeur (future) si elle parvient à gagner de l'argent, que les ratios plus habituels (P/E à l'époque, ou lorsqu'elle réalise de légers bénéfices, etc.) Vous pouvez également estimer le PER possible de l'entreprise si elle sort de cette situation en estimant le bénéfice par action qu'elle aurait en supposant une marge Bénéfice net / Revenu similaire à celle que l'entreprise avait dans les années où elle gagnait de l'argent (similaire à l'exemple que nous avons vu plus tôt de Barclays avec le ROE et le ROA).

Prenons un exemple rapide. Supposons qu'à un moment donné, Ercros perde de l'argent. Il en est ainsi depuis plusieurs années, elle ne verse pas de dividendes, son EBITDA est négatif ou très irrégulier, etc., et nous ne pouvons pas faire d'évaluation de ce qu'Ercros pourrait valoir avec les méthodes habituelles que nous utilisons pour les entreprises adaptées au long terme. Mais ce qu'une telle entreprise aura toujours, quelle que soit sa situation, c'est le chiffre d'affaires. Imaginons que les revenus d'Ercros s'élèvent actuellement à 600 millions d'euros. Et nous constatons que les années où Ercros a gagné de l'argent dans le passé, elle s'est négociée entre 1 et 2 fois ses revenus, ce qui nous donnerait une fourchette de capitalisation comprise entre 600 et 1,2 milliard d'euros. Comme le capital social d'Ercros est composé de 100 millions d'actions, cela nous donne une valeur théorique des actions (en supposant qu'Ercros parvienne à se sortir de cette situation, à renouer avec les bénéfices, etc.) comprise entre 6 (600 / 100) et 12 euros (1.200 / 100).

Nous examinons également la marge **bénéfice net/recettes** des années où Ercros a gagné de l'argent dans le passé, et nous constatons qu'elle se situe entre 5 % et 10 %. Ainsi, avec des revenus actuels de 600 millions d'euros, nous pouvons nous attendre à ce qu'Ercros, si elle se porte bien à l'avenir, gagne entre 30 et 60 millions d'euros. 30 millions, c'est 5 % de 600, et 60 millions, c'est 10 % de 600.

Au cours des années où Ercros a été rentable, elle s'est négociée à un PER compris entre 8 et 15 fois.

Si elle réalise un bénéfice de 30 millions, un PER compris entre 8 et 15 fois signifie une capitalisation comprise entre 240 (30 x 8) et 450 (30 x 15) millions d'euros. Cela signifie entre 2,40 € (240 / 100) et 4,50 € (450 / 100) par action.

Si elle atteint un bénéfice de 60 millions, un PER compris entre 8 et 15 fois signifie une capitalisation comprise entre 480 (60 x 8) et 900 (60 x 15) millions d'euros. Soit entre 4,80 (480 / 100) et 9 (900 / 100) euros par action.

Nous voyons donc que si Ercros gagne à nouveau de l'argent, nous pouvons nous attendre à ce que les actions se négocient entre 2,40 et 12 euros par action, en fonction de la quantité d'argent gagnée, de la dynamique du marché lorsqu'Ercros redevient rentable, etc.

Comme Ercros se négocie aujourd'hui à 0,50 euros, l'équation rendement/risque est favorable, car on peut s'attendre à une revalorisation des actions entre 5 et 25 fois environ. Mais, et c'est là la clé, d'une part **si Ercros renoue avec des bénéfices similaires à ceux qu'elle a connus dans le passé**, et d'autre part, **si au moment où Ercros renoue avec les bénéfices, elle a encore 100 millions d'actions**. Car si à ce moment-là, au lieu de 100 millions d'actions, elle a 1 milliard d'actions, alors la fourchette que nous avons calculée entre 2,40 et 12 euros doit être divisée par 10, et nous nous retrouvons avec une fourchette entre 0,24 et 1,20 euros. La raison pour laquelle le nombre d'actions Ercros peut passer de 100 millions à 1 000 millions (ou tout autre nombre) a été abordée il y a quelques pages, lorsque nous avons expliqué comment une entreprise endettée peut résoudre son problème d'endettement en échangeant des dettes contre des actions, ou en augmentant son capital pour lever de l'argent frais afin de rembourser ses dettes.

Cette même méthode d'estimation de la valeur future des actions d'une entreprise déficitaire, si elle parvient à renouer avec les bénéfices, à l'aide des ratios Chiffre d'affaires/Capitalisation et Résultat net/Revenu, s'applique également aux entreprises cycliques ou à faible croissance, sur lesquelles nous reviendrons dans un instant.

Un autre ratio utile pour les entreprises très endettées est le ratio **Capitalisation / EBITDA**. Comme je l'ai dit précédemment, dans ces situations, l'EBITDA peut être négatif, mais il ne l'est pas toujours (et même s'il l'est, cela peut être utile). Je l'explique d'abord et j'apporte ensuite quelques nuances).

La paire de ratios VE/EBITDA et Capitalisation/EBITDA est similaire à la paire ROE et ROCE dans un certain sens.

Le ROE (bénéfice net / capitaux propres hors intérêts minoritaires) est un bon ratio, utile en de nombreuses occasions, mais il ne tient pas compte de l'endettement de l'entreprise. Or, comme nous l'avons déjà vu dans ce livre, il est facile d'augmenter le ROE d'une entreprise simplement en s'endettant. C'est pourquoi un ROE élevé dû à un endettement important n'est ni sain ni positif et n'indique pas non plus que l'entreprise est dans une bonne situation. D'où l'existence du ROCE (EBIT / Dette nette + Fonds propres y compris intérêts minoritaires) et d'autres ratios similaires, qui tiennent compte de l'endettement. En principe, il est préférable de tenir compte de l'endettement, mais cela dépend de ce que l'on recherche, comme nous allons le voir maintenant.

Comme pour le ROE, il est facile d'augmenter l'EBITDA en endettant l'entreprise. C'est quelque chose qui peut être vu très intuitivement : si nous empruntons de l'argent et l'investissons dans "n'importe quoi", peu importe le peu de profit que ce "n'importe quoi" produit, notre EBITDA augmentera. Et cela fera baisser le ratio capitalisation/EBITDA, ce qui rendra l'entreprise apparemment plus attrayante.

Par exemple, nous avons une société hôtelière qui a une capitalisation boursière de 100 millions d'euros et un EBITDA de 20 millions d'euros. Son ratio Capitalisation / EBITDA est donc de 5 fois (100 /

20).

Si nous contractons un emprunt de 100 millions d'euros et que nous l'investissons très mal, dans un hôtel qui nous coûte ces 100 millions d'euros, mais qui ne nous rapporte qu'un EBITDA de 1 million d'euros, nous aurons fait un très mauvais investissement. Mais le ratio Capitalisation / EBITDA sera tombé à 4,76 fois (100 / 21), et apparemment l'entreprise est moins chère après cet achat. Mais il est clair que cet achat était très mauvais et que l'entreprise ne peut pas être moins chère qu'avant, peu importe ce que dit un ratio (en analyse fondamentale, le **bon sens est bien plus important que l'utilisation mécanique de nombreux ratios**, quelle que soit la stratégie d'investissement utilisée, comme c'est le cas dans tous les autres aspects de la vie). Comme pour le ROCE, c'est de là que vient le ratio VE/EBITDA (Capitalisation boursière + Dette nette/EBITDA).

Le VE / EBITDA avant l'achat serait (nous supposons qu'à cette époque la dette de l'entreprise était de 0, bien qu'avec n'importe quel autre chiffre choisi, la conclusion serait la même) 5 fois (100 + 0 / 20).

Après l'acquisition, le ratio VE/EBITDA devient 9,52 fois (100 + 100 / 21).

Le ratio Capitalisation/EBITDA indique que l'entreprise s'est améliorée (de 5 à 4,76), tandis que le ratio VE/EBITDA indique qu'elle s'est détériorée (de 5 à 9,52).

Dans ce cas, on voit bien, et c'est une question de bon sens, que c'est le ratio VE/EBITDA qui nous renseigne sur ce qui se passe réellement. Mais cela ne veut pas dire que le ratio Capitalisation / EBITDA est inutile. Quand on entre dans les détails de l'analyse fondamentale, **tout peut être utile à un moment ou à un autre**. Il est impossible de faire un tableau ou quelque chose de similaire pour dire quels ratios utiliser dans telle ou telle situation, et en suivant simplement ces instructions, vous pouvez prendre une décision, mécaniquement. Il faut connaître tous les outils possibles et **privilégier le bon sens** pour analyser chaque situation spécifique. L'un des grands avantages de l'investissement à long terme dans le rendement des dividendes est qu'il est beaucoup plus automatisable et beaucoup plus facile à suivre et à appliquer pour tout le monde.

Mais nous entrons ici dans les détails.

Comme nous l'avons vu, le ratio VE/EBITDA est plus fiable, car il tient compte du fait que l'entreprise est endettée ou non. **Mais le ratio Capitalisation / EBITDA nous apprend des choses intéressantes que le ratio VE / EBITDA ne nous apprend pas.**

Imaginons deux entreprises qui ont toutes deux le même ratio VE/EBITDA de 9 fois.

Bayer a une capitalisation de 8,5 milliards d'euros, une dette de 500 millions d'euros et un EBITDA de 1 milliard d'euros. Son VE/EBITDA est de (8 500 + 500 / 1 000) = 9.

Ercros a une capitalisation de 50 millions d'euros, une dette de 850 millions d'euros et un EBITDA de 100 millions d'euros. Son VE/EBITDA est de (50 + 850 / 100) = 9.

En ce qui concerne le ratio VE / EBITDA, il n'y a pas de différence, les deux entreprises l'ont fixé à 9 fois. Mais Bayer a un ratio Capitalisation / EBITDA de 8,5 fois (8 500 / 1 000) et Ercros a un ratio de 0,5 fois (50 / 100). C'est ce que nous savions déjà, à savoir que le VE/EBITDA tient compte de l'endettement et donne donc une image plus réaliste de la situation des entreprises.

Cependant, lorsqu'on analyse des entreprises très endettées, **le ratio capitalisation/EBITDA nous donne une indication sur le potentiel de l'entreprise**. Dans le cas présent, nous constatons que le potentiel d'Ercros est très élevé, si tout se passe bien et qu'elle parvient à rembourser sa dette sans avoir à augmenter son nombre d'actions par une levée de fonds. La question clé dans les entreprises très endettées est la suivante :

Que se passe-t-il si l'entreprise parvient à maintenir son ratio VE/EBITDA (à 9x, dans cet exemple) et à réduire sa dette à un niveau proche de l'élimination ?

Le prix de son action est multiplié plusieurs fois.

Dans le cas extrême où Ercros réduit sa dette à 0 et maintient son VE/EBITDA à 9 fois, sa capitalisation boursière passe de 50 millions d'euros à 900 millions d'euros, soit une multiplication par 18 :

(900 + 0) / 100 = 9

Cette possibilité de multiplier par plusieurs fois si tout va bien nous a été **indiquée par le ratio Capitalisation / EBITDA de 0,5 fois, et non par le ratio VE / EBITDA de 9 fois**. C'est pourquoi chaque ratio peut avoir son utilité, et la caractéristique commune à tous ces ratios est qu'ils doivent être utilisés avec bon sens. Nous savions déjà qu'Ercros était très endettée, le ratio Capitalisation / EBITDA de 0,5 fois ne nous trompait pas, il nous montrait seulement une nuance, importante pour ce type de situation, **que le ratio VE / EBITDA ne pouvait pas nous montrer**.

Si l'on revient au début, c'est l'attrait des petites entreprises de faible qualité (et des entreprises très endettées en général) pour les investisseurs à la recherche d'un risque élevé : la possibilité de multiplier plusieurs fois le montant de l'investissement.

Ce qu'il faut estimer, comme nous l'avons déjà vu, c'est la probabilité que les choses se passent bien. Car, comme nous l'avons déjà vu dans la section "Comment agir en cas de cessation de paiement et de cotation d'une entreprise", les entreprises très endettées peuvent réduire leur dette et augmenter leur capitalisation en émettant beaucoup d'actions, et si cela se produit, nous ne gagnerons probablement rien à cette réorganisation de l'entreprise, et nous pourrions même y perdre beaucoup.

En d'autres termes, Ercros peut multiplier sa capitalisation boursière en faisant passer le cours de son action de 0,50 à 9 euros, par exemple, ou en maintenant le cours de son action à 0,50 euros et en faisant passer le nombre d'actions qui composent son capital social de 100 millions à 1,8 milliard, ou encore avec une autre combinaison intermédiaire de ces deux facteurs (évolution du cours de l'action et variation du nombre d'actions qui composent son capital social). L'idéal est bien sûr que le nombre d'actions n'augmente pas, afin que le prix de l'action augmente le plus possible. Il faut l'estimer à l'aide de ce que j'ai exposé dans cette section et dans le reste du livre, pour voir comment l'entreprise évolue au niveau de ses revenus et de ses dépenses, de manière à ce que son EBITDA (et ses cash-flows, etc.)

augmente, idéalement jusqu'à ce qu'elle rembourse sa dette (ou la réduise à un niveau confortable) sans avoir à augmenter son capital.

Nuançons maintenant le cas de l'**EBITDA négatif**. En réalité, qu'il soit négatif ou non, l'EBITDA de ces entreprises est susceptible de connaître des hauts et des bas importants. C'est pourquoi nous pouvons obtenir des chiffres très différents pour Capitalisation / EBITDA et VE / EBITDA, selon que nous prenons l'EBITDA de la dernière année complète, celui d'il y a deux ans, les prévisions pour l'année en cours, les prévisions pour l'année prochaine, etc. Tous et aucun en particulier, car il faut faire preuve de bon sens, comme je l'ai déjà dit. Il est clair que ce qui compte, c'est l'EBITDA futur, mais il faut garder à l'esprit qu'il s'agit d'entreprises difficiles à analyser, et dans des situations particulièrement délicates. Il n'y a donc pas de bonne réponse à "passer un examen", car le"examen" consiste à **savoir si l'on va gagner de l'argent avec cette opération ou non**. Avec les données passées et toutes les informations que vous avez collectées pour suivre cette opération, vous allez devoir estimer au mieux une fourchette d'EBITDA pour l'année en cours, l'année suivante si possible, et ce que l'entreprise aurait si elle parvenait à normaliser sa situation dans quelques années (ce qui est plus difficile que les précédents, mais on peut parfois arriver à une estimation utile). Et avec ces EBITDA que vous avez pu estimer, vous devez calculer les ratios que nous venons de voir : Capitalisation / EBITDA, VE / EBITDA, et tous les autres qui peuvent être utiles.

Il est également important de tenir compte de la situation générale du secteur, en raison de la question des **ventes d'actifs**. Les acheteurs paient toujours le moins possible, de même que les vendeurs vendent toujours le plus cher possible. **C'est ainsi que les prix se forment sur n'importe quel marché.** À ce stade, il est très important de préciser le prix auquel les actifs que l'entreprise possède et peut vendre, le cas échéant, peuvent être vendus. La valeur comptable est une première indication, mais elle n'est pas suffisante. La valeur comptable donne simplement une idée rapide du bilan à ce moment-là, mais ce qui importe, ce ne sont pas les prix auxquels les actifs sont comptabilisés, mais les prix auxquels ces actifs peuvent être vendus à ce moment-là sur le marché. Si le reste du secteur se trouve dans une situation similaire, il est peu probable qu'il obtienne un bon prix pour les actifs. Dans ce cas, vous devrez peut-être examiner la probabilité de fusions entre les entreprises du secteur, qui réduisent les coûts fixes. Il se peut également que de grandes entreprises du secteur soient disposées à acheter, et si c'est le cas, et s'il y en a plusieurs, les actifs pourront probablement être vendus à des prix raisonnables. Les situations qui peuvent se présenter sont si variées qu'il est impossible de les énumérer toutes. Chaque cas individuel doit être suivi de la manière la plus détaillée possible.

En ce qui concerne la possibilité d'un rachat de l'ensemble de l'entreprise, un élément qui peut être très important est la **compensation fiscale**. Il s'agit des pertes des années précédentes qui peuvent être compensées par les bénéfices futurs et réduire les impôts à payer. Dans certains cas, il s'agit du principal actif de l'entreprise. Ce qui se passe, c'est qu'il n'a de valeur que s'il y a des bénéfices futurs, car sinon cet actif n'a pas de valeur réelle, car il finit par être perdu (il y a une limite d'années pour compenser ces pertes, qui peut varier dans le temps, et vous devez consulter au moment où cela peut être important pour l'une des opérations que vous étudiez). Cette possibilité de réduire les impôts futurs peut être la principale raison du rachat de l'entreprise, et c'est parfois le cas dans la réalité. Parfois, le montant de cette réduction d'impôt représente plusieurs fois la capitalisation boursière de l'entreprise, parce qu'elle a accumulé des pertes pendant de nombreuses années.

Un autre facteur clé est la **situation générale du marché et de l'économie**. C'est toujours le cas, mais parfois plus que d'autres. Lorsque l'on investit à long terme, l'état de l'économie est important, mais les gens n'arrêtent pas de manger, d'utiliser les autoroutes et les banques, d'allumer les lumières, etc. Il est possible d'investir à long terme en se concentrant davantage sur l'évaluation des entreprises que sur la situation macroéconomique, et je pense même qu'il est conseillé de le faire. C'est ainsi que l'on a le plus de chances d'obtenir de meilleurs prix d'achat et des rendements plus élevés, à mon avis.

Mais dans le cas des petites entreprises de qualité médiocre, il faut accorder beaucoup plus d'attention à l'évolution possible de la situation macroéconomique. En effet, il est très complexe de prévoir l'évolution de l'activité des petites entreprises de qualité médiocre dans les années à venir, car il s'agit généralement d'entreprises très peu connues, sur lesquelles on ne dispose que de très peu d'informations. Il est donc difficile de les prévoir, même si l'on dispose de connaissances approfondies à leur sujet. En pratique, il existe une relation très directe entre les performances de l'économie générale et les résultats de ces entreprises très instables, de sorte que si la situation économique générale s'améliore, les activités des petites entreprises de qualité médiocre s'amélioreront très probablement aussi, même s'il s'agit d'entreprises très spécifiques et peu connues. Le fait est qu'il est normal et très probable que ces entreprises soient tirées vers le bas par la situation générale, bien plus que dans le cas des entreprises typiques d'investissement à long terme, telles que l'électricité, les autoroutes, l'alimentation, les télécommunications, les assurances, etc.

Il est donc particulièrement important d'investir dans ces petites entreprises de faible qualité lorsqu'une nouvelle phase de croissance économique est attendue. Si l'économie est en baisse ou stagne, il est presque impossible pour une de ces entreprises qui se trouve dans une situation très délicate de s'en sortir. Elle ne fera peut-être pas faillite, mais la situation se prolongera probablement dans le temps, comme nous l'avons vu dans le cas d'Amper qui, en 2009, a enregistré des pertes et qui, en 2015, en enregistrait encore, dans une situation encore plus délicate qu'en 2009.

Le détail le plus important est peut-être que **nous devons investir très peu d'argent dans cette stratégie, par prudence**. Quel que soit le temps que vous passiez à analyser ces entreprises et quelle que soit la clarté avec laquelle vous voyez une opportunité, si vous investissez de l'argent dans ces situations, ce doit être très peu. Par exemple, Mireille, qui dispose d'un portefeuille à long terme d'environ 100 000 euros et d'un portefeuille à moyen terme d'environ 5 000 euros (en plus de la réserve permanente correspondante en titres à revenu fixe), pourrait consacrer entre 1 000 et 2 500 euros à cette stratégie avec de petites entreprises de faible qualité, en investissant 500 euros dans chacune d'entre elles. Je ne pense pas qu'il faille investir 2 500 euros dans une seule de ces petites entreprises de faible qualité, par exemple, mais plutôt 500 euros dans 5 petites entreprises de faible qualité. Certains cas sont peut-être très clairs, mais nous devons être conscients que cette façon d'investir est très difficile, même si, à un moment donné, nous voyons une opération claire.

Devrions-nous donc placer 500 euros dans l'une de ces petites entreprises de qualité médiocre que nous voyons clairement et 2 000 euros dans 4 petites entreprises de qualité médiocre que nous ne voyons pas très bien, juste pour nous diversifier ?

Non, il ne faut rien investir dans une petite entreprise de qualité médiocre qui ne présente pas d'opportunité claire. Si nous nous trouvons dans une situation comme celle-ci, où nous aimerions investir 2 500 euros mais que nous ne voyons qu'une seule opportunité claire, je pense que la meilleure chose à faire est d'investir 500 euros dans cette petite entreprise de faible qualité, et de réserver les 2 000 euros restants au cas où nous trouverions plus tard d'autres petites entreprises de faible qualité qui nous intéressent. Ou de les consacrer à d'autres stratégies d'investissement.

Pensez qu'il n'est pas très efficace pour Mireille d'avoir en permanence 2.500 euros de côté pour investir dans de petites entreprises de faible qualité en situation de crise grave. Ces 2 500 euros font partie des 5 000 euros de son portefeuille à moyen terme, qui est investi selon la ou les stratégies à moyen terme que Mireille a choisies. Et quelques fois dans sa vie, elle rencontrera une situation de crise grave comme celle dont nous parlons ici, et dans ces cas-là, elle peut utiliser jusqu'à 1 000-2 500 euros de ces 5 000 euros pour les investir dans de petites entreprises de faible qualité, à raison de 500 euros par entreprise. La limite de 1 000 à 2 500 euros est prudente, mais elle ne doit pas être investie "à tort et à travers". Il se peut que l'intention soit d'investir 2 500 euros dans de petites entreprises de qualité médiocre, mais que les circonstances évoluent de telle sorte que seuls 500 euros soient investis dans l'une d'entre elles et que les 2 000 euros restants finissent par être investis dans des entreprises cycliques, par exemple.

La phase suivante dont je vais parler est la **phase 2**, lorsque les petites entreprises de qualité médiocre sont très à la mode et atteignent ou frôlent leurs sommets. Idéalement, bien sûr, nous aurions dû les acheter en phase 1, lorsqu'elles risquaient sérieusement de faire faillite, et les vendre en phase 2, au sommet. Mais c'est ce qui est vraiment difficile, et presque personne n'y parvient.

En phase 2, je ne pense pas que vous soyez obligé d'acheter, même si vous en avez très envie. Et c'est à ce moment-là **que l'on est le plus désireux d'acheter**. Pour de nombreuses raisons, comme le fait que c'est à ce moment-là qu'ils ont tendance à apparaître régulièrement dans les médias, parlant de la revalorisation qu'ils ont connue ces dernières années, des bénéfices qu'ils réalisent après avoir laissé derrière eux les années de pertes, du fonctionnement de leur entreprise, de leurs projets futurs, etc. Et si tout cela devait se poursuivre à l'avenir, plus ou moins comme c'est le cas pour les entreprises de qualité, elles pourraient constituer un investissement intéressant. Mais il faut savoir de quel type d'entreprises il s'agit, et qu'elles sont susceptibles d'alterner les bonnes et les mauvaises périodes.

La question, peut-être, serait d'analyser très bien ces entreprises, afin de déterminer si leurs résultats vont continuer à augmenter à l'avenir ou s'ils vont diminuer, ce qui pourrait même les ramener à des pertes. Ce qui se passe, c'est que cela ne se voit pas dans les comptes de résultats, quelle que soit l'analyse qui en est faite et le temps qui y est consacré. On ne le voit pas dans un ratio, ni dans des milliers de ratios. Lorsque Nicolás Correa (une petite entreprise espagnole) vend beaucoup de machines, **il est impossible que son compte de résultat ou son bilan nous dise combien de machines il vendra l'année prochaine**. Impossible. Je pense qu'il faut ici appliquer une fois de plus la prudence, et le fait que la simplicité est ce qui fonctionne le mieux. Lorsque Nicolás Correa vend beaucoup de machines, que son compte de résultat et son bilan sont meilleurs que jamais, ce qu'il faut faire, c'est ne pas acheter Nicolás Correa (les petites entreprises de mauvaise qualité en général). C'est tout. Il n'est pas nécessaire de l'analyser, ni de calculer beaucoup ou peu de ratios pour essayer d'estimer **ce que ce compte de résultat et ce bilan ne pourront jamais nous dire**. Dans cette situation, les risques de se tromper sont si élevés que la prudence commande de ne même pas essayer.

Pour estimer si la bonne passe de Nicolás Correa a des chances de se poursuivre dans les années à venir, il faudrait connaître de première main le marché des machines qu'il fabrique, parler à ses clients, connaître le marché de ces clients et voir comment il évolue, etc. Trop compliqué pour l'investisseur moyen, qui n'investirait d'ailleurs que très peu d'argent dans une telle opération, et cela ne vaut donc pas la peine d'y consacrer beaucoup de temps.

Qu'en est-il du stop-loss ? Avec des stop-loss au plus haut, il vaut mieux ne pas investir non plus, car les mouvements sont généralement très brusques, alternant des hausses et des baisses très fortes, ce qui rend très difficile de placer les stop-loss à un endroit qui a du sens. Je pense qu'il faut profiter de cette phase d'un point de vue didactique, pour apprendre la psychologie boursière, et voir comment les prix évoluent dans la phase où l'avidité prédomine. Et pour vendre, si nous avons déjà acheté.

Se pourrait-il qu'une petite entreprise de faible qualité ne soit plus une petite entreprise de faible qualité, et qu'une apparente phase 2 ne le soit pas, et que cette entreprise s'élève bien au-dessus de ces niveaux et devienne une entreprise stable ? Oui, cela pourrait arriver, mais je pense qu'il est si difficile de le voir à l'avance que les chances que l'investisseur moyen détecte une telle situation sont très faibles. Si nous pensons qu'une telle chose va se produire, que nous n'investissons pas et que cela se produit, nous aurons manqué une opportunité d'investissement. Mais il ne serait pas important d'avoir manqué cette opportunité d'investissement. En revanche, si nous cherchons à investir dans de telles situations, nous risquons de nous tromper beaucoup plus souvent que nous n'avons raison, et le résultat global sera mauvais.

La phase 3, lorsqu'ils se trouvent dans une zone intermédiaire, est la plus sûre, si l'on utilise des stop-loss. En fait, c'est la plus sûre des trois phases que j'ai définies ici pour décrire le commerce de petites entreprises de faible qualité, mais cela ne veut pas dire qu'elle est vraiment sûre, ni qu'il est facile de gagner de l'argent. De plus, le potentiel de réévaluation est beaucoup plus faible que dans la phase 1.

Et le fait qu'il s'agisse en pratique de la phase la plus sûre peut être nuancé, comme nous allons le voir maintenant. C'est la phase la plus sûre en ce sens qu'il n'y a pas de risque de faillite, comme dans la phase 1, et qu'ils ne sont pas non plus très surévalués et avec des mouvements de prix très brusques, comme dans la phase 2. C'est pourquoi les mouvements sont plus normaux et il est peu probable que nous ayons une grande frayeur. Ce qui se passe, c'est que pour cette même raison, la réévaluation à laquelle nous pouvons nous attendre est également plus faible. **Ce qui nous incite à investir plus d'argent.**

Lorsque Nicolás Correa était en grande difficulté, Mireille pouvait investir 500 euros, car si elle réussissait, elle pouvait multiplier cet argent par 5 à 10, voire plus, transformant les 500 euros en 2 500, 5 000 ou plus. L'équation risque/rendement était intéressante. Elle pouvait perdre les 500 euros si elle s'en sortait mal, mais elle pouvait les multiplier plusieurs fois si elle s'en sortait bien.

Nicolás Correa gagne aujourd'hui de l'argent, et il est loin d'avoir atteint ses plus bas niveaux. Investir dans Nicolás Correa est aujourd'hui beaucoup plus sûr, mais le rendement que l'on peut en attendre est également beaucoup plus faible. Gagner 40 % en un an, c'est très bien, mais si nous investissons 500 euros, ce bénéfice de 40 % représente 200 euros, moins les commissions. Pour Mireille, ce gain de cent et quelques euros semble trop peu pour le temps qu'il va lui falloir pour analyser cette entreprise, suivre l'opération, etc. Et comme Nicolás Correa gagne de l'argent, la situation est beaucoup plus sûre que lorsqu'il avait de graves problèmes, il n'est donc pas imprudent d'y investir plus d'argent. Par exemple, les 2 500 euros que Mireille avait comme limite pour investir dans de petites entreprises de mauvaise qualité. Il aurait été imprudent de placer ces 2 500 euros uniquement dans Nicolás Correa alors qu'il perdait de l'argent et que sa situation était très délicate. Mais aujourd'hui, il gagne de l'argent et son entreprise est stabilisée. Mireille pense donc que dans cette situation, il est possible d'investir 2 500 euros dans Nicolás Correa, et si l'action augmente de 40 %, Mireille gagnera 1 000 euros, ce qui est une somme intéressante.

Mais que se passe-t-il si Nicolás Correa perd 20 % à tout moment, ce qui est assez courant pour toute société cotée en Bourse, et encore plus pour les petites sociétés de qualité médiocre ?

Ces 20 % de 2 500 euros représentent 500 euros. **Les 500 euros que Mireille allait perdre, au maximum, en cas de faillite, alors que**

Nicolás Correa connaissait de graves problèmes.

Qu'est-ce qui est le plus facile, que Nicolás Correa fasse faillite ou qu'il subisse une baisse de 20 % alors qu'il gagne de l'argent et qu'il s'est stabilisé ?

Il est beaucoup plus facile pour elle de chuter de 20 % à tout moment, sans le moindre doute. Il est d'ailleurs facile de constater que les petites entreprises de faible qualité ont chuté de 20% alors qu'elles gagnaient de l'argent bien plus souvent qu'elles n'ont fait faillite, sans aucune comparaison possible.

C'est pourquoi je pense que le **rapport risque/rendement le plus favorable se situe en phase 1**, lorsqu'il y a un risque de faillite. **Si nous sommes prudents et que nous gérons bien notre argent.**

Si nous comparons le risque que Mireille court en investissant 2 500 euros lorsque Nicolás Correa connaît de graves problèmes avec le risque qu'elle court en investissant les mêmes 2 500 euros lorsque Nicolás Correa fait des bénéfices, il est logiquement beaucoup plus risqué d'investir 2 500 euros lorsque l'entreprise connaît de graves problèmes. Mais, à mon avis, ce n'est pas une gestion correcte de l'argent.

Dans le cas de Mireille, je pense que le vrai choix est entre investir 500 euros lorsque l'entreprise a de graves problèmes, ou 2 500 euros lorsque l'entreprise est stabilisée. Et entre ces deux situations, la probabilité de perdre moins d'argent est l'alternative d'investir 500 euros lorsque l'entreprise a de graves problèmes.

Mireille pourrait-elle investir 1 000 euros, au lieu de 2 500 euros, lorsque l'entreprise sera stabilisée, pour éviter ce problème ?

Oui, elle pourrait investir 1 000 euros au lieu de 2 500 euros, mais je ne pense pas que cela éviterait le problème pour les raisons suivantes.

Tout d'abord, n'importe quelle petite entreprise de qualité médiocre a connu beaucoup plus de chutes de 50 % que de faillites. Les 50 % de 1 000 euros correspondent aux 500 euros que Mireille a perdus au maximum en investissant dans Nicolás Correa lorsqu'il avait de graves problèmes.

Mireille pourrait éviter cela en fixant un stop-loss, mais ce n'est pas non plus une bonne solution dans la pratique. Si elle fixe un stop-loss de 10 %, elle perdra 100 euros sur le maximum de 1 000 euros, soit un cinquième de 500 euros. Oui, mais que ferait Mireille avec les 900 euros qui lui resteraient après avoir exécuté ce stop-loss ? Elle achèterait probablement une autre petite entreprise de qualité médiocre, à laquelle elle appliquerait un autre stop-loss, qui se déclencherait à nouveau dans de nombreux cas, etc. De même, en partant de 1 000 euros et en plaçant un stop-loss, il est beaucoup plus facile de perdre 500 euros que de voir l'entreprise faire faillite.

C'est pourquoi, à mon avis, si vous voulez investir dans des petites entreprises de faible qualité, le moment où les chances de gagner sont les plus grandes et le risque de perdre le plus faible est précisément celui où ces entreprises sont dans la pire situation, et où le risque est apparemment le plus grand. Le risque est sans aucun doute très élevé à ce moment-là, et il **ne devrait même pas vous venir à l'esprit d'investir une partie de l'argent de votre stratégie à long terme dans ces entreprises**. Mais si vous souhaitez investir dans ces entreprises dans le cadre d'une stratégie à haut risque, je pense que c'est le moment le plus favorable.

Quel poids faut-il accorder, dans la phase 3 (lorsque la situation est normale), en cas d'investissement, à l'analyse fondamentale et à l'analyse technique lors de la prise de décision ? Je pense qu'il doit être équilibré. Je pense qu'il est imprudent d'investir dans ces entreprises, même lorsqu'elles sont stabilisées, en utilisant uniquement l'analyse fondamentale (ce qui peut être fait lorsqu'on investit à long terme). En effet, les résultats de ces entreprises étant très fluctuants, ils sont très difficiles à estimer dans le futur, et lorsque les résultats se redressent, le cours de l'action s'est généralement redressé beaucoup plus tôt. Et si vous n'avez pas fixé de stop-loss, lorsque vous voyez dans les derniers résultats publiés que beaucoup moins de machines (ou autres) ont été vendues au cours des trois derniers mois, et qu'il semble que peu de machines seront vendues au cours des prochains trimestres, le prix de l'action peut déjà être bien inférieur à celui auquel vous l'avez achetée. C'est pourquoi je pense qu'il est essentiel à ce stade d'utiliser également l'analyse technique et de fixer des stop-loss. Je pense même qu'il est plus prudent d'investir dans cette phase en utilisant uniquement l'analyse technique qu'en utilisant seulement l'analyse fondamentale. Je ne recommande pas d'utiliser uniquement l'analyse technique, je pense qu'il est préférable de combiner l'analyse fondamentale et l'analyse technique, mais dans ce cas, je pense qu'il est essentiel d'utiliser l'analyse technique.

Faudrait-il mettre un stop-loss en phase 1, lorsqu'il y a un risque de faillite ? Non, je ne le ferais pas. Je pense qu'il vaut mieux fixer le maximum que l'on est prêt à perdre en cas de faillite, les 500 euros dans l'exemple de Mireille, et ne pas mettre de stop-loss. Les stop-loss serviraient probablement à augmenter les pertes, car nous achèterions et vendrions plusieurs fois, en payant une commission à chaque fois. En plus des pertes qui s'accumuleraient, les commissions représenteraient déjà un pourcentage relativement important des 500 euros initiaux, et plus que les 400, 300, etc. qui resteraient au fur et à mesure de l'exécution des stop-loss. De plus, suivre la position avec des stop-loss générerait un stress inutile et **augmenterait la probabilité de vendre avant le début de la bonne hausse**.

C'est pourquoi je pense qu'il est préférable d'investir les 500 euros dans l'exemple de Mireille, et de les conserver aussi longtemps que nécessaire, sans fixer de stop-loss. Cela peut prendre des années. Comme je l'ai dit au début, il s'agit d'une stratégie risquée et compliquée, qui ne convient pas à la plupart des gens.

En ce qui concerne le moment de la vente, je pense que ce que j'ai dit à propos des entreprises de croissance est valable. Dans le cas des petites entreprises de faible qualité, l'idéal serait évidemment de les acheter lorsqu'elles risquent de faire faillite et de les vendre lorsqu'elles sont au sommet de leur cycle. Il n'y a pas de règles simples en la matière, il faut décider au cas par cas en fonction de ses connaissances et de son expérience, et du suivi de chaque opération spécifique que l'on effectue.

Comment concentrer les investissements sur les petites entreprises en croissance

Dans cette section, je vais me référer aux très petites entreprises qui ont un potentiel de croissance théoriquement très élevé. Ce sont les entreprises qui, en Europe, sont cotées sur les marchés connus sous le nom de marchés de croissance des PME : BME Growth en Espagne, AIM au Royaume-Uni, Alternext en France, Neuer Markt en Allemagne, etc. Dans le reste du monde, il existe d'autres marchés similaires. Pour tous ces marchés, et pour ceux qui seront créés à l'avenir, ce que je vais dire ici est valable. Ils seront probablement de plus en plus nombreux, parce qu'ils constituent un grand progrès pour l'économie réelle et ils donnent un élan très important à la création de nouvelles entreprises. Tant celles qui seront cotées sur ces marchés que celles qui ne le seront pas. Je les appellerai les marchés de croissance. Comme nous l'avons déjà vu, **dans le processus de création de richesse, il est essentiel que les investisseurs obtiennent un rendement**, sinon la création de richesse s'arrête. Les marchés de croissance facilitent grandement la vente pour les investisseurs qui investissent dans ces entreprises à un stade précoce (avant qu'elles ne soient cotées sur ces marchés), ce qui incite sans aucun doute beaucoup plus de personnes à investir dans de nouvelles entreprises qui pourraient un jour être cotées sur les marchés de croissance. Certaines le feront, d'autres non, mais sans cette possibilité, aucune de ces entreprises n'aurait trouvé ses premiers investisseurs, et elles n'auraient jamais vu le jour. Aujourd'hui, cet effet a déjà commencé à se produire, même s'il n'en est qu'à ses débuts, et il est fort probable qu'il s'amplifie encore à l'avenir, permettant ainsi à de nombreuses nouvelles entreprises de voir le jour. Cela signifie plus d'emplois et de meilleurs salaires, qui à leur tour sont le moteur de profits plus élevés pour les entreprises, qui génèreront de nouvelles entreprises, etc., générant un cercle vertueux permanent qui, jusqu'à la création des marchés de croissance, n'existait pas dans la plupart des pays européens (aux États-Unis, cela fonctionne ainsi depuis de nombreuses années maintenant, et c'est l'une des raisons pour lesquelles l'économie américaine est plus performante que les économies européennes en termes d'emploi, de salaires, etc.)

À certains égards, les entreprises du marché de la croissance ressemblent à de petites entreprises de qualité médiocre, mais de **nombreux éléments les différencient.**

Les entreprises du marché de la croissance sont souvent comparées aux petites entreprises de qualité médiocre parce qu'elles sont toutes deux très dangereuses. Mais il s'**agit de dangers différents, qui requièrent des méthodes d'analyse différentes**.

Les petites entreprises de qualité médiocre sont généralement des entreprises dont les modèles d'entreprise **sont éprouvés depuis des décennies**. Ce ne sont pas de très bonnes entreprises et donc pas des entreprises stables, mais ce sont des entreprises qui sont sûres d'exister en tant que telles. En d'autres termes, **nous savons qu'il y a de l'argent à gagner grâce aux activités de ces petites entreprises**. Ce n'est pas facile, on peut aussi perdre, on peut rester plusieurs années sans gagner d'argent, on peut gagner peu et de manière irrégulière, etc. Mais jusqu'à présent, elles ont gagné suffisamment d'argent pour continuer à exister pendant des décennies.

Nous n'en savons pas plus sur de nombreuses entreprises des marchés en croissance. Beaucoup d'entre elles n'existent que depuis peu de temps. Certaines gagnent de l'argent depuis quelques années, d'autres n'en ont jamais gagné. **L'incertitude est beaucoup plus grande.** En d'autres termes, le fait est que de nombreuses entreprises issues des marchés de croissance peuvent être construites autour d'une idée qui n'est peut-être pas une entreprise et qui ne le sera jamais.

Il est très important de le comprendre. Il y a des idées qui semblent très bonnes, mais qui peuvent en fait être des entreprises impossibles. En d'autres termes, vous ne gagnerez jamais d'argent avec ce qui semble être une très bonne idée. N'oubliez pas qu'une entreprise doit vivre de ses clients, sinon son idée n'est pas valable. Une entreprise ne peut pas vivre de ses investisseurs, de ses franchisés, etc. Dans le cas des **petites entreprises de faible qualité,** ce qui se passe, c'est que ce qu'elles font **ne semble pas être une bonne idée** (elles le font depuis de nombreuses années et cela n'a jamais très bien fonctionné), **mais au moins nous savons avec certitude que cela peut rapporter de l'argent** (sans être facile, sans être une grande entreprise, etc.).

L'importance de ce point réside dans la question du contrôle de l'illusion. Dans les petites entreprises de qualité médiocre, il n'y a généralement pas d'illusion quant au caractère révolutionnaire de l'entreprise. On s'attend à ce qu'elle s'améliore, voire à ce qu'elle s'améliore beaucoup, à ce que l'investisseur ait bien choisi son point d'achat et de vente et à ce qu'il gagne beaucoup d'argent, etc. Mais on ne s'attend pas à ce que l'activité de cette petite entreprise de qualité médiocre devienne quelque chose d'inédit.

Dans une nouvelle entreprise avec une nouvelle idée, il y a, ou peut y avoir, cette illusion. L'illusion est bonne, mais elle ne doit pas nous aveugler. Nous devons essayer d'estimer si cette nouvelle idée va ou non rapporter de l'argent un jour. L'estimation est compliquée, c'est pourquoi investir dans des entreprises du marché de la croissance qui n'ont pas encore gagné d'argent présente un risque très élevé, plus élevé que celui des petites entreprises de qualité médiocre.

D'un autre côté, l'avantage des entreprises sur les marchés en croissance est que **nous ne savons pas exactement quel sera leur plafond.** En ce qui concerne les petites entreprises de qualité médiocre, nous savons qu'elles ont un plafond qu'elles ne dépasseront pas. Il peut y avoir des exceptions, comme je le disais précédemment, et une petite entreprise de faible qualité peut dépasser le plafond que nous pensions qu'elle ne dépasserait jamais, mais dans la grande majorité des petites entreprises de faible qualité, nous savons que ce plafond existe (bien qu'il soit impossible de déterminer exactement ce qu'il est).

En d'autres termes, les entreprises du marché de la croissance **repoussent en pratique les limites inférieures et supérieures de ce que l'on peut attendre de petites entreprises de qualité médiocre.**

En revanche, sur les marchés de croissance, il y a beaucoup plus d'entreprises qui font faillite et disparaissent, et dont les actions ne valent plus rien, que de petites entreprises de qualité médiocre auxquelles cela arrive.

Le bon côté des choses, c'est qu'il y aura des entreprises du marché de la croissance qui surpasseront de loin les entreprises du marché boursier normal et qui pourront même changer la vie d'une personne qui a investi relativement peu d'argent dans l'une d'entre elles en peu d'années. Les petites entreprises de qualité médiocre peuvent faire encore plus que ce que nous avons vu il y a un instant.

Il est important de savoir que les marchés de croissance cotent des entreprises qui ne pourraient pas être cotées sur le marché boursier normal, pour le meilleur et pour le pire. Ce sont de petites entreprises pour le marché boursier normal. Il est toujours arrivé que de nombreuses petites entreprises ferment et que tous les investissements réalisés soient perdus. Mais le magasin qu'Amancio Ortega a créé à Arteixo est aujourd'hui devenu Inditex. Sans aller jusqu'à des cas extrêmes comme celui d'Amancio Ortega, on dit souvent en plaisantant que "j'aurais aimé pouvoir acheter quelques actions d'une entreprise qui est aujourd'hui cotée en Bourse lorsque cette entreprise démarrait, et ainsi j'aurais pu gagner beaucoup d'argent". C'est ce que permettent les marchés de croissance. Mais à côté des petites entreprises qui deviendront de grandes sociétés prospères, il y en a d'autres qui finiront par disparaître.

Les marchés de croissance ne sont pas "la Bourse", mais quelque chose de beaucoup plus risqué. Cette différence doit être parfaitement claire.

Un élément fondamental des marchés de croissance est ce que l'on appelle le **"travail sur le terrain"**. Le travail sur le terrain consiste à tester et à apprendre à connaître les produits de l'entreprise qui nous intéresse.

En réalité, le travail sur le terrain est nécessaire dans de nombreuses stratégies d'investissement, telles que l'investissement à long terme à la recherche de rendements en dividendes, ou l'investissement de croissance que nous avons déjà vu, et ainsi de suite. Ce qui se passe, c'est que dans le cas de l'investissement à long terme, le travail sur le terrain pour la plupart des entreprises est **fait avant même de commencer à penser à investir sur le marché boursier**. Tout le monde sait ce qu'est Iberdrola et ce qu'elle fait, tout comme Telefónica, a utilisé l'assurance Allianz, a bu régulièrement des produits Coca Cola et acheté des produits Procter & Gamble, Danone ou Unilever, sait parfaitement ce que sont les BMW et les Mercedes, connaît l'utilité des ascenseurs Otis, a voyagé sur les routes, les chemins de fer et les aéroports construits et entretenus par Ferrovial, Aena et d'autres entreprises similaires, etc. Et tout cela avant de songer à acheter la première action de l'une de ces entreprises.

Sur les marchés de croissance, cependant, quel que soit le nombre d'années pendant lesquelles nous avons investi sur le marché boursier, nous constatons que, sur le **terrain, nous sommes à zéro dans la quasi-totalité des cas**. Nous devons commencer par le commencement. Et nous devons le faire, car je crois que dans ce type d'entreprise, **le travail sur le terrain est aussi important, sinon plus, que l'analyse des comptes**.

Lorsque l'entreprise fournit un service à des clients privés, le travail sur le terrain est plus facile. Nous pouvons entrer dans un magasin Imaginarium, voir les produits de Zinkia (Pocoyó), acheter de la nourriture dans un établissement Home Meal (Nostrum), voir les appartements et les services d'Only Apartments, analyser les appareils technologiques de NPG, voir les services d'hébergement de Gigas Hosting, etc. Pour revenir à un thème déjà abordé dans mes autres livres, il s'agit d'un autre exemple d'une entreprise qui bénéficie d'une publicité gratuite dans de nombreux endroits, simplement parce qu'elle est inscrite. De nombreuses personnes se demandent ce qu'une entreprise gagne à être cotée en Bourse, et c'est l'une des nombreuses choses que les entreprises gagnent à l'être. Dans le cas des entreprises du Growth Market, de nombreux PDG déclarent publiquement que c'est l'une des raisons pour lesquelles ils se sont introduits en Bourse. Même les entreprises des marchés de croissance qui servent de grandes entreprises (et qui n'auraient donc apparemment pas besoin de faire de la publicité, car elles travaillent avec très peu de clients qui les connaissent déjà), disent que le fait d'être cotées sur les marchés de croissance leur permet de faire un bond en avant en ce qui concerne la façon dont leurs clients les perçoivent à partir de ce moment, ce qui leur permet d'obtenir plus de clients et des projets plus nombreux et de meilleure qualité.

Pour en revenir au travail sur le terrain, ce que nous voyons dans l'entreprise cotée sur les marchés de croissance, nous devons le comparer avec ses concurrents et utiliser toutes ces informations dans nos conclusions.

Dans le cas des entreprises du marché de la croissance qui fournissent des services aux entreprises, le travail sur le terrain est plus compliqué. Dans certains cas, il est abordable si vous connaissez le secteur. Par exemple, si vous connaissez Indra et IBM, vous pouvez vous faire une bonne idée de ce qu'est Altia, même si vous ne louez pas leurs services (vous n'allez pas non plus louer ceux d'IBM ou d'Indra, à quelques exceptions près en raison de leur profession dans le cas d'un investisseur spécifique). Dans certains cas, les recherches sur Internet permettent de faire un travail décent dans ce domaine.

Dans d'autres cas, il est très difficile pour la plupart des gens de comprendre ce que fait l'entreprise cotée sur les marchés de croissance, quels sont ses concurrents, quelles sont ses perspectives d'avenir, etc. Les entreprises qui entrent dans cette catégorie, qui n'est peut-être pas la même pour tous les investisseurs, je pense qu'il vaut mieux les éviter. Certaines peuvent tirer leur épingle du jeu, mais si nous nous habituons à acheter ce type d'entreprises, notre résultat global risque d'être mauvais.

L'analyse technique sur les marchés de croissance est moins utile que d'habitude, car la liquidité est très faible. L'analyse technique fonctionne d'autant mieux que les liquidités sont importantes. Si le volume est très faible, comme c'est le cas sur les marchés de croissance, le taux d'échec de l'analyse technique et des chandeliers (et autres outils similaires) augmente. Parfois, des supports sont détectés là où les principaux actionnaires de l'entreprise achètent, par exemple. **Ces supports sont toutefois plus fiables que d'habitude**, car ils sont créés par des critères fondamentaux et par ceux qui connaissent le mieux l'entreprise et disposent de plus de données pour l'évaluer en fonction des fondamentaux : ses créateurs et ses principaux actionnaires. Peut-être cela s'améliorera-t-il à l'avenir, mais pour l'instant, l'analyse technique fonctionne mieux pour les petites entreprises de faible qualité que pour les entreprises des marchés de croissance. Je recommande de regarder les graphiques des marchés de croissance, mais gardez à l'esprit qu'ils sont moins fiables que d'habitude.

Les particularités de l'analyse fondamentale sont encore plus importantes. Les connaissances requises sont les mêmes que celles utilisées sur le marché boursier normal, il n'y a pas de ratios spéciaux ou quoi que ce soit de ce genre. Mais il faut garder à l'esprit que nous avons affaire à des entreprises qui, à certains égards, sont très différentes des entreprises habituelles.

Les marchés de croissance recherchent généralement des entreprises dont la croissance sera spectaculaire dans les années à venir. Détecter un tel phénomène relève plus de l'**intuition que de l'analyse des comptes de résultats et des bilans**. Cette intuition doit être étayée par le travail de terrain dont nous avons déjà parlé. Mais si l'on se demande quels ratios ou quelles données il faut examiner pour détecter à l'avance une telle croissance explosive, il n'y en a pas. **Et il ne peut y en avoir.** Bien sûr, il faut examiner les comptes de résultats et les bilans pour voir comment l'activité de l'entreprise s'est développée jusqu'à aujourd'hui. Les **flux de trésorerie sont plus importants que dans les grandes entreprises de qualité**, car ces très petites entreprises n'ont pas la même facilité d'accès au financement qu'une grande entreprise, et ce qui pour une moyenne ou grande entreprise, voire une petite entreprise, n'est même pas un problème, peut être une question de survie pour une entreprise sur les marchés de croissance. Il est également important d'examiner les flux de trésorerie pour voir si l'idée de l'entreprise est réellement une entreprise (ou si elle peut le devenir un jour) ou non. Dans les très petites entreprises, une écriture comptable dans laquelle le travail effectué pour l'une des filiales, par exemple, est considéré comme un revenu, peut créer une différence significative entre le revenu et le flux de trésorerie d'exploitation. Et dans de si petits nombres, et à des stades si précoces de la vie d'une entreprise, cela peut être décisif pour évaluer l'entreprise dans son ensemble et pour estimer la probabilité qu'elle devienne un jour une entreprise.

Dans une grande entreprise, la manière dont les petits éléments sont comptabilisés n'a que peu d'importance. Qu'ils soient inclus une année ou l'autre, qu'ils soient considérés comme ordinaires ou extraordinaires, qu'un paiement soit retardé plus que prévu, etc. ne fait généralement que peu de différence pour l'investisseur individuel. Dans la grande majorité des cas, la différence est négligeable.

Cependant, dans une très petite entreprise comme celles des marchés de croissance, la différence entre un résultat net positif ou négatif, ou un flux de trésorerie d'exploitation positif ou négatif, est parfois de quelques centaines de milliers d'euros. Et ces "quelques centaines de milliers d'euros" peuvent donner l'impression que l'entreprise génère des liquidités alors qu'elle en consomme. Ou à l'inverse, elle peut donner l'impression de consommer des liquidités alors qu'elle en génère. Lorsque l'on investit dans des entreprises du marché de la croissance, il faut examiner beaucoup plus de détails que dans le cadre d'un investissement à long terme, par exemple. Il n'y a pas de comparaison possible. C'est pourquoi investir dans les marchés de croissance est beaucoup plus compliqué et prend **beaucoup plus** de temps, **mais a beaucoup moins de chances de donner de bons résultats**.

Si vous réussissez à investir tôt dans une entreprise très prospère, les comptes de résultats et les bilans des premières années n'auront rien à voir avec ceux qui témoignent déjà de la réussite de l'entreprise. Le passage des résultats des premières années à ceux des années de succès sera essentiellement une question d'intuition. Mais les comptes de résultats et les bilans initiaux devraient nous aider à déterminer la valeur que nous accordons à notre intuition.

Par exemple, si nous pensons qu'une entreprise va connaître une forte croissance et qu'elle a actuellement peu de clients, mais peu ou pas de besoin d'endettement, et que les plans d'avenir publiés par l'entreprise sont conformes aux résultats qu'elle publie, nous pouvons considérer notre intuition comme acquise.

Si, en revanche, nous constatons que l'entreprise a déjà un bon nombre de clients mais qu'elle doit de plus en plus d'argent, ou que ses flux de trésorerie sont toujours négatifs et ne montrent aucun signe d'amélioration, etc., nous devrions peut-être attendre, pour investir dans notre intuition, que les chiffres commencent au moins à montrer la bonne tendance pour que notre intuition ait une chance d'être valable.

N'oubliez pas non plus que, comme il s'agit souvent de très petits nombres, les **taux de croissance** et les **ratios** ont souvent une valeur très relative, bien inférieure à celle à laquelle nous sommes habitués sur le marché boursier normal. En tant qu'investisseurs, nous pensons qu'une entreprise dont la croissance est de 30 % est beaucoup plus importante qu'une autre dont la croissance est de 10 %, et que cela doit avoir une grande influence sur le prix de l'action des deux entreprises et sur la façon dont elles sont évaluées sur le marché.

Mais sur les marchés de croissance, ce n'est pas toujours le cas, une croissance de 25 % peut être bien meilleure qu'une croissance de 200 %. Car parfois, une croissance de 200 % signifie que le bénéfice net, le flux de trésorerie d'exploitation, ou tout ce que nous considérons, est passé de 100 000 euros à 300 000 euros. C'est bien beau, mais cela ne représente que 200 000 euros, dans une entreprise qui fait à peine des bénéfices. Il ne faut presque pas y voir un taux de croissance, mais une évolution des chiffres à suivre, sans pour autant calculer un taux de croissance dans l'idée de l'extrapoler dans le futur. L'augmentation de 200 000 euros cette année-là peut être ramenée à - 400 000 euros l'année suivante, ou passer à 2 millions d'euros.

Il est à noter que dans de nombreux cas, il s'agit de montants absolument imprévisibles. 200 000 euros, cela peut signifier multiplier le bénéfice par 3 ou faire une perte. Comment pouvons-nous, en tant qu'investisseurs, estimer quelque chose comme cela ? C'est impossible. 200 000 euros dans le compte de résultats d'une entreprise, c'est très peu : un contrat en plus ou en moins, quelques clients en plus ou en moins, un petit problème de stock d'un produit, un produit qui s'est vendu un peu mieux que prévu, etc. C'est une dimension différente de celle à laquelle nous sommes habitués en Bourse, et il faut s'y adapter. Avec des chiffres aussi petits, il faut éviter les extrapolations dans le futur qui sont faites dans le marché boursier normal.

Sur les marchés en croissance, il est très important d'examiner la **capitalisation boursière**, comme nous l'avons vu dans le cas des petites entreprises de faible qualité. Dans les grandes entreprises, la capitalisation boursière nous dit rarement quelque chose de vraiment utile sur l'évaluation de l'entreprise, mais dans les marchés en croissance, c'est l'un des éléments à prendre en compte. Presque plus que le PER ou l'EBITDA, pour ne citer que deux exemples.

La capitalisation est liée à l'intuition que nous avons de cette entreprise. Pour qu'une entreprise puisse multiplier plusieurs fois le prix de son action, sa capitalisation doit être faible. Par "faible", j'entends (au moment où j'écris ce livre, et sauf inflation galopante, je pense que ce sera une référence valable pendant de nombreuses années) moins de 50 millions d'euros, et mieux encore moins de 20 millions d'euros. Une entreprise capitalisant entre 50 et 100 millions d'euros doit déjà rapporter plusieurs millions d'euros, et non pas être une idée qui ne rapporte pas encore d'argent. Comme toujours, il y a des exceptions, mais à mon avis, une bonne idée qui n'a pas encore prouvé qu'elle était rentable ne vaut pas 100 millions d'euros, ni 80 millions d'euros, car 60, 80 ou 100 millions d'euros, c'est ce que vaut une entreprise qui gagne déjà de l'argent, et non une entreprise dont on ne sait pas si elle en gagnera un jour. Comprenez bien qu'il s'agit d'une ligne directrice et non d'une règle fixe. Peut-être qu'un jour, une entreprise évaluée à 200 millions d'euros, créée récemment, qui n'a jamais gagné d'argent et qui, un an ou deux plus tard, en gagne beaucoup et vaut plusieurs milliards d'euros, fera son apparition sur les marchés de la croissance. Je n'essaie pas d'établir une règle à suivre à la lettre, mais seulement de donner une fourchette d'orientation que vous devrez adapter à chaque cas spécifique. Il peut y avoir des entreprises sur les marchés de croissance qui valent 100 millions d'euros, et plus, à l'heure actuelle parce qu'elles font déjà des bénéfices importants. Ces mêmes références concernant la capitalisation boursière au moment de l'achat me semblent également valables, approximativement, pour le cas des petites entreprises de faible qualité au moment où elles risquent de faire faillite, et pour les mêmes raisons (bien que ce ne soit pas la même chose si la petite entreprise de faible qualité a des revenus de 25 millions que de 500 millions, logiquement).

Tout bien considéré, je pense que l'investissement sur les marchés de croissance convient à un large éventail d'investisseurs, mais en gardant à l'esprit les points suivants.

Tout d'abord, sur les marchés de croissance, vous devez investir **très peu d'argent**. Vous pouvez perdre tout ce que vous investissez, en réalité. Ce n'est pas "la Bourse", c'est "autre chose". Beaucoup plus compliqué et risqué. L'analyse fondamentale utilisée à long ou moyen terme est valable et utile, mais elle ne suffit pas. L'analyse technique est également moins fiable. Et l'intuition échoue souvent. C'est pourquoi, si vous investissez, vous devez investir **très peu d'argent**.

En outre, vous devrez y consacrer plus de temps, considérablement plus, qu'à long terme. Pour investir 500 euros dans une entreprise des marchés en croissance, vous devrez passer beaucoup plus de temps que pour investir quelques milliers d'euros dans Inditex, Allianz ou Coca Cola. C'est pourquoi il faut aimer cette forme d'investissement et prendre plaisir à connaître ces entreprises inconnues.

Vous devez également garder à l'esprit qu'il est très probable que certaines de vos entreprises fassent faillite et que vous perdiez tout. De même que pour les investissements à long terme, il est normal que vous obteniez de bons résultats, pour les investissements sur les marchés de croissance, vous devez vous attendre à ce que certains de vos investissements soient complètement perdus. Cela ne doit pas affecter la façon dont vous investissez sur le marché boursier normal. C'est pourquoi, pour ne pas être affecté, vous devez investir **très peu d'argent** dans chaque entreprise des marchés de croissance. Si peu que si vous perdez de l'argent, vous n'en perdrez pas le sommeil.

Les marchés de croissance sont l'un des moyens raisonnables d'essayer d'"accélérer" l'investissement à long terme en vue d'obtenir des dividendes et de parvenir à l'indépendance financière.

Par rapport aux opérations à court terme, pour lesquelles de nombreuses personnes sont plus intéressées par l'"accélération" de leurs résultats, les marchés de croissance prennent beaucoup moins de temps, sont beaucoup moins ennuyeux et beaucoup moins risqués. Le risque est beaucoup plus faible parce qu'avec des montants relativement faibles, vous pouvez réellement "accélérer" vos résultats. Ces mêmes petits montants dans le cadre d'opérations à court terme, même si vous obteniez de très bons résultats, ne feraient que très peu de différence par rapport au résultat global.

En d'autres termes, les marchés de croissance vous permettent de viser de manière réaliste (mais pas facilement) une amélioration significative de votre niveau de vie tout en risquant très peu. "Très peu" est un chiffre qui, si vous le perdez complètement, ne réduira que très peu votre résultat global.

Pour espérer obtenir un effet similaire avec des opérations à court terme, il faudrait investir beaucoup plus d'argent. Mais si vous le perdez, ou du moins une partie importante, l'effet sur le résultat global sera beaucoup plus important, et ce pour deux raisons. La première est le chiffre perdu en lui-même. La seconde, qui peut être plus importante et conduire à des pertes encore plus grandes (ou à la perte de bénéfices futurs), est l'**impact psychologique** que cela aurait sur vous.

Par exemple, une personne disposant d'un portefeuille à long terme d'environ 50 000 euros peut consacrer environ 1 000 à 2 500 euros aux marchés de croissance, répartis entre plusieurs entreprises.

Si une entreprise dans laquelle vous investissez 500 euros vaut 10 000 euros (multipliés par 20), cela représente 20 % des 50 000 euros que vaut votre portefeuille à long terme. Même si le reste de l'argent consacré aux marchés de croissance était complètement perdu, vous auriez réussi à "accélérer" votre résultat global. Une partie de ces 10 000 euros pourrait être investie à long terme, pour augmenter vos dividendes par la suite, et une autre partie pourrait être investie dans d'autres entreprises des marchés de croissance.

Un autre avantage de l'investissement sur les marchés de croissance est que **vous apprendrez beaucoup** sur l'analyse des entreprises, l'analyse commerciale, etc., ce qui peut être utile pour vos autres stratégies d'investissement, voire pour votre propre entreprise, si vous en avez une. Ou pour créer une entreprise un jour.

La vente idéale d'une entreprise du marché de la croissance se fait lorsque l'entreprise a réussi et que le prix de son action a été multiplié par plusieurs fois. Si ce n'est pas le cas, il convient de chercher un point de sortie, en tenant compte également du coût d'opportunité et des investissements alternatifs qui peuvent être trouvés.

Concentrer les investissements à moyen terme sur des secteurs, des devises et/ou des pays

Vous pouvez adopter une stratégie d'investissement à moyen terme en investissant uniquement dans des pays, ou uniquement dans des secteurs, ou uniquement dans des devises, mais je pense qu'il est possible de combiner ces trois types d'investissement avec un **engagement temporel raisonnable**. De plus, cela augmente les chances de trouver des opportunités d'investissement et **réduit le risque**. Non seulement en investissant dans plus de choses, mais aussi parce qu'en élargissant le nombre d'opportunités à étudier, on réduit les risques de choisir un investissement qui n'est pas trop clair, juste parce qu'on est pressé de ne pas voir son argent **immobilisé**. Et dans chacune de ces trois choses séparément (pays, secteurs et devises), si vous investissez tranquillement, il **n'y a pas beaucoup de bonnes opportunités après un an**, ce qui augmente la probabilité de choisir un investissement dans l'urgence, parce que vous ne voulez pas garder votre argent immobilisé.

N'oubliez pas que dans cette section, je me réfère toujours à l'investissement à moyen terme, car le cas de l'investissement à long terme dans les secteurs, les devises et les pays a déjà été traité en détail dans ce livre et dans les livres précédents.

L'idée est de faire tourner l'argent vers les secteurs, les pays ou les monnaies qui, selon nous, connaîtront la plus forte hausse dans les mois ou les années à venir (entre 1 et 3 ans environ). Je pense qu'il est beaucoup plus probable d'obtenir des rendements plus élevés et plus sûrs avec un investissement à long terme à la recherche d'un rendement en dividendes, mais c'est l'une des **stratégies**

raisonnables à moyen terme pour les investisseurs qui souhaitent également avoir une stratégie à moyen terme, ou plusieurs.

Pour cette stratégie, je pense qu'il faut utiliser des fonds communs de placement et/ou des ETF, je ne recommande pas les actions. Parce que le faire avec des actions prendrait beaucoup de temps, beaucoup plus qu'une personne qui ne se consacre pas exclusivement à l'investissement sur le marché boursier. Et parce que même si vous aviez le temps, il vous faudrait beaucoup d'argent pour réaliser une diversification acceptable. Telle que je la recommanderais, cette stratégie concernerait les 5 à 10 % des actifs qui ne sont pas investis à long terme et, logiquement, il faudrait avoir beaucoup d'argent pour que ces 5 à 10 % nous permettent d'acheter une vingtaine d'entreprises. Et même si l'on a le temps et l'argent, la complexité de l'analyse des entreprises d'Asie, d'Afrique, etc. semble excessive pour la grande majorité des gens. C'est pourquoi je pense que l'alternative valable dans ce cas est clairement les fonds communs de placement et/ou les ETF.

L'option la plus sûre pour cette stratégie serait d'alterner entre les marchés boursiers européens et américains et les titres à revenu fixe en euros, en livres et en dollars. Nous investissons dans le marché boursier dont nous pensons qu'il va augmenter le plus, et nous passons aux titres à revenu fixe lorsque nous pensons que les marchés boursiers vont baisser. Le problème est qu'en fin de compte, cela reviendrait trop à essayer d'améliorer la rentabilité de notre portefeuille d'actions à long terme en achetant et en vendant pour essayer de racheter moins cher que ce que nous avons vendu. Et pour les raisons déjà évoquées dans ce livre et dans les précédents, je pense qu'il est peu probable que cela améliore les rendements des investissements à long terme pour la grande majorité des gens. Je pense que l'intérêt d'investir une petite somme d'argent à moyen terme est d'**avoir une chance raisonnable d'obtenir un rendement beaucoup plus élevé qu'à long terme**, avec le risque d'une sous-performance. Par conséquent, gagner plus qu'à long terme en investissant dans les mêmes choses que nous investissons à long terme (actions européennes et américaines), mais en essayant de trouver le bon moment pour acheter et vendre, ne me semble pas la chose la plus appropriée à faire (si quelqu'un peut le faire, alors il devrait investir tout son argent de cette manière, et ne rien investir à long terme). Il est approprié de le faire pour le risque, car le risque de le faire est relativement faible par rapport à ce que nous allons voir maintenant, mais pas pour l'attente que nous devrions avoir pour cet argent, car il est trop improbable que nous surperformions nos investissements en actions à long terme. C'est pourquoi il me semble plus approprié d'augmenter quelque peu le risque (pas pour tout le monde, bien sûr, mais seulement pour ceux qui souhaitent développer cette stratégie). C'est pourquoi les pays dans lesquels j'investirais seraient les pays d'Europe de l'Est, l'Asie, l'Afrique, l'Amérique latine, etc. Le risque est plus élevé qu'en investissant dans les marchés développés tels que les États-Unis et l'Europe, mais **les rendements escomptés sont également plus élevés**. C'est également la raison pour laquelle je pense que les actions ne sont pas recommandées. Choisir un fonds d'investissement qui investit au Viêt Nam n'est pas la même chose qu'analyser 50 entreprises vietnamiennes pour en choisir 20. Analyser l'économie vietnamienne pour réaliser un investissement à faible risque et choisir un fonds d'investissement est à la portée d'un investisseur moyen. Cela prendra plus de temps qu'un investissement à long terme, sans aucun doute, mais c'est tout à fait **possible**. En revanche, **analyser 50 entreprises au Viêt Nam me semble tout à fait hors de portée de l'investisseur moyen**.

Je pense que ce type d'investissement devrait être réalisé en combinant l'analyse fondamentale et l'analyse technique. L'analyse fondamentale seule me semble insuffisante, car quel que soit le temps que vous y consacrez, vous **n'aurez jamais la connaissance et la sécurité que vous avez dans vos investissements à long terme,** et vous devez compenser cela par quelque chose. Et je pense que ce quelque chose doit être l'analyse technique. L'utilisation ou non d'un stop-loss est facultative, comme nous allons le voir maintenant.

Vous devez considérer que l'analyse fondamentale que vous ferez sera nécessairement trop légère, car il est impossible d'analyser et de comprendre l'économie de dizaines de pays et/ou de secteurs et/ou de monnaies comme vous analysez une entreprise pour y investir à long terme. Les données que vous trouverez doivent être considérées comme **relativement peu fiables par principe** (atteindre la même fiabilité dans les données pour ce type d'investissement que pour les entreprises des pays développés prendrait également un temps que je considère comme inacceptable pour l'investisseur moyen).

Pour l'**analyse fondamentale des devises**, je recommande les études de **parité de pouvoir d'achat**, comme l'indice Big Mac. La consultation de cet indice, ou d'un indice similaire, est très rapide et très fiable, comme nous l'avons déjà vu. Il fait très bien l'affaire sur les deux plans, celui du temps et celui de la fiabilité des données obtenues. Ceci couvre l'analyse fondamentale des devises en pratique.

Pour les **secteurs et les pays,** il y a deux façons de faire une première sélection : regarder **ceux qui ont le plus augmenté** au cours des derniers mois ou des dernières années, ou ceux qui ont le **plus baissé**.

Il est valable de s'intéresser à **ceux qui ont le plus progressé**, mais de garder un œil sur leur évolution et de les suivre de très près. En effet, vous vous attendez à ce qu'ils continuent à monter plus que les autres, mais vous savez que s'ils se retournent, ils peuvent chuter rapidement. Dans ce cas, vous devez utiliser des stop-loss, et l'utilisation correcte des stop-loss est l'une des choses les plus compliquées au monde, et pas seulement dans le monde de la Bourse. Si vous disposez de beaucoup de temps, cette alternative est valable, mais pour la plupart des gens, je pense qu'il est préférable d'examiner les secteurs ou les pays qui ont le **plus chuté** dans un passé récent. Ceux qui ont le plus chuté peuvent continuer à chuter, mais n'oubliez pas que vous n'investissez pas dans une entreprise individuelle, mais dans un groupe d'entreprises, et qu'il n'y a donc pas de risque de faillite. C'est un avantage important, étant donné qu'il s'agit d'investissements très risqués. Mais tout un secteur à risque (comme la technologie, la biotechnologie, etc.) peut connaître une forte baisse à tout moment. Et un pays tout entier peut également chuter fortement, et pendant longtemps, comme dans le cas bien connu du Japon. Comme nous l'avons déjà vu dans des livres précédents, je pense qu'il ne s'agit pas d'un exemple d'inefficacité de l'investissement à long terme, car ce **sont précisément les investisseurs à long terme qui examinent** les fondamentaux qui ont averti qu'il y avait une bulle au Japon et qu'il ne fallait pas investir dans ce pays. Mais une fois que le Japon a beaucoup chuté, il semble que ni le marché boursier japonais ni l'économie japonaise ne se comportent comme on pourrait s'attendre à ce que les marchés boursiers européens et américains se comportent après une chute similaire (en termes de pourcentage). Lorsque vous suivez cette stratégie, pensez toujours qu'une situation similaire pourrait se produire dans un autre pays d'Asie, d'Afrique, etc. : l'économie de ce pays peut être très différente de la vôtre et l'évolution de son marché boursier peut vous surprendre.

Il en va de même pour les **devises** : la devise d'un pays particulièrement mal géré peut chuter fortement (en termes de pourcentage) et pendant de nombreuses années. C'est pourquoi, dans ce type d'investissement (pays très risqués et secteurs très risqués), il serait souhaitable de mettre en place un stop-loss par prix ou par temps (du type "si dans 2 ans il ne semble pas que cet investissement va augmenter, alors je vendrai"). Il ne doit pas s'agir d'un stop-loss serré qui doit être surveillé de près, mais d'une sorte d'"**assurance" qui nous évitera des erreurs majeures.**

Dans les **secteurs normaux** (alimentation, assurance, télécommunications, construction, industrie, etc.) des marchés boursiers développés, il est moins probable que l'on assiste à une chute brutale sur plusieurs années, une fois qu'ils ont déjà beaucoup baissé (mais il peut arriver que certains mettent plus de temps que prévu à se redresser). Dans ce cas, le stop-loss peut être évité. Je pourrais également éviter le stop-loss lorsque j'investis sur les marchés boursiers européens ou américains, car même si je ne pense pas qu'il soit conseillé d'investir uniquement sur ces marchés dans le cadre de cette stratégie, il se peut qu'à un moment donné, ce soit la meilleure option, auquel cas nous devrions investir en Europe ou aux États-Unis à ce moment-là. Si, à un moment donné, la meilleure alternative est le marché boursier américain, par exemple, la bonne chose à faire est d'investir sur le marché boursier américain, et **non de chercher un pays émergent simplement pour éviter d'investir aux États-Unis**.

Pour l'**analyse fondamentale de pays ou de secteurs**, il faut faire des choses que l'on ne ferait jamais dans l'investissement à long terme. Mais, je le répète, atteindre le même degré de fiabilité en analyse fondamentale qu'en investissement à long terme est totalement irréalisable, sauf dans des cas exceptionnels, qui peuvent toujours exister. La première chose à faire est de consulter, si vous en trouvez une, une base de données contenant des informations sur le secteur ou le pays dans lequel vous envisagez d'investir, telles que le PER, le rendement du dividende, l'endettement, et toute autre information utile. Le problème est que, dans de nombreux cas, il n'y a pas de distinction entre les résultats ordinaires et extraordinaires, ce qui peut faire une grande différence dans les évaluations réelles. Il est presque certain que vous ne découvrirez pas si les bénéfices sont trop élevés à ce moment-là, parce que de nombreuses entreprises cycliques sont dans une période favorable, par exemple, ou s'ils sont trop bas pour la raison inverse, ou pour toute autre raison. C'est quelque chose qu'un investisseur à long terme dans les entreprises qu'il suit devrait savoir, mais qu'il est presque impossible de savoir dans ce cas, en raison des contraintes de temps que j'ai déjà mentionnées.

Une vérification rapide (relativement) consiste à calculer le ratio cours/bénéfice et le rendement des dividendes des 5, 10 ou 15 plus grandes entreprises de l'indice du pays ou du secteur concerné. Il ne s'agit pas d'analyser ces sociétés comme vous le feriez si vous vouliez y investir à long terme, mais de voir quels sont leurs bénéfices par action ordinaire et leurs dividendes ordinaires pour l'année écoulée (et de voir s'il y a quelque chose qui vous semble bizarre au cours des cinq dernières années environ) et de calculer avec ces données le PER et le rendement en dividendes de ces sociétés, et de vérifier que ces données correspondent au PER de l'indice pour ce pays ou ce secteur que vous avez trouvé dans une base de données, ou dans un article ou une analyse.

Calculer le PER ou le rendement du dividende d'un indice, ou d'un groupe d'entreprises, est très simple. Je vais vous le rappeler rapidement. Supposons que nous voulions investir dans le secteur de la technologie et que nous trouvions les données par action des 5 entreprises ayant la plus forte pondération à ce moment-là :

Amazon : Cours de l'action 600$. BPA 30$, dividende 3$.

Apple : Cours de l'action 150$. BPA 10$, dividende 1$.

Google : Cours de l'action 800$. BPA 50$, dividende 9$.

Microsoft : Cours de l'action 50$. BPA 10$, dividende 2$.

Facebook : Cours de l'action 200$. BPA 6$, dividende 0$.

Ce sont les données couramment utilisées pour calculer le ratio cours/bénéfice et le rendement du dividende. N'oubliez pas que le **PER** est calculé comme suit : cours de l'action / bénéfice par action, mais aussi **capitalisation boursière / bénéfice net**.

De même, le rendement du **dividende** est Dividende / Prix de l'action x 100, mais aussi **Total payé en dividendes / Capitalisation boursière x 100.**

Pour simplifier l'exemple, supposons que le capital social des 5 entreprises soit composé d'un million d'actions, ce qui nous laisse avec :

Amazon : Capitalisation 600 millions de dollars. Bénéfice net 30 millions de dollars, Dividende total 3 millions de dollars.

Apple : Capitalisation 150 millions de dollars. Bénéfice net 10 millions de dollars, dividende 1 million de dollars.

Google : Capitalisation 800 millions de dollars. Bénéfice net 50 millions de dollars, dividende 9 millions de dollars.

Microsoft : Capitalisation 50 millions de dollars. Bénéfice net 10 millions de dollars, dividende 2 millions de dollars.

Facebook : Capitalisation 200 millions de dollars. Bénéfice net 6 millions de dollars, dividende 0 million de dollars.

La capitalisation totale des 5 entreprises est donc de 600 + 150 + 800 + 50 + 200 = 1,8 milliard de dollars.

Le bénéfice net total est de 30 + 10 + 50 + 10 + 10 + 6 = 106 millions de dollars.

Et le dividende total est de 3 + 1 + 9 + 2 + 2 + 0 =15 millions de dollars.

Par conséquent, le **ratio cours/bénéfice de** ce groupe de 5 entreprises est de 1 800 / 106 = **17 fois**.

Le rendement du **dividende** est de 15 / 1 800 x 100 = **0,83 %**.

L'idéal serait de faire ce calcul avec toutes les entreprises qui composent l'indice, mais logiquement cela peut prendre trop de temps pour la plupart des gens. Si vous le faites avec celles qui pèsent le plus dans l'indice (30 à 70 % de l'indice, selon le nombre de sociétés que vous pouvez analyser), vous aurez au moins une idée générale de la valorisation de cet indice. Et si, en plus du PER et du rendement du dividende, vous pouviez le faire avec un autre ratio, ce serait encore mieux, mais cela dépend du temps dont vous disposez.

Comme vous pouvez le constater, tout cela est peu sûr et peu fiable. Cette stratégie est plus risquée que l'investissement à long terme. Beaucoup plus risquée, il faut toujours en être **conscient**.

Parallèlement, vous devez rechercher autant d'informations que possible sur les **perspectives de ce pays ou de ce secteur** pour les prochaines années. Et, bien sûr, elles doivent être bonnes parce que le secteur est en croissance et que l'on s'attend à ce qu'il le reste, ou parce que l'activité de ce secteur ou le PIB de ce pays a déjà chuté et que des signes indiquent qu'il est en train de se redresser, etc.

À toute l'analyse fondamentale que vous pouvez faire, j'ajouterais la condition essentielle que l'analyse technique comporte un **chiffre plancher très clair**. Pas un chiffre qui vous permettrait d'acheter quelques actions supplémentaires d'Iberdrola ou d'Allianz pour votre portefeuille à long terme, mais un chiffre plancher du type de ceux que l'on voit très peu par an. Et **j'entrerais au moins deux fois**. Si cela peut être 3 ou 4 fois, tant mieux. La première fois serait celle déjà mentionnée, cette situation dans laquelle, sur la base de l'analyse fondamentale et technique que nous avons vue, il semble y avoir un plancher très clair. Et la deuxième (et les suivantes, s'il y en a) si le prix baisse d'**au moins** 10 % (mieux 20 %) par rapport à l'achat précédent (et qu'il semble constituer un nouveau plancher très clair, pas seulement parce qu'il a baissé de 10 %).

En ce qui concerne l'analyse technique, si l'investissement se fait dans une autre devise, il serait très intéressant de faire l'analyse technique d'un ETF en euros (ou dans votre devise locale, si ce n'est pas l'euro), puisque dans ce graphique vous auriez à la fois l'actif dans lequel vous voulez investir (ce secteur ou ce pays) et le taux de change de la devise. Par exemple, un Européen qui souhaite investir au Brésil, en Russie ou en Inde serait bien avisé de procéder à l'analyse technique d'un ETF qui investit dans ces pays mais qui est coté en euros (et non en dollars, en réals brésiliens, en roubles, etc.) Peu importe que vous investissiez ensuite dans un autre ETF coté en dollars, dans un fonds d'investissement pour lequel vous n'avez pas de graphique à analyser, etc. Le graphique de cet ETF en euros sera très utile car vous **verrez à la fois l'actif (secteur ou pays) et la devise**, ce qui est une aide très importante.

Je reviendrai sur la diversification lorsque j'aborderai les avantages et les inconvénients d'avoir une seule stratégie à moyen terme ou d'en combiner plusieurs à la fois.

Lors de la vente dans le cadre de cette stratégie, les alternatives disponibles à un moment donné doivent être prises en compte. Dans le cas des devises, par exemple, la différence entre une devise et une autre, au sein des pays développés, évolue dans certaines limites. En investissant en dollars, en livres ou en francs suisses (en tant que résident de la zone euro), vous savez que vous n'allez pas multiplier votre argent par 10, ni par 5, ni par 3. Les mouvements tendent à se situer entre 10 % et 50 % environ, la plupart du temps. En ce qui concerne les investissements dans les secteurs et les pays, l'idée serait de vendre le fonds d'actions américaines et de l'échanger contre un autre fonds en Afrique, qui semble gagner du terrain, puis de vendre le fonds en Afrique et de l'échanger contre un fonds dans le secteur alimentaire mondial, puis de l'échanger contre un fonds en Inde, et ainsi de suite. Toujours dans l'idée d'être dans ce que vous considérez comme ayant le plus grand potentiel. **Et dans les périodes où il n'y a pas d'alternative claire, nous devrions attendre dans les titres à revenu fixe.**

Comment aborder l'investissement axé sur la valeur

"L'expression "investissement axé sur la valeur" est l'un de ces termes boursiers qui sont utilisés pour définir différentes choses.

J'appelle "investissement de valeur" le fait **de trouver de la valeur là où presque personne ne la voit**.

Il est très courant d'utiliser l'expression "value investing" comme synonyme, plus ou moins, de "investir dans des sociétés qui sont fondamentalement bon marché". Cette définition me semble bonne, mais elle est quelque peu ambiguë, car tous ceux qui investissent sur la base d'une analyse fondamentale, à quelques exceptions près, cherchent à acheter lorsqu'ils pensent que l'entreprise est bon marché, et non lorsqu'ils pensent qu'elle est chère. En général, ces situations sont observées par un grand nombre de personnes, toutes ou presque toutes celles qui utilisent l'analyse fondamentale.

Par exemple, lorsque Procter & Gamble, Air Liquide ou Mapfre se négocient à un faible ratio C/B (en simplifiant, à des fins didactiques), tous ceux qui suivent ces sociétés le voient. On peut qualifier l'achat dans ces situations d'investissement de valeur, et je pense que c'est correct, mais ce n'est pas très spécifique.

Pour moi, ce qui distingue les véritables investisseurs de valeur, c'est ce que j'ai dit précédemment, à savoir qu'ils voient la valeur là où presque personne ne la voit. Et comment y parviennent-ils, si les comptes de résultat et les bilans des entreprises sont des documents publics, accessibles à tout le monde ? Parce que pour les investisseurs de valeur, les bilans et les comptes de résultat des entreprises ne sont pas le principal outil de travail, mais seulement un support. **La "valeur" qu'ils recherchent ne se trouve pas dans les documents**

publics (qui sont vus par des millions de personnes et sont les mêmes pour tout le monde), mais dans les documents et les informations qui sont dispersés, difficiles d'accès et/ou d'interprétation.

De quels documents et informations éparses s'agit-il ? Il est impossible de le dire, car chaque cas est très différent des autres. C'est pourquoi l'investissement dans la valeur est si difficile, et pourquoi **si peu de gens** le pratiquent. Ce qui est facile, c'est de le comprendre, exemples à l'appui, et il est également très utile de savoir comment pensent les autres investisseurs et comment fonctionne le marché boursier en général.

Dans le cas de Nicolás Correa, par exemple, un cas d'investissement de valeur pourrait être celui d'une personne qui, par son travail, connaît les machines que Nicolás Correa fabrique (et ses concurrents, qu'ils soient cotés ou non), celles qu'elle conçoit et fabriquera dans un avenir proche (ainsi que celles de ses concurrents), la situation des clients de Nicolás Correa (s'ils envisagent d'acheter davantage de machines ou non, et pourquoi), etc.

Par "connaître les machines de Nicolás Correa et de ses concurrents", je n'entends pas les informations commerciales que l'on peut trouver sur Internet, mais connaître **réellement** ces machines, les caractéristiques des machines actuelles, celles qui seront bientôt lancées, les avantages réels qu'elles présentent pour leurs clients et les raisons pour lesquelles ils pourraient les acheter plus souvent que par le passé récent, ou pas, etc. Tout cela peut être connu d'un gestionnaire qui travaille dans l'industrie, aime l'investissement et passe du temps à faire des analyses approfondies qui peuvent être utilisées pour prendre une décision d'investissement, ou non. Toutes ces informations ne figurent pas dans les documents publiés par Nicolás Correa. Elles ne figurent pas dans ses comptes de pertes et profits, ni dans ses bilans, et c'est pourquoi il est impossible de les y trouver. On ne peut pas non plus les trouver sur Internet ; il faut connaître l'activité de ces machines "**de l'intérieur**". Dans le cadre de l'investissement axé sur la valeur dont je parle ici, l'**importance des bilans et des comptes de résultat est relativement faible**. Rappelez-vous que j'ai défini cette forme d'investissement comme "trouver de la valeur là où presque personne ne la voit", et si cette valeur se trouvait dans les comptes de résultat et les bilans, beaucoup de gens la verraient, puisque ces informations sont publiques. L'information décisive pour l'investissement de valeur n'est pas publique (en ce sens qu'elle ne figure pas dans les documents habituels des investisseurs), elle est connue de très peu de personnes, elle est interprétée par un nombre encore plus restreint de personnes afin d'investir avec succès, et c'est la raison pour laquelle cette information est si "**précieuse**".

Un autre exemple, bien réel cette fois, est celui de Volkswagen lorsque le scandale des émissions des moteurs diesel a été révélé. Fin 2015, il a été découvert que Volkswagen avait truqué ses moteurs diesel pour faire croire qu'ils consommaient moins de carburant qu'en réalité, afin de payer moins de taxes. La révélation de ce problème a donné lieu à des discussions sur l'amende que Volkswagen devrait payer. Certains parlaient de milliards d'euros, d'autres de dizaines de milliards d'euros. Cette incertitude a fait chuter le cours de l'action Volkswagen de 160-170 euros à un peu moins de 100 euros en quelques jours. Logiquement, il est très difficile pour les investisseurs qui prennent leurs décisions d'investissement sur la base d'une analyse fondamentale de déterminer la valorisation fondamentale d'une entreprise lorsqu'ils ne savent pas si elle devra payer une amende de quelques milliards d'euros ou de plusieurs dizaines de milliards d'euros à court terme. Pourtant, il s'agit d'une très bonne opportunité pour certains investisseurs de valeur. Comment est-il possible de prendre une décision d'investissement de valeur face à une telle incertitude fondamentale ? C'est possible pour les **investisseurs de valeur dont la spécialité est les grands litiges internationaux entre entreprises** et États. Ces personnes sont très peu nombreuses dans le monde, bien sûr. Un expert de ce type de litige pourrait analyser les probabilités des différents scénarios (le montant probable de l'amende reçue par Volkswagen), et en fonction de ces probabilités évaluer l'action Volkswagen, et établir le prix d'achat approprié à un moment où les investisseurs fondamentaux ne disposaient pas d'informations suffisantes pour évaluer l'entreprise, et étaient donc un peu désorientés. Ces informations sur les litiges internationaux, comme vous pouvez l'imaginer, ne se trouvent pas sur Internet. C'est quelque chose que quelques avocats, **très peu dans le monde,** connaissent par leur travail.

On retrouve ici une autre caractéristique de l'investissement axé sur la valeur, à savoir que les **investisseurs axés sur la valeur se spécialisent généralement dans un secteur, ou dans quelques secteurs connexes**. L'expert en machines telles que celles fabriquées par Nicolás Correa a peu de chances d'être un expert en litiges internationaux, tout comme l'expert en litiges internationaux a peu de chances d'être un expert en ce type de machines. Il se peut que quelqu'un soit expert dans les deux domaines, mais les chances sont très faibles. Quoi qu'il en soit, il ne s'agit pas de débattre de la question de savoir s'il y aura ou non un expert dans ces deux cas particuliers, mais de constater que l'investissement de valeur est une activité très spécialisée et qu'il n'existe donc pas d'investisseurs de valeur connaissant de nombreux secteurs et possédant les connaissances nécessaires pour prendre ce type de décisions en matière d'investissement de valeur.

Une fois que l'amende finale infligée à Volkswagen sera connue, cette information pourra être intégrée dans l'analyse fondamentale de tous les investisseurs qui fondent leurs décisions d'investissement sur les fondamentaux de l'entreprise. Et s'ils voient que le prix auquel elle se négocie actuellement est bon marché selon les nouvelles informations, ces investisseurs fondamentaux achèteront. **Mais ce n'est plus de l'investissement de valeur**, c'est de l'investissement fondamental, ce qui n'est pas la même chose.

Un autre exemple d'investissement axé sur la valeur serait celui d'une entreprise viticole dont les bénéfices sont très faibles ou qui est déficitaire. Supposons que le problème de cette entreprise soit que ses vignes sont médiocres. Cependant, le terrain est très bon, mais pas pour tous les types de vignes. Elle est bonne pour un nouveau type de vigne qui a été récemment développé par des ingénieurs agronomes. Ce nouveau cépage conviendrait très bien à ce type de terrain, et à un prix raisonnable. La qualité du vin s'en trouverait grandement améliorée, ce qui permettrait à l'entreprise viticole de se placer dans une autre catégorie de vin, avec des marges bénéficiaires plus élevées par bouteille, et même avec un plus grand nombre de bouteilles vendues, puisqu'il y a moins de concurrence dans la nouvelle catégorie. Tout cela signifie que cette entreprise viticole va très probablement réorienter sa stratégie de cette manière et que, dans quelques années, ses bénéfices seront beaucoup plus élevés qu'aujourd'hui, ce qui se traduira par une valeur de l'action beaucoup plus élevée. Qui peut connaître toutes ces informations ? Quelqu'un d'expert en matière de caves et de vignobles, et plus particulièrement dans la région où se trouve cette cave, car toutes les terres et tous les vignobles ne sont pas identiques, et tout le monde n'est pas expert dans toutes les régions où il y a des caves. En toute logique, ces informations ne figurent pas dans les comptes de résultats et les bilans de l'entreprise. Elles le seront un jour, lorsque cette stratégie aura déjà commencé à être développée et qu'elle portera ses fruits. Mais alors, toutes ces informations seront déjà publiques. **Le véritable investisseur de valeur est celui qui connaît ces informations avant qu'elles ne soient publiques.**

Dans un exemple comme celui de cette entreprise vinicole, il existe une situation que nous pourrions qualifier d'hybride entre l'investissement axé sur la valeur et l'investissement fondamental, qui se produirait lorsque cette information sur la conversion de l'entreprise vinicole devient publique, mais comme il s'agit d'une très petite entreprise et qu'elle n'est pas largement suivie par les analystes, peu de gens sont au courant. Certains investisseurs peuvent voir cette information de chez eux bien plus tôt que la plupart des autres et investir dans cette société bien plus tôt que le marché dans son ensemble, au moment où la grande hausse provoquée par la conversion de la société a lieu.

L'important, à propos de ces nuances, n'est pas d'essayer de définir exactement ce qui peut être appelé "value investing" et ce qui ne le peut pas, mais de voir l'**application pratique** de tout cela, de comprendre toutes les manières possibles d'investir, même si elles ne sont pas les nôtres, et de **parvenir ainsi à une meilleure gestion de notre argent.**

Dans les exemples ci-dessus, l'investisseur individuel qui découvre cette entreprise de chez lui avant la plupart des investisseurs croit que les plans de l'entreprise vont fonctionner, alors que le véritable investisseur de valeur le **sait**, mais ne le croit pas (parce qu'il connaît réellement ces terres, ces vignes, etc, dans la réalité, et non parce qu'il a lu ou que quelqu'un lui a parlé de cela).

Cela signifie que l'investisseur individuel investit un **très faible** pourcentage de son argent dans cette entreprise, car il pense qu'il s'agit d'une bonne opportunité, mais il n'en est pas sûr (et ne peut jamais l'être à 100 %), et le fait que très peu de gens la suivent est une arme à double tranchant. Si l'analyse de l'investisseur individuel a été correcte, lorsque le marché découvrira cette entreprise, la réévaluation sera très élevée. Mais si le terrain n'est pas aussi bon que ce qui est dit sur Internet, ou si les vignes ne se comportent pas aussi bien avec le terrain, etc. Et il y a peu de gens qui étudient la fiabilité des données que l'on peut trouver sur internet, la qualité de ces terres, etc.

Le véritable investisseur de valeur, cependant, investit un pourcentage **relativement élevé** de son argent dans cette entreprise. Parce qu'il est convaincu que les choses vont bien se passer et parce que l'investisseur de style valeur, de par sa façon d'investir, **ne trouve que très peu d'opportunités d'investissement**. Nous avons déjà vu qu'ils se concentrent sur un secteur, ou quelques uns, et que ces opportunités ne se présentent pas tous les jours. En pratique, ils ont peu d'opportunités réelles. Et c'est pour cela qu'ils doivent investir dans chacune d'entre elles une somme d'argent qui **vaut tout le travail qu'il leur faut pour étudier chaque opération**.

L'investissement axé sur la valeur que je viens de décrire est une stratégie d'investissement risquée. Potentiellement rentable, mais risquée. **Beaucoup plus risquée que l'investissement à long terme.** Les investisseurs de style valeur investissent souvent dans des entreprises qui présentent un risque si élevé qu'elles ne seraient jamais achetées par un investisseur à long terme, par exemple. Gardez cela à l'esprit, car l'expression "investissement de style valeur" est parfois associée à "faible risque" ou "sécurité", et cela dépend beaucoup de ce que nous appelons "investissement de style valeur". Parfois, l'investissement de valeur est très risqué, à l'**opposé de ce que recherche l'investisseur moyen prudent**.

Il y a une autre chose que l'on appelle souvent "investissement axé sur la valeur", et c'est le **contraste entre les styles "valeur" et "croissance"**. Par exemple, dans les classifications des fonds communs de placement, on fait la différence entre le "style valeur" et le "style croissance". Il est facile de définir ces styles de manière simple, mais il est plus compliqué d'entrer dans les nuances.

La façon la plus simple et la plus rapide de les définir est la suivante : le "style valeur" consiste à "investir dans des sociétés à faible ratio cours/bénéfice (en bref) et à faible croissance" et le "style croissance" consiste à "investir dans des sociétés à fort ratio cours/bénéfice et à forte croissance".

Cette définition rapide est correcte et utile pour comprendre les informations sur les fonds d'investissement, les discussions sur ce sujet, etc.

Si nous entrons dans les détails, nous constatons que c'est précisément cela, les "détails", qui fait défaut. En d'autres termes, si nous investissons à long terme, il n'est pas judicieux d'acheter des "actions à faible ratio cours/bénéfice et à faible croissance", mais il est préférable d'acheter des "actions à fort ratio cours/bénéfice et à forte croissance", car l'intérêt composé fera que ces dernières nous rapporteront beaucoup plus d'argent.

Le fait est que la question de savoir si une entreprise est à forte ou à faible croissance n'**est inscrite nulle part**. Le fait qu'une entreprise soit cotée à un P/E élevé ne garantit pas que sa croissance sera élevée, et le fait qu'une entreprise soit cotée à un P/E faible ne la condamne pas non plus à une croissance faible.

En d'autres termes, les entreprises dont le ratio cours/bénéfice est actuellement le plus bas peuvent être celles qui connaîtront la plus forte croissance à l'avenir, et celles dont le ratio cours/bénéfice est le plus élevé peuvent être celles qui connaîtront la plus faible croissance à l'avenir.

Par conséquent, dans la pratique, il n'est pas du tout évident de savoir quelles entreprises connaîtront une croissance plus importante à l'avenir, et lesquelles connaîtront une croissance moins importante. Par conséquent, il n'est pas du tout évident de **savoir ce qu'est réellement un investissement de type "valeur" ou un investissement de type "croissance"**.

Si nous investissons à moyen terme, la distinction entre "valeur" et "croissance" a un peu plus de sens, car "valeur" signifierait quelque chose comme "nous pensons que les entreprises dont le ratio cours/bénéfice est actuellement bas sont plus susceptibles de croître davantage que celles dont le ratio cours/bénéfice est élevé dans les mois ou les années à venir", tandis que "croissance" serait l'inverse : "nous pensons que les entreprises dont le ratio cours/bénéfice est actuellement élevé sont plus susceptibles de continuer à croître davantage que celles dont le ratio cours/bénéfice est bas dans les mois ou les années à venir". **Mais c'est autre chose si cette prévision s'avère correcte.**

Pour en revenir au long terme, n'oubliez pas que tout le monde recherche une croissance plus élevée, et que cette croissance plus élevée doit être mesurée **à l'aide** de dividendes, tout comme elle est mesurée à l'aide d'indices. D'après les études que j'ai vues, **à long terme, il est généralement préférable d'acheter des sociétés dont le ratio cours/bénéfice** est faible parce que le marché pense qu'elles vont connaître une faible croissance, plutôt que des sociétés dont le ratio cours/bénéfice est élevé parce que le marché pense qu'elles vont connaître une forte croissance. Il s'agit toujours de sociétés de qualité et de sociétés dans leur ensemble, car il y a bien sûr des exceptions à cette règle.

Quelles sont les stratégies à moyen terme les mieux adaptées à l'investisseur moyen ?

Parmi toutes les stratégies à moyen terme que je viens d'évoquer, et d'autres auxquelles vous pouvez penser ou que vous pouvez trouver ailleurs, vous **pouvez en choisir une ou plusieurs.**

Le fait de n'en choisir qu'une seule présente l'avantage de mieux la connaître que d'en choisir plusieurs, qu'il s'agisse de la stratégie elle-même ou des entreprises (ou pays, secteurs, devises, etc.) qui conviennent à cette stratégie. Mais cela présente l'inconvénient qu'en période de manque d'opportunités claires, vous pouvez être pressé par le désir de ne pas immobiliser votre argent, et que cela peut vous conduire à investir dans des opportunités qui ne sont pas suffisamment claires.

Suivre plusieurs stratégies en même temps présente l'avantage que si vous ne voyez pas une opportunité très claire dans une stratégie, au lieu de vous précipiter, vous serez plus enclin à chercher des opportunités dans d'autres stratégies, ce qui vous évitera dans de nombreux cas de faire des investissements qui ne sont pas suffisamment clairs. D'un autre côté, cela présente l'inconvénient que, logiquement, il faut plus de temps pour suivre plusieurs stratégies qu'une seule.

Au niveau où nous en discutons, pour un investisseur moyen qui consacre une part relativement faible de son argent à ce type d'investissement, **je pense qu'il est possible de suivre plus d'une de ces stratégies.**

Comme je l'ai déjà dit, je pense que vous **ne devriez pas consacrer plus de 10 % de vos actifs** à l'ensemble de ces stratégies. Si vous n'en suivez qu'une seule, je pense que la limite devrait être de 5 %. Si vous en suivez plusieurs, quelqu'un qui veut prendre un risque relativement élevé peut aller jusqu'à 10 %, mais il serait plus prudent de ne pas dépasser 5 % non plus.

Une différence très importante entre le moyen terme et le long terme est qu'à moyen terme, il n'est pas correct d'acheter petit à petit pour accumuler. À moyen terme, des rendements élevés sont recherchés sur de courtes périodes, et c'est pourquoi nous devons essayer d'acheter uniquement lorsque l'opportunité est très claire, et **non lorsqu'elle est "à moitié claire"**. Et c'est l'une des clés du moyen terme : essayez de ne pas vous précipiter et soyez plus patient lorsque vous achetez que lorsque vous investissez à long terme, où de nombreux petits achats sont effectués à de nombreux prix différents, avec l'idée de ne pas vendre. **Il est essentiel de comprendre cette différence.**

Comme nous l'avons déjà vu, **chaque fois que nous vendons (à moyen terme), nous limitons nos bénéfices, alors que si nous ne vendons pas (à long terme), nos bénéfices sont illimités**. Et c'est essentiellement **ce qui fait que la plupart des gens gagnent beaucoup plus d'argent et de manière plus sûre avec le long terme qu'avec n'importe quelle autre stratégie qui implique de vendre à un moment ou à un autre** (à court et à moyen terme). Car **si nous ne limitons pas nos profits, le prix de chaque achat perd de son importance** (non pas qu'il n'en ait pas, bien sûr, mais elle est bien moindre, et c'est l'un des grands avantages du long terme).

Je voudrais profiter de l'occasion pour commenter un concept qui me semble très utile à long terme, à savoir celui des **"demi-achats"**. Le "half buys" consiste à effectuer des achats pour la moitié du montant habituel, et je le trouve très utile dans certains cas, comme ces entreprises qui "ont un PER élevé mais qui semblent bon marché, bien que ce PER élevé fasse que je ne me décide jamais à les acheter". C'est ce qui est arrivé à Nathalie, qui a attendu pendant de nombreuses années la chute d'Inditex pour l'acheter à un PER "normal", parce qu'elle pensait qu'il s'agissait d'une très bonne entreprise. Mais le temps a passé, et ni Inditex n'est tombé à un PER "normal", ni Nathalie n'a décidé d'investir les 1 000 euros qu'elle met habituellement dans chaque achat. Car elle a toujours eu le sentiment que dès qu'elle achèterait 1 000 euros d'actions Inditex, celle-ci connaîtrait la chute qu'elle attendait depuis si longtemps. Ce ne serait pas non plus une tragédie, car si cela se produisait, elle achèterait à nouveau 1 000 euros d'Inditex à un prix inférieur pendant cette chute. Mais le fait est qu'avec les doutes, le temps a passé, Inditex a continué à augmenter et Nathalie n'a toujours rien acheté chez Inditex. Dans un cas comme celui-ci, je pense qu'il lui est fortement recommandé de faire un "achat moyen" de 500 euros, soit la moitié du montant habituel, parce qu'il lui sera beaucoup plus facile de faire un "achat moyen" de 500 euros que de continuer à attendre pour faire un achat de 1 000 euros. Dans 3 ou 6 mois, par exemple, Nathalie effectuera un autre "demi-achat" de 500 euros. Dans ce cas, il est beaucoup plus facile de faire 2 "demi-achats" de 500 euros (par exemple) qu'un achat normal de 1 000 euros. **Psychologiquement, les "demi-achats" me semblent être une très bonne aide dans des cas comme celui-ci.**

En d'autres termes, lorsque l'on investit à long terme, il n'est pas nécessaire que le prix d'achat soit "exceptionnellement bon" pour que nos rendements soient très élevés. Mais **si nous limitons nos rendements** (à court et moyen terme), **les prix d'achat doivent nécessairement être "exceptionnellement bons"** pour dépasser ce que nous gagnons lorsque nous ne limitons pas nos rendements (à long terme). De plus, **les prix de vente doivent également être "exceptionnellement bons"**. S'ils sont "juste bons" plutôt qu'"exceptionnellement bons", nous gagnerons de l'argent, mais probablement moins qu'en investissant à long terme à la recherche du rendement du dividende. En outre, nous aurons passé beaucoup plus de temps et subi beaucoup plus de stress. C'est l'une des choses les plus importantes à savoir, et à bien assimiler, pour savoir **ce qu'est la Bourse, comment elle fonctionne, et comment on peut en tirer un vrai profit.**

Dans cette optique, le choix de la ou des stratégies d'investissement à moyen terme que nous choisissons dépend beaucoup de nos attentes et de notre philosophie de vie. **Il faut privilégier la sécurité** (relative, car si l'on recherche une sécurité maximale, je pense qu'il vaut mieux placer 100 % de son argent à long terme), **ou la possibilité que ces investissements fassent réellement la différence dans notre vie.**

De toutes les stratégies à moyen terme que j'ai mentionnées, les deux plus sûres sont la rotation des pays, des secteurs ou des devises et l'investissement dans des entreprises cycliques (de préférence de grande qualité). De ces deux stratégies, la plus risquée est l'investissement dans des entreprises cycliques, avec une différence considérable entre les deux.

Les deux plus risqués sont les investissements dans les petites entreprises de faible qualité et dans les marchés de croissance.

Les deux plus compliqués sont l'investissement de croissance et l'investissement de valeur (tel que je l'ai défini dans ce livre). Je considère que ces deux stratégies sont déconseillées dans le cas qui nous intéresse : l'investisseur à long terme qui souhaite placer une petite partie de son argent à moyen terme pour avoir une chance d'obtenir un rendement exceptionnel. Ces deux stratégies permettent à quelqu'un de très bon, qui y consacre tout son temps, de gagner plus d'argent qu'en investissant à long terme. Mais je ne les conçois pas pour que l'investisseur moyen y consacre une petite partie de son argent. Car même s'il s'en sort bien, en ayant investi une petite partie de son argent, l'amélioration du rendement total de ses actifs sera faible. Et en échange de beaucoup de temps, je pense que le rapport rendement/temps n'est pas très favorable. Et ce, à condition de bien faire, ce qui est difficile. Il peut arriver qu'il soit conseillé d'investir dans une entreprise de croissance ou hybride (le cas de l'investisseur individuel qui voit des informations sur Internet à propos de cette entreprise avant la plupart des gens), mais pas en tant que stratégie exclusive, mais parce qu'une opportunité **très claire** se présente.

Les combinaisons étant infinies, je donnerai **trois exemples**, l'un plus conservateur, l'autre plus risqué et le troisième entre les deux. Considérez-les comme des exemples flexibles.

Dans le **cas le plus conservateur**, je pense que la stratégie principale devrait consister à effectuer une rotation entre les pays, les secteurs et les devises, en s'en tenant aux pays et aux devises les plus développés (Europe, États-Unis, Australie, Canada, etc.) et aux secteurs les plus traditionnels. On peut également investir dans des continents entiers, comme l'Amérique latine, l'Asie, l'Afrique, etc., mais pas dans des pays spécifiques d'Amérique latine, d'Asie ou d'Afrique. De manière sporadique, il est possible d'effectuer des opérations dans des entreprises cycliques de haute qualité, ou dans une entreprise de croissance ou de valeur hybride qui est très claire à un moment donné.

Dans le **cas intermédiaire,** en plus de ce qui précède, des investissements pourraient être réalisés dans des pays spécifiques d'Amérique latine, d'Asie ou d'Afrique, et dans des secteurs à haut risque tels que la technologie et ses sous-secteurs (robotique, etc.), la biotechnologie, etc.

Dans le **cas le plus risqué,** l'investissement de base serait les marchés de croissance, car c'est celui qui offre le rendement attendu le plus élevé. S'il se porte bien, c'est probablement celui qui peut le plus changer votre vie. Mais c'est aussi l'un de ceux qui peuvent être les plus mauvais et tout perdre (ce qui n'arrivera pas en investissant dans des pays, des secteurs ou des monnaies). Vous pouvez également investir sporadiquement dans de petites entreprises de qualité médiocre qui risquent d'échouer, mais n'oubliez pas que ces situations se produisent toutes les quelques années, et que vous ne pouvez donc pas en faire votre seule stratégie et attendre des années avec votre argent immobilisé. Sur les marchés en croissance, les opportunités sont plus susceptibles de se présenter de manière plus régulière, en raison des nouvelles introductions en Bourse, de l'évolution des attentes des sociétés déjà cotées, etc. Mais il peut aussi y avoir des périodes relativement longues pendant lesquelles il n'y a pas de bonnes opportunités sur les marchés de croissance, et il est alors préférable d'utiliser l'une des autres stratégies que nous avons vues, telles que les stratégies par pays, par secteur et par devise, ou l'investissement dans des sociétés cycliques.

L'achat d'options avec seulement 200-300 euros comme expliqué dans le livre "Options et contrats à terme à partir de zéro (C'est aussi beaucoup plus facile que vous ne le pensez)" Je pense qu'il serait valable dans tous les cas, car le risque (200-300 euros) est très faible (et son objectif est plutôt didactique). Bien entendu, vous pouvez également utiliser l'une des autres stratégies que j'explique dans ce livre sur les options, les contrats à terme, les CFD, etc.

L'un des éléments à prendre en compte pour décider de dépenser un peu d'argent dans un investissement à moyen terme est **ce que l'on en apprend**, ce qui n'est pas négligeable. D'une part, il est possible que vous gagniez moins (en pourcentage) avec une stratégie à moyen terme qu'avec une stratégie à long terme. C'est un argument contre l'investissement d'un peu d'argent à moyen terme. Mais d'un autre côté, investir à moyen terme nous apprendra beaucoup de choses que seul l'investissement à long terme ne nous apprendrait probablement pas. Toutes ces choses nous permettront de mieux investir l'argent placé à long terme et, dans de nombreux cas, le rendement plus élevé des investissements à long terme peut plus que compenser le rendement plus faible de l'argent placé à moyen terme.

Pour choisir les stratégies à moyen terme à suivre (je recommande d'en suivre plusieurs), vous devez réfléchir à ce que vous attendez de cet argent. S'il s'agit d'une diversification ajoutée à votre stratégie à long terme, mais sans attendre de rendements spectaculaires (en échange d'éviter également la possibilité d'avoir de grosses pertes), si vous voulez risquer beaucoup une petite somme d'argent en échange d'une certaine possibilité d'avoir des rendements spectaculaires, etc. Cela dépend beaucoup de la façon dont on envisage la vie. Certains considèrent comme une tragédie le fait qu'un de leurs investissements ne vaille rien, même s'ils n'y ont investi que 500 euros et qu'ils disposent d'un patrimoine de plusieurs centaines de milliers d'euros. D'autres n'y voient pas d'inconvénient et considèrent que c'est tout à fait acceptable en échange de la possibilité de pouvoir se refaire à un moment donné avec un investissement spectaculaire, etc. C'est pourquoi le choix des stratégies à moyen terme à suivre par chacun est une décision très individuelle pour chaque investisseur. Et cette décision **peut être modifiée au fur et à mesure** qu'il effectue des opérations à moyen terme et qu'il voit comment chaque stratégie fonctionne, qu'il découvre de nouveaux avantages dans des stratégies qu'il avait écartées, etc.

Une chose dont tout le monde doit être conscient lors du choix de sa stratégie à moyen terme, c'est que l'un des principaux problèmes du moyen terme est l'**over-trading**. À moyen terme, et dans toute autre stratégie impliquant des ventes, qu'il s'agisse de transactions intrajournalières ou d'investissements à l'horizon de quelques mois ou années. L'overtrading consiste à effectuer trop de transactions, à ouvrir des transactions qui n'auraient pas dû l'être. L'overtrading est très courant. En fait, il est normal d'en faire trop, et ce qui est rare, c'est de réussir à se contrôler pour ne pas le faire. C'est pourquoi je pense que nous devons beaucoup réfléchir à la manière de développer la stratégie à moyen terme afin d'éviter ce problème. Une chose évidente est de bien réfléchir à chaque opération qui est faite, de n'ouvrir que les opérations qui nous semblent claires, et d'éviter toutes celles qui ne nous semblent qu'"à moitié claires". En théorie, cela semble très facile, mais en pratique, il n'est pas si facile de distinguer les opérations "claires" des opérations "à moitié claires".

L'une des principales raisons pour lesquelles je recommande d'utiliser plusieurs stratégies à moyen terme est précisément d'**éviter cet excès de transactions**.

Par exemple, les deux stratégies qui changent le plus la vie sont l'investissement dans les petites entreprises de faible qualité et dans les marchés en croissance. Mais si vous ne recherchez que ce type d'opportunités, je pense que vous risquez fort de sur-optimiser, car entre une opération "claire" et l'opération "claire" suivante, il y a souvent un long décalage dans le temps. Et pendant ce "temps considérable", il est également très probable qu'il y aura de nombreuses transactions "à moitié claires", dans lesquelles il est relativement facile de tomber, car au moment où elles se produisent, il n'y a pas de moyen fiable de distinguer les transactions **"claires"** des transactions **"à moitié claires"**.

Les problèmes liés à la sur-opération sont doubles.

La première est qu'elle **nous fait perdre de l'argent** en investissant dans des opérations qui tournent mal.

La seconde est que, **lorsque la prochaine transaction "claire" se présente, nous avons investi de l'argent dans une transaction "à moitié claire"** qui nous fait perdre de l'argent. Parfois, nous vendons pour investir dans l'opportunité "claire" (mais avec moins d'argent que si nous n'avions pas investi dans celle qui nous a fait perdre de l'argent), et parfois nous n'achetons pas cette transaction "claire", parce que nous sommes obsédés par l'idée d'attendre que la transaction "à moitié claire" se rétablisse afin de pouvoir vendre sans perte.

Au final, Mireille a investi 500 euros dans Nicolás Correa alors qu'il y avait un risque réel de faillite, elle a bien gagné et a vendu pour 5 000 euros. Après avoir payé 20 % d'impôts sur les 4 500 euros gagnés, soit 900 euros, il lui restait 4 100 euros à investir. Elle a investi ces 4 100 euros dans Reno de Medici, parce qu'elle était euphorique et qu'elle voulait les transformer rapidement en 40 000 euros.

Mais Reno de Medici a chuté, et les actions que Mireille a achetées à Reno de Medici ont un prix de marché de 2 000 euros, soit environ la moitié.

En ce moment, GAM offre une opportunité "claire", mais Mireille n'a pas l'esprit **aussi clair** que lorsqu'elle a investi 500 euros dans Nicolás Correa. Aujourd'hui, elle est inquiète car les 4 100 euros sont devenus 2 000, et le temps qu'elle devrait consacrer à l'étude de la situation de GAM, elle le passe à chercher des commentaires ou des rumeurs sur Reno de Medici, pour voir s'il va remonter et si elle va récupérer son argent. Elle a vu quelque chose à propos de GAM, mais elle veut d'abord récupérer ses 4 100 euros, puis examiner attentivement la situation de GAM. Le problème est qu'un mois après tout cela, les 2 000 euros de Reno de Medici ne sont plus que 1 800, et GAM a augmenté de 20 %, donc il est moins avantageux de changer maintenant que de le faire il y a un mois. Mireille attend donc toujours, et pendant ce temps GAM continue d'augmenter, et Mireille ne passe toujours pas le temps qu'il faudrait pour étudier correctement la situation de GAM, parce qu'elle regarde toujours le prix de Reno de Medici, et cherche à savoir si elle peut trouver une explication quelque part à sa baisse, ...

Éviter les transactions excessives est l'un des aspects les plus importants de l'investissement à court et à moyen terme.

Si Mireille ne s'était pas empressée d'investir ces 4 100 euros dans Reno de Medici dans le but de les transformer rapidement en 40 000 euros, lorsque GAM lui a donné l'occasion d'acheter, Mireille aurait eu ses 4 100 euros et aurait eu l'**esprit clair** pour reconnaître l'occasion que GAM lui offrait.

Pour éviter les transactions excessives, je pense qu'il est utile d'envisager également ces autres stratégies à moyen terme, en complément de ce qui précède.

Des transactions à moyen terme dans les mêmes entreprises que celles qui font partie de votre portefeuille à long terme. Mais ne mélangez jamais l'argent des deux stratégies. Chacune doit toujours suivre sa propre voie. Par exemple, Raymond a placé Severn Trent dans son portefeuille à long terme et prévoit de le conserver indéfiniment. Mais à un moment donné, Severn Trent tombe à 15 livres sterling, par exemple, et cela semble à Raymond être l'opportunité la plus claire disponible à ce moment-là. Ainsi, au lieu d'investir 1 000 livres sterling de sa stratégie à moyen terme dans une petite entreprise de faible qualité ou dans une entreprise cyclique, il les investit dans des contrats à terme sur Severn Trent. Ces 1 000 livres sterling devaient à l'origine être investies dans des petites capitalisations de faible qualité et des entreprises cycliques, mais si aucune de ces entreprises n'est un choix évident pour Raymond en ce moment, la meilleure chose à faire est d'acheter Severn Trent à 15 ans et de la vendre à 20 ans, par exemple. S'il dépensait indéfiniment cet argent à moyen terme en achetant et en vendant Severn Trent, il serait presque certainement moins performant que les actions Severn Trent de son portefeuille à long terme, qu'il n'a pas l'intention de vendre. Mais à un moment donné, il est préférable pour lui d'effectuer cette opération sur Severn Trent plutôt que de placer ces 1 000 livres sterling dans Reno de Medici en même temps que dans Mireille. L'utilisation d'actions, de contrats à terme ou de CFD pour ces opérations dépend de votre situation fiscale particulière, comme je l'explique dans "Options et contrats à terme à partir de zéro (c'est aussi beaucoup plus facile que vous ne le pensez)".

Des transactions à moyen terme dans des entreprises de qualité moyenne. Raymond pense que Ford et Ahold sont de bonnes entreprises, mais pas suffisamment pour les intégrer dans son portefeuille à long terme. Acheter et vendre Ford, Ahold et d'autres sociétés similaires indéfiniment ne lui permettra pas d'obtenir un rendement supérieur à celui de son portefeuille à long terme. Mais à un moment donné, l'opportunité la plus claire qu'il voit peut être

Ford, et à ce moment-là, il vaut mieux investir dans Ford que dans un fonds d'investissement dans un pays asiatique, parce qu'à l'heure actuelle, il ne voit aucun pays asiatique qui semble être une opportunité d'investissement claire. Dans ce type d'entreprises, Raymond peut acheter les actions directement, ou vendre des options de vente, ou faire des options d'achat couvertes (Covered Call), en fonction des situations qui se présentent (et s'il existe des options sur cette entreprise). Il procède de la même manière que dans le cas précédent des opérations à moyen terme avec ses entreprises à long terme (dans ce dernier cas, il tient compte des effets fiscaux qui peuvent découler de la présence de ces mêmes actions dans son portefeuille à long terme, comme l'explique le livre sur les options et les contrats à terme que j'ai mentionné plus haut).

Dans ces transactions à moyen terme, Raymond peut utiliser des stop-loss, ou non, comme il le souhaite, et en fonction de sa connaissance des stop-loss (à mon avis, ils sont très compliqués à utiliser de manière vraiment rentable).

En ce qui concerne le choix des points d'achat et de vente, comme je l'ai dit précédemment, pour avoir une chance de surperformer l'investissement à long terme, il ne suffit pas que ces points d'achat et de vente soient "simplement bons". Ils doivent être "exceptionnellement bons". C'est l'une des conséquences de la limitation des rendements, et il est beaucoup plus difficile d'obtenir ce que l'on veut. Dans l'investissement à moyen terme, il est possible d'acheter et de vendre plusieurs fois par transaction, mais cela ne peut pas se faire à plusieurs reprises. En raison des commissions, et parce que ces moments d'achat et de vente sont censés être aussi proches que possible des points de retournement du prix.

Il faut aussi garder à l'esprit que ce n'est pas la même chose pour une transaction sur Inditex dont on attend 20 à 30 %, que pour un fonds d'investissement en Thaïlande dont on attend le double, ou pour une petite entreprise de qualité médiocre ou une entreprise des marchés de croissance qui pourrait être multipliée, si tout se passe bien, par 5 ou 10. **Vous devez adapter votre gestion financière à chaque cas particulier.**

Dans l'exemple d'Inditex, et en fonction du montant à investir dans cette opération, vous pouvez entrer en une ou en deux fois. La moitié lorsque vous pensez qu'elle a atteint un plancher, et l'autre moitié lorsque le cours de l'action a chuté d'au moins 10 %.

Dans le cas des fonds d'investissement ou des ETF sur les pays émergents ou les entreprises cycliques, je pense qu'il faut entrer au moins deux fois. La deuxième fois si le prix de l'action a baissé d'au moins 20 %. Ces 20% ne sont pas quelque chose d'exact et de rigide, je pense qu'ils devraient être plus élevés que dans le cas d'opérations à moyen terme avec des entreprises de qualité (les 10% environ que je viens de mentionner dans l'exemple d'Inditex), parce que les fluctuations des pays émergents et des entreprises cycliques sont plus importantes. Si de nombreux achats sont effectués dans un fonds d'investissement, chaque entrée pourrait être distancée de la précédente d'environ 10 %.

Dans les entreprises du marché Growth et les petites entreprises de faible qualité, si vous pouvez faire plusieurs achats, je les espacerais également d'au moins 20 %. Mais si vous ne pouvez faire qu'un seul achat de 500 euros, par exemple, en raison des commissions et de l'argent dont vous disposez, il est préférable de ne faire que cet achat de 500 euros que de faire un deuxième achat de 500 euros supplémentaires, en diversifiant l'entrée, mais en investissant plus que la prudence ne le conseille.

Quand transférer l'argent gagné à moyen terme vers le portefeuille à long terme ?

Je pense que l'argent consacré au moyen terme doit être utilisé pour investir à moyen terme indéfiniment. Je ne pense pas qu'il soit souhaitable de faire une opération à moyen terme dans l'idée de gagner un peu d'argent, puis de passer ce peu d'argent à la stratégie à long terme, etc.

Le moyen terme est plus compliqué que le long terme, il nécessite de la pratique et une amélioration des connaissances. L'argent dépensé à moyen terme doit rester à moyen terme jusqu'à ce qu'une destination appropriée soit trouvée pour tout ou partie de cet argent.

Si, à un moment donné, quelqu'un décide d'arrêter d'investir à moyen terme, par manque de temps ou autre, il devrait transférer tout l'argent qu'il avait consacré au moyen terme vers le portefeuille à long terme.

Si le moyen terme s'est très bien déroulé, il se peut que le fait d'avoir trop d'argent pour ce type de transactions augmente la pression psychologique et que l'investisseur ne se sente pas aussi à l'aise que lorsqu'il utilisait des montants plus modestes pour ce type de transactions plus risquées. Dans ce cas, il est préférable de déplacer une partie de l'argent du moyen terme vers le long terme, de continuer à négocier à moyen terme avec des montants que notre esprit considère comme plus acceptables (pour ce niveau de risque) plutôt que d'essayer de résister à cette pression et de commencer à commettre des erreurs pour cette raison.

D'autres personnes, si elles ont très bien réussi, peuvent décider d'acheter une résidence secondaire avec les bénéfices réalisés à moyen terme, ou leur résidence principale, etc.

L'utilisation de ce que vous gagnez à moyen terme dépend de la façon dont votre vie se déroule. C'est **vous qui saurez le mieux quoi faire de cet argent lorsque le moment sera venu de prendre une décision.**

Il ne faut pas transférer de l'argent du portefeuille à long terme vers la stratégie à moyen terme, ni en cas de pertes à moyen terme, ni en cas de bénéfices. Ni pour essayer de récupérer l'argent perdu, ni parce que, dans une bonne passe, il nous semble que nous allons gagner beaucoup plus d'argent avec le moyen terme qu'avec le long terme.

Épilogue

Tout au long de cet ouvrage, nous avons abordé de nombreux sujets tels que l'analyse fondamentale, les stratégies d'investissement, la gestion financière, le détail des comptes de résultat, des bilans et des tableaux de flux de trésorerie des entreprises américaines et européennes, etc. Rappelez-vous toujours que le meilleur analyste n'est pas celui qui examine le plus de données et calcule le plus de ratios, mais celui qui applique le mieux le bon sens aux informations pertinentes dans chaque cas. Uniquement aux informations pertinentes, et non à la plus grande quantité d'informations pouvant être générées ou traitées. Connaître le fonctionnement d'une entreprise ne peut être remplacé par le calcul de nombreux ratios. Les deux choses sont complémentaires : il faut d'abord connaître les activités de l'entreprise, puis calculer les ratios nécessaires dans chaque cas.

Lorsqu'une personne s'apprête à acheter un téléphone portable, un ordinateur, une télévision, etc., si elle consulte quelques données pertinentes, elle a généralement une idée claire du modèle qui lui convient le mieux. Mais si, au lieu de l'acheter à ce moment-là, elle continue à regarder beaucoup plus de données, à analyser chaque modèle plus en détail, etc., ce qui se passe généralement, c'est qu'après avoir fait cette analyse beaucoup plus approfondie, elle a beaucoup plus de doutes sur le modèle à acheter, et elle est beaucoup plus confuse et désemparée.

Il en va de même pour l'analyse des entreprises. La connaissance de l'entreprise et la qualité des décisions s'améliorent au fur et à mesure que l'on connaît mieux l'entreprise. Mais si l'on analyse "trop" une entreprise, la confusion augmente généralement, et la rentabilité et la certitude des décisions se dégradent à mesure que l'on examine de plus en plus de données, et de plus en plus de ratios. Il est très rare que les grandes complications rapportent de l'argent et augmentent la confiance des investisseurs. Il est plus probable que l'on accorde trop d'importance à des détails qui n'en ont pas et que l'on perde de vue la vue d'ensemble, qui est la chose la plus importante.

Pensez également que certaines choses, telles que le calcul des entreprises qui connaîtront la plus forte croissance à l'avenir afin de n'investir que dans ce petit groupe d'entreprises "gagnantes", sont littéralement impossibles. Peu importe les millions de calculs que quelqu'un pourrait faire avec les données que nous avons vues, et avec n'importe quelles autres données. Tout comme il est littéralement impossible de savoir quelles entreprises n'auront pas de problèmes temporaires à l'avenir, s'il y en a.

Agissez donc toujours avec bon sens et prudence. C'est ainsi que l'on peut réussir ses investissements. Et c'est quelque chose que tout le monde peut faire.

Mes autres livres

Voici les livres que j'ai actuellement publiés, et l'ordre dans lequel je recommande de les lire.

<u>Apprendre à investir :</u>

"**Éducation financière avancée à partir de zéro (Apprenez à gérer votre argent pour transformer votre vie)**" : C'est la base sur laquelle tout le reste est construit. Vous avez besoin d'une éducation et d'une intelligence financières pour bien investir en Bourse, et pour avoir la vie que vous voulez avoir.

"**Comment investir en Bourse à long terme en partant de zéro (Obtenez la retraite que vous méritez grâce aux dividendes)**" : C'est ici que j'explique la stratégie d'investissement en Bourse que je propose, un investissement à long terme recherchant le rendement des dividendes.

"**Psychologie pour gagner de l'argent et la tranquillité d'esprit avec la Bourse (Mieux investir pour mieux vivre)**: En Bourse, heureusement, la psychologie est plus importante que la connaissance, et dans ce livre, j'explique comment acquérir la bonne façon de penser pour investir et vivre avec une tranquillité d'esprit et une stabilité émotionnelle. Il est essentiel de savoir se tenir à l'écart du bruit et de la surinformation afin d'avoir une vie détendue et de profiter réellement de son argent.

"Analyse technique et chandeliers pour les investisseurs à moyen et long terme en partant de zéro (C'est beaucoup plus facile que vous ne le pensez)" : L'analyse technique et les chandeliers sont des outils utiles pour améliorer nos performances, c'est-à-dire essentiellement pour gagner du temps, pour mieux vivre une plus longue partie de notre vie.

Ces 3 autres livres peuvent ensuite être lus dans n'importe quel ordre, en fonction de ce que vous voulez approfondir en premier :

"Comment analyser les comptes de résultats des entreprises pour investir en Bourse (Apprendre plus pour investir mieux)" : Analyse fondamentale et investissement à moyen et long terme.

"Options et contrats à terme à partir de zéro (C'est aussi beaucoup plus facile que vous ne le pensez)" : Les options et les contrats à terme. Ce livre est complété par un livre d'exercices, pour pratiquer et assimiler ces sujets plus rapidement et plus solidement, intitulé **"Exercices d'options et de contrats à terme (325 questions avec leurs réponses expliquées)"**. Utilisés à bon escient, les produits dérivés sont un autre moyen de gagner plus d'argent, ce qui, en fin de compte, permet de gagner du temps.

"Faites de l'argent votre ami ! (Il vous accompagnera toute votre vie)" est un livre d'éducation financière et boursière destiné aux adolescents, âgés de 12-13 ans à 16-17 ans environ. Il convient également aux adultes qui ont besoin d'une première étape très simple et rapide pour se décider à commencer à apprendre à gérer et à investir leur argent.

"**Papa, c'est quoi l'argent ? (Comment j'éduquerais financièrement mon enfant)**" est un guide destiné aux parents (et aux oncles, tantes, oncles, grands-parents, enseignants, etc.) pour expliquer à leurs enfants ce qu'est l'argent et comment investir, car avoir ces connaissances et cet état d'esprit dès l'enfance, c'est avoir une vie incomparablement meilleure que celle que la plupart des gens ont connue.

La politique :

"**Créer sa propre association ou son propre parti politique (Il est possible de changer le Système)**" : J'explique comment créer des partis politiques (et des associations) complètement différents de tous ceux que nous avons connus jusqu'à présent, pour vraiment améliorer les choses. Ce livre s'adresse aux personnes qui veulent changer le système actuel pour un meilleur système pour l'ensemble de la population, et non pas s'y intégrer pour vivre aux dépens du reste de la population.

Romans :

Le thème qui unit tous mes romans est la façon dont le pouvoir fonctionne dans le monde, et comment ces relations de pouvoir peuvent être changées pour que nous vivions dans un monde complètement différent, et bien meilleur.

"Projet Sel (Pourrez-vous changer le monde ?)"

Comment est-il possible que la plupart des richesses du monde aient été concentrées dans une très petite partie de la population tout au long de l'histoire ?

Comment quelques personnes ont-elles géré les relations de pouvoir dans le monde pour y parvenir ?

Est-il possible de changer tout cela, et donc de changer le monde dans lequel nous vivons, ou non ? Pourquoi les médias gardent-ils le silence sur ce que les gens dans la rue crient ?

Sonia est une informaticienne d'une trentaine d'années qui, après avoir changé plusieurs fois de travail, ne voit pas comment elle pourrait acheter un appartement et avoir la vie qu'elle espérait avoir le jour où elle est entrée à l'université. Tous ses collègues, amis, cousins, frères et sœurs, etc. ont le même problème. Pourquoi ? Est-il certain que la vie se résume à travailler pour survivre, ou pourrait-il s'agir de quelque chose de complètement différent ? Mais comment ?

20 familles façonnent l'histoire depuis des siècles à partir d'un château situé dans les Highlands écossais. Elles ont plus de pouvoir que n'importe qui d'autre. Mais elles n'ont pas tout le pouvoir. L'évolution de l'humanité les a amenées au moment le plus décisif et le plus compliqué pour leur tâche. Pour la première fois depuis des siècles, ces 20 familles commencent à avoir peur.

Pourrez-vous aider Sonia et tous ses amis à changer leurs plans, et ainsi changer le monde ?

"Fermes face au Pouvoir (Deux frères et un même destin)"

Javier et Gabriel sont frères. L'un fait partie du Groupe du patrimoine historique de l'UCO (Unité Centrale Opérationnelle de la Garde Civile), l'autre de la Brigade de blanchiment d'argent de l'UDEF (Unité de lutte contre la Délinquance Économique et Fiscale de la Police Nationale). Le 26 décembre, alors qu'ils participent à un grand rassemblement à la Puerta del Sol, Gabriel reçoit un message très important, dont le contenu doit rester top secret pendant un certain temps. Si ce message était révélé, il pourrait changer le cours de l'histoire. Quelques années auparavant, Xavier et ses collègues de l'UCO étaient sur une plage de Cadix pour une affaire de vol de patrimoine historique, tandis que Gabriel et ses collègues de l'UDEF enquêtaient sur une affaire de blanchiment d'argent dans un magasin de vêtements de la rue Serrano à Madrid. Ils ont rapidement trouvé les maillons les plus bas de la chaîne, mais ils étaient sûrs qu'il y avait quelqu'un de plus important au-dessus de ces maillons. Les deux affaires les ont amenés à parcourir l'Espagne, mais aussi Andorre, Genève et Gibraltar, car les choses sont devenues beaucoup plus compliquées qu'ils ne l'avaient prévu. À tel point que leurs vies ont fini par changer d'une manière qu'ils n'auraient même pas pu imaginer.

"Fermes face au Pouvoir" est un roman dans lequel les policiers et les gardes civils parlent et agissent comme de vrais policiers et gardes civils, et non comme ceux que l'on voit dans les films. Il appartient à ce que l'on pourrait appeler l'univers de "Projet Sel", bien que ses personnages et ses intrigues soient différents, et il n'est pas nécessaire de lire "Projet Sel" au préalable pour comprendre "Fermes face au Pouvoir". Si vous avez aimé "Projet Sel", je pense que vous aimerez aussi "Fermes face au Pouvoir".

Des livres pour apprendre les langues :

Outre la Bourse et les investissements, j'aime aussi apprendre les langues.

Avec "Apprendre des langues avec des histoires courtes sur l'argent", vous pouvez apprendre l'espagnol, l'anglais, l'allemand, le français, l'italien, le portugais, le néerlandais, le suédois, le danois, le finnois, le polonais et le norvégien. J'espère pouvoir ajouter d'autres langues à l'avenir.

À l'avenir, je publierai d'autres livres que vous pourrez trouver sur Amazon et Invertirenbolsa.info. Il est même possible qu'au moment où vous lisez ce livre, j'aie déjà publié de nouveaux ouvrages. Vous pouvez donc les consulter rapidement sur Invertirenbolsa.info.

Prochains livres recommandés

Analyse technique et chandeliers japonais pour les investisseurs à moyen et long terme en partant de zéro

L'analyse technique et les chandeliers sont en fait une **étude du comportement humain dans le passé**, avec l'intention d'**estimer** ce que ce comportement humain est susceptible d'être dans le **futur**, et d'en tirer un rendement économique. L'analyse technique n'est pas une question mathématique difficile à comprendre ou à démontrer, mais simplement une question de **logique et de bon sens**, tout comme les chandeliers. Et c'est **très facile à apprendre**, même si, à première vue, il peut sembler très difficile, ou réservé à ceux qui sont bons en mathématiques. Pour utiliser l'analyse technique et les chandeliers, vous n'avez pas besoin de mathématiques, juste de logique et de bon sens. Je pense que les investisseurs à moyen et long terme devraient utiliser l'analyse technique et les chandeliers **en conjonction avec l'analyse fondamentale** car cela permet d'obtenir de **meilleurs résultats**. L'**analyse fondamentale** doit être utilisée pour décider "**quoi**" acheter, et l'**analyse technique et les chandeliers doivent** être utilisés pour décider "**quand**" acheter. J'espère que ce livre intéressera et plaira même à ceux qui pensent que l'analyse technique n'est qu'une rayure.

Options et contrats à terme à partir de zéro (c'est aussi beaucoup plus facile que vous ne le pensez)

Les produits dérivés ne sont pas dangereux en soi. Ils peuvent être utilisés par des personnes dangereuses, mais ce sont des instruments très utiles pour la grande majorité des gens.

Avec les options et les contrats à terme, vous pouvez réduire le risque de vos investissements, payer moins d'impôts, acheter des actions en dessous du prix auquel elles se négocient et les vendre au-dessus du prix auquel elles se négocient, gagner de l'argent sur un krach sans vendre vos actions (tout en continuant à percevoir des dividendes), et ainsi de suite. Et tout cela en restant prudent et en prenant moins de risques que les investisseurs qui n'utilisent pas les options et les contrats à terme. Comme l'analyse technique et les chandeliers, les options et les contrats à terme sont un autre moyen de gagner plus d'argent, et surtout plus de temps.

Le fonctionnement des options et des contrats à terme est très facile à comprendre pour quiconque connaît les bases du fonctionnement des actions.

Un jour, la plupart des investisseurs utiliseront régulièrement les options et les contrats à terme. D'ici là, ceux qui les utilisent auront un avantage sur les autres.

Psychologie pour gagner de l'argent et avoir l'esprit tranquille avec la Bourse

La vie d'un investisseur boursier à long terme n'a rien à voir avec le marché boursier tel qu'il est dépeint dans les films. En matière d'investissement, la **psychologie est aussi importante, voire plus, que les connaissances**. Et c'est une bonne chose qu'il en soit ainsi, car **c'est** précisément **ce qui permet à chacun de réaliser un très bon rendement sûr sur le marché boursier au cours d'une vie**. Si la connaissance était la seule chose qui comptait, alors une petite minorité bien informée obtiendrait toujours tous les gains. Mais heureusement, ce n'est pas le cas, et c'est pourquoi **le marché boursier est le meilleur investissement à long terme pour tout le monde.**

Il est très important d'acquérir la bonne psychologie pour investir à long terme, et c'est **très facile à réaliser**. De plus, cela ne nous fera pas seulement gagner plus d'argent, mais cela nous apportera aussi beaucoup **plus de temps libre**, un bien **meilleur sommeil**, une **bien meilleure compréhension du monde dans lequel nous vivons**, une vision **bien plus optimiste** de la vie, et bien d'autres choses qui, apparemment, "**n'ont rien à voir avec l'argent**".

Je pense que la façon dont chacun d'entre nous considère la Bourse, et notre relation avec l'argent en général, est très influencée par la société dans laquelle nous vivons. Dans le même temps, la société évolue au fil du temps, ce qui transforme nos vies de manière très importante. C'est pourquoi, dans ce livre, j'examine également la **façon dont j'ai perçu le marché boursier depuis mon enfance, dans les années 1970,** et la façon dont je pense que notre société a perçu le marché boursier au fil des décennies, car cela explique ce qui est arrivé au marché boursier dans le passé, et quelle est la mentalité de la plupart des gens à propos du marché boursier aujourd'hui. La société d'aujourd'hui n'est pas celle d'il y a quelques décennies, et la société du futur sera différente de celle d'aujourd'hui, et c'est pourquoi il est très important de comprendre cette évolution, afin d'améliorer notre façon de voir la Bourse, et la vie.

Le **but de tout cela** est de vous mettre dans le **bon état d'esprit** pour **investir en Bourse à long terme,** ce qui vous rendra la vie beaucoup **plus facile et plus agréable,** tout en vous faisant gagner **plus d'argent** et **plus de sécurité,** tout en aidant la société dans son ensemble à continuer de changer sa relation avec l'argent, jusqu'à ce que nous parvenions à une **transformation complète de notre société** qui changera la vie de chacun d'entre nous.

Comment gérer les **fissures** et les **bulles** ? Comment gérer au mieux tous les **risques** liés à l'argent tout au long de **notre vie,** afin d'être **plus optimiste** et de **mieux dormir** ? Qu'est-ce qu'une "erreur" lorsqu'on investit en Bourse ? Comment le **temps** influence-t-il notre vie, et quelle doit être notre relation avec lui ? Comment bien gérer toutes les **informations** qui nous parviennent ? Comment gérer nos **émotions** pour investir, et vivre, beaucoup mieux ?

Les **réponses à toutes ces questions**, et à bien d'autres, je les ai condensées dans ce livre sur la base de **mon expérience d'investisseur et d'éducateur avec Invertirenbolsa.info** et les réseaux sociaux depuis mon enfance jusqu'à aujourd'hui.

Merci beaucoup

Printed in France by Amazon
Brétigny-sur-Orge, FR